構造構成主義研究 5

よい教育とは何か

西條剛央・京極 真・池田清彦 編著

北大路書房

『構造構成主義研究』刊行にあたって

本シリーズを編纂するに至った問題意識

　洋の東西を問わず，学問は日々進歩している。本来，学問は知的好奇心の産物であったため，おもしろそうな話題があれば興味を共有する人の間で適宜交流していけばよかった。しかし，学問の進歩によって専門分化が進み，学問が細分化されるにしたがって，専門分野を少し異にするだけで，他分野の人が何をやっているのか，よくわからないという状況になった。つまり，学問の蛸壺化である。学問の蛸壺化はさらなる細分化を促し，さまざまな分野の知見を関連させて新たなアイディアを生み出していく総合的なアプローチを困難にしてしまった。

　我々の問題意識はまさにそこにある。細分化した専門分野を今一度シャッフルし，狭視化した学問をおもしろくするにはどうしたらよいか。結論からいえば，学問間を縦横無尽に行きかう必要があり，本シリーズはそれを実現するために企画された。しかし，蛸が蛸壺から脱出するのが並たいていではないように，学者が専門分化した分野間の壁を乗り越えるのもまた至難の業である。それゆえ，我々はさしあたり，さまざまな領域をつなぐために体系化された構造構成主義をツールにしようと思う。

　構造構成主義とは，特定の前提に依拠することなく構築された原理論であり，さまざまな分野に適用可能なメタ理論である。現在，この考えはさまざまな学問領域に導入されつつあり，諸分野をつなぐ横断理論として機能しはじめている。

　我々は，構造構成主義を使った個別理論・メタ理論を体系化する論考や，定性的・定量的研究などを歓迎したいと考えているが，必ずしも構造構成主義に固執するつもりはない。そもそも構造構成主義とは，現象をより上手に説明可能とし，難問を解明する構造（理論など）を構成していこうという考えに他ならず，そうしたモチーフに照らしてみれば，優れた領域横断力をもつ理論は何であれ歓迎されるのは当然だからである。

　新たな理論に基づき新しい領域を開拓するという営みは，既存の常識を多少なりとも逸脱することを意味する。つまり，ナイーブな常識的見地からすれば，どこか非常識な主張が含まれるように見えるものだ。我が国の学界ではそうしたラディカルな議論を展開する論文は掲載されにくいという事情がある。特に，それが理論論文であれば，内容を適切に評価し，掲載してくれる学術誌はほとんどない。学問界（特に人文・社会科学系）は常識的な暗黙の規範を保守しようとする傾向を不可避

に孕むため，仕方がないといえばそれまでだが，そうした態度からは新たな学問領域が育つことはないだろう。

本シリーズの編集方針

　こうした現状を踏まえると，構造構成主義を，ひいては学問を総合的に発展させるためには，独自のステーションとなる媒体を作る必要がある。それゆえ本シリーズでは，次のような研究を歓迎する。たとえば，質的アプローチと量的アプローチのトライアンギュレーションに基づく実証的研究，学際的なメタ理論を用いた領域横断的な論文，異なる理論を組み合わせ新たなメタ理論を構築する論文，当該領域の難問を解決する先駆性を有している論文など，他誌に掲載されにくい斬新な試みを積極的に評価する。逆にいえば，従来の学会誌に掲載されている単一アプローチによる実証的研究などは本誌では受けつけていないと考えていただきたい。もちろん，後述するように本シリーズは査読システムを導入するため，論文の質に関してはそれなりのレベルが維持されるはずだ。学問的冒険を志すさまざまな分野の人々が，我々の考えに賛同し本企画に参加して下さるようにお願いしたい。

　本シリーズは，学術「書」であり，学術「誌」であるという極めてユニークなスタンスで編集される。従来，書籍は学術書であっても，「査読」という論文の質をあらかじめチェックする学界システムを採用しないのが常であった。

　それに対し，本企画は，書籍という媒体を使っているものの，投稿された論文を査読するという学会誌のシステムを取り入れる。その点では，学術誌と同等の学問的身分を有する。それと同時に学術書でもあるため，学会員以外の人がアクセスするのが難しい学会誌と比べ，一般読者も簡単に購読することができる。さらに，学会誌では論文の掲載料を支払わなければならないケースも珍しくないが，本シリーズでは掲載された論文の著者に印税（謝礼）を支払う。

　つまり，本シリーズは，学術書と学術誌双方のメリットを兼ね備えた新たな「学術媒体」なのである。そもそも学術書と学術誌をあらかじめ分離することは，学問の細分化を促すことはあれ，分野間の交流促進の益にはならない。新しい思想には新しい媒体が必要だ。

　査読は，論文の意義を最大限評価しつつ，その理路の一貫性や妥当性を建設的に吟味するという方針で行う。しかし，論文の体裁や表現は，必ずしも従来の学術論文のように専門用語で護られた硬いものにすることを求めない。従来の学術論文は，一般人には読みにくく，学問の普及や学知の社会的還元といったことを念頭におけば，従来の形式のみが適切な方法とは必ずしもいえないからだ。たとえば，学問の普及や啓蒙といった目的の元で書かれたならば，学的な厳密さ以上に，わかりやすさ，理解しやすさといったことが重要となるため，そのような観点も加味して評価

するのが妥当であろう。

　こうした考えから，本シリーズでは，従来の論文の形式からはずれる書き方も論文の目的に応じて歓迎するつもりである。査読の際には，著者の意図（目的）を尊重したうえで，論文の質を高めるとともに，著者の多様な表現法を活かすようにしたい。もちろん，新たな理論を提示する研究や実証系の研究の場合は，従来の学術論文の形式の方が相応しいことも多いだろうから，そうした形式を排除するということではない。

　構造構成主義は，ア・プリオリに正しい方法はあり得ず，その妥当性は関心や目的と相関的に（応じて）規定されるという考え方をとる。方法が手段である以上，原理的にはそのように考えざるを得ないからだ。本シリーズの査読方針は，この考えを体現したものである。

　また，日本の人文系学術誌では，投稿してから最初の審査結果が返信されるまで半年以上かかることは珍しくなく，時には1年以上かかることもある。それはほとんどの時間放置されているということに他ならない。迅速に査読結果が返却されれば，たとえ掲載拒否（リジェクト）されたとしても他のジャーナルに掲載することも可能だが，返却されない限りはどうしようもない。これは投稿者からすれば迷惑以外の何ものでもないだろう。特に近年は，国立大学の法人化などの影響によって研究者間の競争は激しさを増しており，査読の遅延によって論文を宙吊りにされることは就職や転職，昇進といったポスト争いや，研究費の獲得競争にも関わる深刻な問題である。

　したがって本シリーズでは，論文を受理してから遅くとも1か月以内に投稿論文の審査結果（コメント）をお返しすることをお約束する。ただし，いずれも一定の学的基準を満たしているかを審査させていただくため，必要に応じて大幅な修正を求めることもあれば，掲載に至らない可能性もある点はあらかじめご了承いただきたい。

　通常の学会誌では，投稿者と査読者はお互いに名前がわからないようになっている。少なくとも査読者の名は完全にブラインドされ守られている。つまり自分の名において責任をもたずにすむ査読システムになっているのである。しかし，それでは責任ある建設的な査読は保証されない。したがって本シリーズでは，投稿者に査読者の名前を明かして，お互い名をもつ学者同士真摯にやり取りしていきたいと思う。

　また本シリーズは，従来の学会組織を母体とした学術誌ではないため，投稿論文に対して学会賞などを授与することはない。代わりに，学際性に富んでおり，学知の発展に大きく貢献すると判断した論文の著者に対しては，一冊の本を執筆して頂く機会を提供していきたいと考えている。

本シリーズの構成

　本シリーズはさしあたり3部構成とした。第Ⅰ部は特集であり，これは毎巻独自の特集を組む予定である。

　第Ⅱ部では，特定の問題を解決するなど学知の発展を目指した「研究論文」はもとより，特定の論文に対する意見を提示する「コメント論文」や，理論や方法論の普及や，議論の活性化を目的として専門外の人にも理解しやすいように書かれた「啓蒙論文」，さらには，過去に他の媒体に掲載されたことのある論考を再録する「再録論文」なども歓迎する。

　なお，本シリーズは副題で「構造構成主義研究」を謳っているが，構造構成主義に批判的な論文も掲載する。学知の発展のためには，批判に開かれていることは必須の条件であると考えるためである。

　第Ⅲ部では，構造構成主義に関連する書評・参加体験記を掲載する。書評は構造構成主義を題名に含むものや，その著書の一部に引用されている本ばかりではなく，広い意味で構造構成主義と関連すると考えられるものを掲載対象とする。自薦他薦は問わないので，ぜひご投稿いただければ幸いである。また，参加体験記は構造構成主義に関する勉強会等の報告を掲載対象とする。

論文投稿について

　読者からの投稿論文は随時受けつけている。投稿規定は巻末に記載したため，投稿する方は参照していただきたい。なお，投稿規定は随時改定するため，投稿される際にはその最新版を以下の構造構成主義公式ホームページにて確認していただけたらと思う。http://structuralconstructivism.googlepages.com/

　このように本シリーズでは，次世代の学術媒体のモデルとなるべくそのあり方を模索していく。これが新たな試みであるゆえご批判も少なくないと思われる。気がついた点や意見，新たなアイディアなどがあれば，ぜひご一報いただきたい。今後よりよい学術媒体にするための参考にさせていただく所存である。また，本シリーズの試み中で，部分的にでも意義があると思われる箇所があったならば，遠慮なく"いいとこどり"していただければたいへん嬉しい。本書の目的はさしあたって構造構成主義や関連思想の精緻化，発展，普及といったことにあるが，我々の志は学問の発展それ自体にある。したがって本シリーズの試みがそうした資源として活用されたならば本望である。

　　　　　　　　　　　　　　　『構造構成主義研究』編集委員会
　　　　　　　　　　　　　　　　　西條剛央・京極　真・池田清彦

『よい教育とは何か』目次

『構造構成主義研究』刊行にあたって

第Ⅰ部　特集　よい教育とは何か

[鼎談] よい教育とは何か
　　　──公教育の原理が「現場」を変える
　　　………………………………………山口　裕也・苫野　一徳・西條　剛央
　　　鼎談まえがき　2
　1．「よい」教育の考え方 ……………………………………2
　　　(1) 教育現場の根本問題とは何か　2
　　　(2) 教育をめぐる議論の出発点はどこにあるのか？　4
　　　(3) 公教育は何のためにあるのか？　7
　　　(4) 「個」のための教育か、「社会」のための教育か？　9
　　　(5) 他者の自由に生きる権利を阻害しない限り，自由
　　　　　に生きる権利がある　10
　　　(6) 本質と原理の違い　12
　　　(7) どのような公教育が「よい」公教育なのか？　12
　　　(8) 原理特有の役立ち方とは？　15
　　　(9) 現場に届く言葉を　17
　　　(10) 原理から実践理論をつくる　19
　2．教育内容・方法の吟味の仕方 ……………………………21
　　　(1) 何のための教科かを問い直す　21
　　　(2) 歴史教育を例に指導方法を考える　22
　　　(3) 学力と評価・選抜を考える　23
　　　(4) 道徳教育を徳目主義から相互承認へ　25
　　　(5) 関心相関的道徳教育　27
　　　(6) 発達段階を見極めた道徳教育　29
　　　(7) 複眼的に考えることの大切さ　30
　　　(8) カリキュラムに心理学を？　31

(9) 死なないための方法を教える　33
　3．よい教育のための連携を考える ………………………34
　　　(1) 自由の実質化とあまやかしの違いとは？　34
　　　(2) よりよい協働のために　36
　4．教師の多様化と質の向上にむけて ……………………38
　　　(1) 教師の多様性　38
　　　(2) 教師教育をどうするか？　41
　5．社会ではぐくむよい教育 ………………………………42
　　　(1) 学校への「正当な異議申し立て」とは？　42
　　　(2) 「よい」公教育をみんなで構想するために　44
　　　(3) 学校管理職研修での手応えから　45
　6．おわりに――教育の未来へ ……………………………48
　　付録：教育問題解決ワークシート ………………………51

第Ⅱ部　論文

Ⅱ-1　［原著論文（研究）］「曖昧さ」と「数量化」の循環的構図を超えて
　　　　――社会関係資本論の批判的検討 ………………埴淵　知哉・村田　陽平
　　1節　はじめに …………………………………………58
　　2節　社会関係資本の数量化の進展 …………………61
　　3節　社会関係資本概念の曖昧さ ……………………65
　　4節　構造構成主義の応用による社会関係資本論の再検討
　　　　　………………………………………………………69
　　5節　本研究の意義と今後の課題 ……………………73

Ⅱ-2　［原著論文（研究）］ABO式血液型と性格との関連性
　　　　――主要5因子性格検査による測定 ………………清水　武・石川　幹人
　　1節　はじめに …………………………………………78
　　2節　方法 ………………………………………………83
　　3節　結果 ………………………………………………85
　　4節　考察 ………………………………………………87

Ⅱ-3 ［原著論文（研究）］心理学は何故，血液型性格関連説を受け入れ難いのか
　　　──学会誌査読コメントをテキストとした質的研究…………清水　武
　　1節　問題と目的 …………………………………………92
　　2節　方法 …………………………………………………94
　　3節　生物学的な要因と社会文化的な要因の二者択一
　　　　　……………………………………………………95
　　4節　肯定論と否定論──どちらがベースか ………99
　　5節　結論ありきの査読？ ……………………………105
　　6節　考察 ………………………………………………109

Ⅱ-4 ［原著論文（研究）］構造構成主義における「欲望相関的選択」の定式化
　　　──「関心相関的選択」の「欲望論」からの再論を通して
　　　………………………………………………………………丹野　ひろみ
　　1節　問題 ………………………………………………116
　　2節　目的 ………………………………………………119
　　3節　方法と手順 ………………………………………119
　　4節　「欲望論」と「関心相関的選択」 ………………123
　　5節　「選択する」という行為の本質観取 ……………128
　　6節　方法装置「欲望相関的選択」──よりよい選択をめ
　　　　　ざして ……………………………………………136
　　7節　考察 ………………………………………………138
　　8節　まとめ ……………………………………………143

Ⅱ-5 ［原著論文（研究）］教育・社会構想のためのメタ方法論の深化
　　　──公教育の「正当性」原理再論………………………苫野　一徳
　　1節　問題設定 …………………………………………147
　　2節　方法 ………………………………………………148
　　3節　教育学における「規範欠如」の問題 …………149
　　4節　教育学メタ方法論再説・深化──教育・社会構想の
　　　　　ためのメタ方法論へ ……………………………152
　　5節　公教育の「本質」および「正当性」原理再論 …169
　　6節　「一般福祉」原理の教育政策理論への応用へ ……175

Ⅱ-6　［原著論文（研究）］公教育の「正当性」原理に基づく実践理論の展開
　　　──地方自治体教育行政における実践理論の基本型としての〈支援〉
　　　………………………………………………………………………山口　裕也
　　1節　教育改革とは何であったのか──問題と目的　…182
　　2節　地方自治体教育行政をめぐる問題のいま　………186
　　3節　公教育の本質と正当性，目的・状況相関的‐方法選択　………………………………………………………193
　　4節　地方自治体教育行政における実践理論の基本型
　　　　………………………………………………………200
　　5節　実践理論の基本型に基づく地方自治体教育行政のこれから　…………………………………………………206
　　6節　教育改革とは何であり続けるのか
　　　　──まとめと今後の課題　……………………211

Ⅱ-7　［原著論文（研究）］理学療法臨床実習を通じた構造構成的協同臨床教育法の方法論的拡張
　　　──臨床現場基礎力の欠如問題を通して……………………池田　耕二
　　1節　問題設定　……………………………………218
　　2節　方法　…………………………………………221
　　3節　構造構成的協同臨床教育法の実践報告　…………222
　　4節　実践報告に対する総合考察　………………………234
　　5節　可能性と限界の明示化　……………………238
　　6節　最後に　………………………………………238

Ⅱ-8　［原著論文（研究）］SCRM における「論文の公共性評価法」の定式化
　　　──論文の「型」を巡る難問解消に向けて……………………西條　剛央
　　1節　問題・目的　…………………………………240
　　2節　方法　…………………………………………247
　　3節　一般評価法構築条件としての超メタ性　…………248
　　4節　一般評価法構築の切り口としての公共性　………253
　　5節　論文の標準型への関心相関的論文構成法の導入
　　　　………………………………………………………255
　　6節　考察──研究論文の公共性評価法の意義と今後の課題　…………………………………………………261

Ⅱ-9 ［原著論文（研究）］構造構成的時間論
　　　——時間をめぐる難問の解明……………………………………桐田　敬介
　　1節　問題提起 …………………………………274
　　2節　方法 ………………………………………278
　　3節　構造構成的時間論とは何か ……………279
　　4節　まとめ——構造構成的時間論の意義と限界 ……288

第Ⅲ部　参加体験記・書籍紹介

Ⅲ-1　［参加体験記］構造構成主義を活用したチーム医療実践
　　　——現場でいかせる「チーム医療特論」に参加して…………大浦　まり子
　　はじめに ……………………………………………298
　　グループワークからスタート ……………………298
　　リアリティあふれる発表 …………………………301
　　ライブ感満載のチーム医療特論から得たもの …303
　　おわりに ……………………………………………308

Ⅲ-2　［参加体験記］やっぱり役立つ構造構成主義……………………山森　真理子
　　はじめに ……………………………………………310
　　合宿の概要 …………………………………………310
　　合宿に参加しての感想 ……………………………312
　　合宿を通して学んだこと，そして新たな取りくみ …314
　　おわりに ……………………………………………315

Ⅲ-3　［書籍紹介］『作業療法士のための非構成的評価トレーニ
　　　ングブック　4条件メソッド』 ………………………317

　　投稿規定 ……………………………………………321

　　編集後記 ……………………………………………325

第Ⅰ部

特集

よい教育とは何か

鼎談

I よい教育とは何か
――公教育の原理が「現場」を変える

山口 裕也・苫野 一徳・西條 剛央

鼎談まえがき

　本鼎談は，杉並区教育委員会「中学校未来づくり委員会」の一貫として，2009年5月28日に開催されたものを基に本誌用に再編したものです。この鼎談では，公教育の様々な問題を考えるときの指針になる考え方とその活用法について論じています。また鼎談の最後に付録として，教育現場で活用できる「教育問題解決ワークシート」を添付しています。鼎談の内容と連動させつつ具体的な活用法も示してあるので，ぜひ教育関係者の皆さんに活用していただければと思います。
　「原理なき実践は脆く，実践なき原理は空虚である」。本稿が教育学・教育心理学といった学的営みと教育現場，政策をつなぐ架け橋になることを祈っています。

1．「よい」教育の考え方

(1) 教育現場の根本問題とは何か

山口　お二人とも，本日はお忙しいところありがとうございます。今回は，杉並区教育委員会「中学校未来づくり委員会」の一貫として，有識者のお二人から，これからの中学校や学校教育をより魅力的にしていくための御意見をいただきつつ，議論していけたらと思っています。そこでまずは，本会の設置背景や教育現場の現状について，僕が肌で感じてきたことを踏まえながらお話をさせていただきた

報道などでご存知かもしれませんが，「地域ぐるみで教育立区」を掲げる杉並区では，これまで様々な「教育改革」に取り組んできました。そして，その背景には，現行の学校教育制度に対する先の見えない行き詰まり感や閉塞感があったのではないかと思っています。

　もう少し具体的に言いますと，まず，1999年の春頃からだったと思うのですが，いわゆる学力低下論争が起こりました。また，いじめや不登校の増加，家庭や地域の教育力の低下，教師の不適切な指導や服務事故，教育行政への批判といった問題が大きく取り上げられたことも記憶に新しいのではないかと思います。ここ10年は，こういった背景の中で様々な改革のアイデアが出され，次々と施行されてきました。

　改めて振り返ると，一連の改革は，学校現場で教育を担う教師の力量にも支えられ，大きな成果をあげた部分もあると思います。しかし，僕自身の実感として言うなら，改革の多くは，内容や現実の実施可能性が十分に検討されないままに施行されてきた側面も否めない。つまり我々は，矢継ぎ早に進めてきた改革がほんとうに「よい」と言えるのか，また，これからどこに向かって改革を進めていけばよいのかということを，今，改めて吟味する必要があると思っているんです。

　もちろん我々もこの間，よい教育を目指して様々な創意工夫や努力を重ねてきました。しかし，改革に取り組むほど，様々な意見を聞くほど，よい教育から遠ざかっていくような感覚も確かにあった。自分たちは，一体何を，どこを目指して改革を進めていけばよいのかということを考えるにあたって，明確な「指針」や「基準」がないような感覚があったのです。指針がないまま改革を進めていくことは，喩えるなら，地図やコンパスもなく密林の中を彷徨い続けるようなものであり，いくら彷徨い続けたところで，よい教育に辿り着けるかどうか，そもそも，よい教育の方角に向かっているのかさえわかりません。教育を構想するための明確な指針をもっていないこと。これこそ，教育の根本問題だと思うのです。

　そして，改革を構想するための明確な指針が不在の今もなお，様々な立場にある人が，様々な教育に対する理想から，様々な改革のアイデアを出し続けています。もちろんそれは，「教育をよくしたい」という強い思いの現れでもあるとは思うんですけど，それが強いものであるがゆえに，様々な理想やアイデアをめぐってしばしば「信念対立」が起こってしまう。様々な理想やアイデアはうまく精査されず，結局のところ，これもやれ，それもやれ，あれもやらなきゃ，どれもやらなきゃという話に行き着いてしまうことも多々ある。自戒を込めて言うなら，こういったことが学校現場に過度な負担をもたらしている感も否めないと考えています。

　もちろん，学校や教師だけでなく，教育行政にも一度にできることには限度があります。そういう意味で，現在の教育現場は，ほんとうに疲れてしまっている。

こういった現状を，どう乗り超えていったらよいのか。これまでに出された様々な改革のアイデアを，どう精査していったらよいのか。その先に，「教育をよくしたい」というみんなの思いを，どうやったら「よい教育」という「かたち」にしていくことができるのか。

そして，これらの問いに答えていくためには，何よりも，よい教育を考えるための「方法」が必要になるはずです。それが広く共有されることで，はじめて教育の未来を力強く構想していくことができるのではないでしょうか。僕は，ここ10年弱，教育の現場で矢継ぎ早になされる改革を感じながら，そんなことを考えていたんです。

(2) 教育をめぐる議論の出発点はどこにあるのか？

山口 ……と，なんだか最初から話し込んでしまいましたが（笑），まさに今話してきたことが，今回西條さんと苫野さんにお話をうかがいたいと考えた理由なのです。

西條さんは構造構成主義，苫野さんは教育哲学の領域で，ものごとの根本まで遡って考える原理的思考を軸に実践されていますよね。僕は，お二人がつくった原理を活用させていただいている経験から，原理的な考え方が，今の教育を取り巻く様々な問題を，力強く考え，乗り超えていくための出発点になると思っているんです。

そういったこともあるので，今日はお二人にお話をうかがいながら，教育を考える「底板」を設定し，その上に立って具体的な問題を考えていければと思っています。

西條 山口さんの問題意識は極めて的確だと思いますし，熱い思いもよく伝わってきました（笑）。

苫野 苅谷剛彦さん[1]が，今の教育の論じ方は，あれもいい，これもいい，そういった「ポジティブリスト」を積み上げていくものだと批判的に指摘していますよね。けれど「何がほんとうに必要なのか」，そういったコアを見定める必要がある，と。

山口 そうですね。これは教育の面白さでもあるんですけど，教育をめぐるアイデアって，みんな基本的に「よい」んですよね。「小中一貫教育」「日本の伝統・文化教育」「言葉の教育」「キャリア教育」等々，みんな基本的に「よい」んです。でも，だからこそそういったアイデアを精査するのが難しい。魅力的な「論」をつくることはできても，全部やるのは難しいんです。現実的に。

西條 苫野さんは「関心相関的教育論」という考えを基軸とした論文[2]を発表されていて，これは教育哲学に原理的な考え方を拓く画期的なものだと思っています。なので，それについては後ほど苫野さんに説明していただくとして，僕はそこにつなげるために，これまで構造構成主義やそれに基づく原理的な研究法（SCRM）を体系化する過程で「方法とは何か」ということを考えてきたので，その観点から「よい」教育の基本的な考え方をスケッチしてみたいと思います。

まず，僕が導き出した「方法の原理」は，「方法とは，①現実的制約や特定の状況の下で，特定の目的を達成するための手段であり，そうである以上，②絶対に正しい方法というものはあり得ず，方法の有効性は必ず現実的状況と目的に照らして判断される」というものです。

　そこから第一に言えることは，どのような方法が「よい」かを考えるときには，現実的な制約を考慮しなければならない，ということなんです。つまり，忘れられがちですが，人や時間，お金や物といった資源は有限であることをまず認識することが大切ですね。

　中学生のときに，各教科の先生方全員がたくさん宿題を出す。でも「こんなの全部やってたら寝る暇ないだろう」って思ってましたね。実際ちゃんとやらなかったですけども（笑）。

苫野・山口　（笑）

西條　現実的な制約や状況全体を考えると，できないことや，やらないほうがよいこともある。けれどそういうことを言うと，「じゃあ，何もやらなくていいのか」という話になりがちです。でも，そういうことではないんですね。

　ここで言いたいのは，「現実的な制約があることを踏まえて，視野を全体にまで広げる」ということ。それがよい教育を構想する際に欠かせないことだと思うんです。例えば，それだけ見たらやったほうがよいように見えることも，それを新しく取り入れることで先生が子供たちと接する時間が減るのであれば，やらないほうがいいこともありますよね。

山口　そうですね。だから僕はあえて「今あるものの価値を再度問う」という問題提起をしたことがあります。僕の「指導案構成法」[3]はそういう発想から出てきたもので，様々な制約を考慮したうえで，今あるものの価値を再度問い直し，学校文化の中に根づいている指導案の機能を現状の課題に対応できるように高めるというものでした。

　そしてそれは，現状追認でとにかく「新しいこと」をやるという発想に陥らずに，「ほんとうに大切なこと」を見定める必要がある。そういう意味合いを込めたものでもあります。

西條　現実的な状況や制約を考慮して有効な方法を考える，ということですよね。ここから言えることは，まずよい教育について考える出発点は，「今の社会がどういう状況にあるのか」，特に「教育を担う学校現場はどういう状況にあるのか」ということを踏まえるところにある，ということです。

　で，方法の原理によれば，「方法が手段である以上，絶対的に正しい方法はなく，その有効性は目的に応じて決まる」わけですから，よい教育について考える際には，①現実の社会や教育現場の状況を踏まえつつ，②「教育の目的」を見定めて，③それに照らしながら「そのためにはどのような教育が有効なのか？」というように問いを立てて，④その観点から有効な教育のカリキュラムやコンテンツを精査する，という筋道で考えるのが基本的な考え方になると考えています。

　基本的にはトレードオフの関係になる

んですよね。資源が有限である以上，新しいことをやったら，必ずどこかを削る必要がある。そういったことを考えずに，自分が大切だと思う信念だけで，あれもこれもやらせたほうがよいという話になってしまうと，余計に教育現場を混乱させることになりかねないわけです。

全体的な視点から俯瞰して見たり，コストパフォーマンスを考慮したりしなければ，どんな理想論も意味をもたないということが見失われがちなのだと思います。

山口 よい教育内容や方法について考える際には，必ず「現実的状況」と「目的」に照らしてどのような教育が有効なのかを考えていくことが大切だということですね。

西條 はい。そして苫野さんは，論文の中で，その際，関心や目的の妥当性を問いながら，それを行う必要があるということを議論されていましたよね。

苫野 そうですね。それが「関心相関的教育論」と，「関心それ自体の妥当性を問う」という枠組みです。

少しこれまでの話の繰り返しにもなりますが，まず，教育はだれもがそれなりに一家言もっているテーマで，様々な「教育論」が乱立しています。「個性を尊重しよう」とか，逆に「子供たちを社会化しよう」とか。「できる子はもっと伸ばそう」とか，むしろ「全員平等に扱おう」とか。もっと身近なところでは，「先生は尊敬されるべき威厳ある存在でなければならない」とか，いや逆に「友達感覚であったほうがいい」とか。でもこうした考えは，どれが「絶対に正しいか」という問題ではありません。

それぞれが何らかの「関心」に応じて言われていることであって，その関心からすれば，どれもある程度妥当なことです。すべての教育論は，各人の関心から導き出されたもので，それぞれがそれなりの「妥当性」をもっている。このことを踏まえることが，教育を論じる際の第1ステップです。これが「関心相関的教育論」の考え方です。

第2ステップは，そのうえで，それぞれの関心の妥当性を「問い合う」作業です。例の一つとして，今回の指導要領改訂で小学5・6年生に新設された外国語活動があげられます。「外国語を早いうちからやるのはいい」という関心は，それなりの妥当性をもっているかもしれません。けれどその関心は，現実の状況，実施可能性，効果などを検証したうえで，公教育における施策としてふさわしい関心かどうか，きちんと吟味する必要がある。「いい，だからやろう」とすぐに決めるのではなく，です。

西條 教育によいことはたくさんありますが，実際時間は限られていますから，何か新しいことを提案するときは，「その授業をこの授業に変えることで，従来の内容に加えてこういう点がプラスになるから，これに変えたほうがよいのではないか」というようにトレードする形で提案するのが現実的ですよね。

苫野 そうですね。だから山口さんが言う「教育を論じるための底板」が必要になるんですね。

山口　はい。「方法の原理」「関心相関的教育論」「関心それ自体の妥当性を問う」と，三つの原理が出てきましたが，ここまでの話が教育の「論じ方」になりますよね。

こうした原理は，言われてみれば「あたりまえ」のことかもしれませんけど，これまでそうした原理がなかったからこそ，うまく議論が前に進まなかったところもあると思うんですよね。ですから，すごくあたりまえのことに思えても，議論の出発点をきちんとみんなが了解・納得できる形で設定する必要があると考えていたんです。そして，そういう考え方，議論の仕方を，多くの人が知って活用してくれればいいなと思っています。

(3) 公教育は何のためにあるのか？

山口　では，教育の論じ方が定まったところで先に進みたいと思うんですけど，まず確認しておきたいのは，根本まで遡って考えると，そもそも公教育ってどんな営みなのか，そして，何を目的としているのか，ということですね。もちろんこれは「教育法規」の話ではなく，言ってみればさらにその根底をなす，公教育の「本質」や「目的」についてお聞きしたいなと思います。苫野さん，いかがでしょうか？

苫野　先ほどの話を底に置けば，公教育の本質論は，どのような「関心」が公教育を構想していく際の関心として最も妥当かを，問い合い見極める作業になります。

例えば極端な話「人間社会は弱肉強食であり，またそうあるべきだ」という関心に基づくと，教育の構想原理は，「能力ある子はどんどん伸ばし，そうでないと見なされた子はほったらかしにする」というようなものになるかもしれません。先ほど関心それ自体の妥当性を問う必要があると言いましたが，まさに教育を構想するという観点から言って，「その関心は妥当なのか」と問う必要があります。

今直観的に言っても，多くの人は，「人間社会は弱肉強食でありまたそうあるべきだ」という関心は，公教育の構想にふさわしい関心ではないと思うんじゃないでしょうか。いつ自分が食われる側に回るかわからない，そういう不安定な社会を望む人はそう多くはないでしょうから。

そこで結論を言いますと，公教育を構想する際の関心としてさしあたり最も妥当な関心は，僕の考えでは「各人は『自由』をめがける存在である」というものです。そしてこの関心から導かれる公教育の本質（目的）は，「各人の〈自由〉および社会における〈自由の相互承認〉の，〈教養〉を通した実質化」と定式化することができます。これだけを聞いてもあまりピンとこないと思いますので，歴史的，哲学的に，ちょっと説明を補足させてください。

まず歴史的に見ると，公教育の本格的なアイデアは，フランス革命期に開花しました。言うまでもなく，フランス革命は絶対王政を覆し，人民の「自由」と「平等」を獲得しようとするものだったわけですが，公教育は何よりも，そうして獲得された自由や権利の平等を実質化する

ものとして構想されたのです。

　近代公教育の父と言われるコンドルセは、「絶対王政が覆され、法律で人々の自由や権利の平等が保障されても、知識がないばっかりに他人に支配されてしまうようでは意味がない」と言いました。「知識や能力を通して自らの自由や権利の平等をしっかり享受できる人間に各人を育てる」こと。これが、公教育の本質だとコンドルセは言っています。

　これを哲学的により基礎づけたのが、ドイツの哲学者ヘーゲルです。そもそも、なぜ社会は各人の自由や権利の平等をちゃんと保障するものでなければならないのか。なぜ教育は、知識や能力を通してそれを実質化しなければならないのか。その理由を、ヘーゲルは非常に説得的に述べています。

　まずヘーゲルは「人間はそもそも自由を求めてしまう。人間的欲望の本質は自由なのだ」と言います。ポイントとしては、ヘーゲルの言い方はこんな感じです。人間は必ず「欲望」をもっている。「おいしいものを食べたい」とか、「愛されたい」とか、「きれいになりたい」とか。しかし、この欲望があるからこそ、「不自由」を感じてしまう。「愛されたいのに、愛されない」「きれいになりたいのに、なれない」。「〜したい」という欲望がある時点で、人間はその欲望それ自体によって制限されているのです。だからこそ、人間はその欲望・制限から自由になりたいと思う。人間は必ず、そうした自由の感度（実感）を求めてしまうのだ、と。

　これが、「人間的欲望の本質は自由である」ということの意味です。人間は、欲望それ自体によって制限されている。しかしだからこそ、その制限を「乗り超えたい」と思う。その乗り超えの感度・実感が「自由」です。

　このように、人間は自由を求めてしまう存在なのですが、とりわけ最も「人間的」なことは、その自由を感じるために「他者の承認を必要とする」ということです。「あれをやれ」「これをやれ」とか、逆に、「あれをやるな」「これをやるな」とか、ずっとそう命令され続けていたら、どうしても自由を実感できない。人間は自由でありたいと思うがゆえに、他者に、自分が自由であることを承認させたいと思うのです。

　こうして、人間はお互いに自分の自由を承認させようと、1万年もの間戦争を続けてきたのだ、というのがヘーゲルの考えです。人間は、命を賭してでも自由を守ろうとする。奴隷になるくらいなら、戦って死ぬことを選ぶ。もちろんそうじゃない人もたくさんいるだろうけど、長い歴史を見れば、全体としてある程度そういうことはできる。だから、支配‐被支配関係ができても、またすぐ反乱が起こる。人間の歴史は、その繰り返しだったわけです。でも、「もういい加減悲惨な命の奪い合いはしたくない」と、人類は思うようになります。

　じゃあそれはどうすれば可能なのか。お互いが自分の自由を主張し合い続けることが争いを生む以上、考え方は一つしかない。それは、お互いが自由をめがけ

る者同士であるということ，それを相互に承認しようということ，つまり，「自由の相互承認」です。

これは哲学者の竹田青嗣先生[4]がヘーゲルを継承して言った言葉ですが，この考え方を底に据えておかないと，またみんなが争い合うことになってしまう。だからこの自由の相互承認という約束を，政治・社会原理として基本にしましょう，そしてそれを保障するために，法律，つまりルールをつくりましょうということになったわけです。

つまり自由の相互承認を基本にして，お互いの自由を調整し合うこと。この方法だけが，自由でありたいと思う各人のその自由を，最も十全に現実化し得るわけです。人類は1万年の命の奪い合いの末，わずか200年前に，ようやくこのアイデアを見出したのです。

けれどここで重要なのは，この自由の相互承認という考え方を「実質化」する必要がある，ということなんです。ただ法律で「みな自由だ，権利も平等に与えられている」というだけでは，不十分なんです。例えば，病気や貧困など，自分の力ではどうしようもない様々な理由で自由が著しく妨げられている人たちの自由は，法律以上の何らかの保障がないと，他者からより虐げられてしまう，つまり承認されないことになってしまうかもしれない。だからこそ，自由の相互承認の実質化のためには，ある程度積極的に社会福祉政策を行っていく必要があるわけです。

教育も同じです。読み書きや社会ルールなどに無知なままでは，子供たちは決して自由な存在になることはできない。そして，みんなが自由の相互承認の考えをある程度内在化していないと，結局社会の原理である自由の相互承認は実質化できない。そんなわけで，教育は，「自由および自由の相互承認を，〈教養〉を通して実質化する」ためにある，と言えるわけです。

(4)「個」のための教育か，「社会」のための教育か？

西條 その「教養」というところはもう少し具体的に言うと，どういった意味になりますか？

苫野 これは，ドイツ語の「ビルドゥング」（Bildung）の訳ですが，つまり，社会の中で自由な存在として自立していくための「力能」のことです。この力能という言い方は，哲学者の西研先生[5]からお借りしてるんですが，いい言葉だなと思います。計算力とか英語力とか，そういう個々の「能力」というよりは，そうしたものも包含した，自由を実質化し得るための「力能」です。

西條 教育って何のためにあるのかということを僕なりの直感で言うと，「社会の中で他者との関係も含めて個人がうまく生きていくために役立つことを伝える」ためだと思っています。それには価値観やルールの共有，マナーの伝達等々，様々なものがある。そうすると，「自由の相互承認」は，社会の中でうまく生きていくために，自由の相互承認という考え方があるといったように，その中の一

つなのではないかと思うんですけど、どうなんでしょう？

苫野 というよりは、自由の相互承認の考えは、教育がはぐくむ教養や力能の「基盤」であり、また教育構想の際の基盤でもあるもの、そう考えるといいと思います。「みんなが自由になりたいと思ってしまう、だから争いが起こってしまう」というこの根本仮説が広く受け容れられるなら、互いが互いにうまくやっていくためには、自由の相互承認を基本にするほかないはずです。だから、その感度を成長する過程で身につけていく必要がある。

西條 なるほど。

苫野 西條さんの今のお話は、どちらかというと「個人」の側から見た教育の本質ですね。個人の側から見ると、自由の相互承認の感度は、いわば読み書き算やコミュニケーション力などといった、社会にある程度必須の力能の一つということも可能です。まさに西條さんが言われるように、個人にとっては、教育は「うまく生きていくために役立つこと」をはぐくんでくれればいい。けれど「社会」の側から見ると、つまり多くの人が共に生活するという観点からすると、教育の本質は、自由の相互承認の感度をはぐくむことにある。社会の原理である自由の相互承認を、より実質化していくこと。これが、社会の側から見た教育の重要な目的になります。

この点は、教育は「個」のためにあるのか、それとも「社会」のためにあるのかという、これまで再三繰り返されてきた議論にもつながります。けれどこの論点は、先ほどの教育の本質論によって解くことができます。個人の側から見れば、教育は自分の自由を実質化してくれるものです。しかし自分が自由になるためには、自由の相互承認の感度をきちんと内在化している必要がある。だから社会の側から見れば、教育とは、まさに自由の相互承認の原理の実質化である、ということになるわけです。

ちなみに、教育とは社会のためにある、という人は、持続可能な社会をつくるため、また生産性を向上させ続けるために、そういう生産的な人間を教育するんだ、という言い方をします。それはもちろんそのとおりなんですが、しかしそのときに、だれかの自由が著しく侵害されたりするとまずいわけです。例えば社会生産につながらないような「できない子」は切り捨てるとか。先ほど論証的にお話ししましたように、社会が底板にすべき原理はあくまで自由の相互承認なのであって、生産性の向上は、その範囲内で設計される必要があります。

(5) 他者の自由に生きる権利を阻害しない限り、自由に生きる権利がある

山口 それから、きっとよく誤解されてしまうところかと思うんですが、ここでの自由って、決して「身勝手」「わがまま」といったことではないんですよね。苫野さん、いかがでしょうか？

苫野 そのとおりです。この前山口さんと初めてお会いしたとき、山口さんは自由を「生き方の自己決定」という言い方

にわかりやすくパラフレーズしてくださいましたが、まさに、自分が生きたいような生き方を、できるだけ納得し、さらにできるなら満足して、自分で選択し決定できているという実感、これが自由の感度です。そしてヘーゲルは、人間はみんなこの感覚をどうしても求めてしまう、という。でもそのために、単なる身勝手やわがままを押し通していくわけにはなかなかいきません。

西條 例えば池田清彦先生は、著書『正しく生きるとはどういうことか』[6]の中で、「他者の恣意性を阻害せずに、自分の欲望を上手に開放する」ことが「正しく生きる」ことだと言っています。僕はそれにすごく納得していて、今の苫野さんの話だと、自由の相互承認という考え方とも非常に似ているなと思ったんですけど。

苫野 そうですね。恣意性（自由意志）という文脈で言い換えると、むき出しの恣意性同士は、それがお互いに対立すると、弱肉強食に行き着いたりして、結局自分の恣意性をおびやかす結果になってしまう。だから、とにかくお互いが恣意性をもった存在同士だということは、最低限認めましょう、と。そしてそれをどう調整していくか、と問うことが、次のステップになる。マクロ的に言うと、まずそれが、政府と法律です。さらに、それをより実質化するのが、福祉や教育といった社会政策、という位置づけになります。

西條 池田先生の言い方だと「自由の相互承認をしよう」というのではなくて、「他者の恣意性（自由に生きる権利）を阻害しない限り、自由に生きる権利がある」といった表現になるんですね。でも、とはいえ現実にはそれを調整する機関や制度が必要になる。それが政府であり法律、さらに、それをより実質化していくのが教育ということなんですね。

苫野 個人の生き方のレベルでは、「恣意性を阻害しない限り」という言い方でオーケーだと思います。ただ政治や社会のレベルでは、先にも言ったように、法律だけでは各人の自由を実質化できないんです。それはいわば各人の自由および社会における自由の相互承認の「最低基本条件」なわけです。これを実質化するためには、ある程度積極的な働きかけが必要になります。

西條 僕の考えだと、「自由の相互承認」というのは、公教育の原理としてはわかりやすい指針になると思います。一方で個人のレベルでは「自由の相互承認をしよう」というだけでは、具体的にどのように生きたらよいかわかりにくいので、むしろ池田先生の「他者の恣意性（自由に生きる権利）を阻害しない限り、自由に生きる権利がある」といった命題のほうが具体的な指針として使い勝手がよいように思っています。それで、「各人の〈自由〉および社会における〈自由の相互承認〉の、〈教養〉を通した実質化」を簡単に言うと、「自立して、しかも他者の自由に生きる権利も阻害しないで生きられるようになる」ということでよいでしょうか。

苫野 そうですね。自立して生きていく

ためには，自由の相互承認の感度を身につけていく必要がある，と。

だから僕は，「各人の〈自由〉および社会における〈自由の相互承認〉の，〈教養〉を通した実質化」と言って，両者を並列させたわけです。個人にとって公教育とは何か，そして社会にとって公教育とは何か，この両者の観点を，お互いがお互いを支え合うような形できちんと理解しておくことが大切だと思います。

(6) 本質と原理の違い

西條 なるほど，よくわかりました。ただこれについては以前も苫野さんと議論したこともあるんですが（笑），ここでは「公教育の本質」というより，「公教育の原理」と言ったほうが適切ではないでしょうか。

ここでいう「本質」というのは，ポストモダン思想が否定するような，「真理」に近いような，どこかに転がっているだれにとっても了解すべき絶対的な正しさ，というものではなくて，竹田青嗣先生の的確な表現をお借りすれば『あることがらの一番大事なポイントを的確に言い当てたもの』[7]ですね。さしあたりこれを本質の定義としておきます。

それに対して，僕の感じだと「あることがらの一番大事なポイントを的確に言い当てたもの」である「本質」より，「普遍的に了解される可能性の高い理路」としての「原理」のほうがより上位というか，了解の強度が高いことを含意している。だから「本質」は「原理」たり得るための必要条件といったところだと思うんですね。もっと言えば，「本質」が，共通了解を拡げるための方法概念として使われる場合に「原理」と呼ばれる。だから原理を僕なりの言葉で言えば，「普遍的に了解される可能性の高い方法的な理路」のことです。それが原理の定義ですね。

この考えが妥当なら，「各人の〈自由〉および社会における〈自由の相互承認〉の，〈教養〉を通した実質化」は，公教育をこの出発点から考えればよいという，方法的な底板となっている以上，ここの文脈では「原理」と言ったほうがしっくりくる。その意味では，苫野さんがよくおっしゃる「公教育を構想するための，構想原理」というのは，その方法的構えを非常によく言い当てていると思います。専門的な話で恐縮ですが，わかりにくいところなので整理しておきたいと思ったのですが。

苫野 すっきりしましたね（笑）。専門的には重要なので僕たちは言葉の微妙な使い方にこだわってよく議論しますけど，それはわかりやすくてよく言い得ていると思います。

西條 もっと言えば，公教育が共通して目指すべき目的という意味では，「公教育における目的原理」あるいは「公教育のメタ目的」と言ってもよい気がしたのですが，どうでしょうか。

苫野 ええ，いいですね。

(7) どのような公教育が「よい」公教育なのか？

山口 なるほど。西條さん，ありがとう

ございました。

　では，ここまでを踏まえて話を進めると，これで公教育の本質にして目的の原理が，「各人の〈自由〉および社会における〈自由の相互承認〉の，〈教養〉を通した実質化」という形で明確になりましたね。そこで次は，それを社会政策として実質化する公教育の「正当性」論に進んでいきたいと思います。

　ちょっと例をあげると，今ここに，自由および自由の相互承認の実質化に寄与するであろう，AとB二つの施策，つまり方法があるとします。そして，その場を共有した人たちが，それぞれの関心の妥当性を問い合い，現実的な状況・制約も可能な限り考慮して，施策Aを採用したとします。けれどこれでは，議論の場を共有した人たち「のみ」の合意であり了解が得られただけにとどまります。

　もう少し具体的には，例えば教育行政の一握の人たちのみがある施策に合意しても，それをもって「正当な」「よい」教育だ，と言ってしまうのはまずいと思うんですよね。穿った見方をすれば，議論に参加した人が大切にしておきたい人たちや子供たち「のみ」の自由や自由の相互承認を実質化する施策が展開されてしまう可能性もあるからです。こんな教育を，多くの人は「よい」「正当」とは言わないと思うんですよね。

　僕の解釈で簡単に言うと，だから，あらゆる施策・方法を審級する「よい」の基準として，みんなが納得することのできる「正当性」の原理が必要になります。公教育は，どういう形で自由と自由の相互承認を実質化していけば「正当」であり「よい」と言えるのか。そのことについてお聞きしたいと思いますが，苫野さん，いかがでしょうか？

苫野　行政に身を置く山口さんには，特に切実な問題ですよね。山口さんはすでによくご存知なうえに実際に活用して下さっているから，僕が話すのもなんだか（笑）。

山口　いやいや，お願いします（笑）。

苫野　結論から言うと，公教育の「正当性」の原理は「一般福祉」という概念として提示することができます。これもヘーゲルから取り出した考え方で，やはり竹田先生が概念化したものですが，僕の言い方では，公教育も含む「社会政策」の正当性の原理が「一般福祉」ということになります。

　繰り返し言ってきたように，各人の自由および社会における自由の相互承認を実質化するためには，何らかの積極的なアクションが必要になってきます。それが，教育も含めた社会政策です。ではそれはどういうときに正当かというと，自由の相互承認の原理に基づく限り，ある一部の人にのみ利益のあるものでは駄目で，すべての人の利益にかなっている必要がある。これが「一般福祉」の概念です。

　さらに言うと，一般福祉は，すべての人が自由を実感できる，その一般条件をより十全に整えていこう，というところまで射程がある。だから社会政策は，消極的な言い方をすると，「一般福祉を侵害しない限り正当」と言えるんだけれど

も，積極的に「一般福祉を促進し得る場合に正当と言い得る」と言ってもいい。

　ちなみに付け加えておくと，ここでの「福祉」は，日本語だとボランティア的なニュアンスがありますが，ドイツ語では"das wohl"，英語だと"welfare"で，"well-being"，つまり「よき生」という意味が強いものです。「それぞれの人ができるだけそれぞれのよき生を営める，その一般条件を上げていく」という概念です。

　したがって社会政策としての公教育は，特定の人のみでなく，すべての人のよき生，つまり自由の相互承認を基盤とした各人の自由を実質化できるように，政策を展開していく必要がある。そういうことですね。

西條　質問も兼ねてなんですけど，「自由の相互承認」と「一般福祉」の違いを，より明確にしておく必要があるんではないでしょうか？

苫野　そうですね。なぜ一般福祉が出てくるかというと，それは一般福祉という正当性の原理にかなった政策でないと，自由を相互に承認しているとは言えないからなんです。

　例えばいわゆる「功利主義」と言われる考え方は，一般的に，「社会生産の総和を最大化する」ことを正当性の原理に置きます。「生産を最大化すれば，低所得者だってその富が分配されて生活水準が上がる。だからよい」と。

　しかしその場合，例えば教育だと，生産を最大化するためには「能力ある子供たちに集中して投資すればいい」ということになってしまう。さっきも少し言いましたね。でもそれは，結局ある一部の人だけの自由を促進していて，その他の人の自由を侵害していることになる可能性が高いのです。

　一般福祉の原理は，障がいや貧困などで著しく自由が妨げられている人たちについても，自由を促進する方策を打ち出すことを要請します。「すべての人のよき生＝自由を促進していない限り，社会政策は正当とはいえない」。それが一般福祉の概念です。自由の相互承認と一般福祉は全く同じこととも言えるんですが，当てている角度が違うんです。

西條　機能する次元が違う，ということになるのかな。「個々人の生」といったレベルでは自由の相互承認。「制度」レベルだと一般福祉，つまり個人の自由および自由の相互承認を実質化するための社会政策を考えていくうえで，必ず通さなければならないフィルターが「一般福祉」。

苫野　まさにそのとおりですね。うまいまとめ方だと思います。

　ちなみに，すべての人のよき生＝自由を促進するなんて不可能じゃないかという批判があるかもしれませんが，それは的を外した批判です。というのも，一般福祉はあくまでも公教育の正当性をはかる「判断基準」だからです。これを絶対に達成することはもちろん困難で，ほぼ不可能なことかもしれませんが，それでもなお，我々はこの「基準」からしか，教育の正当性を判断することができないのです。評価するにせよ批判するにせよ，我々はこの一般福祉を基準に判断するほ

かないということです。これはとても大切なことなので，特に強調しておきたいですね。

そしてこのことを踏まえたうえであれば，一般福祉は教育政策が目指すべき「目標」とか「指針」とかいうことも可能ですね。不可能だからナンセンス，というのではなく，どこまでも目指すべき目標あるいは施策の指針です。

山口 ちなみに僕は，政策・施策はもちろん，社会の最小単位である二人以上から一般福祉を使っていたりもします。例えば子供たちが一斉に学習する「授業」。ここでは，ある特定の子供たちのみでなく，一般福祉を「よい」の基準において，子供たちみんなに指導がいきわたる授業を目指していく。

例えば，一度の「思考発問」でどのくらいの子供が教師の意図する内容について考えることができるか。そこから漏れてしまう子供のために，「補助発問」はどの程度用意する必要があるか。さらに，これら学級全体に向けての発問を，どの程度「机間指導・支援」で補完していく必要があるか。こんなふうに，「よい」授業を構想・展開していくための基準として常に一般福祉を思い浮かべるようにするんです。それは，研究授業などで指導・講評をするときだけでなく，僕自身が教員研修の講師をするときも同じですね。

それと，一般福祉を思い浮かべることで，言われてみればすごくあたりまえなんだけど，すべての子供たちということを常に意識できること。今，学校現場から離れて行政にいる僕にとっては，これがとてもありがたいんですよ。授業づくりの際の発問と同じく，一つの施策ですべての子供たちに，ということは難しいですけど，種々の施策を掛け合わせたときに，きちんとみんなに効果がいきわたるようになっているか，漏れてしまう子供はいないか。そしてそのためには，例えばすべての教師を下支えする必要がある。そんなふうに考えることができるんです。

(8) 原理特有の役立ち方とは？

西條 ここまでに話してきた原理の「役立ち方」を広めていけたらいいですね。こういう場合はこういうことを言えばいいというマニュアルはわかりやすいですが，なかなか応用が利きづらいんですよね。

それに対して原理は，その状況ごとにその都度考えて，適切な言動のための指針になる考え方なのでものすごく汎用性があります。

山口 原理って，自分の経験を踏まえてしっかり検証して「確かにそうだな」って深く思う過程を通らないと自分の中に落ちてこないところがあるから，時間がかかるところはありますが，一度身につけばとても使い勝手がいいんですよね。

それと，僕が原理論に関心をもったきっかけって，現場にいるとありとあらゆることをその都度学ばなければならない，ということが理由の一つだったんです。ある日は国語，ある日は算数・数学，ある日は食育，みたいに。しかも専門分化

した知識や技能が求められる。それは自分にとってすごくよかったことでもあるんですけど，ある日思ったんですよね。個別の知識・理論を覚えることも大切だけど，それらを上手に使い分けるためにも，もっと原理的な考え方を学ぶことが必要なんじゃないかって。それはきっと，現場にいたからこその発想でもあった。

そして今でも忘れない2007年10月，構造構成主義に出会ったわけです（笑）。西條さんの構造構成主義がきっかけになって，苫野さんの論文にも触れることができました。

西條 原理を知っていると汎用性があって便利ですよね。僕なんか，原理くらいしか頭に入ってない気がします（笑）。研究法とかも同じです。完全に固定化されたやり方を使っているというよりは，その都度原理に照らして考えている。

苫野 原理がわかっていれば，いろいろな問題を考えて，そしてある程度解決する筋道をつけることができますからね。

西條 だから，どんな質問をされても，だいたい答えられるんですね。

苫野 そうですね。情報さえあればできる。僕が近頃言うのは，社会や教育構想にとって重要なのは三つで，一に原理，二に膨大な知識・情報，三に想像力，です。どういう社会や教育を「よい」と言えるか。その原理を基軸に，あらゆる情報・知識を踏まえて現状を把握し，そのうえで，ではどうやって社会や教育をよりよく構想していけるか。想像力を働かせてその具体的なアイデアを練り上げていく。

山口 なるほど。とても納得しました。

そうそう，原理の役立ち方といえば，一例として，僕はこんな説明の仕方をしてます。

……まず，教室や研究室に入っていって，突然黒板に「42＋31＝」とかって書く。で，「この答えはいくつでしょう？」と問う。

苫野 え？　まさかひっかけ（笑）？「73」，ですよね……？

山口 正解（笑）。何のひっかけもないですよ（笑）。大切なのはここからなんですけど，次は，「この計算問題，今，みなさんはなぜ『正答』を導くことができたでしょうか？」と問うんです。少し考えてもらった後，「これが今日みなさんにお話しする『原理』とその『役立ち方』のごくごく簡単な説明になるんです」と続けるんですね。

そしてさらに「もし『加法』という『考え方』を知らなかったどうでしょうか。今，42＋31＝は簡単な計算問題に思えるかもしれないけど，それは加法の考え方をきちんと使えるようになっているからではないですか？　だから，その都度『正答』を導くことができる。もし加法の考え方を知らなかったら，すべてのパターンを『暗記』すること以外に，さしあたり独力で正答する方法はないはずです。どうでしょうか？」と問うんです。

苫野 その都度おはじきを持ってきて数えるという手もあるかな（笑）。

山口 時間がかかるけど，確かにできますね（笑）。道具があれば。とはいえそれは想定済で，だから，こんなふうに続

けるんです。

「教師は仕事の性質上，独力で問題や課題を解決しなければならないことが多いし，即時的な判断を求められることも多いですよね。だから，『よい考え方』としての『原理』を知り，身につけることで，単純な演算ほど明確でなくても，その都度出てくる問題・課題に対して妥当な答えを導きやすくなるんです。しかも加法は，『減法』『乗法』『除法』との『四則混合』で，より高度な問題を解くこともできる。原理はもちろん一つでも役に立ちますが，四則混合のように複数組み合わせていくことで，みなさんの日々の実践をより豊かにしてくれるはずです」

ちょっと長くなりましたけど，こんな感じで説明すると，なんとなく原理の役立ち方が伝わるように思います。特に西條さんにお話しいただいた「方法の原理」は，おおよそすべての意図的・計画的にものごとをなす場面で使える原理ですから，教師の日常的な営みである「授業づくり」や「ほめる」「叱る」といった具体例で説明を続けていくと，その役立ち方が伝わりやすいように思いますね。いわば「原理入門」として，「方法の原理」は最適かなと。

西條 そうですね。何かやろうとしたら，どの次元でも方法は必ず必要ですからね。方法の原理によれば，①現実的制約（状況）と②目的に照らして方法の有効性を判断し，選択していくわけですが，案外忘れがちなのが，このときの現実的制約には教師の力量や特徴，キャラクターみたいなものも入っているということなんですね。当然，得手不得手があるし，同じことを言ってもキャラ的にセーフの人もいれば，アウトの人もいる（笑）。だからマニュアル的な指導や単純に模倣するだけでは，うまくいかないということが起こる。

だから方法の原理を視点としてそうしたことを自覚し，"自分"という最も基底的な現実的制約を前提としたうえで，目的に照らしてよりよい教育への方法を選択していくことができるようになります。もっともその制約となっている自分を成長させていくことも大切になりますが。

(9) 現場に届く言葉を

西條 ちなみに言葉の当て方の問題なんですが，「自由」というとわかりにくいところもありますよね。雲をつかむようなところもありますからね。

苫野 先ほども言ったように，さしあたり「自由」とは，「自分が生きたいような生き方を，できるだけ納得し，さらにできるなら満足して，自分で選択し決定しながら生きられているという実感」といっておいていいと思います。そしてそのためには，相互承認の感度が基盤として必ずいる。もっともこれからより多くの人に伝えていくためには，よりよい説明の仕方をもっと考えていく必要がありますね。

西條 苫野さんは先ほど「人間的欲望の本質は自由を求めてしまうことだ」というようなことをおっしゃっていましたが，

そういう文脈では、「自由志向性」といったほうがわかりやすい気もしますが、どうでしょうか。

苫野 それもありだと思います。あるいは、「みんな生きたいように生きたいと思っちゃう」とか（笑）。

山口 僕は、だれかに説明するときはそんな感じですよ。「まず、自身に問いかけてみてください。『できることなら、自分の生きたいように生きたい』そう思いませんか？『様々な制限があるけど、それでもなお、それがどのような生き方であれ、なるべく自分の生きたいように生きたいと思ってしまうこと』まさにそれが、〈自由〉という人間的欲望の『本質』なんです。そして、そういった生き方をするためには、他の人もそう思ってしまうことを認め、尊重することはもちろん、たくさんの教養や力能が必要ですよね？」みたいに。自分自身に問うてもらうんです。

西條 なるほど。学術的には先に進めることが主要な関心ですから、専門用語で押し進めていっていいと思いますし、そうすべきだとも思うのですが、教育現場で活用してもらいたいという関心からすれば、難解な専門用語を極力わかりやすくして考え方のエッセンスだけストンと落ちる形にしていけるといいですね。

山口 そういう意味では、さっき話題に出てきた「福祉」もそうかもしれませんね。

苫野 福祉は別のイメージができあがっていますからね。ここでいう福祉は、「すべての人の、よりよい豊かな生を充実させること」です。

西條 それがわかりやすいですね。そして自由の相互承認は……。

苫野 市民社会の原理なんですよね。

西條 簡単に「市民社会で共有すべき価値観」と言い換えられるでしょうか。

苫野 そうですね。社会はこの考え方、価値観を基礎にして営まれる必要がある、という。

山口 このへんでここまでの話をまとめておいてもよいかと思うのですが、苫野さんいかがでしょう？

苫野 そうですね。まず人間は、「自由」を求める、つまり、どうしても自分が生きたいように生きたいと思ってしまう。そのことをまず認めます。でもそのためには、生きたいように生きるための「力能」がいる。読み書き算といった基礎的教養や、ある程度のコミュニケーション力、その他諸々の力能がいる。そしてその力能の基盤が、「自由の相互承認」の感度、つまり、だれもが生きたいように生きたいと思っているのだというそのことを、ちゃんと認めるという感覚です。そうじゃないと、わがままな「こうやって生きたいんだ」同士が、争い合ってしまうことになる。

そんなわけで、公教育の「本質」は、「自由の相互承認の感度を基盤とした力能の育成を保障することで、自分が生きたいように生きたい、という各人の思いを、できるだけ十全なものとしていくこと」となります。

こうした公教育の本質は、「制度」として支えられます。つまり「学校」が設

置され、「教育内容」が整備される。じゃあそれはどういうふうに構想されれば「正当」か。それはまさに、ある一部の人たちだけでなく、市民全員の、「生きたいように生きたい」という思いが、できるだけ納得感と満足感をもって促進され得るかどうかではかられる。これを「一般福祉」と呼びます。

　ちなみに、学習指導要領なんてなくしてしまえという議論があったり、一時期「脱学校」の思想も流行りましたが、それも、もしそれが「一般福祉」にかなったうえでより効率的な方法になり得るのであれば、決して否定されるべきものではありません。僕は、諸々、まさに現実的制約を考えてどちらにも積極的に賛成はしませんが、学校選択制とか教育ヴァウチャーとかのアイデアも同じです。これらのアイデアは、一般福祉の範囲内で可能であり、そのうえでより公教育を活性化させられるのか、という観点から実証的に研究される必要があります。

山口　まとめていただいてありがとうございます。ここに至って様々な教育の問題を考えていくための「底板」が整ったと言えるかと思います。

(10) 原理から実践理論をつくる

山口　そういえば、まとめていただいた直後に恐縮なんですが（笑）、僕はぜひもう一つ付け加えたいことがあって。何かというと、苫野さんが以前論文で指摘されていたように、「原理」と「実践理論」を分けて考えるということもとても重要なポイントだと思っています。これは、目的と方法を分けつつ、かつ現実的な状況・制約を踏まえて考えるということとも同型ですよね。

　一般福祉は、あくまでも正当性の「原理」である。このことがわかり、かつ一般福祉を「目的原理」と言い換えれば、次の課題は、これを達成するための方法＝実践理論を構築していくということになりますよね。

苫野　そうですね。原理と実践理論の区別という考えは、まさに政策レベルから教室レベルまで、あらゆる場面で使える発想だと思います。

　例えば教育の方法をめぐっては、今も大きく分けて二つの考え方があって結構対立してますよね。一つは、知識なり価値なりを「教え込む」ことが必要だということ。もう一つは、できるだけ「経験を通して学んでいく」ことが重要だということ。

　でもこれは、まさに先ほど話にも出たように、どっちが絶対に正しい方法か、という問題ではなくて、その時々の現実的制約を踏まえて、柔軟に選択すればいいだけのことなんですね。

　で、何のための教え込みか、何のための経験を通した学習か、というと、その最大の目的は、どちらも自由の実質化あるいは一般福祉にあるわけです。これが「原理」。あとは、じゃあそのためにどういう実践理論を選択あるいは構築すればいいかを考えればいいわけで、「教え込み」も「経験から」も、自由の実質化や一般福祉のために、状況に応じて使い分ければいい「実践理論」ということにな

る。これが、「原理」と「実践理論」を区別するという発想です。こう考えると、それまで対立していた考え方が、自由の実質化や一般福祉達成のための、状況に応じた単なる方法の違いということになる。

西條 こういうときに、自由および自由の相互承認といった公教育の原理を置きながら話をすることが重要になるわけですね。それを置くかどうかで、全く話が変わってくる。それがないと、安易にこれさえしてればいいんだ、いやこれをしたほうがいいんだ、といった信念対立に陥って、いつまでたっても建設的・本質的な議論にならない。

自由および自由の相互承認を実質化させていくという公教育の本質・目的原理に照らすと、例えば「関心相関性といった考え方を教えることは有効かもしれませんが、それを教え込み、暗記させること自体にはあまり意味がないので、それを視点として問い合うという方法のほうが有効なのではないか」といった形で、より有効な指導法・学習法を検討するといったことができるわけですね。この原理は、そういうふうに役に立つ。

苫野 そうですね。

西條 けれど、この有効性が特有なだけになかなかわかりにくい（笑）。

山口 確かに（笑）。さっきみたいに、いろいろ説明を考えてみるんですけどね。やっぱり人に説明されるよりは、どうしたらいいかわからない問題・課題に出会い、原理を使うことでそれが「解けた！」という達成経験が、一番原理の有効性がわかる瞬間かもしれないですね。

でも、だからこそ、僕はほんとうに毎日ありがたく思っています。議論のしっかりとした基盤として原理があると、安易に直感で判断することも少なくなるんですよね。判断の「振れ幅」を小さくできる。そういった意味で、これまでも、お二人がつくり出した原理にどれだけ力をもらったことか。

西條 最初はだれでも直感的に自分の感度でいろいろなことを言いたくなりますし、それは自然なことですよね。「自由の相互承認」の観点からすると、やはりそうした個々の意見を尊重するというのは出発点にしなければならない。しかし、ここで論じている教育構想の方法がポストモダンの思想を背景としたようなこれまでの考え方と決定的に違うところは、多様性を尊重するにとどまらず、それを前提としたうえで、よりよい考えを構想していくための方法でもある点ですよね。

だからこれは、小学生や中学生、高校生を対象とするだけでなく、教育者を教育する大学でも、教育者の教育プログラムとして導入していく必要があるかもしれない。こうした考え方を、教師教育あるいは教員養成プログラムに導入する際には、山口さんが構築した「指導案構成法」を使えば、授業を構想する際、この原理に照らしながら、自分のやっていることをチェックできるようになりますね。そういう形でもリンクできると思います。

山口 そうですね。ありがとうございます。では、先ほど苫野さんにまとめていただいたところに話を戻しますね。

繰り返しになってしまいますが、ここまでに出てきたいわば「よい考え方」としての「原理」を、「あたりまえ」と言うことはとても簡単なことですよね。けれど、それを明確に示したものは今までなかったと思うんです。そして、だからこそ、冒頭でお話しした教育をめぐる様々な問題や対立が起きたという面もあるのではないかと思います。そういう意味でも、やはり根本である原理からきちんと考えることは、とても大切なことなのではないかと思います。

　ちなみに、「中学校の未来づくり」とは、未来に向けて「よい」公教育をつくる・構想するということに他なりません。そういう意味でも、このあとは、ここまでにお話しいただいた原理を起点として、教育をめぐる具体的な話題について議論できたらと思います。

2．教育内容・方法の吟味の仕方

(1) 何のための教科かを問い直す

苫野　教育を構想する、という意味では、やっぱり教育の内容ははずせないですよね。どういった内容を教えることが妥当か、そして、その獲得の保障について。

山口　そうですね。けど残念なのは、何かと世間をにぎわす話題は「ペーパーテストで測定可能な教科学力」なんですよね。そういう意味でも今日は、今求められている学力観、「生きる力」とマッチする教育内容・方法という感じで考えていけたらと思ったんですけど、お二人ともいかがでしょうか？

苫野　そうですね。何のための教科か、もう一度考え直す必要がある。で、やっぱりその根本は、しつこいですが（笑）、自由および自由の相互承認。教科学力って、突き詰めていけばそのためのものだと思います。

山口　僕が考えていることも実はそれと似ていて、教科学力「観」を再編するということなんです。教科等の区分それ自体を再編しようと思ったらものすごく大変だし、少なくとも短期的には不可能に近いと思います。

　でも、例えば、国語、社会、算数・数学、理科等々。これを「方法」と位置づけるだけでかなり変化が出ると思うんですよね。教科内容を教えること自体が目的ではないと。

西條　教科内容を教えること自体を目的にすると、中学の先生がみんな2時間ずつ宿題をやれとかいうことになるのかもしれないですね（笑）。もっと全体を見る必要がありますよね。

山口　確かに（笑）。特に中学校の場合は、小学校の「学級」担任制と違って「教科」担任制なので、そういうことが起こりやすかもしれませんね。宿題のバランスを教科間で取るのが、小学校と比較してちょっと難しい。

　ちなみに、これ以降にうかがうお話の参考として説明しておくと、学校教育課程編成の基準となり、教師個々の授業づくりを支える学習指導要領は、僕の解釈で言うと、1998年の改訂以降、先ほどお話した教科を方法としてとらえるような路線で改訂が進んでいます。「総合的な

学習の時間」の新設，指導要領の「最低基準化」，また今回の改訂でも「合科的な学習の推進」が明示されて時数処理が弾力化してきていることもあり，学校の教育課程編成も教師の授業づくりもすごく自由度が高くなったと思いますね。

　で，僕なりに解釈すると，総合的な学習の時間が新設されたこと，合科的な学習を推進することって，教科等を自由および自由の相互承認を実質化するための「方法」としてとらえ直すこととほとんど同義なんですよ。そして自由と自由の相互承認は，1998年改訂で明示され今回の改訂でもそのまま言葉が残った「生きる力」の内容と言い換えられる。

　「生きる力」を〈自由〉と〈自由の相互承認〉と言い換えたとき，その実質化のためには，苫野さんが言う「教養」を通して「力能」をつける必要がありますよね。で，その教養・力能を実質化するための方法を「教科」等に細分し，体系的・系統的に示したものが指導要領というとらえ方なんです。指導要領はそういう形で読み込んでいくと，ずっと内容が受け取りやすくなると思うんですね。各教科等を，何のために教え，学ぶのかよくわかってくるんですよ。ここまで理解が進めば，指導要領の内容を批判的に吟味していくこともできるようになる。

苫野　なるほど，教科も，指導要領も，総合的な学習も，生きる力も，およそカリキュラム編成に関係するタームは，全部，自由および自由の相互承認を実質化するための「方法」としてとらえる，と。

(2) 歴史教育を例に指導方法を考える

西條　そのようにとらえると，司馬遼太郎とか北方謙三の歴史小説を読む中で役立つ視点をたくさん学べたように思いますが，歴史の教科書から世界を見る視点として役立つことを学んだ気がしないので，それはどう考えればいいのかなと思ってて。暗記したことって99％忘れるし（笑）。だから歴史はもっとざっくりでいいのかなと思いますね。

　もちろん，歴史を社会科の内容からなくすのは反対です。人間は歴史を背負っている存在だから。けれど，歴史なんて細かくしたら切りがないですよね。

苫野　多くの人が実感している問題ですよね，それは。

　歴史教育をどうするか，ということについては，専門的な研究が膨大にあるからあまり大上段に語ることは控えたいと思いますが，それでもこの話題についても，やっぱり，ずっと話してきた公教育の原理を基軸にするほかない。

　そうなると，あくまで一般的な話ですが，歴史でとりあえず大事なことは，大きな流れと，「なぜこうなったのか」ということ。もっとも，細かい世界史や日本史の知識があると，たとえそれが断片的であったとしても，海外の人とのコミュニケーションが格段に豊かになるというような直接的な効果はありますけどね（笑）。それ以外にも，断片的な歴史知識であっても，直接的に役に立つ場面は少なくないと思います。でも基本は，まさに自由度を高めるための温故知新。

西條　そうそう，どういう条件が整った

結果，社会は変化していったのか，それが人類史において何を意味していたか。

大学に入って感心した授業があって，それは生態学かなんかの講義だったと思うんですが，「森林が激減した文化は，必ずその後絶滅している」というんですね。そういうパターンがわかれば，今後の予測にも使えますから，こういうのは面白いし，役立つなと思ったんです。

公教育の原理や目的に照らして考えれば，歴史を学ぶ意義や有効性というのは，歴史のパターン，構造をつかむことで，繰り返されることは予測して，未来を制御できるようにするということ。それから，自分の立っている位置の意味を把握するということですよね。

例えば竹田青嗣先生が「差別は近代以降に生まれた」ということをおっしゃっていて，なるほど差別というのは平等という概念が生まれた後にしか生まれ得ない概念なんだなと思って妙に腑に落ちたことがあります。ある種の前提がなければ，差別も何もないんだなと。

それと，今あたりまえのようにあるもの，例えば「宗教の自由」というものは最近までなくて，それまではむごい命の奪い合いを繰り返していた。宗教の自由は最近までずっとなかったものであり，それは「人類が培ってきた智恵」であり「偉大な発明」なんだということを伝えることで，今はあたりまえになっていることも守っていかなければならないという意識も芽生えますよね。そういうものは，近代社会が獲得した智恵である自由の相互承認の共有と堅持という観点から

も大事になってきますよね。

(3) 学力と評価・選抜を考える

山口　ただし今は，進学のため，受験のため，っていうのがありますからね。教育は，そこがあらゆる教育の内容や方法を考えていくうえで難しいところだと思うんですが，その点についてはいかがでしょう？

苫野　そうですね。教育は，何だかんだで「選抜」の機能を果たすものになっている。差異化のために，知識を細分化しなければならない。どれだけ細かい知識を蓄えることができたかが，評価や選抜の重要な判断基準になる。それはそれで結構合理的ではあるんだけど，でもそのことで，教育が育成すべき「教養」「力能」の本分が，見失われてしまっているかもしれないですね。

山口　確かにそうですね。でも，選抜もそうですけど，この問題でもっと大切なことはおそらく「人的資源の社会配置」なんだと思うんです。資源の乏しい日本ではこれがとても重要であり，下手すると，国益どころか世界益すら損なう可能性もあるということかな，と。

苫野　効率的な適材適所，ということですね。これまでは一応のところ，いわゆるペーパー学力がその効率性を担保していると建前上はされてきたと思います。

山口　はい。しかし，そもそもペーパーで測定可能な学力の10％程度は「誤差」というのが一般的見解ですから，今以上にペーパーテスト外の教育情報を活用していく必要があると思うんですよね。ま

さに，自由および自由の相互承認という観点から見て大切な教養・力能に関するものを。

苫野 それでいうと，僕は，各人が自由になるための学力とは，小・中学校においては「共通教養」の習得と「学び方」の習得，と言いたいと思います。「共通教養」の「共通」には二つ含意があって，一つは，すべての人が「共通」にその獲得を保障されるもの，もう一つは，どんな道に進んだとしても，ある程度は「共通」に必要なもの，という感じです。

そして高校以降は，より自由を実感できる，つまり，自分らしさを実感できる力能を，発展的な「学力」と呼びたいと思います。これは人によって違いますね。数学が得意な人もいれば文章を書くのがうまい人もいる。農業的知識に長けた人もいれば，ビジネスに興味をもつ人もいるでしょう。高校以降は，「共通教養」と「学び方」を基礎にしたうえでの，そうした個別的な志向性に応じた力能を「学力」と呼びたいと思います。

今「学力」がどうとらえられているかというと，1989年の指導要領改訂・告示に伴って，小学校では1991年，中学校では1992年に，「新しい学力観」への転換がはかられました。それまでの「知識・理解」から，「関心・意欲・態度」に評価のウエイトがシフトしたわけですね。でも今度はこれが，大きな問題を生んだと言われています。知識・理解的学力の低下や，子供たちが勉強への「意欲」をつくろったりいい子の「態度」をつくろったりするという問題です。

僕もまさに，小・中学校の場合は，重要なのは「関心・意欲・態度」を評価することなんかより，先ほども言ったように，「共通教養」と「学び方」の習得こそが本質的だと思います。それが，「自由」になるために最も必要な「学力」であるはずです。だから小・中学校は，全員必ず到達させると決めたものには到達させる。それが基本方針であるべきです。そしてその到達への道のりにできるだけ「探究」的な学びを取り入れ，「学び方」もまた獲得していけるよう努める。

そのうえで，高校くらいからは，教育の在り方や学力観をもっともっと多様化させていいと思います。もっとも，日本の教育は画一的だとよく言われますが，高校なんかは実はとても多様なんですよね。それでも僕は，もっともっと多様化してもいいと思う。国際交流の機会が半端じゃないくらいあるとか，スポーツを中心とした学校生活とか，全部英語での授業とか，企業でのインターンシップ制度があるとか，まさに特色ある学校ですね。そして高校生は，自分に合った学校を選んで，おもいきりやりたいことをできるようにする。ちょっと極端な言い方かもしれませんが。

ちなみに教育学者の佐藤学さん[8]は高校入試の全廃を訴えていますけど，それも一つのアイデアですね。とりあえず中学でここまで到達しさえすれば，あとは多様な道が広がっていて，基本的には行きたい方向に進むことができる。そうすれば，「今」の勉強にももうちょっと意味が感じられると思います。

もっとも誤解のないよう言っておきたいと思いますが，僕は，中学卒業時に自分の将来を決定せよと言っているわけでは全くありません。むしろ，進んだ道が合わなかったり挫折したりした場合，かなりの程度再チャレンジの道を制度上担保しておく必要があると思っています。再び佐藤学さんの言葉を借りれば，30歳くらいまでは何度でも挑戦できる，柔軟性と流動性のあるシステムの構築ですね。

しかしともかく，やりたい道に進むためにも，あるいはそれに挫折して再チャレンジできるためにも，子供たちは，どんな道に進んだとしても必要となる「共通教養」と「学び方」をしっかり身につけておく必要があるわけですね。その間はちょっと大変かもしれないけれど，これからどんな道に進んだとしても，これを基礎にすることができるんだ，これを身につけておけば途中で路線変更だってできるんだ，というような感覚があれば，子供たちも「今」の勉強の意味を，何となく実感できるようになるんじゃないかなと思います。

「学びから逃走する子供たち」が叫ばれて久しいですが，僕は子供たちに，とにかく，今の勉強はゆくゆくの自由のために断然意味がある，と実感してほしい。そう実感できるような制度設計をしたいですね。

(4) 道徳教育を徳目主義から相互承認へ
山口 苫野さん，貴重なお話をありがとうございます。

ここまでの話を少しまとめると，教科等を総合的・合科的にとらえて，自由および自由の相互承認を実質化するための教養あるいは方法という方向でとらえ直し，ゆくゆくは，そういった方向で教育内容を構想し直していくということについては合意できそうですね。これについては，少なくとも指導要領はそういう方向で改訂されてきていると思うので，さしあたりは「実質化」の問題が焦点かもしれません。どれだけそういうとらえ方，教え方のできる教師を育てることができるか，といったことを中心として。

歴史教育・社会科の話を例として教育内容の大枠についての考え方が出たので，次に，各教科やもう少し細かい教育内容や方法について議論できればと思うんですけど，お二人は何か関心があるものって，ありますか？

西條 ちょっと「自由の相互承認」，つまり「他者の自由意志（恣意性）を阻害しない限り，自由に生きる権利がある」というところに話を戻すと，今の日本ってそれが全然できていないですよね。多数派の常識を正しいものとして，他人に迷惑かけていない人の自由に生きる権利を阻害しているところがある。例えばタバコの問題もそうですよね。僕はタバコを吸いませんが，それでも禁煙推進派の主張にはそれはおかしいんじゃないかなと感じることがあります。

もちろん，僕もだいたい毎日1回ぐらいは歩きタバコをしている人に出会ったり，煙が自分にかかって不快に思うことがあるので，規制の方向に進んでいくことはやむを得ないところはあると思うん

です。でも、だったら「煙がくるから嫌だ」と言えばよいと思うんですね。つまり「タバコの煙を吸いたくないという他者の自由意志を阻害する」のが悪いのであって、ルールを守って吸っている他人に対して「あなたの体に悪いからタバコを吸うな」と言って自分の「正しさ」を押し付けてしまったら、逆に他者の自由を阻害しているわけです。もしかしたらタバコがその人にとっての唯一の贅沢だったり、生きるうえでの最大の愉しみだったり、万病の元になるストレスを軽減し寿命を延ばしてくれているものかもしれないのに、自分の正しさを押しつけることでそれを奪うわけですからね。

　自分に害の及ばないところで喫煙している人のタバコを吸う自由を奪ってしまったとしたら、自分がタバコを吸いたくない自由を奪われる（タバコの煙をかけられる）のと基本的に同じことをしているんだ、ということをきちんとわかっている人は少ない気がします。

　つまり、自由の相互承認や、他者の恣意性（自由意志）を阻害しない限り自由に生きる権利があるという公教育の底板になるような考え方はそれほど実質化できていない。そういう意味で、僕らはまだまだ成熟していかなければならないとは思います。

　今話してきたように自由の相互承認を結果的に実現するためには「他者の自由に生きる権利（恣意性）を阻害しない限り、自由に生きてよい」という池田先生のテーゼは指針としてかなり有効だと思うんです。ですから自由の相互承認を、公教育を構想する際の底板としてとらえるなら、道徳の授業の中などで今紹介したような池田先生の考え方を教えるのが有効になりますよね。

山口　なるほど。道徳というのは指導要領上、道徳の時間・授業だけでなく、教科等はもちろん学校の教育活動全般を通して展開していく必要があるので、今のお話は「心の教育」とか「健全育成」といった大きな枠にも該当することですね。具体的な事例では、「いじめ」「不登校」といった問題とも関連してくることだと思います。西條さんのお話を「よりよい人間関係」ととらえれば、「集団活動」を通してそれを築くことを目標の一つとする「特別活動」にも該当しますね。

　学校現場の現状ということで、まず道徳の時間に論点を絞りつつお話しておくと、現状ではやはり「徳目の教え込み」というところは否めないかもしれません。指導要領・道徳解説編には、「自己を見つめ、内面的資質としての道徳的実践力を主体的に身に付けていく」、教え込もうとするのではなく「教師と児童生徒が共に考え、悩み」といったことが「指導の基本方針」として示されています。しかし、例えば「友達を大切にしよう」「信頼し合うことが大切だ」「人をいじめてはいけない」等々、あらかじめ「望ましい答え」が決まっている授業は、やはり多いかなと思いますね。子供たちに深く考えさせるような授業であっても、終末で「こうすることが望ましいですね」と教師が言ってしまう展開もよく見かけます。

また、「展開終末・授業の終わりに子供たちに望ましい在り方を提示しないと不安になってしまって、ついつい最後に一言付け加えてしまう」といった話もよく聞きます。道徳の時間では他教科とは異なり数値評価もしませんから、教師が「この時間で子供たちは、ほんとうに道徳的実践力をはぐくむことができたんだろうか」と、不安になってしまうことも多いと思うんですよね。

　もちろん、「こうするのが望ましい」といった形で徳目を伝えていくことが、全く必要ないとは思っていないんです。小学校低学年などでは、「望ましい態度・行動」を学習や生活の「きまり」として教師が決めてしまったほうがうまくいくことも多々あるから。

　けれど、きまり・ルールの問題について言えば、特別活動である「学級活動」の中で、発達段階では第二次性徴期に入る小学校の高学年くらいからは、もうちょっと子供たち自身が話し合って学習や生活のルールを決めていくような形の展開が多くなるとよいな、とも思っています。縦割り（異学年間）班活動をする際なども同様です。新しい指導要領でも「言語活動」の重視が示されましたし、学級や学校という小社会の中での自由の相互承認を子供たち自身で実質化する力をつけるためにも、とても大切かなと。

　ルールの本質が自由の相互承認にあり、それは自分以外のだれかが決め、与えられ、ただ守ることが目的なのではなく、必要があれば、みんなの熟議と合意、つまり「一般意志」に基づいて変えていける。こういった市民社会でよりよく生きていくための力能は、やはり道徳の時間や特別活動、そして学校生活・教育活動全般を通して、教師が自覚的に子供たちの力能をはぐくんでいってほしいなと思うんですよ。

　苫野　重要なことは、徳目やルールを遵守することじゃなくて、どうすれば人と人が気持ちよくやっていけるか、ということですからね。例えば友達は絶対に大切にしなければならないというと、極端な話、友達だと思っていた人にいじめられても、ずっと大切にし続けなければならない。でもそういう場合、むしろ大切にすべきなのは自分だったり、あるいは「関係の喜び」だったりするわけですよね。だから考え方としては、「友達を絶対に大切にせよ」というよりは、「各状況において、どうすれば友達との関係をよりよいものとしていくことができるか」だと思います。

(5) 関心相関的道徳教育

　西條　そうですね。そして僕はまさに、友達と仲良くしたいのなら、その方法をもっと深めて教える必要があると思うんです。

　よく、「自分がされたらうれしいことを考えよう」「自分がされて嫌なことはしては駄目だ」と言いますよね。これはとてもわかりやすいし、実行しやすいので、小学校低学年の頃などは有効な方法だと思います。でも、例えば「自分がされたらうれしい」と思うことをした結果、相手が怒ることだってあるわけです。だ

いたい問題がこじれるときは，同じだと思っていたのに違っていた，という場合ですよね。家族とか親戚とか恋人，夫婦といった近しい人のほうが「同じ」と思ってしまうから，こじれやすくなるわけです。

そういう問題があるので，もう一歩踏み込むと，「だから相手の立場に立つことが大事」となるわけですが，これもまた相手の立場に立ったと思い込んでいるからこそ，「あなたのためを思ってしてあげたのに！」といって喧嘩になったりすることもありますよね。だから，学校の授業で習う「相手の立場に立って行動しよう」という規範に従って日常生活を送ったら，「なんだよ，うまくいかないじゃないか」って思うことがたくさん出てくると思うんですよね。授業でやったことが，結果的に，うまく生きることや「生きる力」につながらない。むしろ対立につながってしまうことすらある。

そう考えたときに，さらに踏み込んで，「関心相関性」のような考え方を導入したらより質の高い道徳の時間になると思うんですよね。関心相関性というのは「あらゆる価値は身体，欲望，関心といったものに応じて立ち現れる」という価値の原理でもあります。それぞれの身体も違う，欲望も関心も違う，しかもそれらは，状況によっても変わる。だから何が「よい」かは各人によって，またその都度変わりうるわけです。この視点からまず言えることは，相手の立場に立つことは原理的に不可能だし，現実的にもそう簡単なことではないということです。

これまでの道徳では「相手の立場に立つ」ためのやり方を教えてこなかったと思うんです。「相手が望んでいる（いない）こと」を想定するということは，「相手が何に価値を見出しているか（いないか）」を見極めるということでもあります。関心相関的観点から，相手がどのような身体，欲望，関心をもっているかに思いをめぐらせることによって，今相手の立場では何を望んでいるのか，あるいは望んでいないのかということをより想定しやすくなる。

このように相手の思いを想定することはできるわけで，それは大切なことだと思うんです。でもそれはあくまで，「相手の思い」を自分の観点から仮説的に想定しているにすぎないということを自覚しておく必要がある。そうすることで，よかれと思ってしたことに対して怒られたとしても，「自分はよかれと思ってやったけど，相手にとってはそうではなかったんだな」と受け止められるようになる。

そういったことが，各人の自由および自由の相互承認という公教育の原理（底板）に基づけば，とても有効になると思うんですよね。「友達を大切にしよう」といったことを教えると同時に，「友達を大切にする」ための具体的な考え方を教えていくほうが，自由の相互承認を現場の教育実践に反映させられる。もちろん別問題として，「関心相関性」といった考え方にどういう言葉を当てるかを検討しなければなりませんが。

苫野 今のお話は，実際の人間関係にお

いてとても大切な知恵だと思います。

(6) 発達段階を見極めた道徳教育

苫野 先ほどの山口さんの話にも出たように，道徳教育は，かなりの程度，年齢や発達段階——僕は個人的には「発達」という言葉にやや違和感があって，「成長過程」というほうを好みますが——を考える必要があると思うんです。指導要領にも「発達段階を考慮し」というように書かれてますけど。

例えば幼稚園とか小学校低学年とかだったら，ある程度は徳目主義でもいいかもしれない。「人に優しくしましょう」とか「あいさつをしましょう」とか。けれど，それが人間関係を良好なものにできるうちはいいんですが，成長するにしたがって，それだけではだんだんうまくいかなくなってくる。人に優しくしたらなめられたということもあるだろうし（笑）。あいさつを返してくれないことに腹を立てて，あいさつのできない奴はみんな最低だ，と，かえって人間関係を悪化させるような態度をとってしまったり。「こうしなければならない」という徳目主義は，そうでないことに対する非寛容を生んでしまうんですね。

だから僕は，中学生や高校生になったら，お互いの感受性を問い合ったり，どうしたら問題が解決できるか問い合ったり，そういう場を自覚的につくっていくことが大切だと思います。

西條 お互いの感受性を問い合うというのもとても重要ですよね。また方法の原理に照らせば，発達段階というのは，適切な方法を選択するうえで踏まえるべき現実的制約ということになりますね。やっぱり，中学生くらいなのかな。発達心理学の知見なども踏まえて時期についてはもうちょっと詳しく検討する必要がありますね。

山口 そうですね。うまくいかなかった経験をある程度積み重ねてきていることも重要だと思うんです。悩んだことや辛かったこと。そういった経験が互いの感受性を問い合う「素地」や「動機」になると思います。指導要領でも，例えば国語で「一人一人の感じ方について違いのあることに気付くこと」が出てくるのがやっと小学校3・4年生ですから，やはり早くても小学校高学年くらいからになると思いますね。

西條 小さい子供のころは，あまり「楽しい」といったことの価値観のズレが生じることは少ない。みんな甘い物が好き，といったように。けれど，物心がつくことで，価値観はだんだんと多様化していく。そうなると，「自分がされてうれしいことをすればいい」といった単純なものではなくなる。関心や欲望の在り方そのものが多様化すれば，それによって何がうれしいことかも変わってきますからね。そして，そういうときにこそ，子供たちの発達段階や関心に沿う形で「関心相関性」という視点から「感受性を問い合う」といった方法を導入することで，一段階上の道徳の授業にできる可能性がありますよね。

山口 そうですね。そう思います。

ちなみに，今の道徳の時間でよく実践

されている道徳的葛藤場面を使った指導法・学習法の例の一つとして、「すごく細い、一人しか渡れない橋がある。自分が渡っていたら、向こうから人が来る。すれ違うことができない。この場面でどうするか」といった話がそれに該当し、よく実践されていると思います。これまでの指導法・学習法では、多くの場合、ここで葛藤しつつ道を譲る、といったことが重視されることが多いですね。どれだけ教師が意識しているかは別問題ですけど、あらかじめ答えが用意されていることが多い。もちろんこの例は「低学年だからいい」とも言えると思うんですけれど。

苫野 ジレンマ学習の問題点の指摘ですね。

山口 はい。ここで指摘したいのは、ジレンマ学習の難しさって、その場面で葛藤が生じるためには、あらかじめそこで葛藤が生じるだけの道徳的実践力が育っている必要があるのではないか、ということなんです。つまり、俗な言い方をすれば、あらかじめ「いい子」に育っていないと学習が難しい学習法であり指導法になっている。こう考えると、よほど極端な性善説を信じない限り、ジレンマ学習には一定の限界があることが理解できると思うんです。特定の子供たちのみに効果のある指導法・学習法だけで道徳の時間を実践し続けていくことは、一般福祉を基準として考えればやっぱり「よい」とは言えない。

道徳は、1961年改訂の指導要領で新設されたので比較的後に導入されたものなんですけど、内容はさておきこういった課題もあるので、具体的な指導法・学習法については、これまで以上に新しいものを考えていく余地がありますよね。西條さんのお話をお聞きして、関心相関性は、新しい指導法・学習法をつくるためのとても大切な考え方の一つになると思いました。

(7) 複眼的に考えることの大切さ

西條 それで思い出したんですが、ちょっと前にテレビドラマの「エジソンの母」で、こんな場面があったんです。「細い道でオオカミさんとウサギさんが出会いました」「どうしたでしょう」と先生が言うわけです。そしたら主人公の男の子が「オオカミはウサギを食べましたー！」と叫ぶ（笑）。先生はその子が言い終わる前に「違います」とかって、かぶせて否定していましたが（笑）。

苫野・山口 （笑）

西條 でもその子は図鑑で勉強していたから「オオカミはウサギを食べます。オオカミは1日あたり〇kgの肉を食べます。ウサギや鹿を主食とし……」とかひたすら説明し出すんですね（笑）。まわりの子供たちも「えーそうなの？」「すごーい」「こわーい」とか反応して。道徳の授業が滅茶苦茶になる（笑）。すごく面白かったですね。

山口 （笑）でもあのドラマ、すごくよかったですよね。

西條 あのドラマは、だれかを悪者にするというのでもなく、教師、子供、親、いろいろな人の立場から描いていて、ほ

んとうによくできていたと思いますね。

山口 そのドラマに出てきたような子供たちは，排除されてしまう傾向がありますからね。確かに，一斉指導・授業などでは難しいところもありますし。それに今は，ADHDや自閉性障がい，アスペルガー障がいなどが広く認知されたことで，診断する権利をもたない人まで，まるで診断できるかのように安易にそういった言葉を使って分類し，特定の子供たちを排除してしまうこともなくはないんですよ。

これについては，昨今話題に上がることの多い「モンスターペアレント」にも，安易な分類やそれに基づく排除という意味で同じような構造があると思っています。そういう言葉を使うことで，まるでモンスターが「実在」するかのような感覚が生じてくる。

ともあれ，種々の発達障がいに関しては，何年か前と比較して，学校現場でもずいぶん理解が進んできたという実感があります。特別支援教育の充実といった流れもあって，対応の方針も変わってきましたし。

西條 そのドラマに出てきた担任の先生も，最初はその子が授業を乱す反乱分子とみなしていて「なんでこんな子がうちのクラスに」というぐらい大嫌いだったんですが，その先生はいろいろ経験するうちにその子に対する見方が複眼的になっていって，だんだん接し方が変わっていきましたよね。

(8) カリキュラムに心理学を？

西條 ここまでの話を受けて考えると，自由の実質化，力能をつけるという点から，現状のカリキュラムや教育内容をもっと多角的に検討するための方法を整えておくことも重要になりますよね。

例えば国語は言葉だから大事。算数もある程度できなければ困る。社会は自分の歴史的，時間的な立ち位置を把握するために必要。理科は自分の外側の世界の理解につながるから有効，ということになりますが，それ以外に公教育の本質・目的に照らして優先順位の高いものはないか，改めて考えていく必要がある。

例えば，あくまでも一例であって，専門としているから言うわけではないんですが，なぜ理科は外的世界だけを対象にして心理学のような内的世界を含まないのか。考えてみると不思議ですよね。人間の内的世界，心を理解するということは，自己理解，他者理解の要でもありますから，自由や自由の相互承認を実質化するという観点から考えても，かなり優先順位は高くなるはずなんです。だとしたら，例えば高等数学の難しいところとか，一部の人しか使わないものを必修カリキュラムから削って，そういう内容を必修にしたほうが目的に照らして有効かもしれない，という議論も成立するはずですよね。

苫野 西條さんらしい合理的な発想ですね（笑）。

西條 外的世界を理解する理科があるのに内的世界を理解する心理学がないというのは，対応していない気がするし，理

論的な根拠がないように思うんですね。外の世界の「理」だけ理解できればよい，ということには自由の実質化に照らしても何の根拠もない。実際，理科を大きく現象の構造的理解というようにくくれば，心理学も理科の中に入ってきますよね。もっとも物理法則みたいに単純ではなく，心理学にも多様な学派があるから，そういう面で難しいところはあるとは思うんですが。

ただ，定説となっている学派の中核となる考え方のエッセンスを知るだけでも，それぞれ有効な視点になりますからね。現象の構造的理解という点では理科に位置づけられるものもありますが，セルフ・コントロールという点では身体操作の教育である「体育」と同じですから，保健体育の一章に付け加えられてもよいかもしれません。

アウトプット（結果）は単純に言えば「技術×メンタル」で決まりますよね。だから極端な話，がちがちに緊張してしまってメンタルが0になってしまうと，どんなに技術があっても結果は0なんですよね。力能を発揮できない。せっかく頑張っても自由の実質化が難しくなる。よく部活の先生とかが「集中しろ」とか「緊張するな」などと言いますが，そのための方法を教えなければ単に「勝て」と言っているようなもので無茶だと思うんですよ。そうした意味で「心の技術」を教える科目があっても有効だと思うんです。

簡単な例で言えば，本番ですごく緊張する人は「これに失敗したら自分には価値がない」と思っていたりするわけですが，認知行動療法ではその「考え方」「認知」を変えるんですね。「別にこの試合や試験に失敗したからといって自分の人間としての価値が変わるわけではない。とにかく今までやってきたことを出そう」といったように自分に言い聞かせて考え方・認知を変更する。これは自己教示法といわれる認知行動療法の一技法です。

こうしたパフォーマンスを発揮するために有効な方法というのは，自由を実質化するための具体的技術になりますから，こういうときはこう考えると有効だよ，といったことを必修科目として教えることは検討していったらよいと思うんです。

山口 なるほど。僕は大学院で心理学専攻だったにもかかわらず，今まで西條さんのように考えたことがなかったので，かなりびっくりしました（笑）。

ただ残念なのが，高等学校はさておき，小・中学校の理科での導入は，少なくとも現行の指導要領では難しそうです。例えば小学校ですと，理科の目標は，「自然に親しむ」「観察・実験を通して問題解決能力をはぐくむ」「自然事象についての実感を伴った理解」といったものです。あくまで「自然事象」に限定した「科学的な見方・考え方」をはぐくむことが目標なんですよ。中学校でも基本的に同じなんですけど，さらに「探究」という言葉が明示されます。

こういったこともありますので，少なくとも現時点では，内容として特定の教科に組み込むというより，西條さんがお

っしゃるような心理学的知見を，まず，各教科等に少しずつ組み込むことを検討できるのではないかと思いました。特に保健体育は，そういったことを実現できる可能性が高いのではないかと思います。「健康の保持増進」という目標とも合致しますし。
西條 なるほど。

(9) 死なないための方法を教える

西條 あと自由の実質化という意味では，この社会で生きていくために役立つことを教えることももちろん大切ですが，「死なない方法」を教えるということも重要ですよね。押しつける・教え込むほうがいいことがあるとしたら，そういうことかな，と思いますね。

　例えば僕は，よく大学の大教室の授業とかで「保証人は絶対になっては駄目」と言いますね（笑）。
山口 またびっくりしました（笑）。
西條 そういうことは押しつけていいと思うんですよね。どんなことがあっても駄目。そういったこと，何かありますかね？　急激にバランスが崩れて「絶望」してしまったり，ショックで死んでしまうというような，取り返しがつかないような大失敗をしないための方法を教えるということですが。
苫野 小さい頃だったら，「知らない人についていっては駄目」というのがありますよね。
西條 なるほど，それはやっていますよね。他にもいろいろやっているのでしょうけど，「死なない方法」という視点から洗い直したら，もっと教えたほうがよいことはありそうですよね。例えば，野球やサッカーを習っていなくて死ぬ人はいないと思いますが，泳げないと死にますから，「死なない」という観点からすると水泳は優先順位が高くなりますよね（笑）。
苫野 まあその観点からすれば（笑）。スポーツを楽しむという観点からすれば同等だと思いますけど……。西條さんの発想はさすが独特だな（笑）。しかしともあれ，さっき話に出た，状況に応じて「教え込み」か「興味・経験からはじめる」かを使い分ける，という話で言えば，「死なないための知識」というのは，かなりの程度，「教え込む」ことが正当化される知識といえそうですね。
西條 致死率が高いといわれている鳥インフルエンザが広まった場合などを考えてもそうですよね。子供がいくら「家から出たい」と言っても，死んだらおしまいだからそれどころではない。家にずっといなさいということは，押しつけていい。
山口 西條さんのご指摘は，ほんとうに大切な観点だと思います。学校にとって「安全管理」に関する指導は，すべての教育活動の前提となる第一原則でもありますから。
西條 はい。でもここでさらに俯瞰してみると，現在教育現場の多忙感によって教師が教育に割けるエネルギー自体が不足しているという現実的制約があるようですから，当面多忙感が落ち着くまではあまり大きな変革はしないという方法が

妥当かもしれませんね。これまで話してきたことは、それらが落ち着いてカリキュラムの再検討をする際の考え方という形で受け取ってもらえたらと思いますね。

山口 ほんとうにそうだと思います。今の現実的制約を考えると、まずは教育者の多忙感を減らして教育活動そのものにエネルギーを割けるようにすることを優先的に考えることが大切だと思いますね。そして、次の学習指導要領改訂は、これまでのペースでいけば約10年後。そのときには、公教育の原理や方法の原理が議論の共通基盤となって、よりよい教育内容ができればいいなと思います。

3．よい教育のための連携を考える

(1) 自由の実質化とあまやかしの違いとは？

山口 なんとなく、教育内容やその指導方法の話題から生活指導にも関連した話題に流れてきているので、次に今の学校教育は「あまい」という議論についてお聞きしたいと思います。例えば、先ほどの道徳とも関連するいじめや不登校、あるいは学級の荒れ、俗に言えば学級崩壊といった教育課題。自治体によってばらつきはありますけど、何年間かはずっと増加傾向にありました。

2000年に、ノーベル賞受賞者である江崎玲於奈さんを座長として設置された教育改革国民会議でも、「問題を抱えた児童生徒への厳格な対応」が提言されています。今の学校教育法では、26条、40条の規定に従って、区市町村の教育委員会が、他の児童生徒の学習を著しく妨げたり、教師に傷害を与えたりする児童生徒については、その保護者に対して出席停止を命じることができるようになっているんです。実際に権限を行使するかどうかは別問題ですけど。

反面、不登校だけに特化して考えてみると、「不登校を容認しすぎる環境が問題だ」といった考えをもつ人にも、結構よく出会うんですね。あくまで僕の経験上なんですけど。俗な言い方をすれば、「学校教育はあまい、もっともっと厳しく児童生徒の自立・自律を促すべきだ」といった考えをもつ人です。

どうでしょう、そういった「今の学校教育はあまい」といった論について、お二人はどのように考えますか？

西條 自由および自由の相互承認から考えるならば、少なくとも不登校を認めることは、一概に悪いとは言えないのかな、と思います。家にこもって遊んでいるだけで、例えば他者とうまくやっていくためのスキルも身につけられない、他人に迷惑をかける、将来的に自立できるスキルも身につけてない、ということでは駄目でしょう。でももし学校に行かずとも、むしろ学校に行くよりもそうしたスキルを身につけることができるならば、学校に行かないのも「あり」ということになるんじゃないですかね。

山口 その境界の判断は、ほんとうに難しいですよね。自由の実質化につながるか、むしろそれを妨げるあまやかしになるか。その都度判断していかなければならないことだし、すぐに結果が出ることでもありませんから。

西條　学校外に代替の教育環境があったり，現実にはいろいろ難しいと思うけど，例えば学校の先生がきちんと訪問して，そこでうまくやれていることが確認できればいい，という議論は成立するでしょうか。どうでしょう？

苫野　教育の在り方が多様化していて，それをどうとらえるのか，ということだと思うんですよね。今大きいのは，結構反動がきていて，だから「規律主義」「訓練主義」にもう一度戻ろうとしているところもあると思うんです。

西條　そういうことにならないために，やっぱり判断基準が必要になるわけですよね。

苫野　その基準が，ちゃんと自由と自由の相互承認が実質化され得るか。ほんとしつこいですが（笑）。で，山口さんが提起された問題はおそらく，「安易に逃げの道が確保されている」という批判をどう考えるか，ということですよね。これまでの話からすると当然，その方法が一般福祉を促進する限りで，教育の在り方は多様化していい，逃げ道をつくっていい，ということになりますが。

西條　「安易な逃げ道をつくらない」ためには，建前上は「学校は必ず行くものだ」，ということにしておけばいいんじゃないでしょうか。で，個別の事情を聞いて，自立して生きていくための教養やスキルを身につけていけそいなら，それはあくまで「内々」に許す。そういうのはどうでしょう。

　この間ネットで見たのですが，ある有名なゲーム機器が故障した場合，その販売元の会社にそれを送れば，新品をくれるそうなんです。建前上は「有料です」と書いてあるけれど，実は無償で新品と代えてくれる（笑）。

　義務教育だしあくまで建前はみんな行くのが原則だけど，実際はいろいろなケースがあるでしょうから，自由および自由の相互承認に照らし，必要に応じて個別ケースを判断する。

苫野　今の学校制度から「あぶれる」子供たちがたくさん出てきて，実際立ち行かなくなっているところもある。だから，そういった不登校になってしまった子供たちの自由をどう現実化させていくか。再インクルージョン（統合）ではなく，どれだけ多様なオプションを用意できるか。そういう発想をするしかないんではないかな，と僕は思います。「一般福祉」の範囲内で，という限定を強調したうえで，つまり地域格差や家庭間格差は認めないという原則の下，僕はある程度，学校の在り方は多様化していいと思っています。

山口　そうですね。そう思います。少なくとも不登校の状態にある子供に対して，ただただ「学校に行きなさい」というのでは，適切な指導・支援とは言えませんよね。そして，こういう判断が非常に難しい場面でも，例えばみんなで当該の児童や生徒に対するより適切な指導・支援を考えていく基盤，あるいは共通基準として，公教育の本質や正当性の原理が役立つんだと思います。

　ちょっと具体的な場面を想像しつつ聞いていただければと思うんですけど，例

えば目の前にとても悩み，困っている子供がいたとしますよね。学習でも，友達関係をはじめとする人間関係でも，想像する問題は何でもいいです。このとき自分は，教師として，大人として，その子に「何かをしてあげたい」と思ったとします。大切なのはこの次で，「してあげたい」という到来した感情・欲望のままに何かをしてあげるのではなく，「その子が自立して生きていく能力をつける」，つまり「自由を実質化するための指導・支援」という「目的」に照らして，その行為をする必然性はあるのか，反省的に考えてみる。この反省的な問いが大切だと思っているんです。

そのように問う癖をつけておかないと，無自覚のうちに子供を自立から遠ざける「あまやかし」になってしまったり，自分がしてあげたいという感情，ひいては自分の有用感を高めたいという欲望を満たすためだけの行為になったりしてしまう恐れがある。これは僕が，スクールカウンセラーやスクールソーシャルワーカー，特に若い先生に対してよく問いかけることでもあるんです。

西條 自由の実質化という観点から自分の指導や支援をきちんと判断していますか，ということですよね。

山口 そうなんです。やっぱり，そこでも判断基準としての原理が必要だと思うんですよ。単に「自立」と言い換えてもいいけど，そのことの本質はやはり自由の相互承認の感度を基盤とした自由の実質化です。そのことを理解しておくことは，「自立」が自己目的化して，ただ厳しい指導になってしまう可能性を極力低くするためにも大切かなと。

それと今は，スクールカウンセラーやスクールソーシャルワーカーをはじめとした様々な専門職だけでなく，「コミュニティ・スクール」「学校地域支援本部」設置の流れなどもあって，地域の人々はもちろん，様々な背景・文化をもつ人がたくさん学校に入ってくるようになっています。これは新たな教育資源を開発し，学校教育に投じていくという点からすればとてもいいことだと思っていますけれど，最初にお話ししたように，みんな「教育をよくしたい」という強い思いがあるから，時に対立が起こることもある。そういった人々が無用な信念対立を起こさず，建設的に協働していくためにも，みんなが納得したうえで共有できる指針・原理があると，とてもいいと思うんです。そういう意味で，公教育の本質と正当性の原理は，苫野さんのお話にもあったように，協働の際にみんなが共有できる「共通目的・指針」になると思うんですよね。

(2) よりよい協働のために

西條 なるほど，そういうケースでも公教育の本質や正当性の原理は使えるんですね。僕もまだはっきりわかっていないので，一つ質問があるんですが，学校・教師と様々な職種の人がコラボレートするといった場面で，感情のもつれという部分にまで踏み込んで考えた場合，どうしたらこの問題を解くことができるのでしょうか。確かに自由や自由の相互承認，

一般福祉といった原理を置くことで、理路上は解けるようになりますが、先ほどおっしゃっていたように感情の問題とかはやはり現実問題難しいところもありますよね。例えば高い「志」みたいなものを共有できたときにより建設的な関係になったりするのでしょうか。

山口 それは、ほんとうに難しい問題ですよね。先ほどもちょっと触れましたが、「〜したい／〜でありたい」という欲望と同じく、例えば「快／不快」「好き／嫌い」といった感情は、どこからともなくやってきて、気がついたときにはもう自分の中に在る。これは、自分自身に問いかけることで、多分、多くの人が納得できることだと思うんです。

でも僕は、対立が起きてしまった際、まさにこの欲望・感情の「到来性」という性質を利用してそれを紐解こうとしますね。自分と異なる欲望・感情を他者がもっていたとしても、それは、言ってみれば仕方がない。だって他者も、自分と同じく、まさしくそのように思ってしまうし、しまったんだから。

けれど、大切なのはこの先です。欲望・感情の到来性を視点とすることで、まず、「どのような欲望・感情であれ、そう欲して思ってしまうこと自体は仕方ない」ことに気がつければ、互いの欲望・感情を相互承認する「きっかけ」が生まれる。ここまでくれば、次のステップとして、「なぜ自分はそう欲してしまったのか」「なぜ他者はそう思ってしまったのか」と、より建設的に問い合っていくことができるようになると思います。

こういったことを踏まえると、最初にお話しした閉塞的状況に関連して、多くの場合、新しい文化が学校に入ってきた際に大きな懸念反応が出てしまうのは、ある程度仕方ないかなとも思っているんですよ。先生方は、毎日1分1秒子供が変化するということもあって、新しいことにじっくり取り組むのが難しい環境にある。特に今は「あれもこれも学校で」という話になりがちですから、学校にあんまり余力がない。そのことは、先生方と話していてよく聞く、「今の学校には新しいことに取り組むだけの元気がない」という言葉にも象徴されているかなと思いますね。

もし、学校が新しい文化に対して懸念反応を示してしまう原因の一つが「多忙感」にあるなら、建設的な協働を行うための余裕・余力をつくり出すためにも、教師の労働環境の改善は必須だと思います。もちろん、対立はよりよい協働の契機になる場合もあると思うので、「全く反応がない」「無関心」よりはずっといいとは思っているんですけど。

西條 確かに、日々子育てに追われる主婦のみなさんに新しいことに取り組みましょうといっても難しいのと同じかもしれませんね。大きい懸念反応という意味では、先ほども話題に上がったスクールカウンセラーを導入した際もそんな感じでしたよね。

山口 その話に限って言うと、最初のうちは、やっぱり「生活指導」と「学校カウンセリング」とで相容れない部分はあったかなと思いますね。生活指導は基本

的に「規律・規範」を重んじるところがあるけど、カウンセリング、例えば来談者中心療法のロジャーズ派のスタンスを採る人なんかは「受容」というところを重んじる傾向がありますよね。教師が「叱る」場面で、カウンセラーは叱らず「受容」する、といったようにズレが出てくるんです。自分が相談室にいた経験からしても、特に中学校の場合、そんな部分は多かったような気がします。

西條 その問題は、「自由および自由の相互承認」を置くともう少し明確になるかもしれないですね。哲学者のホワイトヘッドが「自分の中に矛盾した二つ以上のものを同時に機能共存させることができるのが優秀な人間なんだ」ということを言っているんです。これは構造構成主義において、背反する認識論や方法論を目的に応じて柔軟に活用するといった考え方とも重なる考えなので僕には響いたんですが、そういう観点からすれば、規範か受容かいう問題も、それらを背反するものとしてどちらか一方を選択してそれで首尾一貫させるというのでは柔軟性に欠けますよね。

バランス感覚のある優秀な実践者は、そのときそのときで関心に合わせて適宜有効なスタンスを使い分けていると思うんですよね。ですから、同じ場面でも、例えばお父さんとお母さんとの役割のように、片方は規範、もう一方は受容といった表層的な部分では一貫していなくてもいい場合もあると思うんですね。

「ある場面では必ず叱らなければならない」「対応はいつ何時も同じでなけれ ばならない」といった信念は、「根本仮説」にすぎないわけです。「自由および自由の相互承認」を原理として置けば、そうした信念を相対化して、その原理に照らしてその都度どういう在り方がよいのかを考えていけばよくなりますよね。

山口 今までそういう原理は、あるようでなかったですからね。例えば、生活指導の正当性の基準から考えると叱ることが必要、スクールカウンセリングの正当性の基準から考えると受容が必要、といったように、異なる正当性をもつ二つが対立してしまうことがあったわけですよね。しかもその対立は、無自覚に依拠している正当性の背反に契機があるから、解きほぐすことが難しい。

でもそれらは、メタレベルの判断基準、つまり、自由および自由の相互承認や一般福祉によって矛盾することなく「方法の一つ」と位置づけることができるし、それがより建設的な協働の契機にもなるはずですよね。そして、こういう場合にこそ、最初のほうで苫野さんがおっしゃっていたように、自らの関心の妥当性を自覚的に問う、あるいは問い合っていくことが必要だと思いました。またその際、欲望・感情の到来性を踏まえることで、この問い合いをより建設的な協働の契機にしていくことができるのではないかと思います。

4. 教師の多様化と質の向上にむけて

(1) 教師の多様性

西條 話は変わりますが、今、日本の教

育者って結構叩かれてしまってますよね。もちろん問題を起こす人もいるのでやむを得ないところもあるんでしょうけど，でも日本の教師の水準ってすごく高いんですよね。

僕も大学院生の頃に知ったんですけど，フランスのトゥールーズ大学の教授になった先輩に，フランスと比べたら日本の教育，教師のレベルは格段に高いと聞いて驚いたことがあったんです。

山口 どんなにいい原理やそれに基づく方法論があっても，実際に学校現場で直接教育を担うのは教師ですからね。教師の力量が高いってことは，原理やそれに基づく方法論を使いこなせる教師がたくさんいる可能性が高いともとれますよね。

西條 内田樹氏が『先生はえらい』[9]という本で「偉いとされているから先生なんだ」という趣旨のことを書いていて，とても重要な指摘だと思うんですが，一方で，先生もそれなりの内実を伴っていなければなかなか偉いとは思えないというのもあるので，やはり教師の水準を今よりも上げるということも大切だと思います。今も研修会などを開いていると思うので，そういうところで先ほど話したような公教育の本質や正当性の原理に基づくワークショップなどをしても，教育者の水準をさらに上げることにつながるかもしれません。

あと，実際にかなり中途採用が増えてきていると聞きますが，もしかしたら大学を卒業したての人が，突然「先生」になるという制度にも多少無理があるのかなということも思っているんです。極端な話，「教員免許を取ってから3年間広い意味での社会人経験を積んだ人だけに受験資格が発生する」とか，そういった制度にすることは一つの選択肢として考えられると思うんですよね。

そして，そのぶん待遇，給料をよくする。資本主義においては，給料が高い職業のほうがなんとなく尊敬されるところもあるし，先生はなるのが難しくて，いろいろな社会経験を積んでいるとなれば，先生に対する見方も違ってくるし，実際バランス感覚がとれた先生が増えると思うんですよね。

もちろんそこまで急進的な制度改革は現実的には難しいのかもしれませんが，もっと積極的に社会人経験者を採ることができたり，先生になりたい一般企業の人をうまく組み込んでいけたりするシステムをつくることができたら，教師の質の底上げになると思います。

山口 僕も，教員の多様性を広げるということには賛成です。他の職種から教員になる枠を広げる場合，教職に必要な技能の育成や研修制度などについては，別途考えていく必要があると思っているんですけどね。

学校は，子供たちにとっては「社会」ということができる。社会としての学校が，教員が様々な文化や背景をもつことを要因の一つとして，「多文化的に社会化されている」ことは，とても大切なことだと思いますね。もちろんそれは，様々な文化や背景，平たく言えば様々な「考え」をもつ人がいて，市民社会においては，そういった人々が互いの自由を相互

に承認しながら生きていく必要があるという感度を実質化するために，です。

苫野 同じく，社会の価値観はどんどん多様化すればいい，教員のタイプもどんどん多様化すればいい，と僕も考えています。

社会の価値観は，統一されているより多様であればあるほど，人は生きやすいものですよね。例えば20年くらい前であれば，オタクはなかなか社会的に認知されなかったと思います。でも今では，認知されてるどころか場合によっては尊敬すらされている。この新しい価値観が，どれだけの人を生きやすくしたかしれません。他者に危害を加えるような価値観は困りますが，そうでなかったら，どんどん多様化すればいい。それはつまり，生き方のオプションが増えるってことなんですね。「こうやって生きるほかない」って思っちゃうと，それがうまくいかなくなったときはとてもしんどい。「こんな生き方もあるんだ」と，生き方の多様性が開かれていることが，生きやすい社会だと思います。

それだと社会がばらばらになるじゃないか，やっぱり愛国心みたいなので人々を連帯させるべきだ，という反論があるかもしれませんが，それは狭い考えだと思います。やりたいことができるだけ叶えられる社会に生きていれば，逆説的に，そういう生き方を可能にしてくれている社会に対して，一種の愛情というかありがたみを感じるものです。普段は意識していないにしても。ドイツの社会学者であり哲学者であるハーバーマスはそれを「憲法パトリオティズム」と言っていますが，要するに，自分たちの自由を保障してくれている憲法や社会への「愛着」みたいなものですね。

そして僕は，だからこそ，教員だってとことん多様であればいい，と思っています。教員全員に聖人君子を求めるのなんて，気持ち悪いし（笑）無理がある。いろんなタイプの先生がいないと，学校現場は息苦しい。子供たちは，あの先生好きだとか，あの先生嫌いだとか，あの先生すごい，面白い，怖い，暗い，かっこいい，変人，とか，そうやっていろんなタイプの大人と出会って成長していくんですね。その意味では，この先生はなんてえげつないんだ，っていう先生も，ある限度内ではいたっていいと思いますね。その場合は，別の先生に救いを求められる，そんな環境だといいですよね。そして教師が多様だと，子供たちも自分を理解してくれる人を見つけやすいはずです。

だから僕は，教員の多様化はどんどんやればいいと思います。いろんな人が教師になれる，そんな道をつくることには正当性があると考えています。

さっき山口さんが，その場合は育成・研修の方法を多様に充実させていく必要があるとおっしゃいましたが，僕はむしろそれを，「サポート体制」と呼びたいと思います。僕自身大学で教職課程科目を担当していながら何ですが，僕は，上から養成されたり研修されたりすることにおとなしく従っていればいい，そういう教員養成・研修システム自体に疑問が

あります。いや，山口さんが杉並区でなさっている研修はとても評判がよいという話は，他のところからも聞きますけれど（笑）。

むしろ教師は，行政の偉いさんとか大学の先生とかの顔色をうかがう必要はないんです。重要なのは子供たちと向き合うこと。そして同僚の先生たちと協力し合うこと。その過程で，できるだけ自由に力を発揮し自ら成長していけばいい。だからそういう気概のある多様な人が，どんどん登用されるような教職への道を，上手につくっていければと思います。

でも，教員生活ではいろいろ問題が起こって悩むだろうから，そのときに大学（教育学者）や行政がしっかりサポートすればいい。そう思います。

山口 そうですね。顔色をうかがう必要は全然ないと思うんですけど，僕としては，行政も学校や教師と一緒にやっていきたいかな（笑）。もちろんサポートを含むものとして。

苫野 あ，それだ！ それが素晴らしい（笑）。

(2) 教師教育をどうするか？

山口 それと，ここでの話題は，ここまでにお話ししてきた内容からの，とても重要な視点の変更が含まれていたと思います。僕の経験上，教育をめぐる議論は教育の「内容」「方法」で終わってしまって，それを実際に担う教員のことにまで及ばないことも結構あるんですよ。意外かもしれませんけど。

「どのような学力観に立とうと，あるいはどんな授業改善の実践論を展開しようと，それを実際に担う教員の質と量の問題を抜きには語れない」ことは最初のほうで苫野さんのお話にも出てきた苅谷さんの言葉だったと思いますが，やっぱり僕たちは，このことを，教育内容や方法を考える際の現実的状況・制約として必ず考えておく必要があると思うんです。でないと，理念や目的ばかりが崇高で，学校や先生がやり切れないことを，ただただ押しつけることになってしまいますから。

で，教員の「量」，つまり学級編成や教職員定数の改善については，すでに多くの場で議論されているところですよね。なのでここでは「質」の観点に立って言うと，先ほど西條さんもおっしゃっていたように，「教師教育」の中に公教育の本質や正当性の原理，方法の原理といった内容を導入していくことは有効だと思うんです。なぜかというと，教育の内容や方法に関する個別理論って，僕の知る限りであっても，学問知，実践知ともに山ほどある。だから，それらをうまく使い分けるという意味でも，原理は有効に働くと思うんです。

もちろんそれだけではなくて，指導要領一つをとってみても，公教育の原理を知っているだけで，各々の目標や内容が各段によく理解できるし，教え・学ぶことの意味が見えてくる。これは先ほど言ったとおりです。ここまでに話題に上がったように，教師の日々の実践やそれに伴う種々の判断を支えることもできると思いますし。

西條 「原理的な考え方」は根本的な指針になるから，どんなときにもシンプルかつ実効性の高い判断基準として活用できる。

そういう意味でも，大学の教員養成課程に導入することの必要性が高いのかもしれないですね。力量を磨くときもそうだし，判断に迷ったときにも使えますね。

苫野 そうですね。教師がいつも何をマクロレベルの行為の判断基準にする必要があるかというと，今ここでやっていることが，子供たちの自由をきちんと現実化するものなのか，ということですよね。しかもそれが，きちんと自由の相互承認に支えられたうえでの自由につながっていくものなのか，ということ。それが，教師の判断基準として内在化されていく必要がある。

山口 これまでの教員養成課程などには，そういうことを教える方法がなかったけど，今は原理自体が整備されてきたこともあって，導入は十分可能だと思うんですよね。

そして僕は，ある意味今は大きな「チャンス」だと思っているんです。なぜかというと，これから10年から15年くらいの間に，教員の半数近くが入れ替えになるんですね。大量退職と採用の時代なんです。これは多くの場合問題であり課題としてとらえられますし，僕も指導案構成法の論文の中では，「実践知の継承問題」として解決する必要のある課題として提示しています。

でも視点を変えてみると，これが大きなチャンスにもなる。これからの教育を担うであろう若い世代が，教員養成課程や年次研修を通してそういった原理的な考え方や方法論を身につけ，かつ，これまで学校現場が蓄えてきた実践知を，先達の先生方から継承して質の高い教育を実現していける可能性があるからです。

実際，学校現場で，ベテランの教員が若手に授業づくりをはじめとする様々な実践知を伝承し，若手教員がベテラン教員に電子黒板や電子教科書といった教育情報機器関連の技術を教えている場面を見ることが多くなってきています。杉並区ではデータ分析に基づく授業構想といった内容も若年次研修に組み込んでいますから，そういったことを若手教員がベテラン教員に伝えている機会も増えていますね。

こういったこともあるので，半世紀以上くらいのスパンで見たときに，大量退職と採用という入れ換えの時期が，教育をよりよくしていくための契機になるかもしれない。だからこそ——もちろんいつもなんですけど——今は特に踏ん張り時かなと思うんですよね。

5．社会ではぐくむよい教育

(1) 学校への「正当な異議申し立て」とは？

西條 教師といえば，この前親戚の小学校低学年の女の子が，すごくいい子なんですが，担任の先生に「あなたなんかこの教室に必要ない。帰りなさい」というふうに言われたという話を聞いたんですね。その先生はなぜそんなに怒ったのか

わからないけど，僕は直感的に「そういう叱り方はおかしいだろう」と思ったんです。自分が親だったら「そういう言い方をするのはどうなんですか」って言いたくなるかもしれないな，と。

けれどそのときに頭をよぎったのは，もしこれで親がクレームをつけると，先ほどもちょっと話に出たモンスターペアレントではないですが，学校の先生はますますやりにくくなるかもしれないなということなんですね。だからかどうかわかりませんが，これは果たしてその先生に言うべきなのか，その子の両親も迷っていたみたいなんですよ。結局何も言わなかったみたいですが。

こうした場合にも，「自由の相互承認」という原理を置くと，その先生のやったことは「やってはいけない」ことになると思うんです。なぜなら「あなたなんかこの教室に必要ない」という台詞は「存在否定」になるからです。たとえ子供が「自由の相互承認」に反するようなことをしていたとしても，相手の存在を否定するのは存在する自由すら承認していませんから，明らかに自由の相互承認を体現できていない。「背中を見て育つ」ということもあるように，自由の相互承認に照らせば，教育者の言ってよい台詞ではないですよね。

もちろん先生でも間違いはあるでしょうから，実際にはこうしたことが1回あったからすぐに指摘するというより，何度かそうした言動が見られた時点で話しに行くという形になると思いますが，こうしたことについてその言い方はおかしいんじゃないですかというのは，自由の相互承認を底板にする限り，正当性のあることなわけです。

このように，「自由の相互承認」という原理を置くことで，先生や学校にクレームをつけていい内容とそうではない内容の自己判断ができるようになる。これは結構大きなことです。そうしたことを自覚的に判断することができてから，さらに，その正当性を他者が検証できる形で伝えることもできるようになるんですよね。

先生の立場からしても，過剰で不当な要求をする人と正当な指摘をしてくれる人も見分けやすくなりますしね。その意味では一般家庭にも了解が広まっていくと，家庭と学校の関係性もよりよいものになると思いますね。

苫野 もしかしたら「クラスはきちんとまとまっているべきだ」ということへの関心があって，「あなたは必要ない」と言ってしまったのかもしれませんね。

山口 でも，ここまでに出てきた様々な考え方や原理を踏まえれば，「あなたは必要ない」と思ってしまったことは認めつつ，「確かにその関心はわかるんだけど，公教育の本質や正当性の原理に照らすと，その関心はあまり妥当ではないですよね？」と問いかけることができるようになりますよね。

西條 同僚の先生の間でも，公教育の本質や正当性に照らして，明らかにおかしいことに関しては，開かれた形で指摘しやすくなるかもしれないですね。「あなたは教育者として間違っている」という

のと,「公教育の本質や正当性に照らせば, そうした発言は〜〜という理由から相応しくないですよね」というのでは全然通りが違うと思います。こうして自分で判断できる, そしてその正当性を他者が検証できる形で示しながら発言できるようになるというのは, とても大きなことですね。

(2)「よい」公教育をみんなで構想するために

山口 今の話題に関連して, 現在の学級の荒れや学級崩壊とかに対する社会の反応は, 少なくとも僕の感覚からすると, 過剰なまでに厳しいところがあると思っています。そういう現状を踏まえると, 教師教育や子供の教育の内容だけでなく, 西條さんがおっしゃるように, 家庭をはじめとする社会の教育観もよい方向に変わっていってほしいと思います。お二人とも, そういったことについてはいかがでしょう？

西條 そこでもやっぱり自由の実質化および自由の相互承認ということになりますよね。社会全体として共有されていくといいですよね。

山口 そうですね。世代を追うごとに, ゆっくり変わっていくとは思うんですけど。

苫野 教師にとって, 今は冬の時代ですね。何をしても叩かれる。それを何とかするのはかなり重要な問題ですよね。例えばクラスが「まとまっていない」と叩かれる。だから, 無理にでもとにかく早く「まとめよう」とせざるを得なくなる。

でもそれはかえって逆効果になることが多い。「教育の秘訣は忍耐にある」と, 19世紀のアメリカの思想家エマソンも言っています。長いスパンで見ることが, 教育を評価するときの基本。あまりに短期的な成果を要求する評価は, ただ教師を苦しめ教育の可能性をしぼめていくだけです。

西條 そうですね。そもそもうまく回すためのルールなのに, ルールの遵守が自己目的化してしまって, それを大上段に構えてそれに反したものをみんなとにかく批判するという構造になっていますよね。それがわかっているからみんな防衛的にならざるを得なくなっている。

苫野 目的は教育をよくすることなのに, 形式でがんじがらめにしていっている。これが問題だからこうします, その繰り返しで, 教師が動けなくなってしまっていますよね。

山口 そうですね。すべてがそうではないですけど, 実際テレビの報道なんかを見ていると, ちょっと呆れてしまうところもありますよ。限られた時間の中でのことだから, 仕方ないところもあるんでしょうけど。

それに今は, 教師という仕事がいかに「激務」であるかを報道する番組も増えてきたから, 一時期と比較して教師批判も穏当なものになってきたとは思いますけどね。

苫野 教師の労働環境を, どうやって改善していくか。大きな課題ですよね。ずいぶん議論されているテーマですけど。

西條 方法の原理を置けば,「そういう

いろいろなことを押しつけていくのは，個々の子供に対する教育の質を上げるという目的に照らして明らかにマイナスだからやめよう」と言えますよね。同じような問題意識をもっている人はかなり多いと思うから，原理を置いてきちんと言っていけば，だんだんよくなっていくかもしれません。

山口 学校現場だって，切実に求めていると思うんです。けれど，当事者から言うのは難しいところもありますよね。だから，学校の外側から言ってあげることも大切かなと思います。

あと，現状にかんがみると，教師批判の次は，それが国レベルであれ，都道府県レベルであれ，区市町村レベルであれ，教育行政への批判という構図になりがちだと思うので，それもあらかじめ言っておきたいです。仮に批判だとしても，建設的なものを，と。

西條 それも公教育の本質や正当性の原理，方法の原理を置くことで，現実的制約や目的に照らしてより有効な施策案を出すといったように，建設的なやりとりになっていく可能性が出てきますよね。

山口 はい。ほんとうにそう思います。

こういったことを諸々考え合わせると，最初にも出てきましたが，広く一般の人が理解しやすい言葉に公教育の本質や正当性の原理を置き換えていって，社会全体の教育観が成熟することはもちろん，方法の原理を含めた三つの原理が議論の「共通ルール」になることで，より建設的な教育議論がたくさん生まれるといいなと思います。ほんとうに。

(3) 学校管理職研修での手応えから

山口 そうそう，教育行政といえば，杉並区ではないんですけど，学校管理職を主対象にしたある自治体の講演で，一般福祉の話をさせていただいたことがあるんです。

ちなみにその自治体は，とても階層格差の顕著な自治体で，知り合いの公共政策系の教授や当該自治体の教育委員いわく，「日本の縮図」だと。ニュータウンあり，過疎の地域あり，といったように。しかも土地が広い。とにかくあらゆる調査で格差が見えてくるということだったんです。で，一応言っておきますが，格差も程度問題だし，仮に格差が問題になるとしたら，そのことの根拠は一般福祉に反するということです。

まず，講演に至るまでの経緯を話しておくと，依頼を受けたとき，内容としては，「当該自治体で実施した学力調査の結果分析を踏まえて」ということだけは条件として出されていたんですね。いろいろと学力調査結果のデータをもらって分析してみると，実際，様々な側面で学校間の格差を確証するような傾向が見えてきた。そこで，こういったデータ分析を踏まえつつ，一般福祉に照らしながら，杉並区教育委員会の取り組みにならって次のようなことを提案してみたんです。

「もちろん，学校教育の一定水準の質を保つために，教育委員会には，これまで行われてきた教育課程や教職員服務の管理・監督は必要だと考えています。しかし，冒頭にお話しした『一般福祉』を判断基準として考えるなら，学力調査結

果の分析から見えてくる地域・学校間格差は，やはり是正していく必要があると僕は考えます。とはいえ，個々の学校がそれぞれに頑張るだけでは，なかなかその実現は難しいですよね」

「もし，この現状認識がみなさんに受け容れられるなら，本自治体の教育委員会には，従前行われてきた管理・監督に加えて，各校の実状に応じた個別的な『支援』も必要になるのではないでしょうか」

「つまり，学力保障や生活指導が困難な地域・学校には，他の地域・学校の教育活動を著しく妨げない範囲において，教育相談や特別支援にかかわる人材，また加配を含む教職員，特色ある教育活動に関する予算，教材・教具をはじめとする教育資源を，みなさんの合意のもとで，意図的・計画的に，多めに配分していく。そういった資源を基に教育委員会や指導主事などは，配分した資源の活用方法を含め，学校の個別的な課題を解決するための助言や支援を行うということです」

「もちろん僕も学校現場にいたことのある人間なので，どこの学校も，程度差こそあれ，みんな大変だということは重々理解しているつもりです。しかし，教育資源に限りがある以上，一般福祉を判断基準にして考えるなら，少なくともみんなでそういったことを考えていく必要があるのではないでしょうか」
と，こんな感じの提案をしたんですよ。

苫野 なるほど，山口さんとお会いするのは今日で2回目ですが，前回お会いしたとき，僕の公教育の「本質」と「正当性の原理」を解明した論文を読んで，その原理を行政で使ってくださっているとうかがいました。あんな難しくて専門的な論文を（笑），読むだけじゃなく使っている方が行政にいるなんて，なんてすごいんだと思いましたが，なるほど，こういう「使い方」をしてくださっていたわけですね。

山口 はい。ここまでもお話ししてきたように，様々な場面で活用していますけど，教育行政や教育委員会のことでは，こんな感じで活用させていただいています。

先ほども言いましたけど，今の学校には，元気・余力があまりない。でも，2000年地方分権改革後の一連の公教育改革の流れは，地方や学校を，自由競争の中にほとんど下支えのないまま放り出した感がある。

学校に元気・余力があれば，競争しつつ切磋琢磨できるかもしれない。しかし，仮にそうであったとしても，ある特定の地域や学校が自分たちだけで解決しきれない大きな教育課題を抱えてしまった場合を考えてみてください。他の地域や学校は競争してどんどん成長していくことができるかもしれないけど，大きな課題を抱えた地域や学校は，その解決に追われて，自由競争から取り残される可能性も否定できないですよね。まさにこの自治体は，そういう面が否めなかったんですよ。

苫野 僕は今のところ，諸々勉強した結果，学校間の競争，端的には学校選択制には，基本反対なんです。教育行政学者の故黒崎勲さん[10]が非常に説得的な学

校選択制支持の本を書かれていて，かなり啓発もされたんですけどね。

　黒崎さんによると，学校選択制の目的は，とにかく公立学校を活性化させること。学校の創意工夫と活性化のインセンティブとして，選択制が有効だということです。でも活性化のためなら，他にもっと有効な方法があると思う。上意下達を軽減する，それによって教師の自由度を上げる，地域の支援を充実させる等々，状況に応じていろいろある。選択制は，格差拡大のリスクが高すぎますよ。一気に制度変革をするよりは，いくつかの穏当な方法を状況に応じて組み合わせたほうが，学校活性化の目的をより十全に達成できると思います。

　とはいえ，現に始まって続いているわけですから，その場合は，学校の序列が決して固定化しないように，行政がしっかり支援する必要がありますね。それは黒崎さんも言っています。評判が芳しくない学校には，行政がちゃんと責任もって対応する。

山口　はい，確かに。僕も行政の学校に対する支援は，やっぱり様々な側面で必要だと思っています。これまでやってきたような一元的な管理・監督だけではなくて。

　そういえば，さっきのようなことの他にも，いくつか具体的なことを提案したんです。仮に行政の支援機能を拡充しようと思ったら，やっぱり人的資源・人件費が必要だから。

　一つ例をあげておくと，学力調査に関することがあります。今は「項目使い捨て」で毎年調査問題を作り変えるためかなり予算が必要な自治体が多いと思うんですが，例えばアメリカのセンター試験に該当するものに導入している「項目反応理論」というテスト理論なんかを使うことで「項目プール」を構成し，そこから「水平テスト」を作成すれば，予算を削減していくことも可能なんですよ。

　そもそも僕は，きちんと公正な実施さえできれば，毎年一から調査問題を作る必要なんてないと思っているんです。自治体で対象学年や内容が異なりますから予算規模も当然異なります。いずれにせよ莫大な予算を割いていることを考えれば，余った予算を人的資源に回すことだってできるし，調査問題を毎年作り変えることで生じる経年比較の難しさも解消することができますよね。

　もちろん，「本自治体と杉並区は種々の条件が異なる以上，本区の取り組み例を援用しようとする際には，実施可能性をきちんと検討する必要があります」ということは強調しておいたんですけど，こういう話を続けていたら，講演の途中にもかかわらず拍手喝采をいただいたんです（笑）。びっくりしました。質疑応答の時間にも，ある学校の校長先生から，「今日の講演の内容は示唆に富むものだった。教育委員会は今日の内容の実施可能性をぜひ検討してほしい」という感想をいただきました。とてもうれしかったです。

西條　それはすごい。それはよほど響いたんだと思いますね。ありきたりの話は聞き飽きているでしょうし，いろいろ言

う人はいてもそこまで具体的な解決案を
あげてくれる人はいないでしょうから。

6. おわりに——教育の未来へ

山口 さて、そろそろ終了時刻が近づい
てきましたので、これからの中学校や学
校教育に期待することについてお聞きし
たいと思います。
苫野 僕は、中学校に期待するというと
ころで、自由および自由の相互承認の実
質化の観点から考えると、中学校くらい
から、かなり相互承認の感度をつけてい
く必要があると思うんですよね。なので、
できるだけお互いに「問い合う」こと、
「答えを一緒につくっていく」こと。そ
ういった「生活・学習環境」が必要にな
ると思っています。

　それと、小学校の高学年、中学校くら
いからディベートをやりますよね。実は
僕は、いわゆる典型的なディベートの方
式には批判的なんです。「問い方のマジ
ック」と呼んでいるんですが、あること
がらに賛成か反対か、それはよいか悪い
か、と問われると、人って、どっちかが
正しいはずだと思っちゃうんですよね。

　重要なのは、どっちが正しいかじゃな
くて、諸々考え合わせたうえで、みんな
が納得できるようなもっといいアイデア、
「第三のアイデア」を出すことだと思い
ます。勝手に「超ディベート論」と呼ん
でいて、いつかどこかに書きたいなとも
思っているんですが、こういうことが、
特に中学校くらいからできるようになる
と思うんですよね。つまり、「共通了解
をどう形成するか」。そういった考え方
が、基軸にあればいいなと思います。
山口 そうですね。特に自由の相互承認
を実質化していくために、とても重要な
ご示唆だと思います。ありがとうござま
す。

　ディベートに関しては、杉並区におい
ても、特に国語科での実践例が数多くあ
ります。でもやっぱり、賛成か反対か、
黒か白かという授業展開が多いかもしれ
ません。しかし現実の社会においては、
苫野さんがおっしゃるように、両者が納
得できる第三のアイデアが求められるこ
とが多々ある。公教育の本質や正当性の
原理、方法の原理は、みんなが納得する
ことのできる、まさに第三のアイデアと
いうこともできますよね。

　では西條さん、お願いします。
西條 これまでの話のまとめみたいにな
りますが、大きく分けて三つあります。

　一つめとして、個別的な話で言えば、
まず道徳の授業時間にもっと具体的な方
法を取り入れたら有効なんじゃないかな、
と思います。例えば、今日も話してきた
ように、より深く「相手の立場に立つ」
ためにも「関心相関的な考え方」は有効
だと思います。徳目をより深く実践する
ための方法視点として「関心相関性」を
導入することは、自由の相互承認や、先
ほど苫野さんがおっしゃっていたことと
も符合すると思うんですよね。

　二つめとして、心理学の例で言いまし
たが、公教育の本質や正当性に照らして
も、有効な知見なども入れていけたらよ
いと思いますね。一例にすぎませんが、

例えば「心の病をもっている人へのケア」や「セルフ・コントロール」のための視点となる方法であれば，各教科に少しずつ導入していくことで，十分役に立つものになると思います。

それと三つめに最も重要なこととして，教育のあらゆる側面に，今回議論になっていた「よい教育の考え方」や公教育の本質や正当性の原理などを導入することで，教育をめぐる難問は解決の方向に導いていくことができると思います。ですから多くの教育関係者にこの意義を理解していただけたらと思いますね。

『看護研究で迷わないための超入門講座』[11]の「あとがき」にも少し書いたんですが，世の中が変わるときは多数派が完全に入れ替わる必要はなくて，正規分布のピークが少しでもずれれば，多数派の様相が変わるんですよね。その意味で，教育に関しても，僕らが話してきたような「考え方」が教員養成カリキュラムをはじめとする教師教育のプログラムに採用されて，正規分布の山が少しずれれば，世の中はかなり変わると思います。

山口 西條さん，ありがとうございます。自由の相互承認だけでなく，個人の自由を実質化していくためにも，とても貴重なご示唆だと思います。

特に教師教育については，僕も教員研修の場などを通して，これまで以上にその有効性を伝えていけたらと思いました。また，そうしたことを通して，様々な場面で行われる教育議論が，一般福祉のために，これまで以上に建設的になればいいなと思います。

そういう意味でも，今日のお話は，学校や行政，研究をはじめとした教育現場の未来を拓く，とても実りの大きいものだったと思います。お二人とも，今日はほんとうにありがとうございました！

西條・苫野 ありがとうございました！

【註および文献】

[1] 苅谷剛彦（1955年〜）オックスフォード大学教授。主な著書に，『大衆教育社会のゆくえ─学歴主義と平等神話の戦後史』（中央公論新社）『教育改革の幻想』（筑摩書房）など。

[2] 苫野一徳 2008 構造構成主義による教育学のアポリアの解消─教育学研究のメタ方法論 構造構成主義研究，2，88-110.

[3] 山口裕也 2009 構造構成的-教育指導案構成法の提唱─実践知の伝承・継承・学び合いの方法論 構造構成主義研究，3，183-211.

[4] 竹田青嗣（1947年〜）早稲田大学国際教養学術院教授。主な著書に，『現象学は〈思考の原理〉である』（筑摩書房）『人間的自由の条件─ヘーゲルとポストモダン思想』（講談社）など。

[5] 西 研（1957年〜）東京医科大学教授。主な著書に，『哲学的思考─フッサール現象学の核心』（筑摩書房）『ヘーゲル─大人のなり方』（NHK出版）など。

[6] 池田清彦 2007 正しく生きるとはどういうことか 新潮社

[7] 竹田青嗣 2009 中学生からの哲学「超入門」筑摩書房 p.117

[8] 佐藤 学（1951年〜）東京大学教育学部教授。主な著書に，『学びの快楽─ダイアローグへ』（世織書房）『教育改革をデザインする』（岩波書店）など。

[9] 内田 樹 2005 先生はえらい 筑摩書房

[10] 黒崎 勲（1944〜2008年）。主な著書に，『新しいタイプの公立学校』（同時代社）『教育の政治経済学』（同時代社）など多数。

[11] 西條剛央 2009 看護研究で迷わないための超入門講座─研究以前のモンダイ 医学書院

【付録：教育問題解決ワークシート】

　次ページからの問題解決ワークシートは，公教育の様々な問題を考える際の指針となる「原理」を，教育現場で実際に活用していただくためのツールとして山口，苫野，西條が共同で作成したものである。シート1はワークシートの使い方を示したものである。シート2～4は鼎談の内容に連動させて，教育現場の問題（異議申し立ての正当性，鼎談 p.42参照），政策の妥当性の検討（学校選択制，鼎談 p.46参照），カリキュラムの妥当性の検討（カリキュラムに心理学を？　鼎談 p.31参照）をどう考えればよいか説明したものである。活用法のイメージを持つ一助にしていただければと思う。またシート5では空欄のままの問題解決ワークシートを添付してあるので，自由にコピーして活用していただければ幸いである。

【シート１】

１．問題場面における関心の吟味

(1) 問題：

> このセクションには，あなたが問題と考える／感じることを書き込みます。

(2) あなたの評価／異なる評価

| 評価①： | 評価②： | 評価③： | 評価④： |

> このセクションには，問題と考える／感じたことに対する評価(①)，それとは異なる評価の可能性(②以降)をそれぞれ考えて書き込みます(なお，便宜的に4つ枠を設けていますが，評価・関心が4つ以上，あるいはそれ以下の場合もあります)。

(3) それぞれの評価を支える関心（根拠）

| 関心①： | 関心②： | 関心③： | 関心④： |

> このセクションにはそれぞれの評価を支える関心を書き込みます。

(4) 公教育の本質・正当性の原理（＝各人の〈自由〉および社会における〈自由の相互承認〉の実質化）に照らした際のそれぞれの評価・関心（根拠）の妥当性の吟味

| ①妥当／一定妥当／非妥当
⇒理由： | ②妥当／一定妥当／非妥当
⇒理由： | ③妥当／一定妥当／非妥当
⇒理由： | ④妥当／一定妥当／非妥当
⇒理由： |

> このセクションには，それぞれの関心（根拠）の妥当性を公教育の本質・正当性に照らして判断し，また判断の理由についても記述します。

※問題解決のために方法づくりを行う場合は，以下に進む。

２．問題解決のための方法づくり

(1) 問題を取り巻く現実的な状況・制約の吟味

> このセクションには，問題を取り巻く現実的な状況・制約（人，物，資金，コスト，時間，場所，道具，社会的な状況 等）を考えて書き込みます。

(2) 現実的な状況・制約を踏まえた（より有効な）方法や対策

> このセクションには，問題解決のために，現実的な状況・制約を踏まえたうえで，有効な方法や対策を考え書き込みます。

【シート2】

1．問題場面における関心の吟味

(1) 問題：児童への教師の叱り方の妥当性の吟味とその対応

小学校2年生になる子供の親から「子供が学校の先生に『あなたなんかこの教室に必要ない。帰りなさい』と叱られてひどく傷ついているのだけどどうしたらよいか」と相談を受けるが，自分の中でも葛藤があり，何と答えたらよいかわからなかった。

(2) あなたの評価／異なる評価

評価①：	評価②：	評価③：	評価④：
とんでもない発言だ。言動を改めるよう先生に苦言を呈すべきだ。	そんなことで苦言を呈したらモンスターペアレントになってしまう。何を言われても一切口出しすべきではない。	発言は不適切だと思うが，いちいち苦言を呈していたら学校の先生がまいってしまうのではないか。	

(3) それぞれの評価を支える関心（根拠）

関心①：	関心②：	関心③：	関心④：
発言そのものの適切性	モンスターペアレント的存在になってはいけない	教師の多忙感の解消	

(4) 公教育の本質・正当性の原理（＝各人の〈自由〉および社会における〈自由の相互承認〉の実質化）に照らした際のそれぞれの評価・関心（根拠）の妥当性の吟味

①**妥当**／一定妥当／非妥当	②妥当／一定妥当／**非妥当**	③妥当／**一定妥当**／非妥当	④妥当／一定妥当／非妥当
⇒理由：「あなたは教室に必要ないからいなくなりなさい」という発言は，存在否定であり，自由の相互承認に反するため。	⇒理由：発言そのものは自由の相互承認に反する不適切なものであり，それが繰り返されるようであれば教師に叱り方を改善するようお願いすることは正当であるため。	⇒理由：教師の多忙感や負担がこれ以上増せば，児童の教育に割く時間がますますなくなってしまい，結果，子供の自由の実質化につながらなくなるため。	⇒理由：

※問題解決のために方法づくりを行う場合は，以下に進む。

> 以下，妥当・一定妥当となった意見を折衷させる形で，具体的な方法を考察し，提案する。このように自分の中で葛藤している諸関心の妥当性を吟味・整理する場合にも活用することができる。

2．問題解決のための方法づくり

(1) 問題を取り巻く現実的な状況・制約の吟味

児童からそうした話があったばかりの状況。児童の親は PTA役員を務めているため，比較的教師と相談しやすい状況にある。

(2) 現実的な状況・制約を踏まえた（より有効な）方法や対策

発言そのものは自由の相互承認に反するものであり，教師たるものそれを体現しなければならないので，改善要求することには一定の妥当性はある。しかし児童からそうした話があったばかりであり，ここで苦言を呈してしまうと，教師はますます窮屈になり教師の多忙感は増すばかりで子供の教育に割く時間がなくなってしまうことが危惧される。
以上を勘案し，もう少し様子を見て，そうした不適切な発言が繰り返される場合には教師と話し合う機会をもてばよいのではないでしょうか，とアドバイスする。

【シート3】

1．問題場面における関心の吟味

(1) 問題：学校選択制是か非か

すでに全国の公立小中学校の15%程度で実施されている学校選択制（通学区域の弾力化）。様々なメリット／デメリットが指摘される中、今改めて学校選択制の是非を問いたい。

(2) あなたの評価／異なる評価

評価①：	評価②：	評価③：	評価④：
賛成。もっと全国で推進すべきだと思う。	やや違和感がある。もう少し慎重に検討すべきではないかと思う。	反対。公立学校の義務教育は全国一律であるべきで、競争はふさわしくない。	

(3) それぞれの評価を支える関心（根拠）

関心①：親の教育権（選択権）や教育の質向上という関心	関心②：学校間格差の問題視や地域性の重視という関心	関心③：家庭間格差と地域間格差の問題視という関心	関心④：
○親や子供には教育を選ぶ権利がある。 ○学校同士が競争することで教育の質が高まる。	○選ばれる学校と選ばれない学校が固定化するとまずい気がする。 ○地域のつながりが壊れる気がする。	○教育に意識の高い家庭の子供ほどいい学校を選択しようとするので、学力の家庭間格差が広がる。 ○都市部ほど選択肢が広がるので、地域間格差が広がる。	

(4) 公教育の本質・正当性の原理（＝各人の〈自由〉および社会における〈自由の相互承認〉の実質化）に照らした際のそれぞれの評価・関心（根拠）の妥当性の吟味

①妥当／<u>一定妥当</u>／非妥当 ⇒理由： ○選択肢の増加は各人の「自由」の促進につながり得る。 ○教育の質の全体的向上は「一般福祉」の促進につながり得る。 →ただし競争を通した顕著な格差が出るとすれば問題。	②妥当／<u>一定妥当</u>／非妥当 ⇒理由： ○義務教育段階で学校が序列化・固定化するのは「一般福祉」に反する。 ○地域のつながりの破壊は、「一般福祉」に反する場合とそうでない場合がある（?）	③妥当／<u>一定妥当</u>／非妥当 ⇒理由： ○著しい格差とその固定化は「一般福祉」に反する。	④妥当／一定妥当／非妥当 ⇒理由：

※問題解決のために方法づくりを行う場合は，以下に進む。

2．問題解決のための方法づくり

> 以上諸関心のどれもが一定の妥当性をもっていることが理解できれば、現実的な状況・制約を十分踏まえて、よりよいアイデアを構想する方向へと議論を向かわせればよい。

(1) 問題を取り巻く現実的な状況・制約の吟味

○官僚主義的で上意下達の、全国一律的な教育の在り方という現状。この現状の中では、各学校や教員が自らの手で学校をよりよくしていこうというインセンティブが、確かに十分働きにくい側面がある。
○しかし学校選択制導入によって、実際に学校の序列化／固定化が進行している地域もある（そうでない地域もある）。
○学力の家庭間格差が顕著に表れている地域もある（そうでない地域もある）。
○とは言え、すでに私立学校の存在が家庭間格差を生んでいるという現状もある。また、通学区が決められていると、より評判の高い学校の通学区に引っ越しをする（経済的にできる）家庭もある。その意味では、選択制導入以前に格差はすでにある。この観点からすれば、問題は、選択制がこの格差を助長するかあるいは縮めることが可能か、という点にある。

(2) 現実的な状況・制約を踏まえた（より有効な）方法や対策

選択制を導入・継続するなら…
○学校の序列化／固定化が進行しないように、教育行政が積極的な支援を行っていく（ベテラン教員の加配／資源の傾斜配分 etc.）。
選択制を導入しないなら…
○カリキュラム編成などに関する、各学校の教員の自由度を高める。地域の協力体制を整える。（特に効果が出にくい学校への）教育行政の積極的な支援など。その他、教員と子供たちの「やりがい」「学ぶ意味」の実感を高める方法をより具体的に探究。

> 以上はあくまで一案であって、実際にはより長期的な現状分析を踏まえたうえで、緻密なアイデアを構想していく必要がある。いずれにせよ重要なことは、「一般福祉」の範囲内で、あるいはこれを促進するための、教育のより効果的な在り方を探究することである。

【シート4】

1．問題場面における関心の吟味

(1) 問題：「総合的な学習の時間」における「心理学」の導入

　2学期も終盤に差しかかる今日、本校(小学校)では、特に高学年において、いじめや不登校、学級崩壊をはじめ、その背景に子供たちの「心の問題」が存在する教育課題が山積している現状がある。しかし現行の学習指導要領(2008(平成20)年改訂・告示)では、「道徳の時間」や特別活動における「学級活動」などでしか、これら課題に直接対処可能な時間を確保できない。
　そこで次年平成23年度は、本校の「特色ある教育活動」に「心理学」を位置づけるとともに、教育課程における「総合的な学習の時間」、第3～6学年の全時数で「心理学」を導入したいとの提案が、2学期末の職員会議において学校長からあった。

(2) あなたの評価／異なる評価

評価①：	評価②：	評価③：	評価④：
とてもよいことだと思う。積極的に導入を検討すべきだと思う。	やや違和感がある。もう少し慎重に検討すべきではないか。	全くもって反対である。	他の教科等との関連も考慮し、慎重な検討が必要である。

> 「関心」を考えるのが難しい場合には、なぜそのように評価するのか自らの経験的根拠を書き、その背後にはどのような「関心」があるのかと洞察すると考えやすい場合がある。

(3) それぞれの評価を支える関心(根拠)

関心①：心理学的知見の有用性	関心②：教条的に受け取ることによる失敗への配慮	関心③：心をコントロールすることへの懸念	関心④：教育現場における負担増とそれに伴う実施可能性への危惧
経験的根拠：心理学を学んだことで、大事な場面で緊張しなくなったり、人間心理が理解できたことで人間関係が豊かになった。	経験的根拠：心理学の教科書に書いてあったことをそのまま日常生活で使って、大失敗したことがある。	経験的根拠：心理学という と心をコントロールするというイメージがあり、時には強い違和感がある。	経験的根拠：内容としてはよいと思うが、年間指導計画を立てること、何より我々教師が実際に心理学を教えることができるのか疑問である。

(4) 公教育の本質・正当性の原理(＝各人の〈自由〉および社会における〈自由の相互承認〉の実質化)に照らした際のそれぞれの評価・関心(根拠)の妥当性の吟味

①<u>妥当</u>／一定妥当／非妥当	②妥当／<u>一定妥当</u>／非妥当	③妥当／一定妥当／<u>非妥当</u>	④<u>妥当</u>／一定妥当／非妥当
⇒理由：心理学の知見の一部を学ぶことにより、自由の実質化に資する可能性を考えることができるから。	⇒理由：心理学的知見を絶対化するのではなく、心理現象を理解するための視点として伝えるという工夫をすれば自由の実質化につながるから。	⇒理由：「唯一不変なもの」として扱わずに、定説となっている知見を自他の心理解のための道具として伝えれば自由の実質化と自由の相互承認につながるから。	⇒理由：教師が他の授業準備の時間を割いて心理学を学ぶ必要があり、そのことで他の授業の質が落ちると、全体としてはむしろ自由の実質化を妨げる可能性があるから。

※問題解決のために方法づくりを行う場合は、以下に進む。

2．問題解決のための方法づくり

(1) 問題を取り巻く現実的な状況・制約の吟味

○総合的な学習の時間は、23年度完全実施の指導要領下、第3～6学年で標準「70時間」、心理学の導入は、例えば「自己の生き方を考える探究活動」に位置づけ、各教科等との関連を図り内容を設定することによって可能。
○若年次教師が多く全体的に力量不足だが、経験豊かな教師でも、いじめや不登校、学級崩壊を改善する有効な方法を考案できない。
○(少なくとも今年度中は)教師の力量形成に必要な時間、継続的に指導・助言を行ってくれる講師、のいずれも確保が困難。
○次23年度は、新指導要領の完全実施の年度であり、新しく導入された「外国語活動」の授業の質を重点的に高める必要がある。
○本校では、今年度までの総合的な学習の時間で「環境教育」を基軸にした年間指導計画を作成しており、今年度に至ってやっとそれを十分に実施するだけの教材開発・教師の力量形成がなされた。　○本校では、次年度から近隣中学校と小中一貫教育を実施する。
○「学校評価」(関係者評価)の結果にかんがみると、保護者・地域の主たる教育ニーズは「心の教育」にあると考えられる。

(2) 現実的な状況・制約を踏まえた(より有効な)方法や対策

①24年度以降の教育課程導入を、次23年度中に検討する。その際、総合的な学習の時間・全時数での実施を絶対の前提とせずに、例えば「健康の保持増進」を主たる目的とする「保健体育」などで心理学的知見を内容に組み込むことができないかもあわせて検討する。
②これまでの環境教育の内容は、23年度では指導要領改訂に伴う授業時数減に合わせた最低限の変更にとどめ、24年度以降については「生活科」「社会科」「理科」での年間指導計画を工夫したうえで組み込み実施することを①と並行して検討していく。
③①②とあわせ、次年度は教師の力量形成の期間とし、いじめや不登校、学級崩壊の改善(目的)のために心理学(方法)を学んでみる。
④小中一貫教育を推進する際、小→中への連続的な教育課程編成の必要があるため、中学校にも心理学導入の是非を検討してもらう。
⑤保護者・地域には、いじめや不登校、学級崩壊の改善に資するために教師が心理学を学ぶことを継続的に周知・広報していく。

【シート5】

1．問題場面における関心の吟味

(1) 問題：

[ ]

(2) あなたの評価／異なる評価

評価①：	評価②：	評価③：	評価④：

(3) それぞれの評価を支える関心（根拠）

関心①：	関心②：	関心③：	関心④：

(4) 公教育の本質・正当性の原理（＝各人の〈自由〉および社会における〈自由の相互承認〉の実質化）に照らした際のそれぞれの評価・関心（根拠）の妥当性の吟味

①妥当／一定妥当／非妥当 ⇒理由：	②妥当／一定妥当／非妥当 ⇒理由：	③妥当／一定妥当／非妥当 ⇒理由：	④妥当／一定妥当／非妥当 ⇒理由：

※問題解決のために方法づくりを行う場合は，以下に進む。

2．問題解決のための方法づくり

(1) 問題を取り巻く現実的な状況・制約の吟味

[ ]

(2) 現実的な状況・制約を踏まえた（より有効な）方法や対策

[ ]

第Ⅱ部

論文

原著論文（研究）

II - 1 「曖昧さ」と「数量化」の循環的構図を超えて
——社会関係資本論の批判的検討

埴淵 知哉・村田 陽平

1節 はじめに

1．社会関係資本論の概要

　社会関係資本（ソーシャル・キャピタル：social capital）は，近年の社会科学において最も学際的・国際的に流通した概念の一つと言って過言ではないと思われる。社会関係資本に関する研究は，1990年代に入って徐々に増え始め，1990年代後半からは急速に拡大してきた[1][2]。日本においても同様に，近年は社会関係資本に関する議論が多くの分野で活発化している。この分野における代表的な書籍や論文の翻訳[3][4][5][6]から，各分野における概念の整理・解説・展望[2][7][8][9][10][11]，日本での実証研究[12][13][14][15][16]，実践面への応用の試み[17][18]まで，この10年余りの間に数多くの研究が急速に進められてきた[19]。そのなかで，概念の起源や定義の変遷についても，繰り返し解説がなされている。

　この概念の普及に最も顕著な役割を果たした政治学者パットナム（Putnam, R. D.）の定義によると，社会関係資本とは，人々の協調行動を促進する信頼や規範，ネットワークといった社会組織の特徴とされており，それが豊かであれば社会の効率性を改善しうるとみなされている[3]。この概念の基本的な使われ方は，社会関係資本が豊かであれば，何らかの有益なアウトプット，アウトカムに結び付くというものである。したがって，その基本的な仮説は，「社会関係資本が豊かであれば，

○○が良い」といった形式で与えられ，○○には個々の学問領域が伝統的に扱ってきた事象（例えば経済成長，行政効率，健康増進，防犯，教育など）が入ることになる。例えば，「社会関係資本が豊かであれば，犯罪が起こりにくい」あるいは「社会関係資本が豊かであれば，職に就きやすい」というような仮説である。このアウトカムにあたる部分が極めて広範囲にわたるため，近年では政治学，社会学，経済学，公衆衛生学などの諸分野を横断して，さらに政策科学や実践面への展開も試みられながら，国際的・学際的に研究が進められてきた。

　この概念は，一方で定義の曖昧さに起因する数多くの批判を受けつつ，他方では数量的アプローチに依拠した膨大な実証研究を生み出してきた。一見相反する「曖昧さ」と「数量化」を内包する社会関係資本論の構図は，どのような認識論のもとに成り立っているのだろうか。本稿では，これら二つの要素を軸に社会関係資本論の認識論的な構図を明らかにするとともに，そこに生じる原理的な課題を導出する。そして，それを解消するための出発点となる理路として，構造構成主義を応用しながら，社会関係資本論の研究枠組みの整理を試みる。

2．社会関係資本論の二つの特徴

　急速かつ学際的に普及してきた社会関係資本論には，二つの大きな特徴がある。一つ目は，「数量化」という方法である。社会関係資本は「見えざる資本」[20]と言われるように，視覚的に観察したり測定したりすることは困難であると考えられやすい。しかし，パットナム[4]による米国の研究では，グループ所属，街や学校に関する公的集会への出席，何らかの地域組織の役員や委員としての奉仕，クラブ会合への出席，ボランティア労働とコミュニティ事業，友人との家での歓待と社交，社会的信頼，投票行動，そして非営利組織や市民組織の発生率を指標とした「社会関係資本指数」が作成されている。そしてそれが教育や安全，経済，健康，民主主義などの実に多様なアウトカムと関連することが，州を単位としたデータ分析から示されたのである。

　このように，目に見えない曖昧な概念でありながらも，それを操作化して実証分析の俎上に乗せることで観察や測定の可能性を示してきた点に，社会関係資本論の意義を認めるものは多い[9][21]。このことは，いわば社会関係資本論が，人々の信頼やつながりの大切さを説く「説話」から，「科学」となるために決定的に重要であったと表現できるだろう[22]。定義の曖昧な社会関係資本の「客観性」や「科学性」を担保するうえで，数量化という方法が不可欠な役割を担ってきたと考えられるからである。また，それまでは個別分野でそれぞれに扱われていた「社会関係資本のようなもの」が，数量化されることで比較可能なものとみなされ，少なからず学際的な研究領域を形成することにつながった点も看過できない。

二つ目の特徴として挙げられるのは，概念の定義をめぐる「曖昧さ」である。社会関係資本が「関係性」にかかわる問題である[1]，という点については多くの了解が得られるであろう。しかし，その定義の曖昧さについては，多くの問題が指摘されており[2][23]，統一的な見解には至っていないのが現状である。社会関係資本を構成するとされる信頼や規範，ネットワークのうち一体どれが重要なのか，どこまでが社会関係資本でどこからがその結果なのか，またそれが個人の属性なのか集団の特性なのかといった点で，研究者間の意見は依然として一致していない。この状況は，膨大な実証研究の進展の陰で，未解消のまま残されている。

このように概念の定義自体も曖昧な中で，学際的・国際的に拡大してきたことは，驚くべきことと言えるかもしれない。当然の反応として，統一された定義の確立や標準的な尺度開発を期待する意見はしばしば出されてきた。また，より批判的な立場からは，従来からある概念に新しい言葉を当てはめ，使い勝手の良い概念として流行しているに過ぎないといった評価もなされてきた。しかし，この概念が少なくとも十年以上にわたって研究者や政策担当者の関心を集めてきたことには，それなりの理由と，それを支えてきた何らかの「構図」があるのではないだろうか。

3．本稿の視点と目的

従来の社会関係資本論をめぐる評価では，おおむね，数量化の進展に対しては肯定的，定義の曖昧さに対しては否定的な意見が支配的であった。そして，「主観的な解釈による SC〔社会関係資本〕のあいまいな定義づけは，今後の SC 理論の構築と発展においてマイナス要因ともなりうる」[24]（〔　〕内筆者）と指摘されているように，定義を厳密化あるいは統一することを通じて，社会関係資本論を発展させるという発想も，少なからずそれに付随していたと思われる。しかし，このような構図は果たして妥当なものといえるだろうか。

これまで，概念の系譜や測定方法の紹介に比べて，そもそもなぜ社会関係資本論が普及したのかはそれほど論じられてこなかった。またその多くも人間関係の希薄化や地域社会の弱体化，過度の個人主義など，さまざまな社会背景や学問的潮流に位置付けて概観するものであった。それらはいわば，外在的な説明である。しかし，理論の持つ特徴から出発して，それが批判を受けつつ普及するに至った構造を内側から明らかにすることも，もう一つの重要な作業として不可欠であろう。なぜなら，このような作業によって初めて，現状の社会関係資本論が抱える根本的な問題や矛盾を浮かび上がらせるとともに，より良い理論構築に向けた基盤を整備することも可能になると考えられるためである。

以下，2節および3節ではそれぞれ，数量化と曖昧さの内実と意味を詳細に論じたうえで，両者がどのように結びつくことで現状の社会関係資本論が成立・普及し

てきたのかという構図を描き出す。そして，その構図に依拠する限り，現状の社会関係資本論では，原理的あるいは潜在的に問題・矛盾を抱えざるを得ない点があることを指摘する。さらに4節において，構造構成主義を援用しながら，社会関係資本論の理論再構築に向けた研究枠組みの整理を試みる。

2節
社会関係資本の数量化の進展

1．数量化とその認識論的前提

　数量化は，社会関係資本論における大きな特徴の一つである。何らかの指標によって社会関係資本を測定し，それと他の事象との統計的関連性を示す実証研究が，多くの分野で進められてきた。例えば宮垣[25]は，社会関係資本における実証研究の価値が「ソーシャル・キャピタルの効果を実証的に見出したということのみならず，元来"傘の概念"であるものを実証可能なレベルへ操作化するさまざまな提案を行ってきたという点にもある」と述べ，それは「操作化との格闘の歴史」であったとも評している。

　坂本[9]が指摘するように，とりわけパットナムを始めとする社会関係資本論では，客観的かつ体系的なデータによって主張の妥当性が検証される。従来，数量化が困難であるとみなされてきた「信頼感」や「社会関係」を測定し，統計的な分析を可能にした点で，社会関係資本論は高く評価されているのである。概念が曖昧であると批判されながらも，学際的・国際的な広がりを持ったのは，定量的なデータとして示されることで，それが「測定可能なもの」としてひとまず受容された点にあると考えられる。そして実際に多くの分野で実証研究が進められ，論文は増加の一途を辿ってきた。その間，統一的な定義が採用されたり，標準的な尺度が確立したわけではないにもかかわらず，である。実際に，このような科学的方法論（計量分析）の採用が，経済学や公衆衛生学への普及に貢献したと指摘されている[9]。

　そもそも，何らかの事象を数量的に測定するということは，「客観性」や「科学性」と不可分に結びついた行為であるといえるが[26]，社会関係資本が「測定可能なもの」であるという立場には，それが人間の主観とは独立して存在しているという客観主義的な認識論を（多くの場合は暗黙のうちに）前提にしたものと考えられる。客観主義とは，人間の主観とは独立した客観的な世界を認め，そこに真理の普遍的妥当性の基礎を置く立場である。この立場では，社会関係資本論成立以前から社会関係資本は（客観的に）存在していたにもかかわらず，人間（の主観）がそれを認識しなかったと理解される。

　例えば，この領域では大守が「ソーシャル・キャピタルという言葉を用いない議

論はずっと昔に遡ることができる。西暦604年に聖徳太子が制定した十七条の憲法でも，第1条は『和をもって貴しとなす』であった」[30]と論じたように，言葉の使用とは独立して社会関係資本「それ自体」は過去から存在し続けていたと考えられてきた。さらに，吉野・角田による議論を追ってみると，7世紀から日本に根付いたとされる「『和』のような日本人社会にみられる他者を思いやる態度，規範，人間関係のネットワーク（中略）がより大きな自発的な社会集団へと発展していくというパターンが，そのまま日本型ソーシャル・キャピタルにつながっていると推察される」[31]とも述べられており，社会関係資本の存在の歴史的な連続性が想定されていることが窺える[32]。

　このように，従来の認識論では基本的に，社会関係資本は（目には見えないものの）言語や認識以前に客観的に存在するのであり，適切な方法さえ用いればそれを数量的に測定できるという前提から出発したと考えられる。この立場では，言語や認識は外部世界の事象を反映したものと考えられるため，「社会関係資本が存在するので，社会関係資本が測定できる」という順序が仮定される。つまり，はじめに社会関係資本を客観的事実とみなすからこそ，それを数量的に測定するという行為に結びつくものと考えられる。そしてこの考え方によると，パットナムらの研究者は客観的な存在としての社会関係資本を（再）発見し，定義し，測定することで，科学的な社会関係資本論を確立したという理解になるだろう。

2．数量化の困難さに起因する客観主義の深化

　その一方で，もともと手段であるはずの数量化によって，対象となる概念が逆定義されてきた側面も指摘される。社会関係資本の数量化においては，定義の曖昧さも手伝って，観察や測定に様々な困難が重なっている。こうした実証研究上の課題に対応する中で，社会関係資本はより強固に実体的なものとして措定されてきた側面がある。以下では，数量化の困難さを契機として「客観性」が強化される図式を示す。特に，社会関係資本の数量化に関連が深いと考えられる，観察可能性，理論負荷性，操作可能性という三つの科学論的側面を軸にみていきたい。

(1) 観察可能性

　まず，社会関係資本の観察可能性に対する態度が，概念化に影響を与えている。（自然）科学における観察可能性は，実在論と反実在論という科学論的立場において大きな意味を持っており，視覚などにより人間が直接的に知覚できるかどうかで判断される[34]。他方で，社会関係資本の観察に関しては，視覚だけが重要な意味を持つわけではない。「Social capital」を直訳すると「社会資本」となり，それは道路や空港のような目に見えるインフラストラクチャーを意味することから，社会関係資本は社会資本との対比において，「見えざる資本」とも呼ばれている。しか

し事実として社会関係資本を数量的に測定した実証研究は膨大な数にのぼり，決して観察不可能なものとは思われていない。

とはいえ，はたして社会関係資本「そのもの／それ自体」を直接的に観察できるのかというと，それは困難であるという指摘がある。例えば坂田[35]は，「その定義から社会関係資本は『見えにくい』資本であるから，直接それ自体を計測しその価値を計測することは困難である。そこで多くの研究が間接的な指標を用いてその多寡を計測するという手法をとることになる。」と述べている。また大守[36]は，観察可能な社会関係資本（クラブ所属など）と，その背景にある「重要だが観察できない何か」としての観察不可能な社会関係資本を区別し，経済的影響に関する実証分析が必然的に前者と観察可能な経済変数との関係を分析するものになると位置づけている。

これらの見解は，社会関係資本「そのもの」は観察できないが，「代理変数」によって実証分析が可能であるという方法的枠組みと整合的であり，データそのものを社会関係資本とイコールとみなさない点でより慎重である。しかしこの留保の結果として，「観察できるもの＝代理変数」という仮定の裏側に，「観察できないもの＝社会関係資本そのもの」という想定が生じる。そして，曖昧な定義が多種多様な代理変数を導くために，その裏側には社会関係資本「そのもの」があると想定しなければ，個々の研究はもはや社会関係資本研究に含まれなくなるというような構図が読み取れる。

また，このような慎重な立場であっても，社会関係資本「そのもの」への原理的な到達不可能性を認めているわけではない点に留意する必要がある。上記の坂田は社会関係資本「それ自体」の測定が「困難」と述べているだけで，また大守でさえも，「重要だが観察できない何か」はあくまで「観察可能なソーシャル・キャピタルの背景にある動機など，直接的に観察しにくいもの」としているに過ぎず，あくまで技術的な困難さの問題として論じられているのである。

(2) 理論負荷性

実証研究においては，既存の統計資料から信頼感や社会参加に関連する変数を抽出し，それをもとに社会関係資本指標を作成することがある。とくにデータの制約が強かった初期の研究では，この手続きをとる研究が数多くみられた。そこでは，新聞の購読や献血，投票など，一見しただけでは信頼・規範・ネットワークに該当しないように思える指標も，社会関係資本に該当する代理変数として分析の射程に含まれていった。結果として集められたデータは，社会関係資本論という理論の影響を受けて観察された，理論負荷性[37]の強いものとならざるを得ない。他の人にとってはそうでないものが，社会関係資本論者にとっては社会関係資本を表す指標に「見える」ということである。

しかし何を代理変数に認めるかは人によって大きく異なるため，例えば上記の献血や投票といったデータには，何らかのノイズ，つまり社会関係資本「それ自体」ではないものが混じっているのではないかと疑うことになる。ノイズが大きいデータでは，何が社会関係資本で何がそのアウトカムなのか，原因と結果を識別できないという問題があるため[5][38][39]，社会関係資本として集められた多数の代理変数の背後に，社会関係資本「そのもの」の存在が想定されやすくなる。
　こうして具体的なデータ分析においても，社会関係資本「それ自体」と「それ以外」の区分が求められ，より妥当な代理変数とは社会関係資本「そのもの」を限りなく正確に反映したものとみなされる。数量化志向の実証研究が急速に進む中で，理論負荷的に様々なデータが代理変数に取り込まれた帰結として，むしろ曖昧な概念のうちにより客観的で中立的な社会関係資本「それ自体」を措定するという考えが成り立ってしまったと考えられる。

(3) 操作可能性

　また，政策との関連が強く意識されてきた従来の社会関係資本論では，実践面における介入の可能性やその是非も大きく注目されてきたテーマの一つである[40]。とりわけ，数値目標の設定や事業評価が求められることが多い介入の場面では，数量化が果たす役割は大きい。この意味で，数量化は社会関係資本の「科学性」を担保することを通じて「実践性」にも寄与しているといえる。
　これまでの介入に対する注目は，専ら政策的な視点から有効かどうかという点にあったが，操作可能性が逆に概念化にもたらす影響にも注意が必要である。というのは，「介入実在論」[42]という考えがあるように，介入や操作が成功するということによって，その前提としての事象や事象間の因果関係の実在を認めるという論理が成り立ちうるからである。介入が成功したとみなされた場合に，それは社会関係資本が「客観的に存在するので，介入が成功した」というように理解され，客観主義をより強固なものとする根拠として機能する可能性がある[43]。
　このように，実証研究における測定には多くの困難があるものの，社会関係資本「そのもの」は存在するという客観的世界を措定することで，数量化という方法は社会関係資本論を「科学的」な理論として成立させ，実証研究を普及させる方向に作用してきたと指摘しうるだろう。そしてこのことは，定義の曖昧さの問題と切り離すことはできず，いわば社会関係資本論の両輪として機能しているといえる。以下では，この点について詳しくみていきたい。

3節
社会関係資本概念の曖昧さ

　社会関係資本の定義の曖昧さは，分野を問わず現在に至るまで指摘され続けており，問題が解決したとは言えない。もっとも，この曖昧さは社会関係資本が多種多様な事象を説明する包括的な概念として持っている魅力と表裏をなすもので，ただ厳密に定義を書き換えればよいというものでもない。例えば，「社会関係資本」という名称を与えたこと（名付け機能）は，ばらばらの事象を一つの概念の下にまとめることで問題を「可視化」するという点で，意義があると評価されている[21][23]。また曖昧さに対する批判は，測定・数量化の厳密さを損なうことや，因果関係の解明が困難になるという方法上の理由に拠ることが多く，曖昧さが理論自体にもたらす問題についてはあまり考慮されていない。

　ここでは，「主観的」と考えられがちな曖昧さをめぐる概念論争が，結果として客観主義的な認識へと至ることを指摘する。そして，そのことによって，社会関係資本論が目指す厳密な定義や測定が，自ら原理的な不可能性を抱える構図に陥っている問題を指摘したい。

1．「社会関係資本とは何か」──曖昧さをめぐる論争
(1) 概念の中心部分の特定

　さまざまな定義が乱立するなか，「社会関係資本とは何か」という規範的な問いが繰り返されてきた。とはいえ，曖昧さの内容にもいくつかある。まず信頼，規範，ネットワーク，あるいはそこから得られる資源など，定義に含まれる要素のうち，一体どれが概念の中心を構成するのか，つまり最も根本的なものは何かという問題がある。社会的ネットワークが中心的であり，そこから信頼や規範が生まれると仮定する者もいれば，逆に信頼こそが根源的に重要であると認める立場，あるいはネットワークを通じて獲得できる資源のことを社会関係資本とみなす論者もいる。

　社会学者リン（Lin, N.）は，社会関係資本を「人々が何らかの行為を行うためにアクセスし活用する社会的ネットワークに埋め込まれた資源」[44]と定義する。社会関係資本に信頼はもとよりネットワークも含めるべきではなく，それを通じて得られる「資源」が社会関係資本であるというのがリンの主張である。他方で，社会的ネットワークを社会関係資本に含める立場は広く取られており，またパットナムを系譜とする研究ではそれに加えて，信頼感や互酬的な規範意識を重視する特徴がみられる。さらに，世界銀行のワーキング・グループの議論によって定義と解釈が拡大し，非市場的な制度・構造はすべて社会関係資本の範疇に取り込まれることに

なったという指摘もあるように[45]，この点については明らかに意見の一致をみていない。

(2) 原因と結果の区別

同様に，因果関係の解明を軸として導かれる論点もある。ある事象について原因から結果に至る因果関係を想定した場合に，どこまでが社会関係資本に含まれ，どこからがその帰結とみなされるのかという境界の曖昧さも，繰り返し批判されてきた。例えばリンは，社会関係資本はその機能によって定義されるというコールマン（Coleman, J. S.）の見解を，原因となる要素が結果となる要素に規定されており，トートロジーであるとして批判する[46]。またハーファム（Harpham, T.）[47]は健康関連の研究を例に，左側に厳密な社会関係資本概念，右側に健康アウトカムがあるとすれば，真ん中には中間的な変数があるとし，その例として「帰属意識」や「地域の楽しさ」といった要素を挙げている。そのうえで，この中間的な変数を社会関係資本とひとくくりにして，定義を曖昧にしないことが重要であると指摘する。このように，原因と結果を明確に識別できないことが因果関係分析の理論を弱めるとして，多くの批判がなされてきた[2]。

さらにこの問題は，代理変数による数量化が学際的におこなわれる際に，より直接的に実証分析上の課題としても表れる。例えば，犯罪率や投票率はしばしば地域の社会関係資本の代理変数として利用されてきた。犯罪研究では犯罪率がアウトカム，投票率が社会関係資本となるのに対して，投票行動の研究では独立変数と従属変数が逆になるというような事態が生じうる。個々の研究がそれぞれに代理変数を用いることで，実証研究もまた，全体としてみれば「社会関係資本が豊かならば，社会関係資本が豊かである」というトートロジー的な構図に陥ってしまうのである。

(3) 帰属水準をめぐる対立

関連して，社会関係資本の帰属主体に関する認識の相違も指摘される。具体的には，社会関係資本が個人レベルの属性なのか，集団（地域・組織）レベルの特性なのかという，帰属の水準が大きな問題となってきた。これは，それぞれ社会学と政治学に由来する社会関係資本論の二つの系譜として，一つの明確な論点を形成してきたものである[7][39]。例えばポルテス（Portes, A.）[38][39]は，もともと社会関係資本を個人の属性として扱ってきた社会学から他分野へ概念が拡張される際に，それがコミュニティそのものの属性とみなされるようになったと指摘し，それを主導した研究に政治学者パットナムを挙げている。パットナムが集団レベルの性質を強調し，地域レベルでの分析を主導したのに対して，ポルテスやリンといった社会学者は，この概念を個人レベルに限定すべきという提案を繰り返してきた。

このことは本来，個人と集団という単位の問題であるが，その内実はむしろ上述の議論を巻き込むかたちで展開されている。具体的には，集団レベルの社会関係資

本論が信頼や規範といった認知的次元までを概念や変数に含めることが多いのに対して，個人レベルの社会関係資本論は構造的次元であるネットワークや，それから得られる資源に範囲を限定すべきであると主張してきた。前者の立場からは，個人レベルであればあえて社会関係資本という新規の概念を持ち出すまでもなく，既存の類似概念（社会的ネットワークなど）で十分であり，社会関係資本論の意義はそれを地域レベルや認知的次元にまで敷衍した点にあるとする意見が多い[10]。他方で後者の立場[38][39]では，概念の拡張が，個人レベルの場合には明確に分離できていた社会関係資本（原因）とアウトカム（結果）の区別を曖昧にし，概念が論理的な循環性を内包するようになった点を批判している[48]。

2．曖昧さと数量化による客観主義の構図

ここで注目したいのは，曖昧さをめぐる議論を通じて，社会関係資本とは何かという定義の問いが，社会関係資本「そのもの／それ自体」が何かという，概念の「真実性」をめぐる問題として論じられてきた点である。

概念の中心部分をめぐっては，既存の類似概念と比べて何が新しいのか，という観点から，社会関係資本「そのもの」が何であるのかが議論される。例えば，「いったい『社会的資本』としてしか概念化できないこととは何なのか」[50]といった問題意識は，多くの分野で共通するものと思われる。他方で，統計的因果推論を通じて因果関係の解明を試みる中では，社会関係資本「そのもの」とそこから生じる結果を分離させることが主張されてきた。

つまり，一方は，限定的な定義では社会関係資本「そのもの」の特性がとらえられないと考え，他方は，概念の拡張によって社会関係資本「そのもの」の識別が困難になると主張しているように，「社会関係資本そのもの」という一つの想定をめぐる議論を形成している。そしてその延長線上には，客観主義のもとで社会関係資本「そのもの」を「正しい／真の社会関係資本」として追及し続ける構図が読み取れる。

しかし実証研究においては，社会関係資本「そのもの」を測定し数量化することが完全なかたちで実施できていると考える研究者は少ないであろう。そこで，容易には識別できない社会関係資本「そのもの」を，変数レベルでは「代理変数」や「観察可能な社会関係資本」として操作的に定義することで，暫定的に実証分析の正当性を保つということが行われてきたといえる。データとしては様々な変数を利用しつつも，それは分析上の操作化に過ぎないため，定義の問題はひとまず回避される。しかしそうすることで，概念上は社会関係資本「そのもの」が想定され続けることになる。つまり，定義の曖昧さを保留するために，測定された社会関係資本が常に不完全であるという前提を置くことで，実証研究の正当性を担保する代わりに，概

念上は社会関係資本「そのもの」の客観的存在を想定し続けることとなり，それが何かをめぐって概念論争が生じるという循環的な図式として理解できるのである。

また，定義・概念化の曖昧さがしばしば「主観」の問題として理解されている点にも注意が必要である。例えばこのことは，「SC概念は，広義かつ多面的であることから，その適用範囲が広いことは長所であるが，逆に同じ理由で研究者の主観によって解釈されやすい傾向がある」[51]という見解に見て取ることができる。しかし，多様な社会関係資本概念があることが，直ちに「客観」の否定につながるかというとそうではない。むしろ，本当は「一つのもの」を違った角度から見ている，という考え方が生じ，多様で曖昧な概念化の根拠を「主観」に押し込めることで，社会関係資本「そのもの」は「客観」とみなされることになるからである。

このような〈主観－客観〉図式に基づく限り，最終的に社会関係資本という概念の「正しさ」は「客観」に求めざるを得なくなる。社会関係資本「そのもの」の存在を想定することで成立してきた理論は，多様な概念や理論の比較や「正しさ」の根拠を「客観」に置かざるを得ない。結果として，社会関係資本論はその理論のなかに主客一致の難問を抱え込んでいるといえる。

しかし，社会関係資本「そのもの」の存在がそもそも，実証研究を行う際の認識論的前提として暗黙裡に措定されたものであり，また数量化や概念化といった試みの限界によって生じた一つの想定に過ぎないことは，これまでに詳しく見てきたとおりである。つまり，社会関係資本「そのもの」は原理的に確かめることができない。この不可能性を抱えるために，どれが「正しい」社会関係資本であるかをめぐって，信念対立に陥る危険性が否定できず，実証研究でさえも「正しさ」の根拠をどこに置くべきかが問題となる。主客一致の問題を解かない限り，経験的データの蓄積が何らかの「正解」に近付いているかどうか，少なくとも原理的には確かめられないからである[52]。

ひとまず，ここまでの議論をまとめてみたい。社会関係資本論の普及という点でみれば，曖昧な概念化と数量化志向の結びつきは，非常に有効な循環を作りだした。多義的・曖昧な概念化は多くの事象を説明可能であるという期待に，そして数量化は多くの学問領域や政策への応用に至る道を切り開いた。しかし同時に，数量化と概念化のそれぞれが抱える限界から，どちらも「社会関係資本そのもの」という「客観」の想定へと至る循環的な構図に陥っており，まさにこのことによって，社会関係資本論はそれが目指す厳密な定義や測定が原理的に不可能な理路を構成している。したがって，「社会関係資本そのもの」という実体的な前提に依拠せずに社会関係資本論を再構築するためには，〈主観－客観〉図式に基づく客観主義的な認識論を再検討することから始める必要がある。

4節
構造構成主義の応用による社会関係資本論の再検討

　ここからは，従来の社会関係資本論が暗黙裡に想定してきた研究枠組みを発展的に解消し，本稿で明らかにした問題点を克服するための出発点として，構造構成主義[53]を援用した社会関係資本論の考え方を提示する。構造構成主義は，現象学的思考を基礎ツールに置きながら，その認識論的な基盤を人間科学の科学論に敷衍した点で，社会関係資本論の研究プロセス全般を再検討する際の有効な枠組みになると考えられる。特にここでは，社会関係資本論の認識論的な課題を再検討するという目的に照らして，〈主観－客観〉問題を中心的に扱う現象学的思考と，「現象」から「理論」へと至る理路を整備した「関心相関的存在論－言語論－構造論」を方法枠組みとして導入する。

1．現象学的思考による〈主観－客観〉の検討

　前節までの検討から，「社会関係資本そのもの」という「客観」の想定が，社会関係資本論の拡大の原動力となると同時に，理論上の限界を内包していることが指摘された。そこでは，どの変数が最も妥当なのかという数量化の問題も，曖昧な定義のうちどれが最も妥当なのかという概念の問題も，どちらも社会関係資本「そのもの」との一致をめぐる問題として処理される。この認識では，〈主観－客観〉の一致を確かめることと同じで，さまざまな研究者による概念・変数（＝主観）と社会関係資本「そのもの」（＝客観）の一致を確かめなければ，社会関係資本論の「正しさ」を判断できないことになる。

　しかしこのような一致の検証は原理的に可能といえるだろうか。フッサール（Husserl, E.）の読解によって定式化された竹田現象学[28][29]では，近代人が取り込まれた〈主観－客観〉の問題を解消することを，大きな主題の一つに置く。そこでは，「客観」自体を解明することの原理的不可能性，しかし「実在物」だけでなく「ことがら」においても「客観」という確信が成立する条件が詳しく論じられている。そして，近代哲学の難問である〈主観〉と〈客観〉の「一致」を確かめることの原理的不可能性を認め，そのうえで〈主観〉の内部で成立する「確信」の条件を確かめるという方法でこの認識論上の問題を解く。

　まず，人間の「自然的世界像」では素朴に〈客観〉が存在すると前提するが，このような素朴な確信を方法論的に疑う（現象学的に還元する）ことから始める。そうすると，〈主観〉は自分の外に出て認識を確かめることはできないため，〈主観〉と〈客観〉の「一致」を確証できない。そこでこの問題は，〈主観〉から〈客観〉

を説明するほかなく，その逆は原理上ありえないことになる。ここで，〈客観〉も〈主観〉に生じる意識に過ぎない，あるいは〈主観〉が先に存在すると考えるのではなく，方法の独我論をとる現象学では，なぜ〈客観〉を疑えないものとして受け取るのか，それを確信させる条件は何かを〈主観〉の内部から問うのである。

　竹田は，さらにこのことを「実在物」と「ことがら」に便宜上区別して論じている[29]。前者は生きものの「身体」（人間の感覚や認識の装置）にとって意味や価値を持つ存在として現れるもののことであり，後者は直接「身体」にとってではなく，主体の価値観や関係の判断（幻想的身体）にとって意味と価値を持つ存在として現れるもののことである。人間の知覚に基礎をおく「実在物」とは異なり，「ことがら」において「客観存在」が成立しにくいのは，それを認識する主体間の感受性，美意識，価値観の差異によって，「ことがら」についての「同一」経験が成立しにくいからであるとする[54]。「実在物」とはコップや机のようなもののことであり，社会関係資本は「ことがら」に該当するであろう。

　このことは，社会関係資本という「ことがら」の「存在」や「客観性」を考える際に，対象（社会関係資本そのもの）ではなくそれを認識する主体の価値観や感受性から出発して，共通了解が成立する条件を考えなければならないことを意味する。言い換えると，概念の曖昧さは，正確に社会関係資本「そのもの」をとらえきれていないことから生じるのではなく，社会関係資本として思い描かれているものに対する認識主体の多様性を示しているに過ぎない，と考えることができる。したがって社会関係資本論の出発点は，「社会関係資本とは何か」という問い方ではなく，研究者の価値観や関心を省みるところから始めて，いかにして社会関係資本という「ことがら」の確信が生じるのか，そしてそれが共通了解を得るのかという方向で考えなければならないのである。

2．理論再構築に向けたフレームワークの整理

　以上の検討を踏まえて，ここからは「客観」という想定を置かずに，概念生成から理論構築に至るまでの理路を整理することで，社会関係資本論の再構築に向けた研究枠組みの基礎を提示する。したがってここでは，「客観」を前提とせずに「現象」を方法概念として出発点に置きつつ，概念や理論の共通了解可能性を担保する理路として提示された「関心相関的存在論 – 言語論 – 構造論」（図Ⅱ-1-1）の援用を試みる。

　その枠組みを俯瞰すると，まず出発点に「現象」という立ち現われを置く。この「現象」は，「客観」を前提せずに，客観的世界で起こる（と思っている）事象も，主観的な意味や価値も，また極端な例では夢や幻想もすべて一元化した，それ以上は疑い得ない「立ち現われ」を意味する。

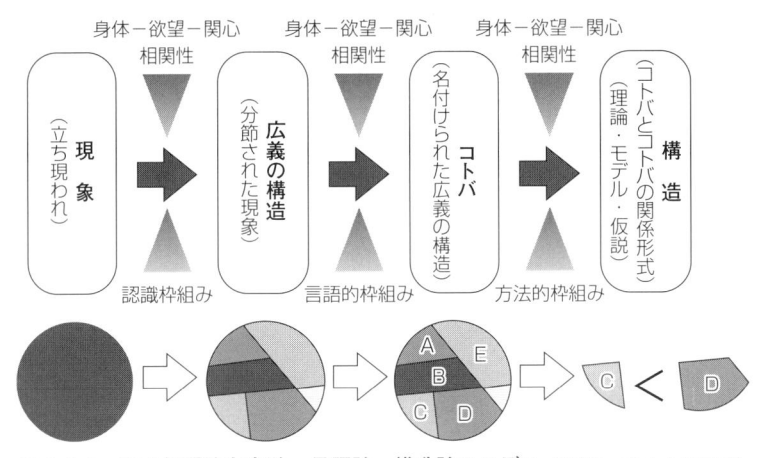

図Ⅱ-1-1 関心相関的存在論—言語論—構造論のモデル（西條[55]をもとに作成）

 次に、「広義の構造」とは、認識主体の立場（身体・欲望・関心）と相関的に立ち現われた「何か」を指し、名前がつけられた広義の構造のことを「コトバ」（同一性）と呼ぶ。そして最後の段階では、コトバとコトバの関係形式として、構造主義科学論に基づく「構造」概念（狭義の構造）を置き、ここに理論やモデル、仮説といった科学的営為が含まれることになる。

 しかし、このように考えるからといって、構造構成主義では立ち現われてくる「現象」を人間が自由に選んだり、分節したりできるとは主張しない。そこで、「関心相関性」という概念を導入することで、「現象」や「広義の構造」がいかに疑えないものとして立ち現われてくるのかを問うのである。

 関心相関性とは、価値や意味が、主体の身体、欲望、関心といったものと相関的に規定される、というものであり、構造構成主義の中核原理とされている。図にも示されるように、この「現象」から「構造」に至る過程のすべての段階において、関心相関性は構造構成の基軸として作用する。したがってこの枠組みでは、「客観」は出発点ではなく、関心相関的に分節された「現象」としての「構造」の一つであるといえるだろう。

 さて、この枠組みに即して考えると、「客観」としての社会関係資本「そのもの」を仮定しなくとも、社会関係資本論の研究枠組みを基礎づけることが可能となる。社会関係資本とは、人間（研究者や政策担当者など）が何らかの関心に基づいて、協調行動を促す「何か」を分節し、それに「社会関係資本」と名付けたものである。そして社会関係資本論とは、こうして構造化された一つの概念と、他の事象との関係形式を追及する研究行為に他ならない。例えばパットナム[4]は、アメリカ社会に

おける人々の市民参加やコミュニティ活動の減退に警鐘を鳴らすという問題意識から出発し,「この問題に名付けること」を第一ステップとしたうえで,社会関係資本を各種の変数によって操作化し実証分析に結びつけた。

ここで客観主義に依拠すると,まず客観的にあるものとして社会関係資本が出発点に置かれ,それを「発見」することが社会関係資本論の起源ということになる。結果,すでに述べたように「正しさ」の基準設定が原理的に不可能な理路を構成することになり,いずれが社会関係資本「そのもの」を表す定義・変数・理論であるのかをめぐる問題が生じる。

しかし,ここで援用した構造構成主義の枠組みでは,「現象」を出発点として「客観」を前提しないことから,こうした難問を無効化する。社会関係資本論は,社会関係資本の客観的存在によって根拠づけられる必要はなく,人々の多様な関心(例えば過度の個人主義や地域社会の弱体化に対する危機感など)のもとに概念に対する確信が成立し,理論が学際的・国際的に共通了解を得たことによって説明される。そして確信の度合いは,「客観」との一致ではなく,関心に応じてどのような社会関係資本概念がより説得的なものとして立ち現われてくるのかという「信憑性」,そして研究上ではどの定義・変数・理論がより妥当であるかという「構造」の有効性の問いへと変換されることになる。

ここでいう「信憑性」には少し説明が必要であろう。構造構成主義では,客観主義的認識論における「真実性」に代わって,現象学的思考に基づく「信憑性」という概念を導入する。信憑性とは,意志の自由を超えて「確かにそうである」という感覚として立ち現われてくる「確信」のことである[56]。実験や統計学的手法,質的研究法など,異なる認識論的基盤からは互いを比べる基準を持ちにくい方法も,信憑性という基準から一元化されうる。言い換えると,「真実性」は「信憑性」の(非常に強力な)一形態ということができるだろう。

とはいえ,人によって信憑性は多様なので,結局それは「主観」に過ぎないという意見もあるかもしれない。しかしこのような見方はすでに,単一の「客観的真理」が存在すると前提に置いてしまっていることに注意が必要である。より徹底して考えると,理論や研究の評価は研究目的との相関性と,評価者の確信の度合いに応じて判断されるほかはあり得ないのであり,信憑性という概念は,むしろ「真実性」もこのような構図のうちに成立していることをはっきりと示しているのである[57]。

したがって本論は,客観的な事象と事象間の因果関係の解明を目指す社会関係資本の実証研究の試みを否定するわけではない。現象学的思考では,「客観」の存在を否定するわけではなく,ただその想定の原理的不可能性を認め,確信成立の条件を問うという問題に置き換えることで,むしろなぜそれが疑えないものとして立ち現れるのかを示しているからである。つまり,実証研究という行為も(数量化とい

う一つの方法を軸とした）概念の生成や相互承認のプロセスとして理解されることになるため，「客観」を想定する場合でも，それが戦略的あるいは方法的な客観主義であると了解しておくことが必要になるだろう。

〈社会〉の現象学を展開した西[58]は，社会認識が常に問題関心によって導かれることから，社会科学が純粋に社会秩序を写し取ろうとするものではあり得ないとし，社会の人々に向かってその認識を訴えかけるという本質をもっていると指摘する。そして，社会科学の「客観性」を支えるものとして，経験的データに基づく推論と，認識を導く問題関心や価値観自体の相互主観的な妥当性を挙げる。

これまでの社会関係資本論では，経験的データに基づく推論に重きが置かれ，問題関心や価値観はむしろそれと相反するものとして，十分に議論されてこなかった。社会関係資本論が意味のある理論であり続けるのかどうかは，この後者の議論のあり方にかかっているといえるだろう。

5節
本研究の意義と今後の課題

社会関係資本という概念は，近年になって急速に，学際的・国際的に普及してきた。このことには，さまざまな背景と理由が考えられる。本稿では，社会関係資本論を特徴づける，一見相反する二つの特徴——曖昧さと数量化——に焦点化し，それが結果として客観主義的な認識と不可分に結びついてきた構図を明らかにした。そして，従来の認識論が抱える原理的な問題を踏まえて，社会関係資本論を再構築するための足掛かりとなる理路を示した。

本稿が社会関係資本論に対して持つ意義としては，単一の社会関係資本「そのもの」をめぐる議論から脱却し，多様な概念化を認めることが理論的に可能になった点を挙げることができる。例えば最近の議論は，実証研究から示される社会関係資本と各種事象の多様な結果を議論する中で，各種の下位概念（○○型／的社会関係資本）を生み出すと同時に[59]，それが機能する地理的・歴史的文脈の多様性にも目を向け始めている[22]。しかしその方向性は妥当なものとしても，認識論的な基礎づけの無いままに多様な概念化を進めることは，結果としてどれが「正しい」社会関係資本かという議論に回収されてしまう。このことはさらに，科学性をめぐる対立だけでなく，「本来あるべき姿」としての社会関係資本を先験的に想定し，それとは異なる個人や地域を問題化する態度にもつながりかねない。

最後に，本稿では構造構成主義を援用しながら理論再構築の足掛かりとなる出発点を整備したが，詳細な検討にまでは至っておらず，具体的な理論化の作業は今後の課題として残されている。例えば，社会関係資本も一つの言葉に他ならないとい

うことを踏まえると,「曖昧さ」と「数量化」の循環的構図が成立する背景を,言語論的観点から定式化するという課題が考えられる。加えて,上述のような社会関係資本の下位概念や文脈性といった個別課題に関しても精緻な検討が必要であると思われるが,本稿では具体的な問題を扱うには至らなかった。これらは今後の課題としたい。

【註および文献】

[1] Field, J. 2008 *Social Capital* (*Key Ideas*) (2 nd ed). New York: Routledge.
[2] 藤稿亜矢子 2009 既往研究レビューによるソーシャルキャピタル概念の定義に関する考察 環境情報科学, 38, 56-65.
[3] Putnam, R. D. 1993 *Making democracy work : Civic traditions in modern Italy*. Princeton : Princeton University Press. 河田潤一(訳) 2001 哲学する民主主義―伝統と改革の市民的構造 NTT出版
[4] Putnam, R. D. 2000 *Bowling alone : The collapse and revival of American community*. New York : Simon & Schuster. 柴内康文(訳) 2006 孤独なボウリング―米国コミュニティの崩壊と再生 柏書房
[5] Lin, N. 2001 *Social capital : A theory of social structure and action*. Cambridge : Cambridge University Press. 筒井淳也・石田光規・桜井政成・三輪 哲・土岐智賀子(訳) 2008 ソーシャル・キャピタル―社会構造と行為の理論 ミネルヴァ書房
[6] Kawachi, I., Subramanian, S. V., & Kim, D.(Eds.) 2008 *Social capital and health*. New York : Springer. 藤澤由和・高尾総司・濱野 強(監訳) 2008 ソーシャル・キャピタルと健康 日本評論社
[7] 鹿毛利枝子 2002 「ソーシャル・キャピタル」をめぐる研究動向(一)―アメリカ社会科学における三つの「ソーシャル・キャピタル」 法學論叢, 151, 101-119.
[8] 坂本治也 2005 ソーシャル・キャピタル論の構図 生活経済政策, 102, 18-24.
[9] 坂本治也 2010 日本のソーシャル・キャピタルの現状と理論的背景 関西大学経済・政治研究所市民参加研究班(編) ソーシャル・キャピタルと市民参加(研究双書第150冊) 関西大学経済・政治研究所 pp.1-31.
[10] 湯浅資之・西田美佐・中原俊隆 2006 ソーシャル・キャピタル概念のヘルスプロモーション活動への導入に関する検討 日本公衆衛生雑誌, 53, 465-470.
[11] 辻村大生 2005 「社会的資本」論の可能性―地域社会学にいかに貢献しうるか 現代社会理論研究, 15, 359-370.
[12] 内閣府国民生活局 2003 ソーシャル・キャピタル―豊かな人間関係と市民活動の好循環を求めて 国立印刷局
[13] 内閣府経済社会総合研究所 2005 コミュニティ機能再生とソーシャル・キャピタルに関する研究調査報告書 http://www.esri.go.jp/jp/archive/hou/hou020/hou015.html (2007年8月6日閲覧)
[14] 山内直人・伊吹英子(編) 2005 日本のソーシャル・キャピタル 大阪大学大学院国際公共政策研究科NPO研究情報センター
[15] 坂本治也 2005 地方政府を機能させるもの?―ソーシャル・キャピタルからシビック・パワーへ 公共政策研究, 5, 141-153.
[16] 市田行信・吉川郷主・平井 寛・近藤克則・小林愼太郎 2005 マルチレベル分析による高齢者の健康とソーシャル・キャピタルに関する研究―知多半島28校区に居住する高齢者9,248人のデータから 農村計画論文集, 7, 277-282.

[17] 金子郁容・玉村雅敏・宮垣　元（編）　2009　コミュニティ科学―技術と社会のイノベーション　勁草書房
[18] 平井　寛　2010　高齢者サロン事業参加者の個人レベルのソーシャル・キャピタル指標の変化　農村計画学会誌, 28, 201-206.
[19] 例えば，国立情報学研究所の論文情報ナビゲータ CiNii で検索すると，「ソーシャル・キャピタル」で520件，「社会関係資本」では195件がヒットし，そのほぼすべてが2000年以降の論文である（2010年5月1日検索）．
[20] 山内直人　2005　ソーシャル・キャピタル考　山内直人・伊吹英子（編）　日本のソーシャル・キャピタル　大阪大学大学院国際公共政策研究科 NPO研究情報センター　pp.1-4.
[21] 佐藤　寛　2001　社会関係資本概念の有用性と限界　佐藤　寛（編）援助と社会関係資本―ソーシャル・キャピタル論の可能性　アジア経済研究所　pp.3-10.
[22] 埴淵知哉　2010　社会関係資本―その意義と，時と場所の問題　TOYONAKAビジョン22, 13, 38-43.
[23] 国際協力事業団国際協力総合研修所　2002　ソーシャル・キャピタルと国際協力―持続する成果を目指して　国際協力事業団国際協力総合研修所
[24] ［2］の p.56
[25] 宮垣　元　2009　理論的背景と位置づけ　金子郁容・玉村雅敏・宮垣　元（編）コミュニティ科学―技術と社会のイノベーション　勁草書房　p.44.
[26] 例えば森田［27］は，（自然）科学の特徴の一つに数学化・定量化を挙げ，それは科学的であるための必要条件ではないものの，定量的な予言や説明を可能にすることで，科学的知識の信憑性を増すことに役立つつと指摘する．また竹田［28］［29］は，何らかの必要性によって取り出された概念が，数量的に測れるものとして受容される過程で，むしろ数量化された客観的な世界にこそ真理があるという観念的な逆転が生じうることも指摘している．
[27] 森田邦久　2008　科学とはなにか―科学的説明の分析から探る科学の本質　晃洋書房
[28] 竹田青嗣　1989　現象学入門　日本放送出版協会
[29] 竹田青嗣　1993　はじめての現象学　海鳥社
[30] 大守　隆　2004　ソーシャル・キャピタルの経済的影響　宮川公男・大守　隆（編）　ソーシャル・キャピタル―現代経済社会のガバナンスの基礎　東洋経済新報社　p.77.
[31] 吉野諒三・角田弘子　2010　人々の関係の広がりについて―国際比較方法論研究の幾つかの知見から　行動計量学, 37, p.6.
[32] 社会関係資本論を主題としたものではないが，社会的なつながりのある状態が「自然」であり，現代社会にはそれが欠如しているという，より決定論的な客観主義が強く表れているものとして『孤独の科学』［33］が挙げられる．同書では繰り返し「人間は生まれつき社会的な生き物」，「群居せざるをえない生き物」と述べ，人類の生存における社会的なつながりや協力の存在を論じたうえで，現代社会（とくにアメリカ）における社会的つながりの欠如と孤独についてパットナムの社会関係資本論に言及しつつ，人々の絆の「回復」の重要性を主張している．
[33] Cacioppo, J. T., & Patrick, W.　2008　*Loneliness: Human nature and the need for social connection*. New York: W. W. Norton & Company. 柴田裕之（訳）　2010　孤独の科学―人はなぜ寂しくなるのか　河出書房新社
[34] Okasha, S.　2002　*Philosophy of science: A very short introduction*. Oxford: Oxford University Press. 廣瀬　覚（訳）　2008　科学哲学　岩波書店
[35] 坂田正三　2001　社会関係資本と開発―議論の系譜　佐藤　寛（編）　援助と社会関係資本―ソーシャル・キャピタル論の可能性　アジア経済研究所　p.19.
[36] ［30］の pp.77-122
[37] 理論負荷性という考え方は，理論に対して独立・中立のデータは存在せず，観察されたデータや事実は観察者が受け入れている理論に左右されることを意味する．［34］を参照．
[38] Portes, A.　1998　Social capital: Its origins and applications in modern sociology. *Annual Review*

of Sociology, 24, 1-24.
[39] Portes, A. 2000 The two meanings of social capital. *Sociological Forum*, 15, 1-12.
[40] パットナム［4］や内閣府国民生活局［12］などによる全体的な議論のほか，開発分野では，開発援助の「現場」での外部者による社会関係資本（信頼）の操作可能性が検討され［41］，健康分野では，実際に社会関係資本への介入を意識した高齢者対象のサロン事業が開設され，その健康に対する効果も検討されている［18］。また，コミュニティによる問題解決のための理論と実証の科学として提唱された「コミュニティ科学」では，社会関係資本を鍵概念と位置づけながらも，従来の「理念的」な社会関係資本論を現実社会に適用するための方法論と実践のためのモデルやツールの構築が目指され，遠隔予防医療に関する実証実験などがおこなわれている［17］。
[41] 佐藤　寛　2001　社会関係資本の操作性　佐藤　寛（編）援助と社会関係資本―ソーシャル・キャピタル論の可能性　アジア経済研究所　pp.203-220.
[42] 伊勢田哲治　2003　疑似科学と科学の哲学　名古屋大学出版会
[43] ただし，実際に社会関係資本への介入を意図した実践は未だ少ないため，概念化への影響は上記の観察可能性や理論負荷性をめぐる議論に比べると限定的と言えるだろう。
[44] ［5］のp.32
[45] ［35］のp.17
[46] ［5］のp.36
[47] Harpham, T. 2008 The measurement of community social capital through surveys. In I. Kawachi, S. V. Subramanian, & D. Kim（Eds.）, *Social capital and health*. New York：Springer. pp.51-62. 濱野　強（訳）2008　社会調査による地域レベルのソーシャル・キャピタル測定　藤澤由和・高尾総司・濱野　強（監訳）ソーシャル・キャピタルと健康　日本評論社　pp.81-99.
[48] この問題は，さらにどちらが「科学的」な社会関係資本論なのかといった論点にも結びつくことを指摘しておく必要がある。例えば筒井［49］は，リンの翻訳書『ソーシャル・キャピタル』［5］のあとがきにおいて，ネットワークと社会関係資本（資源）を概念的に切り離すことによって，ネットワークとそのメリットの因果関係が「科学的に妥当なかたちで検証できるようになる」とし，パットナムらの立場については「科学的手続きからすれば基本的であるべき研究が不可能になってしまう」と述べる。さらに，「ネットワーク，紐帯，信頼，規範等を曖昧にひとくくりにして『ソーシャル・キャピタル』と呼ぶような研究はもはや学術的には認められなくなる」という見解を述べており，集団レベルの社会関係資本論に対する明確な批判を展開している。
[49] 筒井淳也　2008　訳者あとがき　筒井淳也・石田光規・桜井政成・三輪　哲・土岐智賀子（訳）ソーシャル・キャピタル―社会構造と行為の理論　ミネルヴァ書房　p.332.
[50] ［11］のp.362
[51] ［2］のp.62
[52] なお，主にネットワークという「客観的」な変数を用いる社会学の研究に対して，パットナムの枠組みでは信頼感や規範意識のような「主観的」な要素が強まっているとされているため［7］，必ずしも「客観」だけを想定しているわけではない，という意見があるかもしれない。しかし，それはあくまで従来の認識論を前提としたうえで看過されてきた「主観」を変数レベルで分析に考慮するという意味であって，前提となる〈主観－客観〉図式は維持されている。
[53] 西條剛央　2005　構造構成主義とは何か―次世代人間科学の原理　北大路書房
[54] 逆に言えば，現象学では「実在物」も「ことがら」も，その認識の上では等しい構造を持つと考える。たとえコップのような「実在物」であっても，人間と異なる「身体性」をもつ生きものの間では同一の経験が成立しないことから，一見「客観的」と考えられる「実在物」であっても，「ことがら」と同様に「実在物そのものの同一性」を想定することは，原理的に不可能であると考えられるからである。
[55] 西條剛央　2007　ライブ講義　質的研究とは何か　SCQRMアドバンス編　新曜社
[56] ［53］のpp.147-148
[57] 「信憑性」の考え方を理解するためには，少し工夫が必要かもしれない。まずAとBという二つの

理論(方法でもよい)があったとき,「最終的にはどちらかが正しい」という考え方を捨てる必要がある。例えば,何らかの視覚情報をもとに犯人を特定する,という目的があったとしよう。当然,「写真」があれば有力な手がかりになるだろう。しかし特徴をより強調した「似顔絵」は時として写真以上に有力な手段となるかもしれない。このとき,「客観」としての犯人を仮定し,どちらに「真実性」があるかを問う必要はない。あくまで「確かにこの人がそうだ」と確信させた方がより妥当な方法として評価されるだけである。そして,「似ている」という確信は,意志の自由を超えて立ち現われてくるものであり,それをより強く確信させるものが,より信憑性の高い方法ということになる。

[58] 西　研　2005　哲学的思考　筑摩書房　p.370.
[59] パットナムがおこなったような単一の指標からあらゆる事象を説明しようとする方向から離れて,認知的・構造的,結束型・橋渡し型,垂直的・水平的など,さまざまな分類軸が提案され,細分化が進んでいる。ただし,これら分類軸間の整合性についても,研究者間の意見は完全には一致していない。

【謝辞】

本稿の修正においては,査読者である京極真氏・西條剛央氏から有益なコメントを頂きました。記して感謝申し上げます。なお,本研究は科研費(特別研究員奨励費21・6500)の助成を受けたものである。

原著論文（研究）

II-2 ABO式血液型と性格との関連性
——主要5因子性格検査による測定

清水 武・石川 幹人

1節 はじめに

1．血液型性格関連説

　血液型と気質，及び性格との関係に関する議論は，我が国においては古くから知られているものである。原来復や小林栄ら医師による研究に始まり，心理学者による研究としては，古川竹二の「血液型による気質の研究」[1]や「血液型と気質」[2]などに遡ることができる[3][4]。

　現在の日本では，ABO式の血液型を扱ったものは学術論文に限らず，一般大衆向けの書籍まで幅広いが，この背景には70年代以後に始まった第2次血液型ブームがあり，その発端には能見正比古[5]による「血液型でわかる相性」があった。多くの心理学者は俗説としての血液型性格学に対しては，大きな距離をおいているが，その一方で一般の人々の興味・関心は高い。渡邊[6]が「現在のところ心理学による血液型批判はどうやら人々の信念を変えるほどの力は持たないようである」と述べているが，その状況は現在でも変わっていない。上村・サトウ[7]によれば，日本では10年に1度の周期で社会的ブームと呼べるほどの流行が見られているという。

　心理学者にとっての血液型性格学に対する評価は，否定的なものが大半だが，その理由について，以下いくつか挙げておきたい。

2. 心理学者における血液型性格関連説との距離

　第一に能見に対する批判が挙げられる。能見は元々放送作家出身であり，アカデミズムに身を置く学者ではなかった。その点で，彼の手法はスタンダードな心理学のものとは異なる点が特徴的である。例えば，衆議院議員や頭取などの著名人を対象に血液型を調べ，その度数分布が日本人の母比率（日本人の場合，A型38.1%，B型21.8%，O型30.7%，AB型9.4%）と有意に異なることを示す，というものであった。

　大村[8]を筆頭とする血液型性格関連説否定派の心理学者が問題視した点は，主にデータの取り方や解釈であった。渡邊[6]によれば「血液型論者が関係の証拠としてあげているデータや，その解釈法の矛盾を指摘したり，血液型性格判断が当たっているという認識の多くが，錯覚であることを論証して，血液型と性格との関係を否定しようとする」のである。加えて，能見説を明確に支持するような結果は，その後，報告されていない[4][9][10][11]。ちなみに，能見の没後，現在までにも数多くの書籍が出版されているが，これらはデータ中心の記述ではなく，大衆向けエンターテイメントの色合いが強い。

　第二に，上記と関連するが，多くの心理学者にとって血液型性格関連説は，ステレオタイプ認知を反映した結果にすぎないことも指摘できる。詫摩・松井[12]は，血液型性格関連説を「血液型ステレオタイプ」と呼び，ステレオタイプ保持者の性格特徴の全体的傾向を調査した。その結果，ステレオタイプを持つ人は，親和欲求，追従欲求，回帰性傾向，社会的外向性が高いという結果が得られた。複雑な思考判断をするよりは，権威に頼って生きていこうとする人ということである。同様の議論は坂元[13]や大村[8]にもあり，村上・村上[11]も，バーナム効果のひとつに位置づけている。菊池[14]は，子どもの教育の問題を論じる中で，不思議現象，心理ゲームや占いなどが面白がられる風潮を紹介し，これらがステレオタイプ保持による思考停止状態に陥る危険性を持つことを指摘しているが，この点を踏まえるならば，血液型性格関連説は，多くの人にとって思考停止のための手段である可能性が高い。

　さらに，こうしたステレオタイプに関連して，偏見や差別の原因がつくりだされることも重要な問題である。佐藤[15]が「ブラッドタイプ・ハラスメント」として論じ，山岡[16]も調査しているように，特定の血液型の人が当人の人格と関係なく，不愉快な思いを体験する例が報告されている。長谷川[9]も，テレビ番組の放送がエスカレートする中で，学校や就職活動の際に，血液型ステレオタイプが差別意識につながっているという意見を紹介している。心理学者が危惧している問題のひとつは，こうした偏見や差別であり，それらの助長に加担することは避けねばならない。

　第三に，純粋に理論としての魅力の問題がある。心理学には心理学独自のパーソナリティ理論がいくつもあるが，血液型性格学はその全体の中の一部分についての

説明を試みるひとつの理論にすぎない。また，分類箱的な判断基準の単純さは，個々の人間を深く探求するというよりは，どちらかといえば全体を表層的にとらえるものであり，一般的には，心理学者の興味を強く喚起する枠組みではない。前川[3]のように，血液型人間学が個体ではなく集団の特徴的傾向を扱うものと位置づけを明確に示し，かつ肯定的な評価を与えているのは，ごく少数派である。

そもそも，性格というのは，その全貌を把握しつくせるものではない。また，性格は発達的に変化もするし，サトウ・渡辺[17]の相互作用論が説くように，状況に応じてその都度変化する側面も強い。このように，性格を動的に理解しようとするとき，血液型のような分類箱では，性格と社会との相互作用的側面，ダイナミックな側面を説明できないのである。

以上，上述した要因だけが原因ではないにせよ，日本の心理学者が血液型人間学と大きく距離をとる背景には，いくつもの理由が重なりあっていることが指摘できるだろう。

3．心理学の調査研究として

一方で，研究の対象として，血液型と性格の対応関係の有無を実際に調べて吟味するアプローチも忘れてはならない。白佐・井口[18]や井口・白佐[19]は早くからこの点を指摘しており，「日本では，まず先に血液型性格判断の一般社会での流行があって，それを追った学術的研究は，血液型性格判断の妥当性の検証や歴史的な成立過程に焦点をあわせたものになっていた」と述べ，「血液型と性格など関係があるはずがない」という先入観ありきの調査に対し，疑問を投げかけている。前川[3]はさらに踏み込んで，心理学者全体の偏った論調に苦言を呈しつつ，科学的仮説としての血液型人間学の可能性と，能見学説の再評価も視野に入れた血液型人間学論を展開している。

血液型は，もともと免疫機能としての抗原であり，A型はA抗原を発現する遺伝子を，B型はB抗原を発現する遺伝子を持つ。AB型はどちらの遺伝子も保持し，O型はどちらも持っていない。免疫機能という観点からは，血液型と癌やコレラ，梅毒など，様々な病気の罹病率との間の関連性が指摘されており[20]，それらは松田[4]や竹内[21]にも論じられている。竹内に至っては，罹病率との間に関連があるのだから，血液型と性格との間に関連がないはずがないと論じている。

4．いくつかの調査研究

ここで，性格検査結果と血液型との関連性を調べた，いくつかの調査研究の結果に目を向けてみよう。キャッテルら（Cattell, R. B. et al.）[22]は，16性格因子質問紙「16PF」の中高生版「HSPQ」を用いて，イタリアの少年581人を対象にした調

査の結果，因子Ⅰ（Tender-minded vs. Tough-minded）について，A 型が最も精神的に弱く，以下 O 型，B 型と続き，AB 型が最も精神的に強かったことを 5％水準の有意差で報告している。

また後に，キャッテルら（Cattell, R. B. et al.）[23]は，オーストラリア人323人を対象に16PF を用いた検査結果から，A 型は B 型や O 型と比べて放縦的（Q 3），A 型は O 型と比べて不安（anxiety；二次因子 QⅡ。ただし，情緒安定性とは異なる指標である）が高いことを 1％水準で，また AB 型は A 型や B 型よりも自己充足性（Q 2；self-sufficient：自分のことを自分でする）が高いことを 5％水準の有意差で報告している。しかし，これとは逆の報告もあり，16PF を使用したジョガワー（Jogawar, V. V.）[24]はインドの大学生590人を対象として，A 型と O 型は B 型より情緒安定性が高いこと，B 型と O 型は AB 型よりも緊張が高いことを報告している。

以上，国別の結果は必ずしも一貫したものではなく，その理由も明らかでない。スワン（Swan, D. A. et al.）[25]によれば，生殖的に隔離された集団では，遺伝的連鎖が生じる可能性があり，国による結果の違いが解釈できる可能性を示唆している。血液型遺伝子の近くに，気質や性格と関連する遺伝子があれば，それだけ国レベルでの集団に個性が出やすいのかもしれない。ただし，この議論に関しては，まだ明確な結論はないのが現状である。

日本では，松井[10]が JNN データバンクの調査項目を利用して血液型と性格の関連性の調査をおこなっているが，関連性は否定されている。またその一方で，気質との関連性については，テレビ番組内ではあるが，大村政男がクロニンジャーら（Cloninger, C. R. et al.）[26]による Temperament & Character Inventory（TCI）を用いた調査結果を紹介した結果があるという[7]。上村・サトウによれば，大村は，A 型は損害回避（Harm Avoidance）が高く，次いで，報酬依存（Reward Dependence），新奇性追求（Novelty Seeking）の順となる。B 型は新奇性追求が特に高く，報酬依存と損害回避がやや低めと報告した。O 型は報酬依存が特に高く，新奇性追求と損害回避が低くなった。AB 型の各因子の差は他ほど大きくないという。

先行研究結果を踏まえると，血液型と性格の間の関連性はないとも考えられる一方で，全くないとも言い切れないようである。しかし，否定論が優勢である現在の心理学では，血液型と性格の関連性に関する調査は，ほとんどおこなわれておらず，仮に調査が実施されていても，関連性を示唆する結果については，そもそも公開されていない可能性が高い[27]。

だが，性格検査による測定や，分析法自体は，時代と共に改良・洗練されるのが常である。過去に明らかにされなかった関連性が，その後の時代に明らかになることは十分に想定できる。本研究は，実際に調査をおこなうことで，関連性を検討し

た調査結果を提示することを目的とする[28]。

本研究は，ABO式血液型に注目することで，血液型性格関連説（以下，関連説とする）の吟味を目的とする。具体的には，質問紙性格検査を集団に実施し，血液型別に分けた際の特性値の値に差が生じるかどうかを検討対象とする。

5．調査の計画と主要5因子性格検査による測定

性格の測定について，最も有力な尺度となりうる理論のひとつとして，Big-Five理論に基づく性格検査が挙げられる。主要5因子は外向性（E），協調性（A），良識性（C），情緒安定性（N），開放性（O）からなり，安定した結果が得られることが既にわかっている。ただ，安藤[29]が指摘するように，これらの因子が遺伝的バックグラウンドとどう対応するのかは不明であり，性格特性については非常に多くの相加的，非相加的遺伝の総体として，また環境との相互作用の結果として捉えなければならない。この点で，性格と遺伝子の間には単純な一対一対応を仮定できないのであるが，血液型との特性値との対応関係を記述する目的においては，そうした対応性の問題は考えずともよく，さしあたってここでは取り上げずともよいだろう。

我が国においては，ビッグ5理論をベースにした質問紙式の性格検査はいくつか開発されているが，本研究はその中のひとつである主要5因子性格検査[30]を用いる。村上・村上[11]の尺度は標準化に至る手続きが明確に記されており，信頼性と妥当性は共に評価されている。加えて，検査項目が70と比較的短時間で検査が可能な点，また集計した素点からT得点（標準得点）に変換して使える点にもアドバンテージがある。

6．家族内要因計画

これまでの先行研究の結果[22][23][24]をみても，血液型と性格の関連は仮にあったとしても，相当弱いことが予め予想できる。効果サイズが小さい場合，統計的手法で関連性を明らかにするためには，誤差を相対的に小さくし，検出力を高める工夫が必要となる。

そこで本研究は，性格特性の遺伝的側面に注目する。性格をよく説明する要因のひとつは親からの遺伝である。双生児を対象とした行動遺伝学の知見が示すように，性格の遺伝率は比較的高い[31][32][33][34]。

このことは，性格特性値が同一の家族において類似することを意味するため，家族を含めて調査をおこなったほうが，誤差分離の観点からは有利になることが指摘できる。これは例えば，心理学実験で被験者の個人差が大きい場合に，被験者間要因計画よりも，被験者内要因計画のほうが，個人差に起因する平方和を分離できる

ため，平均値の差の検定には有利なことと構造上同じである。すなわち，血液型(抗原)の要因を，家族内要因（within-family factor）として扱うのである。

2節
方法

1．調査時期

2008年から2009年にかけて，合計3つの大学で，異なる時期に5回調査を実施した（表Ⅱ-2-1）。

2．手続きと対象者

大学にて質問紙検査を実施して回収した（表Ⅱ-2-1）。東洋大学と東京福祉大学は即日回収，対象者は学生のみで家族は含めていないが，サンプル増のために使用している。明治大学においては，学生に依頼して家族のデータを集めた。検査用紙は2008年週刊ダイヤモンド11月8日号に掲載された主要5因子性格検査を用いて，教場で一斉に実施した。学生の結果は自己採点とし，採点のための集計表は別に作成して配布し，各自の素点を計算させた。家族のデータ収集をした明治大学での調査は，学生各自が用紙を家に持ち帰り，各家庭で家族に実施した。素点を記入する用

表Ⅱ-2-1　調査対象者の内訳

調査	月	大学	方法	回答者数	分析対象者数（血液型内訳）					家族数	平均年齢
					計	O	A	B	AB		
調査1：2008年度に実施	5	東洋大	教場にて即時回収	85	81	26	30	21	4	81	19.1
	12	明治大	家庭	749	685	191	273	152	69	209	38.7
	3	東京福祉大	教場にて即時回収	32	27	6	10	8	3	27	調査せず
				866	793	223	313	181	76	317	35.9
調査2：2009年度に実施	5	東洋大	教場にて即時回収	101	99	21	46	23	9	99	19.1
	6	明治大	家庭	536	473	161	159	118	35	280	29.1
				637	572	182	205	141	44	379	27.4
全体				1503	1365	405	518	322	120	696	31.8
比率						0.30	0.38	0.24	0.09		

紙を別途用意し，用紙に家族全員の素点を記入して返却するよう求めた。基本的には同居家族全員に性格検査を依頼することにしたが，あくまでも任意で協力できない場合は，無理に回答することはないことを説明した。

性格検査の回答者は2008年の調査が866名，2009年が637名，計1503名であった（表Ⅱ-2-1）。回答者の中から，ABO式血液型（ただし自己報告），性別，村上・村上[11]の主要5因子検査において，素点を標準得点に換算する際に使用する4つの年齢区分（青年期，成人前期，成人中期，成人後期）のいずれに該当するか，が明らかな者を分析対象者とした。また，家族の中でも祖父祖母，父母，兄弟とした。これに加え，当該検査における「建前」の素点が10点満点中9点以上の者は本音を偽って回答している可能性が高いため[11]，除外した。

以上の条件を満たした回答者は，2008年度793人，2009年度572人，計1365人となった（全協力者の90.8%）。ただしいくつかの特性値は，空欄などにより個別に欠測が生じた。分析対象者の内訳は表Ⅱ-2-1に記載した。平均年齢は回答拒否者を除外し，情報の得られた者のみで計算し結果，全体で平均31.79歳であった。なお，明治大学での調査は，家族への回答を依頼したが，2009年においては，あくまでも任意であることを強調したため，前年度に比べて家族のデータ数が少ない。

血液型の分布はO型405名，A型518名 B型322名，AB型120名であった（表Ⅱ-2-1）。能見が使用した日本人の血液型比率であるO型30.7，A型38.1，B型21.8，AB型9.4（いずれもパーセンテージ）を母比率としたときの，適合性の検定では偏りは認められなかった（$\chi^2(3) = 3.02$, n.s.）。なお，本調査は第一著者の大学での講義受講者を中心に回答を依頼しており，厳密な無作為抽出ではないことも断っておく。

3．分析方法

村上・村上[11]により公表されている換算表を利用し，年齢群別に素点からT得点を算出した。T得点とは平均50，標準偏差10となる得点である（いわゆる偏差値と考えるとよい）。さらにここでT得点（の平均値）と期待値50との差得点を従属変数とすることで，分散分析においては，切片値自体を仮説値0との差で直接1サンプルのt検定ができる[35]。

分析は，単変量分散分析を5回実行した。分析には統計ソフトJMP7.0を使用し，制限最尤法（REML）[36]によってパラメータを推定した。なお，ソフトウェアの計算により，分散分析の分母の自由度は調整された値となり，標本数を反映した数と一致しない。また，相関比や検出力分析の結果も参照できない。

[血液型の分類（2×2＝4）] 血液型に関して，本研究は4つの表現型はそのまま使用せず，その背後にある遺伝子型，すなわち人間が保持している「抗原」との対

応で分析を試みた。血液型は抗原Aの保持，抗原Bの保持，さらにその2つの組み合わせで4分類が存在するので，抗原を要因とみなして直交デザインを組み，交互作用項を含めると4種類全ての母数が個別に推定できる。これに性別（男女）の主効果と同一の家族（変量）を要因として加えてモデルを構成した。なお，これらの要因と抗原との交互作用は考えない。

なお，結果については，検定結果だけでなく，エフェクトサイズ（効果サイズ）についてもあわせて総合的に結果を解釈することが望ましいと判断した。Cohenのd [37]を使って平均値x_1とx_2の差について

$$\text{Cohen's } d = \frac{x_1 - x_2}{\sqrt{(S_1^2 + S_2^2)/2}} \quad (1)$$

として，エフェクトサイズを計算した。ただし，5つの特性値については，テストが標準偏差10で標準化されているため，$S_1^2 = S_2^2 = 100$とおける。

3節
結果

表Ⅱ-2-2に結果を示した。推定値の列には，それぞれの要因の各水準の値を示した。A行は，抗原A保持群（A型とAB型）の全平均からの偏差，同じくB行には抗原B保持群（B型とAB型）の全平均からの偏差，A×B行はO型とAB型を同一群とした際の全平均からの偏差を示している。性別要因に関しては，男性群の偏差を表示した。なお，これらの偏差は全平均からの偏差のため，効果サイズを算出する際の2群間の平均値の差（$x_1 - x_2$）は偏差の二倍となる。

切片の推定値は調査対象となった母集団の特異性として解釈できる。協調性（A）と情緒安定性（N）の切片値は調査間で共に有意に低い値として一貫しており，筆者らが対象とした大学生回答者らの平均的特性値が，一般的な日本人母集団に比べて有意に異なっていることを意味する。ただし，性別要因と同様，これらは誤差管理のための項と位置付けており，基本的には分析の対象から外している。

[**外向性（E）**] 単変量分散分析の結果，抗原AとBに関する項には差がみられなかった。

[**協調性（A）**] 同様に，抗原AとBに関する項には有意な差はなかった。

[**良識性（C）**] A×Bの交互作用が5％水準で有意であった（$F(1, 1317) = 3.96$, $p < 0.05$；$d = 0.11$）。全効果をあわせると，A型が最も高く，次いでB型となり，AB型とO型がこれに続く順となった。下位検定として単純主効果の検定をおこなったところ，抗原B非保持のA型とO型の間のみで単純主効果の有意性が確認さ

表Ⅱ-2-2　主要5因子性格検査結果と血液型の得点

	term	estimation	SE	t	df v_1	df v_2	F	d
E	Intercept	−0.11	0.33	−0.35	1	712.0	0.12	
	A	0.09	0.28	0.32	1	1348.1	0.10	0.02
	B	−0.12	0.28	−0.42	1	1359.6	0.18	−0.02
	A×B	0.02	0.27	0.09	1	1229.9	0.01	0.00
	Sex（male）	−0.65	0.22	−2.93	1	1069.6	8.61**	
	（N=	1365）						
A	Intercept	−1.77	0.32	−5.55	1	771.1	30.81	
	A	0.03	0.28	0.11	1	1356.7	0.01	0.01
	B	0.00	0.29	−0.02	1	1350.1	0.00	0.00
	A×B	−0.21	0.27	−0.77	1	1280.5	0.59	−0.04
	Sex（male）	−0.80	0.23	−3.54	1	1142.3	12.56**	
	（N=	1363）						
C	Intercept	0.01	0.32	0.04	1	718.6	0.00	
	A	0.13	0.30	0.44	1	1354.6	0.19	0.03
	B	0.00	0.30	0.00	1	1319.1	0.00	0.00
	A×B	−0.57	0.29	−1.99	1	1317.1	3.96*	−0.11
	Sex（male）	0.53	0.24	2.20	1	1174.3	4.82**	
	（N=	1365）						
N	Intercept	−2.02	0.30	−6.84	1	642.4	46.74	
	A	−0.30	0.27	−1.11	1	1358.2	1.24	−0.06
	B	0.57	0.27	2.08	1	1325.1	4.33*	0.11
	A×B	0.04	0.26	0.16	1	1289.7	0.03	0.01
	Sex（male）	0.07	0.22	0.33	1	1112.6	0.11**	
	（N=	1365）						
O	Intercept	0.01	0.32	0.03	1	723.0	0.00	
	A	−0.11	0.28	−0.39	1	1354.7	0.15	−0.02
	B	0.40	0.29	1.39	1	1348.1	1.92	0.08
	A×B	−0.38	0.27	−1.42	1	1267.0	2.01	−0.08
	Sex（male）	1.57	0.23	6.96	1	1114.0	48.38**	
	（N=	1361）						

A行は，抗原A保持群（A型とAB型）の全平均からの偏差，同じくB行には抗原B保持群（B型とAB型）の全平均からの偏差，A×B行はO型とAB型を同一群とした際の全平均からの偏差を示している。性別要因に関しては，男性群の偏差を表示した。

れた（F（1, 1348.0）=5.06, p＜0.05）。すなわち，A型はO型よりも良識性が高いことが示唆される結果となった。

[情緒安定性（N）] 抗原Bの主効果が有意であった（F（1, 1325）=4.33, p＜0.05；d=0.11）。抗原B保持のB型とAB型は，保持しないA型とO型に比べ，情緒安定性が高い。なお，全ての効果項をあわせると，得点の高い順にB型，AB型，O型，A型となった。

[開放性（O）] B型がもっとも高く，O型がもっとも低いという結果が得られたが，いずれの項も有意でなかった。

4節
考察

本研究は，村上・村上[11]による主要5因子性格検査を用いて性格を測定し，分析時に血液型を家族内要因とおき，また抗原の有無を2つの要因に分けて分析をおこなった。僅かながら推定値の偏りがいくつか散見されたが，効果サイズは全て0.2に満たず，関連性は仮にあったとしても，実質的な予測力を持つものではないことが改めて確認された。

1．本研究の意義

血液型と性格の関連性については，これまで実際にデータを集めて分析をおこなうということは，心理学では，ほとんどおこなわれてこなかった。これは血液型性格関連説に対する否定論が優勢なためである。そのため，調査がなされても，データ自体が公表されない傾向が推察される[27]。

結果として，血液型と性格の間の関連性は実際に調査されず，過去の古いデータばかりが参照されるという問題が残っていた。だが，今回，5つの性格特性値の平均値について，効果サイズと共にデータを提示したため，参照可能な結果を残すことができた。この点で，本研究の最大の目的は達成されたのだが，結果の解釈に関しては，研究者によっても注目する点は異なるだろう。関連性が肯定されたとみなす研究者もいれば，逆に，上述したように，関連性はほとんど予測力を持たない小さなものと捉える研究者もいるだろう。これらはどちらも間違いではない。くり返しになるが，本研究は，調査結果を報告することに意義があると考えている。

2．ステレオタイプの可能性

さて，結果について個別に吟味する前に，血液型ステレオタイプの可能性を考えておきたい。日本では過去に何度もくり返して大衆向けの血液型性格関連説が流行

してきた[7]。そのため，次のステレオタイプが浸透しているとされている。O型のイメージはおおらか，すなわちBig 5においては，情緒安定性（N）が高いと予測できる。同様に，A型は几帳面で神経質とされ，すなわち良識性（C）が高く，情緒安定性（N）が低いと予測できる。B型は自分勝手で新奇性追求が高いとされているため，協調性（A）が低く開放性（O）が高いと予測できる。AB型は変わり者とされるが，少数派であるため，佐藤[15]が述べるようにB型と共に否定的な結果に傾くと予想される。

これらについて順にみていくと，O型について，情緒安定性が高いことを支持する結果がない。A型に関しては，情緒安定性（N）が低いこと，さらに良識性が高い点でステレオタイプに一致する点もみられるが，B型は開放性（O）が高いが，協調性（A）が低いわけではない。AB型とB型については，マイノリティとして不利な結果は特になく，むしろ抗原Bの主効果として情緒安定性が高い。B型やAB型という少数派が否定的イメージを持たれてきたこと[15][16]とは矛盾する。以上，ステレオタイプ説はA型とB型の開放性に対してのみ説明できるが，O型やAB型，さらにB型の協調性は説明できなかった。結果全体をステレオタイプの反映と位置付けることは，困難なようである。

3．主な結果と効果サイズ

調査結果からは，俗説としての血液型性格関連説は否定されたと思われる。だが，今回の調査結果から関連性が皆無かどうかを問うことができる。第一に，良識性（C）における抗原A×Bの交互作用，第二に情緒安定性（N）での抗原Bの主効果であり，これらは今後，関連性が示される可能性も残された。

情緒安定性（N）はA, O, AB, Bの順に高くなっている。使用している尺度が異なるため，単純比較は控えるとしても，キャッテルら（Cattell, R. B. et al.）[22]の結果で因子I（Tender minded/Tough minded）がA型，O型，B型，AB型の順に並んだ結果と類似する。ただし既に触れたように，キャッテルら[23]では追確認されておらず，またジョガワー[24]の研究では逆に，B型で情緒安定性が低い（因子C，因子O，因子Q2，因子Q4など差のあったものを総合的に判断）。本研究結果は，キャッテルら[22]と類似した結果といえよう。

良識性に関しては，A型とB型が高く，AB型とO型で低い結果となったが，これについても，追試検討が必要であろう。

4．第一種の過誤である可能性

なお，本研究は5つの特性値を個別に分析したため，検定の項が増え，第一種の過誤率[38]を全体で統制できない点に問題が残る。過誤率を厳密な意味で抑止する

には，ボンフェローニ[39]の方法で有意水準を厳しくすることが考えられる。すなわち，有意水準 $\alpha=0.05$ を総検定回数15回でわると，$\alpha=0.003$ となり，この補正をおこなった場合，有意である項は存在しないということになる。したがって，厳密に考えるならば，有意な関連性はみられなかったと結論付けてもよい。

ただし，一回の調査から結論を下すことは難しい。先行研究と似たような結果が得られていることも考えるならば，今後の調査結果を全体で見定めていく必要があるだろう。今後，追試をおこなう上で，同じ項（情緒安定性（N）における抗原B，及び良識性（C）におけるA×Bの交互作用）に対して，同じ結果が得られるかどうかがポイントになるだろう。

5．その他の問題

本研究は，2つの抗原A，Bと性格との間の関係を吟味したが，特定の理論・仮説に依拠せずに，調査と分析をおこなった。これは，竹内[21]のように罹病率から血液型と性格との間に関連性を仮定する仮説を別とすれば，抗原遺伝子と性格特性の間には，強力な仮説がまだ存在しないためである。

その点では，本研究は記述的研究であり，理論を補強するためのデータを示したわけではない。ただし，このことは本研究の調査の意義が無いことを意味しない。科学においては，現象発見の後に理論が構築されてきた歴史があり，理論的な仮説が先にあるべきかどうかは，別の問題としなければならない[38]。本研究の目的は，あくまでも調査結果が公表されていない心理学の現状において，最新の性格検査と分析法を用いて，データを報告することである。

また，本研究の調査は心理学的調査であり，医療機関による血液検査を介さずにおこなったものである。そのため，血液型は自己申告である。自己申告には間違いも多いとも言われ[38]，この点で本研究は精度にある種の限界を抱えることも事実である。しかし，日本においては，ABO式の血液型の検査は広く実施されていることや，献血などを通して比較的多数の人に本人の血液型が認識されている。また，自己申告の信頼性は高いと考える研究者がいることも事実である[38]。いずれにせよ，仮に自己報告に間違いが含まれているとしても，ある程度の標本数確保することで，誤差の影響は相対的に減じられると考えられる。

6．おわりに

血液型と性格という関係に関して考えるなら，キャッテルら[23]のように，ABO式以外の血液型を検討することも可能だろう。キャッテルらはRh式やP式などの9種類を同時に検討しており，中でもP式血液型と性格との関連は，ABO式血液型よりも明確である。1次因子9項目中6つ，2次因子5つ中3つに有意な関連が

あり，血液型と性格の間の関連を示している。

　ただ，血液型と性格との関係の議論は悪用されれば，偏見や差別につながる可能性がある。佐藤[15]や山岡[16]らを始めとする日本の心理学者が危惧したように，その危険性を認識するならば，関連性に関する効果サイズが小さいことについては，重ねて強調しておく必要があろう。実質的な予測力はなく，基礎研究で僅かな平均値の差が確認できるかどうかという程度である。

【註および文献】

[1] 古川竹二　1927　血液型による気質の研究　心理学研究，2, 22-44.
[2] 古川竹二　1932　血液型と気質　三省堂
[3] 前川輝光　1998　血液型人間学─運命との対話　松籟社
[4] 松田薫　1991　血液型の性格の社会史　河出書房新社
[5] 能見正比古　1971　血液型でわかる相性　青春出版社
[6] 渡邊芳之　1994　性格心理学は血液型性格関連説を否定できるか─性格心理学から見た血液型と性格の関係への疑義　詫間武俊・佐藤達哉（編）　血液型と性格─その史的展開と現在の問題点　現代のエスプリ324　至文堂　pp.187-193.
[7] 上村晃弘・サトウタツヤ　2006　疑似性格理論としての血液型性格関連説の多様性　パーソナリティ研究，15（1），33-47.
[8] 大村政男　1990　血液型と性格　福村出版
[9] 長谷川芳典　2005　批判的思考のための「血液型性格判断」　岡山大学文学部紀要，43, 1-22.
[10] 松井豊　1991　血液型による性格の相違に関する統計的検討　立川短大紀要，24, 51-54.
[11] 村上宣寛・村上千恵子　2008　主要5因子性格検査ハンドブック改訂版─性格測定の基礎から主要5因子の世界へ　学芸図書
[12] 詫間武俊・松井豊　1985　血液型ステレオタイプについて　人文学報（東京都立大学），172, 15-30.
[13] 坂元章　1988　対人認知様式の個人差とABO式性格判断に関する信念　日本社会心理学会第29回大会論文集，52-53.
[14] 菊池聡　1997　なぜ不思議現象なのか　菊池聡・木下孝司（編）　不思議現象─子どもの心と教育　北大路書房　pp.1-14.
[15] 佐藤達哉　1994　ブラッドタイプ・ハラスメント─あるいはAB型の悲劇　詫間武俊・佐藤達哉（編）　血液型と性格─その史的展開と現在の問題点　現代のエスプリ324　至文堂　pp.154-160.
[16] 山岡重行　2001　ダメな大人にならないための心理学　ブレーン出版
[17] サトウタツヤ・渡邊芳之　2005　モード性格論　紀伊國屋書店
[18] 白佐俊憲・井口拓自　1993　血液型性格研究入門─血液型と性格は関係ないと言えるか　川島書店
[19] 井口拓自・白佐俊憲　1994　海外における血液型と性格の研究　現代のエスプリ324　至文堂　pp.168-176.
[20] Vogel, F., & Motulsky, A. G.　1986　*Human Genetics : Problems and approaches*（2nd ed.）. Berlin : Springer Verlag.
[21] 竹内久美子　1994　小さな悪魔の背中の窪み─血液型・病気・恋愛の真実　新潮社
[22] Cattell, R. B., Young, H. B., & Hundleby, J. D.　1964　Blood groups and personality traits. *American Journal of Human Genetics*, 16（4），397-402.

［23］Cattell, R. B., Brackenridge, C. J., Case, J., Propert, D. N., & Sheely, A. J.　1980　The relation of blood types to primary and secondary personality traits. *Mankind Quarterly*, 21（1），35-51.
［24］Jogawar, V. V.　1983　Personality correlates of human blood groups. *Personality and Individual differences*, 4（2），215-216.
［25］Swan, D. A., Hawkins, G., & Douglas, B.　1980　The relationship between ABO blood type and factor of personality among South Mississippi Anglo-Saxon school children. *Mankind Quarterly*, 20, 205-258.
［26］Cloninger, C. R., Svrakic, D. M., & Przbeck, T. R.　1993　A psycho-biological model temperament and character. *Archives of General Psychiatry*, 50, 975-990.
［27］清水　武　2011　心理学は何故，血液型性格関連説を受け入れ難いのか―学会誌査読コメントをテクストとした質的研究　構造構成主義研究, 5, 92-115.
［28］調査結果を提示することが目的である，というのは研究目的としては成立しないのでは，と感じる人も多いかもしれない。だが，血液型性格関連説にまつわる心理学の現状においては，このようにデータを提示することは，それ自体が困難なことなのである。
［29］安藤寿康　2000　心はどのように遺伝するか―双生児が語る新しい遺伝観　講談社
［30］村上宣寛・村上千恵子　1997　主要5因子性格検査の尺度構成　性格心理学研究, 6, 29-39.
［31］Lensvelt-Mulders, G., & Hettema, J.　2001　Analysis of genetic influences on the consistency and variability of the big five across different stressful situations. *European Journal of Personality*, 15, 355-371.
［32］Loehlin, J. C.　1992　*Genes and environment in personality development*. Newbury Park：Sage.
［33］大野　裕・安藤寿康　1998　双生児法による性格の研究（2）―NEO-PI-Rによる性格特性5因子の遺伝分析　日本性格心理学会大会発表論文集, 30-31.
［34］双生児研究で遺伝率が高いということは，単に双生児で相関があるということではなく，遺伝子を共有する同一家族において，性格の類似性が高いことを予測するのに十分な情報となる。
［35］切片値の検定とはつまり，この場合，一般的な日本人の母集団に比べて調査対象者らが持つ性格特性の偏りを，吟味するということになる。
［36］REML法は，変量要因が含まれる線形モデルにおいて，パラメータを推定する際の推定法のひとつである。統計ソフトウェアJMPに実装されている。
［37］Cohenのdとは，効果サイズを調べる際に用いられる指標のひとつである。通常，0.8を超えると大きな効果，0.4以上なら中程度，0.2以下なら小さいと判断される。標本数に依存しない指標であるため，有意差よりも情報を判断しやすい。
［38］第一種の過誤とは，本当は帰無仮説が真であるにも関わらず，検定で有意と判断し，帰無仮説を棄却して対立仮説を採る誤りのことである。この過誤率を抑えるためには，有意水準αを厳しく（すなわち，小さな値に）すればよい。
［39］ボンフェローニの方法とは，検定の総回数を考慮して，有意水準αを厳格化する方法である。例えば合計5回検定を行う場合は，α＝0.05／5＝0.01とすることで，全体の過誤率を5％以下に抑えることができる。

原著論文（研究）

II-3 心理学は何故，血液型性格関連説を受け入れ難いのか
——学会誌査読コメントをテクストとした質的研究

清水 武

1節
問題と目的

1．心理学における血液型性格関連説への否定的なスタンス

　血液型と性格の間に関連性はあるのか，それともそれは単なる俗説にすぎないのか。この問題は，心理学において過去に非常に物議をかもした歴史があるが，現在では，ほとんど全ての心理学者が，両者の間に関連性は認められないという否定論でほぼ一致しており，論争もほとんどみられない。

　そうした状況において，清水・石川[1]は，血液型性格関連説（以下，関連説）に対する現在の否定論的状況とは別の文脈で，血液型と性格に関する調査研究結果を報告した。その議論には関連性を一部肯定する内容も含まれるのだが，現在の心理学のコミュニティが，本誌に掲載されることになった清水・石川[1]の議論を認めるかといえば，やはりそう簡単ではない[2]。

　実は清水・石川論文[1]は，過去に2度，心理学関連の学会誌に投稿したが，いずれも審査をパスしなかった経緯がある。ちなみに投稿時の原稿は，細部の記述や分析法，及びデータの数（その後にデータを追加したため）に違いはあるものの，主張の方向性としては基本的に清水・石川[1]とほぼ同一である。

　その審査の経緯を記しておこう。筆者は2009年4月に最初の原稿を投稿し，その約3ヶ月半後に審査結果が返却された。3名の審査者による評価の結果，不採択と

いう判断であった。その後，同年10月にまた別の学会誌に，清水・石川[1]には記載していない別のデータを付け加えるなどして，再度投稿した。今度は2名の審査者による結果が返され，同様に不採択となった。一般的にも，また著者のこれまでの経験からいっても，通常，初回投稿時の原稿に対しては，いくつかの問題点の指摘があった上で，再度投稿する機会が与えられることが多いのだが，どちらの学会誌においても，そのチャンスは与えられなかった。

　もちろん，学会誌にはそれぞれに独自の価値観，編集方針，方向性があり，加えて，筆者の用意した原稿の出来・不出来の問題もある。したがって，個別の学会誌の判断の是非は，ここでは問えない。だが，異なる学会誌による審査が，原稿返却と同時に即不採択という結果に至ったことは，十分に珍しいことであり[3]，またそのコメント内容も独自の特色があったことから（この点については後で議論する），偶然では説明がつかない必然性を仮定できると考えた。

2．査読におけるディスコミュニケーション

　結論から言えば，清水・石川[1]に関しては，審査を担当した他の研究者との間に，ある種のディスコミュニケーションが生じていたと言わねばならない。西條[4]による構造構成主義において論じられている，いわゆる信念対立的状況とでも呼べるものに相当するだろう。

　なお，西條の議論では，その根底には認識論的問題があることが指摘される。この視点は，構造構成主義のひとつの方法論として機能し，とりわけメタレベルでの学術問題について，既にいくつかの議論を生み出してきた[5][6][7][8][9]。例えば家島は，対立的状況に於いて，建設的な議論が難しくなる理由のひとつとして，双方が互いに異なる認識論をもっていること（しかも厄介なことに，その認識論は経験的に裏打ちされているために，なかなか自ら疑い得ないこと）を挙げている。そして，その打開策のひとつとして，互いの認識枠組みを可視化することが有効な方法になるという。

　本論は上述の問題意識から，心理学者における血液型性格関連説に対する認識についてのメタレベルの議論を試みる。言い換えると，血液型と性格の関連性を扱う研究を進めていく中で，研究者間での見解の相違，もしくはディスコミュニケーションには，どのような認識論的問題が背後にあるのかを具体的実例を通して取り上げることで明らかにする。

　これは清水・石川[1]において，直接取り上げられなかったメタレベルの問題だが，この作業により問題の解体・再構築がなされれば，血液型性格関連説に対して，心理学が取り組むべき課題についての新たな問題提起をおこなうことが期待できるだろう。すなわち本研究は，このようなディスコミュニケーションを発展的に解消す

るための条件を，(もし発展的解消が可能であるならば) 明らかにするための，ひとつのステップになると考えられる。

2節
方法

1．テクストとしての査読コメント

　審査を担当する研究者は，著名な心理学系の学会において，専門家として高く評価された研究者と考えてよい。したがって，その研究者が，論文審査にあたって残したコメントは，その論文の原稿に対して，その学会における代表的な研究者が下した評価のサンプルとみなしうる。また同時に，審査者はその学会の最先端に位置する研究者でもあり，現在の学会における価値観や考え方を反映するとも考えられるだろう。これらのことから，コメントをテクストとして分析対象とし，そこに潜むディスコミュニケーションについて検討することには一定の意義があるはずである。そこで，本論では審査者が残したコメントをテクストとして分析対象にすることを試みる。

　既に述べたように，清水・石川論文[1]の原稿は，2つの学会誌の審査を経たのだが，本論では特に最初の学会誌の査読コメントを分析対象とする。その理由のひとつは，その学会がそのテーマに直接的に関連性のある学会であること，もうひとつの理由としては，審査者それぞれの問題の捉え方や価値観が比較的明確に示されたものが含まれること，最後に，それ自体をテクストとして取り上げて議論するのに十分なクオリティを持つことがその理由である。それに対し，2度目の原稿に対する査読コメントは，好意的な評価も一部にはあったのだが，どちらかといえば本論が議論の対象とする問題の趣旨からは外れる細かい点への指摘が多かったため，今回の分析対象から除外した。

　すなわち本研究は，心理学者間でのディスコミュニケーションのありようを根本的に理解するという目的に照らして，初回投稿時の学会の審査者3名のコメントを中心に取り上げるのが妥当と考え，テクストとして使用した。なお，本稿の目的と照らして，重要でないと判断した部分は分析から除外した。

　分析方法としては，査読コメントのリアリティを損なわないために，ディスコミュニケーションが生じる重要なポイントと思われる箇所に下線を引き，そこから考察（解釈）できる点を随時論証していくスタイルを採用した。なお，質的研究を構造構成主義的に進める方法としてSCQRM[10]に倣い，テクストは関心相関的に選択する。その上で，心理学者が血液型性格関連説に対して拒否感を持つ理由についての解釈と，それに対する仮説を生成する。

3節
生物学的な要因と社会文化的な要因の二者択一

1. 調査結果は血液型ステレオタイプを反映した結果なのか

　筆者の議論に対して，審査者が一様に問題として指摘したのは，「血液型ステレオタイプ」の存在であった。簡単にまとめると，以下のようになる。すなわち，日本社会には，血液型ステレオタイプが広く浸透しており，それは，社会文化的に構成されたものとみなしうる。そのため，仮に血液型が性格に与える影響が生物学的に存在したとしても，日本社会のように血液型ステレオタイプが浸透しているような社会の場合は，生物学的な影響と関係なく，血液型ステレオタイプに影響を強く受けた人達が，単にそのステレオタイプを反映した結果を報告しているにすぎない，というものである。

　以下，第一査読者のコメントから順にみてみよう（引用部冒頭の括弧内の数字は3人の査読者と，取り上げたテクストの順序を表す）。

(1－1)
(0) 根本的な理論の不備と方法上の問題について
　問題部については，過去の血液型論争をよく踏まえて網羅的に叙述されていると思います。しかし，それが自ずと本研究の問題，限界を露呈しているのではないでしょうか。
　日本では血液型が十年単位？でブームになっており，調査時期も血液型本がベストセラーになっていた時期と重複するように思います。
　したがって，著者もお書きになっているので言うまでもないことですが，もし日本で，しかも血液型に関して日常会話で必ずと言っていいほど，挨拶代わりに使われる大学生でデータを取るとすると，<u>本研究のような調査データからは「血液型ステレオタイプ」の反映であるという批判を，方法論の上から，永遠に免れない</u>下線1と思います。
　実験的な手法による血液型ステレオタイプ（あるいはそれ以外の任意の星座でも何でも）が存在することを実証する研究が，すでにある程度なされておりますし，この血液型問題を，調査的手法によって検証しようとすると，<u>日本人に特有の認知的構成物である（それですらない？）という批判をかわすことは不可能</u>下線2でしょう。したがって，血液型研究を調査的手法によって検証？しようというのは出発点として誤っております。

調査結果が血液型ステレオタイプの反映である,という批判をかわせないということである。同様に,第二査読者及び第三査読者にも,類似の点が指摘されている。

> （2—1）
> 　非常に慎重な議論を行い,かつ丁寧な研究であると評価できる。現状のレビューも適切に行われているし,家族内計画と抗原ＡとＢの２要因を設定する分散分析を行う設計も適切なものである。ただし,現状において,抗原による説明を試みるのであれば,血液型が自己報告というわけにはいかないであろう。血液型と性格の研究には著者が自ら認めるような状況がある以上,それを「実証によって」崩すためには慎重な研究が求められるのである。
> 　　　　　　　　　　　（中略）
> 　血液型の自己報告と性格の自己報告はいわば相関分析にすぎず,その結果を因果関係と読み替えることには（現時点では）禁欲的であるべきである。

　議論に一定の評価を与えた上での問題点の指摘である。ここでの「著者が認めるような状況」とは,日本社会には血液型ステレオタイプの影響が存在するということであり,その点で調査において,血液型が自己報告であることが問題だということである。続いて三人目のコメントである。

> （3—1）
> 　遺伝子多型とパーソナリティ測定値の関連性の研究で自己申告による血液型との関連性を確認しても,本来の血液型との関連性[下線1]なのか,本人が思い込んでいる血液型との関連性[下線2]なのか分かりません。
> 　自己申告の血液型には間違いが多く,献血などの場合でも必ず血液型を確認してから行っています。

　ちなみに,第三査読者のコメントは,これのみであった。ここでの下線2「本人が思い込んでいる血液型との関連性」というのは,その直前に下線1「本来の血液型との関連性」とあるので,ここでは血液型ステレオタイプによる影響を含むものと解釈可能だろう。
　自己申告の不正確性の問題については,第二査読者に続いての指摘だが,仮に,自己報告が不正確な回答者が一定数いるとしても,サンプル数を増やせば,そうした誤差は相対的に減じることができる。これは清水・石川[1]でも触れられており,

ここではこれ以上論じない[11]。

個々のニュアンスは異なるものの、これらは概ね「仮に、性格に対して血液型が持つ（生物学的な）影響があったとしても、社会文化的なステレオタイプの影響（含めるべきではない要因）が混在しているため、実際（生物学的な影響）のところはわからない」と解釈できる点で共通している。

全ての審査者が同じ問題点を指摘しており、投稿時の原稿はステレオタイプに関する議論に問題があったことは否定できない。ただし、ここでは、審査者の背後に共通する認識論を可視化することが目的となる。

2．生物 VS 社会文化という対立図式で捉えられるのはなぜか

生物的要因と社会文化的要因の問題をわかりやすくするために、性差を例に挙げて考えてみよう。男女間の心理学的・行動学的差異は、生物学的な差異を基礎とする一方、ジェンダーという概念が存在するように社会文化的な影響も考えられる。つまり、両方の要因を仮定できる。だが、必ずしも要因を分離して考察することが必要なわけでもない。なぜなら、生物学的差異と性役割規範のどちらも存在するが、性差というのは、それらが全て総合的に影響しあった全体的結果だからである。

性格調査の場合も基本的には同じである。性格の場合は、社会的なステレオタイプへの感化のされやすさ（それがあると仮定した場合に）や、自らの血液型についての知識の正確性（または不正確性）なども含めて、自己報告の性格を扱うということになる。この場合は極端にいえば、調査によって得られた結果が「ステレオタイプの反映」にすぎず、また「ステレオタイプの反映と見分けがつかない」ものであっても構わないことになる。加えて、「ステレオタイプの反映ですらない」（第一査読者が指摘したようなケース）ということであっても、もちろん構わないのである[12]。

生物的要因と社会文化的要因が分離できないという点が問題になるのは、性格に影響を及ぼすであろう要因について、これらを2つに分けて論じなければならない、ということを先験的前提とするためであろう。もちろん、それは我々研究者にとって自然ではあるが、それすらひとつの認識枠組みから生じた視点であって、議論を開始する上での絶対条件ではないはずである。構造構成主義的に考えるならば、そうした前提は根本仮説に過ぎない。マクロなレベルで関連性の有無を問うという観点からは、これらを2つに分離せずに全てを総合したものとして、扱ってもよいはずである。性差をこのように捉えることで、調査結果から得られる性差は、マクロな視点から考察することが可能となる。

まとめておくと、査読者側には、生物学的要因と社会文化的要因という2つを想定し、前者のみを抽出しなければならないという暗黙の前提があったといえる。そ

してそれは投稿者側も査読者側も，十分に自覚（相対化）できていなかった。木を見て森を見ずという言葉があるが，今回のケースをこれで喩えるなら，査読者側の批判は，木に分けることができない森は観察に値しない，という批判に近い。

　もちろん，ここでいう要因分離が必要かどうかは研究目的に大きく依存する。仮に，関連性は明らかだが，生物学的要因に起因する部分と社会文化的要因に起因する部分が特定できていない場合は，両者を分離する目的の正当性が強くなる。一方で，関連性がほとんど明らかでない場合は，両者の分離作業以前の問題となる。分離をいったん脇において，マクロなレベルの調査を行う意義がある。しかるに血液型と性格に関する関連性については，現在までよくわかっていないという現状を踏まえるなら，後者を目的にするのは妥当なことであろう。ただし，マクロに全体を扱った場合に，生物と社会を全く分離できないわけではない。この議論は清水・石川とも重なるので脚注での議論に留めておきたい[13]。

　結局のところ，清水・石川[1]の議論は，審査者らには，生物学的要因のみを取り出す調査とみなされたのだろう。これについては，研究目的に関する原稿の書き方にも問題があったわけだが，それに加えて遺伝に対するある種の誤解も関連してくるため，次に示してみよう。

3．遺伝に対するある種の誤解

　生物学的要因の効果のみを取り出すことが当然視されたのは，なぜか。ここで，少し微妙な問題が入ってくる。それは，血液型が遺伝形質ということである。血液型は遺伝子によって規定される。そして，遺伝子の効果というとき，社会文化システムとは独立に作用する遺伝子の影響力を抽出したものと受け取りやすい。ここでもう一度，性別を例に考えてみよう。性は性染色体の差異として，すなわちXYとXXの差異で表現できるので[14][15]，男性はXY染色体保持者，女性はXX染色体保持者として，被験者間要因のデザインでの分析も可能である。仮に，調査結果から性差があきらかな場合，その原因はXXとXYの違いに起因するという理屈も（分析モデルとして）通ることになる。第二査読者のコメントには，「因果モデル」とあったが，おそらくこのような遺伝子モデルを想定した場合に，性格に及ぼす直接的な影響が念頭にあったのかもしれない。

　確認しておこう。遺伝子としての性染色体で表現した場合でも，男女で表現した場合でも，データを処理する際の統計モデル上では同一のものとなる。ところが，前者（XXとXYモデル）の方が遺伝に強調点を置くため，社会文化的な影響を全く考慮しないモデルにみえる。血液型も同様で，清水・石川[1]のように抗原の有無でモデル化した分析の場合，表現型としての4種類の血液型（O, A, B, AB）で表す場合よりも，遺伝の生物学的要因のみを仮定したモデルのようにも映りやすい

のだろう。

　加えて,「遺伝子に注目する」または「遺伝子を要因のひとつにする」ということは,必ずしも生物学的な要因のみを抽出することと同義でない。そもそもそれは不可能である。遺伝率を扱う遺伝的研究を考えるとよい。相加的遺伝形質に関して算出される遺伝率には,遺伝形質だけではなく,人が能動的に選択した環境の影響も含まれている。例えば,体重の遺伝率といった場合,その人の好む食べ物や食生活の要因,さらには自分自身の体重をどの程度気にするか,などの心理変数も含め,関連するその他全ての諸要因が関連してくる。体重の遺伝率は比較的高い部類に属するが,環境の影響が除去されたものではない。仮に,翌日から暴飲暴食すれば,当然ながら体重は増える。つまり,遺伝といっても,それは即,環境抜きの決定論的な原因ではないのである。人間を取り囲む環境その他の影響を全て総合して,敢えて「遺伝」とするのであり,調査研究における遺伝の影響は,生物学的要因(それ以外を含まないもの)と同一視はできないのである。

　この点は,遺伝に関連する調査研究の基本事項であるのだが,こと血液型というテーマで考えると,その点は盲点となりやすく,多くの研究者にとっても誤解を生じやすい話であったと考えられる。この点は,筆者自身も全く自覚していなかったと言わざるを得ない。

4節
肯定論と否定論——どちらがベースか

　引き続き,理論的立場と方法論上の問題について考えてみよう。

1. 反証の対象となるベースの相違

　科学的な研究では,一般的に事象の関連性を検討する際に,関連性は無いとする「帰無仮説」をベースに置くことが多い。これは統計的検定の手法とも関連するが,データは単なる確率の偶然変動によって説明されると考え,それを反証するという手続きとなる。

　ところが,既に日本社会には血液型ステレオタイプが浸透し,多くの心理学者がそれを否定しようと試みる中で,この辺りの事情が通常と逆転している。これについては,既に白佐・井口[16]が指摘したように,否定論の場合は血液型と性格に関連性があるというステレオタイプを基準として,それを反証するという流れとなる。ただ,統計的検定の手法を用いる限り,関連性が無であることを実証するのは困難なため,例えば効果サイズや予測力(分散の説明率など)に注目して,それらが小さいことを示すことが有効な手段のひとつとなる。

この点を踏まえておくと,次のコメントの意味もよく理解できる。少し長くなるが,第一査読者のコメントを引用してみよう。

（1—2）
検定理論の適用,効果サイズ,予測率の問題
19ページで自身でも言及されていますが,効果サイズが低すぎる結果であり,逆にその意味では,血液型からは性格を予測できないことを証明する実証的な証拠とも言えます（以下でも私が再度言及しますが,著者自身もこの点を述べている点が,話が非常にややこしい点です下線1）。

（中略）

したがって,この標本数ならば,議論としては予測率がどの程度あるかどうかが問題とすべきであり,検定理論を適用すること自体,意味がない下線2と言えます。

ところが19p.で「有意差が見られたこと自体,意味があるだろう」と書いているかと思えば,20p.で「予測に直接使えるような,大きな関係はなさそうである」とも書いています。本研究で実証したいことはどちらなのでしょうか。下線3後者ならば,少しは了解できるのですが,しかし,後者についてはすでに山のように多くの研究がなされていると思いますので,やるだけ時間の無駄だと思いますが。

（中略）

(5) まとめ
過去の研究を踏まえて,うまくレビューをしていらっしゃいますし,その点は認めます。しかし,調査の目的,仮説が不明瞭すぎます。特定の抗原と協調性が関係あるのかないのか,その仮説（および理論的背景）すらなく,ポストホック的に有意差が出たということを報告するのでは,科学的論文として,意義があるものとは私には思えません。

また,統計的に言っても,800人程度のデータで検定理論を使えばどこかに有意差が出ない方が不思議です。このサンプル数ならば,予測（説明）率を前提にして議論すべきであると思いますし,筆者も効果サイズについて言及されているのに,その点が途中でうやむやになっています。

むしろ,今回の調査結果について言えば,見事なほどC,Oにおいて有意差が出ていない点が私にとっては興味深い結果であったと言え,この結果をもってして,血液型と抗原との関係が乏しい証拠とすることすら可能かとも思います（いや,それが言いたいことなのでしょうか？）。下線4

すなわち，理論と仮説が不明瞭な点が，本研究の最大の問題点でしょう。

複数の問題点の指摘がいくつも重なり，理論の不明瞭さに対する指摘が強調されているのだが，これについては後で触れることにして，ここでは一旦「効果サイズが小さく，実質的な予測力が無い」ことに着目する（下線2の検定手法の適用についても後述するとして，ここでは深入りしない[17]）。類似の指摘は，次の第二査読者のコメントにも見受けられる。

（2―2）
　また，サンプル数が多い調査では数値上の小さな差でも「有意差」としてしまう危険が生じる。著者は今回の研究においてどれくらいの差があれば実質的な差[下線1]だと考えているのだろうか。今回の得点の差は意味のある差[下線2]なのだろうか。

こちらは下線1「実質的な差」，あるいは下線2「意味のある差」との記述だが，効果サイズや予測力の問題に関する指摘と捉えてよいだろう。両者は「サンプル数が多いから」，「効果サイズを扱うべき」という論の展開がなされ，それも確かに理解できるのだが，その判断は微妙なところも含まれる。というのも，調査データを中心とする海外の心理学，医学，疫学など，血液型を扱いうる実証研究を鑑みても，清水・石川[1]のサンプル数は決して多くはない。この原稿審査時のサンプル数は800弱だったので，スタンダードな研究と比較すれば，調査データとしてはむしろ小規模サンプルに属する部類ということもいえる。一方で調査研究のほとんどは，それ以上のサンプル数で有意性を検定した上で議論を展開しており，この点では多数の標本を使った場合でも，有意性に注目することはそれほど不自然なことではない。
「サンプル数が多いので有意差に注目すべきでない」という論理を通すならば，海外でなされている調査系研究のほとんどが，単なる統計的過誤の寄せ集めということになりかねない。もちろん，それもひとつの事実かもしれないのだが，ここでの論じるべきことは，審査においてはっきりとダブルスタンダード[18]が適用されていることである。

本題に戻そう。結局のところ，ここでの指摘は有意差よりも効果サイズや予測力（の小ささ）に注目すべきで，効果サイズが小さいので有意差を中心にした議論は説得性に欠くというものだ。ここでようやく先に触れた問題へと戻ることになる。つまり，「血液型と性格の関連性は，効果サイズや予測力（分散説明率）を参照す

る限り，実質的には無いに等しく，仮にあったとしても予測力は小さい」ということである。

　ここで第一査読者が筆者らに（1—2）下線3で「実証したいことはどちらなのか」と二者択一を迫っている点は見逃せない。さらに，有意差はあったが予測に使える効果サイズではないと筆者らが記述したことに対して，「話が非常にややこしい」とも述べている。だが，予測力の小さいことと有意差の有無は，方法論的に相互排他的でなく，どちらも両立可能である。結果を記述する上での，ややこしさはどこにもないはずである。

　ところが，研究者の採りうる理論的立場が肯定論もしくは否定論のみに分けられ，さらにそのいずれかに選択肢が限定されている場合は，そうならない。否定論に立つなら，「関連性があることを基準として」，それを反証するために，関連性がない，もしくはあったとしてもその予測力が小さいことを示す必要がある，ということになる（否定論者の論法がそれだけでないことは後に出てくる）。逆に，肯定論に立つならば，「関連性が無いことを基準にして」，それを反証する形で関連性に注目することになる。効果サイズが小さいことを指摘するのは否定論者の役割のはずなので，肯定論者がそれを述べるのは，理論的立場を表明するというコンテクスト上「ややこしい」ということなのであろう。

　なお，第一査読者は，結果についても注目し，（1—2）の下線4で「血液型と抗原との関係が乏しい証拠とすることすら可能かとも思います（いや，それが言いたいことなのでしょうか？）」とも指摘している。筆者らを肯定論者に位置づけた上で，逆に否定論の立場からも十分解釈できるという指摘である。下線4の括弧内において「それが言いたいことなのでしょうか」と反語表現で続けているが，実はその通りで，抗原と性格との「関係が乏しい証拠とすることが可能」と読んでも，全く構わないのである[19]。

　否定論と肯定論といった二分法自体が極めて粗いカテゴリであり，そもそも清水・石川[1]の議論は，肯定論か否定論かを表明することが目的ではない。調査データを吟味できるように，公共性のある形で公開し，提示することが目的である。ステレオタイプを生み出すことになった「能見説」は関連説肯定論の代表格だが，関連性を吟味する研究が必ずしも能見説，もしくはステレオタイプ説を支持するわけではない。この議論においては，肯定論もしくは否定論という粗い分類があるのみならず，さらに否定論でないものは，自動的に肯定論に区分される，という点がポイントであったと推測できる。清水・石川[1]が過去のステレオタイプ説を復活させようとしているものとみなされたのであろう[20]。

2. 理論の欠如は致命的な問題か

　清水・石川の議論の立ち位置を示すとすれば，現在の否定論に対して，懐疑論を持ちかけたということになる。その意味では，分析モデルだけを枠組みとして用意し，血液型が性格に影響を及ぼすことについての理論的な仮定や仮説を持ちあわせているわけではない（分析モデルが理論的な意味を持つと考える場合は別である）。理論が無いことに対して，既に紹介したコメントにあったように，第一査読者の不満は強い。コメントは他に，以下のものもあった。

（1 ― 3）
　また，それよりも，なぜ抗原が協調性や情緒安定性と関係しているのかという作業仮説がない状態で研究するというのは，いくらなんでもポストホック的な調査だと思います。
　そもそも本研究の「仮説」は何なのでしょうか。<u>血液型（抗原）と何？　とが「関係あり」なのか「なし」なのか，最後までわかりませんでした</u>下線1。すなわち，<u>根本的に理論が欠如しているという大問題</u>下線2があります。

　下線2の指摘は非常に説得的である。ただ，筆者自身はこの見解に必ずしも同意しない。ここでは，仮説がなければ事後的な（ポストホックな）分析結果を議論すべきでない，という見解自体がひとつの理論的立場に立脚すること，そしてそれは構造構成主義的にいえば，関心相関的に相対化されうる，と指摘できる。
　関心相関的に考えてみよう。現象が持つ意味のとらえ方に興味がある場合は，理論と現象の関係が重視される。つまり，どのような現象も理論的視点によって，はじめて意味が付与されるためである。ほとんどの研究がこれに該当するだろう。血液型性格関連説の場合には，抗原遺伝子と性格との対応関係を明確にした理論が求められることになる。現時点でそうした理論化の可能性があるとすれば，例えば，抗原遺伝子と神経伝達物質（ドーパミンやセロトニン，ノルエピネフリンなど）との関係を考えるようなものかもしれない。竹内[21]のような血液型と罹病率との関係についての仮説も，そのひとつであろう。こうした理論的背景を持たない血液型性格関連説は，（1 ― 3）下線1「血液型（抗原）と何？　とが関係ありなのか，なしなのか，最後までわか」らないため，ほとんど価値を持たないものとなる。
　これに対して，何が記述できるかが漠然としている場合は，結果を全体として把握することが当面の課題となる。いわゆる仮説生成的研究や記述的研究のほとんどがこれに該当するだろう。この場合は，理論的な定式化を後回しにして，仮説を持たずに記述から始めることになる。血液型性格関連説の場合は，そもそも血液型遺

伝子と性格との対応関係がまだ理論化されてはいないので，記述的研究に位置付けられるだろう。

仮に，前者だけが許されると想定してみよう。すると，研究は全て理論や仮説が要請されるという原則が徹底されることになろう。だが，その場合，現在までの科学的発見や科学的仮説は，発表が許されなかったものも多数出てくることになるはずである。多くの科学的発見が偶然も含めて，トップダウンの仮説検証とは違ったかたちでなされてきたことも，考慮しておきたいところである。つまり，実際問題として，科学的探究においては，理論と結果が互いに循環的な側面を持つことを否定できないのである。ちなみに，性格検査で最もよく用いられる主要五因子のビッグ5理論自体も，トップダウンではなく，ボトムアップにつくられた性格理論である[22]ことも，ここで付け加えておこう。

3．統計的検定の適用とダブルスタンダードについて

ここで，統計的過誤の問題についても触れておきたい。清水・石川[1]では，単変量の分散分析を5回実行している。さらに，ひとつの分散分析あたり，検定項は，抗原A，抗原B，抗原A×Bの交互作用用の3つがあるため（性別項は検定対象外），合計で15回の検定をくり返している。この点について，統計的検定における第一種の過誤を統制する上で問題があると指摘したのは，第一査読者であった。

（1—4）
1）分散分析の回数によるαの統制の問題
<u>本研究だけが特別におかしなことをしているとまでは言いません。多くの実験・調査研究でもみられることであり，本研究だけでこの指摘をするのはフェアではないかとも思います。</u>
それは，分散分析を繰り返し実施されている点です。この点は看過されることもしかたない部分もあるかと思います。しかし，やはり本研究のようなサンプル数が多い場合は気になるので指摘します。15ページの分析方法で，5回の分散分析が実行されているようですが，これだけの多くのサンプルでは，全体のαが非常に大きくなってしまい，不適当かと存じます。
どこかに5％水準ぐらいでは，有意差が出る方が自然ではないでしょうか。

これは，統計処理に伴う多重検定に対するもっともな指摘である。清水・石川[1]は検定の回数が多いので，どこかに有意差が出ても不思議ではないということで，この指摘は全く正しい。つまり，有意な結果といっても，それが単なる誤差にすぎ

ない可能性は十分考えられる[23]。この点では，多重検定に対する過誤率の統制の問題は重要な問題である。

　だが，ここで再びダブルスタンダードの影がちらついてくる。例えば，2要因の分散分析を使う実験研究があるとしよう。このとき検定項は主効果2つと交互作用項1つがあるので，検定は合計3度実行されることになる。さらに，同じデザインの実験が2つあったとすれば，それだけで6回の検定がなされることになる。しかし，研究論文全体の検定回数（6回）に応じて，個別の検定での有意水準を厳格化するといった話は聞いたことがない（仮にあったとしても一般的ではない）。結局のところ，有意水準5％というラインは，研究論文全体に対して適用されるものではなく，やはり個別の検定（主効果や交互作用項）に対するものにすぎないのである。そう考えると，研究全体を通してみた場合の有意水準は5％よりもはるかに緩いと言わざるを得ない。そしてそれが，良し悪しは別として，心理学の現状なのである。

　ではここで，「有意水準を厳格化せよ」と査読者が強く主張できるかどうかとなるが，仮にもし，ここでそのような厳格化を求めたとすれば，他の研究との関係で，基準の一貫性を欠くことになる。この点については，「本研究だけが特別におかしなことをしているとまでは言いません」とし，「本研究のみにこの指摘をするのはフェアではないかとも思います」とのフォローも入っており，第一査読者は，他の論文の審査基準と比較しても，なるべく公平性を保つよう努めているとも解釈できる。

　もちろん，過誤率を厳密に統制したほうが正しいのだろう。だが，清水・石川にのみ，有意水準の厳格化を求めるなら，やはりダブルスタンダードを疑わざるを得ない，ということである。

　結局のところ，こうした統計的過誤[24]は，単独の研究のみで判断するのは難しい。清水・石川[1]の結果は，キャッテルら（Cattell, R. B. et al.）[25]と同じ傾向を示していることもあり，今後の追試やメタ分析にも判断を委ねることになるはずである。

5節
結論ありきの査読？

　さて，ここまでの審査者のコメントを紹介してきたが，その背後には，血液型と性格の関連性を肯定する内容を，どうしても認めるわけにはいかないという結論が先にあることが想定でき，またそれが公には表明されない形で議論が進んでいることが読み取れる。ここでみてきたように，むしろそう解釈しない限り，ダブルスタ

ンダード的な審査を解釈するのが難しいようにも思われる。

1．本音と建前

この点を考える上で，第二査読者は本音と建前とを分けているように受け取れるコメントを残していることから，ここに取り上げてみたい。

> （2—3）
> 　もちろん，血液型と性格を否定的に論じる現状が間違っており，著者の主張が正しい場合もある。アインシュタインの相対性理論の論文がレフリーペーパーにならなかったように，正しい論文が正当に評価されず掲載されない可能性もある。しかし，この論文は（仮に正しいとしても）現在の●●が掲載を認めるものではないと思われる。
> 　　　　　　　　　　　　　　　　　　　　　　　　（●●は学会名）

議論の内容はある程度認めたとしても，論文掲載は認められないということだ。ただ，原稿をリジェクトする割には，ある意味で好意的なコメントとも受け取れる。続けて，以下である。

> （2—4）
> 　さらに，この問題については，1927年の古川の論文以来，膨大なデータの蓄積がある。否定論はこうした多くの研究の結果を参照して，そこに一貫性を見いだせないという事実を否定論の根拠にすることが多い。今回の結果が一定の傾向を示したことを認めるとしても，すでに蓄積されている膨大な「非一貫的な結果」をすべて解消するような結果として打ち出せるものなのだろうかについての疑問も残る。つまり，一回の調査で傾向が見られた，というような論文は現在では査読論文としては認められないと思われるのである。

既に蓄積された非一貫的な結果を全て解消できなければ，認められないというわけである。しかし，上記コメントにしたがうならば，今後の研究論文は，関連説を肯定的に支持する内容が含まれる限り，全て掲載に値しないという判断が下される可能性が極めて高いことになる。やはり，掲載を認めるわけにはいかないという結論が先にあるようにも感じられる。

加えてここから，ある種のお蔵入り効果(引き出し問題)が，通常とは逆のパター

ンで（関連性を示す結果が，公開されずに研究者の引出しに眠る）生じている可能性さえも，指摘できるだろう。そして，次のコメントは少なからず筆者にとっては衝撃的なものであった。

> （2－5）
> 　最後に「心理学者にとっての血液型性格学に対する感情は，否定的なものが大半だが」との記述があったが，心理学者は決して感情で否定しているわけではない。むしろ<u>感情では肯定しているが論理として（あるいは職業倫理として）否定している心理学者が多い</u>ように見受けられる（代表的な方は大村政男先生）。

　この審査者自身は自らの立場を示していないが，敢えてこう書くのだから，感情では関連説を肯定しているとも読める。一方で，ここでは「論理（あるいは職業倫理）として否定」とあり，関連性を認めるわけにはいかないともいう[26]。こちらは建前ということだろう。ちなみに，上村・サトウ[27]で紹介されているのだが，大村はクロニンジャー（Cloninger, C. R.）の3つの気質（新奇性追求，損害回避，報酬依存）[28]について，血液型との関連性をテレビ上で報告したとされている。だが，これは一般向けにテレビでデータを紹介しただけであって，研究論文として発表しているわけではない。だとすれば，これは上述のお蔵入りに近いケースであるだろう。

2．心理学者の職業倫理と社会的役割について

　以上のことから，血液型と性格の関連性は認めるわけにはいかないという結論が先にあったと考えられる。では，最後にその必然性についての可能な解釈を提起してみよう。
　多くの心理学者が否定論を採る理由は，上記のコメントにあったように，論理あるいは職業倫理にあると考えられる。しかし，論理的にはとりわけ否定論にこだわる必要もないはずなので，この職業倫理というものが何を意味するのか考える必要がある（なお，これは以降の議論のキー概念となる）。

(1) 心理学の研究成果を社会に伝える職業意識

　心理学が関連説を受け入れない理由のひとつとして，社会において，血液型性格関連説に対する否定論自体が未だに正当に評価されていない，ということが挙げられる。血液型に関するいわゆる俗説，すなわちステレオタイプ説は，データの観点からは既に否定されている[29]。加えて，ステレオタイプを盲信する人々は，自ら

の信念に合致する情報を選択的に取り入れる傾向が強い[30]ことも，心理学は明らかにしてきた。この点では，いわゆる俗説が社会に流行する構造について，社会心理学的な説明はできるといえよう（ただし，ステレオタイプ説がデータから支持されないことと，血液型と性格の間に関連性が存在しないことは同義ではない。この点は，誤解されやすい）。

だが，驚くべきことに，世間には全くといってよいほど，心理学の知見は浸透していない。事実，ステレオタイプ説はゾンビのようにくり返し復活している。結果として，研究成果は心理学の中へ還元されても，社会に対しての役割は十分に果たせていないともいえよう。

ひとことでいえば，否定論は未だ消化不良なのである。消化不良の状態では，次へと進むことはできない。結局，心理学者の職業倫理的に，心理学の研究成果をしっかりと社会へ還元する必要があるという思いが強いということだろう。

(2) 求められる慎重さ

もうひとつの理由としては，研究がもたらす結果に対する社会に対する責任といった問題が挙げられる。心理学者のほとんどは，大学などで教鞭をとる教員であるため，間違ったステレオタイプや差別の遠因（もしくは直接の原因）となる仮説に対して，無関心というわけにはいかない。またその点で，関連説に肯定的な研究が公表されることに対しても，否定的なスタンスを採らざるを得ない。

加えて，血液型が遺伝形質であることにも注意が要る。性格が（仮に少しであったとしても）特定の遺伝子で説明される事態を想定してみる。ここでいう遺伝が決定因を意味しないことは既に論じた通りだが，そうはいっても，本人に選択権も決定権もないのが遺伝である。加えて，環境要因でどれだけ埋め合わせできるかがわからないとすれば，最悪のケースとして，不特定の人々に不利となる見解が導かれるかもしれない（社会的な優劣など）。その点で，科学的知見として遺伝の影響を示すということには，自ずと神経質にならざるを得ない。

そう考えると，ステレオタイプ説は間違っているから否定するという論理だけでなく，むしろ，関連性を肯定する内容について，それを支持するのは心理学（者）にとっての社会的リスクが多大だという認識を仮定できるのである。

こうした点を踏まえると，これまでのコメントを再解釈することができる。血液型の自己申告には間違いが多い，関連性はステレオタイプによって構成されたものにすぎない，有意差自体が統計的な過誤にすぎない可能性がある，仮に有意差はあっても効果サイズや予測力は小さい，といった血液型性格関連説に向けられた数々の批判は全て，そもそも職業倫理として心理学者が，関連説を肯定する論文が現れるという事態に備えてあらかじめ用意する必要のあった対抗手段として捉えることが可能なのである。

3．分析結果のまとめ

以上，ここまでの議論から，解釈された内容を整理してまとめておこう。
- 血液型性格関連説は，生物学的要因 VS 社会文化システムという視点で論じられやすい。このとき，以下に注意する必要がある。
  ① 生物学的要因 VS 社会文化システムという構図は絶対的なものではなく，両者をマクロに扱う目的を採ることで（関心相関的に捉えることで），相対化されうる。
  ② 遺伝モデルを用意しても，社会文化的な影響は必ず入る。生物学的要因のみを検討することはできない。だが，この点はそもそも遺伝的研究が持つ性質が十分に理解されていないため，誤解を招きやすい。
- 理論的立場の相違は認識しやすいが，その背景に暗黙裡に横たわるバックグラウンド（認識論）の違いに対して，心理学者は，あまり自覚的でない。
  ① 肯定論と否定論では，結果の示し方が異なる。肯定論は有意差検定で関連性を示し，否定論は小さな効果サイズによって実質的な予測力がないことを示す。だが，これらの指標は互いに排他的ではなく，両立可能な統計指標を用いた記述である。すなわち，方法論的なレベルで対立は解消できる。
  ② 理論に基づく結果の解釈(演繹的アプローチ)も重要だが，得られた結果(データ) から理論がボトムアップに構成されるという帰納的アプローチも，科学においては重要な営みになることを忘れてはならない。
  ③ 関連説に対して肯定論寄りの研究に対しては，標本数が多い，第一種の過誤が統制されていないといった批判がなされるのだが，他の研究にそれを厳格に求めていない以上，ダブルスタンダードが疑われることになる。
- 心理学（者）が肯定説を認めるわけにはいかないというのは，議論以前に，結論ありきと考えられたが，そこには，心理学者の社会的・倫理的責任が関係している。
  ① ステレオタイプ説を否定する心理学の知見は，未だ社会に十分浸透していない。心理学者としては，社会のためにも心理学のためにも，否定論を採らざるを得ない。
  ② 血液型性格関連説に対する数々の批判は，関連説が万が一にでも肯定された場合に備えた，心理学者による事前のエクスキューズとも解釈できる。

6 節
考察

以上，本稿は査読コメントをテクストにすることによって，血液型性格関連説周

辺の学問領域の現状と，専門家の心理などを含めて，ディスコミュニケーションのありようについて扱ってきた。また，そこからいくつかの解釈（もしくは仮説）を導き出した。血液型性格関連説に関する心理学者らの態度については，白佐・井口[16]や前川[31]らが，以前から問題点を指摘してきたところではあるが，20年近く経った現在でも，状況は変わっていないといえるだろう。

1. 問題の発展的解消は可能か

本稿の目的は，ディスコミュニケーション的状況を解消するための条件を明らかにすることであった。言い換えるなら，否定論者と肯定論者，及び懐疑論者が互いに納得のいく対話をするための条件を整備することである。以降の問題は，それが可能かどうかも含めて，論じることである。

(1) 遺伝的研究への制限

既に，結論ありき的状況については指摘をしたが，これは明示化されていない。そこで例えば，血液型と性格の関連性を示すような研究に対して，あらかじめ制限を設けることが考えられる。職業倫理の観点や社会的責任の観点から，差別の原因，もしくは遠因となる可能性を提供する知見は，最初から認めないという基準を明確に定めるのである。その際には，遺伝形質を含めて，本人には選択できない属性についての研究は，研究目的そのものを認めない場合がある（もしくは制限を設ける），ということを倫理的指針として明示化すればよいだろう。

これは暗黙の了解には留めないほうがよい。最初から明示化することによって，公平性が保たれるというものである。単に関連性を否定する従来の否定論との違いは，関連説に肯定的なデータに対して防衛的にならずに済む点であるだろう。

ただし，この方法を採った場合は，遺伝的研究全体に対して大きな制限を設けることになるので，全く別の問題を生み出す難しさも残すことになる。やはり，別の代案が必要だろうか。

(2) 心理学の知見を十分に浸透させる

否定論者が職業倫理にこだわらずともよい状況を目指すのが理想的かもしれない。例えば，血液型性格ステレオタイプ説の間違いや，ステレオタイプを支持しやすい人々の認知傾向などについて，否定論の論拠を世間に十分浸透させることであろう。社会心理学の知見を正しく伝えることで，社会が否定論を十分に消化するということである。これが実現し，心理学の知見が社会に真の意味で還元されたならば，次のステップへと問題を移すこともできるのではなかろうか。すなわち，関連性があるとすればそれはどの程度なのか，といった（本来の）学術的な問いを扱いうるはずなのである。

ただし，上瀬・松井[32]が示しているように，社会における血液型ステレオタイ

プの浸透は心理学者が想定している以上に強く、教育の力ではステレオタイプは除去できない可能性が非常に高い。この点で、実現可能性はまだまだ低いと言わざるを得ない。

(3) 心理学独自の性格理論とアイデンティティ

心理学者の遺伝的研究に対する距離感は重要だろう。例えば仮にある特定の遺伝子と性格との間に、有意な相関がある、もしくは平均的な差があるといった知見が得られた場合、心理学者はそれに対して、どのような態度で向き合うのだろうか。

遺伝で性格が説明されるとなると、心理学の出番はなくなるのだろうか（もちろん、そうではないのだが）。そう考えると、心理学にとっては、アイデンティティ領域が脅かされることになる。この点では、心理学者の持つ性格観自体を発展的に深め、心理学の独自性を高めることが必要になるだろう。例えば、サトウ・渡邊[33]の場合は、われわれが性格と呼んでいるもののほとんどは、静的なものではなく、社会的状況に応じて適応的に変化する動的な側面を持つと考えている。したがって、遺伝的に性格が規定されるという知見に対しても、それは全体の一部にすぎないと位置付けられる。もちろんこれは例にすぎず、全く別のかたちで性格理論が展開され、心理学のアイデンティティが深まるのであれば、理論の詳細は問わずともよいだろう。

(4) 別の道を行く

以上、ディスコミュニケーション状況打開に向けた提言をおこなったが、これらは実現可能性の点で、いずれもハードルが高いといわざるをえない。白佐・井口[16]による問題提起から20年近く経った現在でも状況が全く変わっておらず、発展的な解決は難しいと思われる。その点で本研究の位置づけを確認しておくと、あくまでも、状況打開のための第一歩として、両者の置かれた状況を可視化したというものにすぎない。

今後、関連説を検討するのであれば、否定論者らの領域を侵害せずに、最初から別の道を歩むのが現実的であろう。互いが歩み寄れるとすれば、それは両者が十分に成熟したときであり、それはずっと先の将来になると予想される。

これは構造構成主義の目指す形での発展的な問題解消ではないかもしれない。だが、構造構成主義の本領が発揮されるのは、問題解決の提案ではないと思う。視点を持って提言ができたとしても、即実際の問題が解消されるわけではない。むしろ、メタレベルで問題を扱う視点を持ち、その点に自覚的なところに、構造構成主義の強さがあるだろう。

そして、信念の対立的状況におかれた当事者や、もしくは対立的状況を俯瞰する立場から、議論を進める者にとっての「場」を提供できるところに、構造構成主義の可能性が開かれていると考えたい。構造構成主義は可能性の方法原理であ

る[34][35]，という主張はこの点と関連するのかもしれない。今後も，形式にとらわれずに議論がなされる場として，発展していくことを望む次第である。

2．方法論の有効性と限界

最後に，本研究の解釈や提言が，いくつかの点において限定的なものであることを述べて，まとめとしたい。

(1) 解釈の妥当性

まず，個々の解釈及び結果のまとめについて，筆者がそもそも根本的に筋違いの議論をしている可能性は，必ず残る。というのも，筆者が審査者の背後にある認識枠組みを可視化することは，筆者にとっての視点にすぎず，筆者の認識枠組み自体は，自分自身で自覚しようとしても，まだ困難なところが残るからである[36]。否定論者からすると，今回の議論は，当然ながらまだ十分ではなく，別の観点から考えた場合には，単なる見当外れにすぎないということにもなるだろう。

この点について，構造構成主義やSCQRMなどの面白いところは，構造化（今回の場合で言えば，テクスト選択とその解釈）に至る過程を開示するという点を科学的研究の条件として強く自覚する点といえる。どのようなテクストを選定し，そのどの部分からどのような解釈を行い，それらを組み合わせて考察したのか，そのプロセスを開示することについて自覚的ということである。その点では，議論の内的一貫性が保たれている限りは，別の立場（否定論者）からみて全くの見当外れな内容であったならば，本論より説得的な形で論証すれば良いということになるため（反証可能性に開かれているため），科学的には問題ないと考えることもできる。あとは，読者や後続の研究者に判断を委ねるだけとなる。

(2) 方法論の有効性

加えて，今回採用したテクスト分析の方法論について述べておく。今回の方法が機能的だった点は，公開された論文や書籍にはない，生の声（文字）を直接に反映したテクストを分析の対象にすることで，ディスコミュニケーションのありようについて，リアリティを備えた形で扱えたことである。

一方で，方法論上の限界も指摘できる。分析の性質上，書かれていることについては分析ができるとしても，書かれてないことは分析の対象にすら上らないためである（もちろん，書かれていて然るべきことが一切書かれていない，といったかたちで指摘をすることは，可能かもしれないのだが，そうした分析を方法論的に実践するには相当高度な認識と知識と力量が分析者に求められるため，ここでは考えないことにしよう）。

もちろん，それはどのような研究であっても不可避の問題なのだが，論文審査における査読のコメントというものは，研究者によるコントロールが非常に難しいと

いうことが，ここでの問題なのである。例えば面接調査の場合は，その場で質問を工夫するなどの対応がある程度は可能であり，調査や実験の場合も，データを得るために前もって工夫することができる。しかし，今回のような論文審査の場合，どれだけ準備をしたとしても，あまりにも相手に依存するところが大きく，査読コメントの質や量までコントロールすることはできないのである。

(3) 2つの条件

査読コメントをテクストとする今回の方法が新たな学術論文の一つの形式になりうるかどうかについては，少々微妙な点も残っている。少なくとも以下の条件を満たす必要があると考えられる。

まず，(非明示的ながら)査読コメントをテクストにすることは，学会の常識からして，想定外かもしれない。だが，学会の査読コメントは，学会から投稿者への返答としての公の文書とみなしうるため（査読コメントの公開を明文化する形で禁じている学会は別として），公開自体には問題はないだろう。

第二に，査読コメントが，それ自体を取り上げて論じるに値する内容かどうか，である。この点が非常に大きなウェイトを占めることについては，分析後に気づくことになった。本研究が議論を重ねることができたのは，立場が異なるとはいえ，真摯にコメントを残してくれた審査者によるものといってもよい。もし仮にだが，審査結果が全て3行コメントや誤読のオンパレードであったならば，そもそもテクスト分析自体が，不可能だからである[37]。今回は運よく，フェアな態度を持つ審査者のコメントに支えられたために，議論が可能だったということである。

したがって，今回の査読コメントをテクストとして分析するという方法は，いつでもどこでも活用できるものではないが，少なくとも，上記で述べた条件が満たされた場合には，可能ということになるだろう。

【註および文献】

[1] 清水　武・石川幹人　2011　ABO式血液型と性格との関連性―主要5因子性格検査による測定　構造構成主義研究, 5, 78-91.
[2] 多くの学術雑誌では一般的に，投稿された論文の原稿は，審査を経て公刊に至るのだが，そこではピア・レフリー制度といって，当該研究領域における同業者によるチェックが入るシステムが採用されることが多い。公刊に値するかどうか，内容を複数の専門家で見定めるのである。
[3] とはいうものの，投稿した論文原稿が，領域違いのために即，不採択になることはある。あとは，原稿のレベルにもよるだろう。
[4] 西條剛央　2005　構造構成主義とは何か―次世代人間科学の原理　北大路書房
[5] 西條剛央　2007　構造構成主義とはどのような理論か？　今その真価を問いなおす　西條剛央・京極　真・池田清彦（編）　構造構成主義の展開―21世紀の思想のあり方　現代のエスプリ475　至文堂　pp.215-227.

［6］家島明彦　2007　不毛な議論を建設的な議論にするための方法論　構造構成主義研究, 1, 42-68.
［7］苫野一徳　2008　構造構成主義による教育学のアポリアの解消―教育学研究のメタ方法論　構造構成主義研究, 2, 88-110.
［8］京極　真　2009　構造構成主義の立場からインフォームドコンセントを再考する　看護学雑誌, 73（3）, 92-96.
［9］京極　真　2009　構造構成主義によるパターナリズムの再解釈　看護学雑誌, 73（2）, 96-102.
［10］西條剛央　2008　ライブ講義・質的研究とは何か　SCQRM アドバンス編　新曜社
［11］実は、この点については審査側にも混乱もしくは矛盾があった。第一査読者は、血液型の自己報告については問題視しておらず、むしろ「信頼性が抜群の血液型」と表現しており、同様の記述は別の個所にも1ヶ所あった。つまり、血液型の自己申告については、信頼性の高い指標として使えるという認識を示している。それに対して、第二査読と第三査読は、血液型の自己報告は看過できない問題であって、論文としては認められない理由のひとつに位置付けられている。しかし、そうすると査読者間で見解が分かれていることになり、この点については残念ながら、整合性からしても、学会誌側の筋が通っていない。
［12］ちなみに、清水・石川［1］では、データを解釈するうえで、これら2つの要因を分離して考察可能であると考えており、特に一元化を試みているわけではない。
［13］清水・石川の調査は、全体をマクロにとらえるものではあるが、結果から生物学的要因と、社会文化的要因の双方を分けた考察は不可能というわけではない。再び性差を考えてみる。例えば、調査によって、性役割では全く説明のつかない心理学的、行動学的な性差が得られる可能性もあれば、性役割意識を全く反映しない結果が得られる可能性もある。また、性役割規範が異なる社会文化でおこなった国別の調査において、類似した結果が得られる可能性も考えられる。これらはいずれも、社会に性役割の規範やそれによるステレオタイプが社会に浸透していたとしても、調査に意味があることを示すわかりやすいパターンである。やはり、血液型と性格の場合も同じである。ステレオタイプで全く説明のつかない結果、ステレオタイプを全く反映していない結果、また社会におけるステレオタイプが存在する社会とそうでない社会との間で、類似した結果が得られた場合には、考察すべき点はいくつもある。つまり、生物の要因と社会文化的要因の双方の影響が混在するために、調査自体に限界があるという議論は、そもそもあまり説得性がないのである。
［14］ヒトの性を決定するのは、性染色体自体ではなく、正確にはY染色体上にある精果決定遺伝子（SRY）の有無という。ただし、ここでは男女がXY, XXで表現できることのみに注目している。
［15］池田清彦　2008　遺伝子がわかる！　筑摩書房
［16］白佐俊憲・井口拓自　1993　血液型性格研究入門―血液型と性格は関係ないと言えるか　川島書店
［17］検定結果をどのように適用するのか。第一査読者は、ここでの記述とは別に、同じ問題を指摘していた。このコメントは、検定を何度もくり返すことによって、どこかに有意差が出るのが自然と読むことができる。だが、この文脈でサンプル数が多ければ有意差が出て当然という記述は、少し誤解を招く。仮に、乱数をデータとして生成して使用すれば、サンプル数をいくら増やしても、5％以上の確率で偶然変動を拾ってしまうということにはならないからである。サンプル数が増えると有意差が出やすいのは、検出力が十分高くなるためであり、効果サイズの小さなデータに対しても有意になりやすいということである。そして、効果サイズが小さく有意になるという結果は、そういう結果として受け止める必要がある。
［18］ダブルスンダードとは、自分の信念に合致するもの／しないものによって、異なる二重の基準を適用することを意味する。
［19］ちなみに、良識性（C）については、審査後に新たに追加収集したデータによって、有意な結果へと結果が変わった。この審査を受けた時点では、関連性が示されていなかった。ただ、協調性については、いずれの時点でも関連性は示していないので、書き間違いと思われる。
［20］そもそも、清水・石川［1］はステレオタイプ説に対しては否定的であり、支持はしていない。くり返しになるが、関連性があることを示す研究と、ステレオタイプ説は同じではない。

[21] 竹内久美子　1994　小さな悪魔の背中の窪み―血液型・病気・恋愛の真実　新潮社
[22] 国里愛彦・山口陽弘・鈴木伸一　2008　Cloningerの気質・性格モデルとBig Fiveモデルとの関連性　パーソナリティ研究，16 (3), 324-334.
[23] くり返しになるが，第1種の過誤とサンプル数はやはり無関係である。分散分析で参照されるF分布は，標本数を考慮した上で臨界値が決まっている（分母の自由度）。乱数を考えるとよい。乱数データを生成した場合，サンプル数を増やしたからといって有意になるわけではない。サンプル数が多いときに有意差が検出されやすいのは，ゼロではない効果サイズが存在するためであり，それを検出できるほど検定がセンシティブになるためである。
[24] ここでいう統計的過誤とは，本来は有意でないはずのデータに対して，検定によって有意と判断してしまう誤りのことである。統計用語では，これを第1種の過誤と呼ぶ。
[25] Cattell, R. B., Young, H. B., & Hundleby, J. D.　1964　Blood groups and personality traits. *American Journal of Human Genetics*，16 (4), 397-402.
[26] 血液型と性格の関連性について，筆者自身は，肉眼では関連性を実感できない。人の血液型を聞いて納得することも特になければ，性格から血液型を言い当てることもできない。正直なところ，感情では関連説を肯定できない。これは，観察力の問題であろうか。一方で，データを使ってようやく小さな関連性が肯定されうる可能性があることがわかり，論理として（あるいは職業倫理として）肯定論支持の可能性が示唆されるという立場を採っている。肯定論から出発した肯定論というよりも，否定論に対する懐疑論が，結果的に肯定論寄りになったということである。
[27] 上村晃弘・サトウタツヤ　2006　疑似性格理論としての血液型性格関連説の多様性　パーソナリティ研究, 15 (1), 33-47.
[28] Cloninger, C. R., Scrakic, D. M., & Przybeck, T. R.　1993　A psychobiological model of temperament and character. *Archives of General Psychiatry*，50, 975-990.
[29] 大村政男　1990　血液型と性格　福村出版
[30] 坂元　章　1995　血液型ステレオタイプによる選択的な情報使用　実験社会心理学研究, 35, 35-48.
[31] 前川輝光　1998　血液型人間学―運命との対話　松籟社
[32] 上瀬由美子・松井　豊　1996　血液型ステレオタイプの変容の形―ステレオタイプ変容モデルの検証　社会心理学研究, 11, 170-179.
[33] サトウタツヤ・渡邊芳之　2005　モード性格論　紀伊國屋書店
[34] 京極　真　2008　超メタ理論としての構造構成主義―「原理」を把握する「方法」の設計思想　看護学雑誌, 72 (5), 440-444.
[35] 京極　真　2009　医療における構造構成主義研究の現状と今後の課題　構造構成主義研究, 3, 92-109.
[36] 西條剛央　2009　看護研究で迷わないための超入門講座―研究以前のモンダイ　医学書院
[37] 今回は査読のコメントを分析のためのテクストとして用いたが，審査自体には筆者は感謝している次第である。掲載拒否という判断が下されたとしても，第一査読者のような首尾一貫したコメントを得られるのは貴重な機会であった。また，第二査読者が残したような本音（とも読み取れる心情）の部分も興味深かった。不満があるとすれば，唯一，直接反論する機会がなかったことぐらいだが，審査の結果がリジェクトなのだから，それもしかたのないことだろう。論文自体は，コメントを受けてその後加筆・修正され，リファインされている。脚注ではあるが，ここにお礼申し上げたい。

原著論文（研究）

II-4 構造構成主義における「欲望相関的選択」の定式化
―「関心相関的選択」の「欲望論」からの再論を通して

丹野　ひろみ

1節
問題

1．構造構成主義における「関心相関的選択」という方法装置の先取性

「構造構成主義とは何か」という著作そのものを取り上げるところから始めたい。以下は2章「人間科学の『呪』の解き方」からの抜粋である。

> 本書は，信念対立の超克という目的に照らし合わせて，これまで思想史上提起されてきたさまざまな「原理」（理路）を選択し，それらを組み合わせることにより，「構造構成主義」という新たな原理を体系化するものである[1]。

この「目的に照らし合わせて，『原理』を選択し，組み合わせること」とは新たな原理を体系化するための「方法」である。確かに，この著作で，西條は信念対立の超克という目的に応じ，フッサール（Husserl, E.）の現象学，竹田の現象学，ソシュール（Saussure, F.）の言語学，ロムバッハ（Rombach, H.）の構造存在論，池田の構造主義科学論を選択し，「構造構成主義」という新たな原理を体系化した。この原理は哲学的構造構成と科学的構造構成からなるが，科学的構造構成の中に「関心相関的選択」という方法装置がある。ところが，新たな原理を体系化するための

「方法」そのものが「関心相関的選択」である。西條は「原理的な理路は，一度了解されたならば，それ以前には戻ることはできない」(傍点は原著)[2]と述べていることからも，非明示的ながらも十分自覚的にこうした方法視点を用いながら，構造構成主義の体系化を進めていったと考えられる。

新田は，哲学的思惟における方法の先取的な使用について，次のように述べており，構造構成主義においても同様であると考えられる。

> 現象学と解釈学とに共通する「事象そのものへ」という根本的態度は，具体的には「方法の事象還帰性」に基づいている。これらの学にあっては，方法は事象に外部から適用されるような装置ではなく，事象の構造に深く根をおろしている。したがって哲学的思惟はその開始状況にあっては方法をいわば先取的に使用せざるをえないのであり，一種のパラドックスを発生させるが，思惟の進行によって，やがて次第に方法と事象との還帰関係が露呈されてきて，方法は事象によって正当化されたり，または修正されたりする。このようにして方法は，事象の自己展開のなかに取り込まれてゆくのであり，先述した地平の先取的機能そのものが哲学の方法的思惟そのものにおいて働いているわけである[3]。

以上のことから，「方法は事象によって正当化されたり，または修正されたりする」という，新田の述べるところにしたがえば，構造構成主義においても，「関心相関的選択」という方法装置ならびに，それを応用した「方法の原理」に関して，正当化や修正，あるいは補完の作業，すなわち精緻化の作業がなされてよいであろうし，またその余地があるように思われる。

2．「関心相関的選択」における共通了解可能性

言うまでもないが，構造構成主義は現象学的原理を採用しており，その深い原理性に支えられている。構造構成主義の射程や有効性について語るときにも，そのことを十分理解している必要があると思われる。たとえば，「関心相関性」に関しても，そのような場合があると見える。

山本と吉川[4]は，「信念対立」の解決・解消のために「メタ理論」が必要なのかと問い，構造構成主義の前提自体を懐疑検討するとして，「関心相関性」について論じている。彼らは，構造構成主義の中核となる原理「関心相関性」とその機能について同意し異論はないと述べているが，目的は異なっても目指す効果が等しいという点で「クリティカル・シンキング」とどのような点で異なるのだろうかと疑問を呈している。さらに，構造構成主義という「メタ理論」や「総合ルール」の提示

が新たなイズムとなり，再び信念対立を引き起こす危険性があると示唆している。
　竹田は「現象学は〈思考の原理〉である」という著作で，「現象学の方法とは，われわれが世界のあり方を問い直したり，再検証したりする必要にせまられたときにとる基本の態度，基本の思考法を，哲学的な原理として方法化したものと捉えるのが適切なのです」[5]と述べている。構造構成主義はこうした現象学的方法にもとづき提起された原理であり，西條は「構造構成主義は『原理』（考え方の道筋）であり，原理は，より根底的な原理であるほど多様な関心に応じて多様な側面（機能）を現わす」[6]と述べている。そういった意味で，新たなイズムとは次元の異なるものである。ただし，このような誤解を受ける理由としては「関心相関性」の認識装置としての諸機能とその効果[7]が詳述された結果，そこが強調され，「関心相関性」が現象学的原理であることが背景にしりぞいたことに起因する可能性が考えられる。
　ここで，「関心相関的選択」という方法装置とは何かを明らかにしておこう。

　　　これ〈関心相関性の原理，すなわち存在・意味・価値は主体の身体・欲望・関心と相関的に規定されるという原理〉によれば認識論や方法論には，それ自体に絶対的価値が自存することはあり得ず，その「価値」は関心相関的にそのつど規定されることになる。構造化する現象等によっては，妥当な認識論となるものもあれば，そうならない認識論もありうるのであって，その価値は関心相関的に規定される。それゆえ，構造構成主義においては，関心相関性を基軸にすることにより，従来事象を認識する根底に位置づけられていた認識論を，研究（者）の関心・目的に応じて柔軟に選択することが可能になるのである。これを『関心相関的選択』と呼ぶことにする。（〈　〉は著者による補足，傍点は原著）[8]

　西條は「関心相関性」を基軸とすることで，認識論でさえも選択が可能になると述べている。そして，「関心相関性」の機能の1つとして，「方法の自己目的化回避機能」[9]をあげている。その中で，「関心相関性」が常に研究者の関心や目的を意識化する認識装置であるために，研究目的と照らし合わせて適切な方法を選択するという「忘れられがちな正規の手順」をしっかりと踏むことが可能になると述べ，さらに「方法」は文字通り目的を実現するための「方法」であるため，その妥当性は目的と相関的に判断されねばならないとしている。これは，まさしく「関心相関的選択」への言及である。
　また，他の著作では，「関心相関的選択」は「関心相関性」の敷衍であるといい[10]，「関心相関性」を選択原理として定式化したものであると述べている[11]。さらに，研究におけるメタ方法論として，さまざまな関心相関的な枠組みがあるとし，「関

心相関的」という言葉を冠した理論用語を多数提起し,「関心相関的アプローチ」として総称している[12]。いずれも,研究のさまざまな局面において「関心相関的選択」という方法装置を基軸に据えていると考えられる。

つまり,この方法装置の要は,関心・目的に応じて,妥当性（適切さ）を判断することであり,これは「選択する」という行為における判断の指針と考えられる。この「関心相関的選択」によって,研究におけるさまざまな判断は関心・目的に照らし合わされ,意識的に行われることから,研究全体の一貫性や恣意性問題は担保され,「より公共性のある知見」を提供することが可能になる[13]。

しかし,このとき「関心相関的選択」は共通了解可能性を担保する原理として提起されており,実際の選択に際して,主体である私たちのよりよい選択を保証するものではない。このことが十分理解されないと,「関心相関性」と同様,「関心相関的選択」の方法装置としての有効性[14]のみが受け取られ,本来の意義が見失われるといったことも危惧される。

「関心相関性」という現象学的原理にもとづき提起された「関心相関的選択」の本来の意義を受け取るために,「関心相関的選択」が「関心相関性」の応用原理というだけではなく,どのような現象学的原理であるかを明らかにすることの意義があると考えられる。それにもとづき,よりよい選択とは何かを検討することによって,「関心相関的選択」という方法装置をさらに機能的なものにすることが可能になると考えられる。

2節 目的

本論の目的は,「関心相関的選択」がどのような現象学的原理であるか,またそこでいわれる"よりよい選択"とは何かを明らかにし,構造構成主義において先取的に使用された「関心相関的選択」という方法装置を精緻化すること,さらに,その意義を述べたうえで,あらためて構造構成主義に位置づけて論ずることである。

3節 方法と手順

1．本質観取

以上の目的を達成するために,本論では「原理抽出の原理」である「本質観取」を方法として用いることとする。現在の構造構成主義においては,「関心相関的本質観取」が「原理抽出の原理」として位置づけられている。これは,西[15]の議論

を踏まえて京極[16]が定式化した「関心相関的本質観取」によるものであるが，西條[17]はその意義を「関心相関的観点を自覚的に組み込むことによって，本質（原理）の妥当性を判定する理路を開いた点」にあると述べている。しかし，「科学」といった，共通了解の成立しにくいことがらに関して本質観取を行うときに，言葉の内実（シニフィエ）がそもそもずれていることも多くなることから，他者に開かれた言語ゲームとして「本質観取」が機能することは難しいと考え，さらに「構造構成的本質観取」を定式化した。これは「どのような契機を持って，どのような関心を持つようになり，どのような事象に，どのようなコトバや定義を当てて使うようになったのかを還元しながら，確信成立の条件を問うといった，"本質の構造化（抽出）に至るプロセスを開示する手続き"によって，経験と言葉のズレを可視化することを可能とする」機能を有した枠組みである。

一方，竹田[18]は現象学の方法を「還元」と「本質観取」[19]であるとしている。両者はコインの両面のような関係にあり，「本質観取」は現象学的考察が達成すべき目標であるが，「還元」はそのための作業の手引きであると述べている。そして，共通了解を導く可能性の原理として「本質観取」を位置づけ[20]，3つのステップについて述べている。

(1) 学問的（＝客観的な）定義，言語の辞書的な「意味」はこれをエポケーすること，つまり，まず現象学的な「還元」の作業を行うこと。
(2) ある「ことがら」の客観的な「意味」ではなく，それが自分の生にとって持つ「意味」を内省によって（よく反省して）取り出し，適切な言葉にもたらすこと。
(3) この取り出された「意味」（＝本質）が，自分にとってだけではなく，他のさまざまな人間にとっても，"妥当"するかどうかをもう一度内省（想像変容〈つまり，観念上のまなざしを自由に向け変えること〉）し，この"意味本質"を人間一般にとって妥当するものとして取り出すこと。（〈 〉は著者による補足，傍点は原著）[21]

この3つのステップは本質構造を得るための作業そのものへの言及であり，先に述べた「構造構成的本質観取」という枠組みは本質構造の共通了解性を担保するものといえよう。本論では，これらを組み合わせ，本質構造を捉えるためには竹田の3つのステップを踏み，共通了解性を高めるためには"本質の構造化（抽出）に至るプロセスを開示する手続き"を踏まえることとする。

2．「関心相関的選択」における「欲望論」の意義

　西條[22]は竹田の「欲望論」について，「生」を支援するような哲学の創造という関心に照らし合わせて，「欲望」というより根源的な次元から議論を組み立てたことは妥当であるとした。しかし，自らの関心は人間科学のメタ理論の体系化にあり，竹田の議論には欲望／認識の区分が先験的に忍び込んでいると述べ，フッサールの議論から，欲望と認識の基底となるより純度の高い「原理中の原理」を「志向相関性」として取り出した。西條は，「欲望」を持たない機械やコンピューターといった客観的な装置においても，何かに向かおうとする「志向」と相関的に妥当な方法を選択するという「動き」を基礎づけることを目指したのである。こうして，「関心相関性」を「原理論として生物以外にも妥当する原理」あるいは「研究法レベルにも通底する意味や価値の原理」として定式化した。そして，「身体」と「欲望」と「関心」を「志向性」の変奏（ヴァージョン）とし，「科学的営みは，研究者の『関心』を出発点として，より合理的で論理的な判断の積み重ねにより進められる」[23]という理由から，「志向相関性」の表現型である「身体・欲望・関心相関性」を簡略化し，「関心相関性」と表記した。

　本論の論考の対象である「関心相関的選択」は，この「関心相関性」を基軸としている。それは竹田の「欲望相関性」という概念を起点とし，上に述べた理路にもとづき展開された概念である。この「欲望相関性」について，竹田は次のように述べている。

　　　欲望論における「世界性」という概念のポイントは，〈世界〉はそれ自体の構造において存在するのではなく，必ず生き物の「エロス的身体性」に"相関して"「構造化」されたものだ，ということです。これをわたしは〈世界〉の「身体＝欲望相関性」の構造と呼びます（現象学的には「身体」もまた構成されるものなので，オリジナルには「欲望相関性」です）。（太字は原著）[24]

　このように，「欲望相関性」は「欲望論」の「世界性」という概念の内実であり，「欲望論」の中心的原理である。あらためて，「欲望論」とは何であろうか。

　　　認識することの根源は，主体の「生きんとする力」「力への意志」であり，それが世界を解釈することである。この根源の「力」が世界を条件づけ，分節し，その意味の連関を作り出している。〔……中略……〕／「欲望」は世界分節の根源であり，生き物はそのつど「欲望」存在であり，必ずその相関者としての「生きられた世界」をもちます。[25]

> 「生き物」は，それが実存として存在するかぎり，つねにそのつど世界を「価値」と「意味」の網の目として分節しているわけです。わたしが，原理論として設定しようとしているのは，そのような意味での「意味」と「価値」の原理論です。それはニーチェが「力」の概念によって直感的な創始の地点をおき，ハイデガーが「気遣い」の概念によって原理論のはじめの一歩を踏み出したものです。〔……中略……〕/**この考えは，「世界認識」の問題を，客観認識や正しい認識という概念から引き離して，まず主体と世界との相関関係の原理論として設定します。だから，現象学的方法が不可欠であり，それは「意味」と「価値」の原理論となるのです。**（傍点および太字は原著）[26]

　竹田は認識することの根源を「欲望」であるとし，「欲望」存在としての「主体」を登場させ，それが常にそのつど世界を「意味」と「価値」の網の目として分節していることを，「意味」と「価値」の原理論あるいは「主体」と世界の相関関係の原理論として定位し，これを「欲望論」と呼んだ。
　本論の目的を達成するためには，「主体」の「選択する」という行為を現象学的に理解する必要があると考えられる。特に，関心・目的に応じて妥当性（適切さ）を判断すること，すなわち，関心相関的にそのつど規定される「意味」と「価値」の判断に関して理解する必要がある。それゆえ，次節では，「意味」と「価値」の原理論である「欲望論」に立ち戻って，「主体」の「選択する」という行為とそこにおける「意味」と「価値」の判断について検討する作業を行う。

3．「選択する」という行為の本質観取の必要性

　「欲望論」は，「『世界認識』の問題を，客観認識や正しい認識という概念から引き離して」という観点に立つものである。一方，本論は「選択する」という行為の，「主体」にとっての意味を捉え，よりよい選択とは何かを明らかにするという観点にも立つ。本質とは関心（観点）相関的なもの[27]であるから，「欲望論」に立ち戻って検討するだけではなく，「選択する」という行為を本質観取し，その本質構造にもとづき，よりよい選択に関して検討する作業を必要とする。なお，この本質観取の作業においては「欲望論」もエポケーする必要があるが，西が「本質観取は，諸説をただエポケーし放置しておくのではなく，それらがどのような局面においては妥当でありどのような経験に裏打ちされているかということをも，明らかにしようとする。諸説をより包括的なもののなかで位置づけることによって，それらの『対立』を解きほぐすことを，本質観取の作業は可能にするのである」[28]と述べていることにも留意して，この作業を進めたい。

4節
「欲望論」と「関心相関的選択」

1．「欲望」存在としての主体の行為の現象学
「欲望論」において，竹田は，「身体」は現象学的には実体として措定されず，「欲望」[29]が「身体」を構成すること，そして「身体」が主体にとって2つの意味を持つことを述べている。

まず，「身体」は「欲望」を告げ知らせ，それを受け取る。「欲望」は「到来性」と「そのつど性」を有するという。「到来性」とは「欲望」の内的な告げ知らせをいい，それは「原理的に非知的（その根拠を自己のうちにたどれないという意味で）でありながら，けっして自己にとって他性ではない（主体はその理由を事後的に作り出す）という性質」である[30]。また，「欲望」は「そのつど性を持っていて固定的ではない」（傍点は原著）という[31]。そして，「身体」はそのような「欲望」に動かされる。つまり，「欲望」は主体の行動の動因（動機）となるのである。

つぎに，主体は「身体」を通して世界の状況を受け取り，「身体」を動かし操作する。このとき，「身体」はさまざまな「目的・目標」に達するための「能う（できる）」の可能性の条件となっている。主体は道具を用い，自分自身を訓練し，自らの能力を高めることによって「能う（できる）」の条件を拡大し，その限界を超えることができるという[32]。

このように，主体は「身体」を通じて「欲望」を受け取り，これに動かされ「目的・目標」を作り出す。さらに，「身体」を動かし操作し，ときに「身体」を変容することによって可能性を広げ，「目的・目標」を達成するのである。つまり，「欲望論」は主体が「欲望」に動かされ，「身体」を通じて「目的・目標」を達成するという行為の現象学として読むこともできる。ここにおいて，「身体」は不可欠の要素であり，「欲望」の性質を知ることの意義は大きい。

2．現象学的原理「欲望相関的選択」
前項で，「欲望相関性」における「欲望」と「身体」の意義について言及し，「欲望論」が「欲望」存在としての主体の行為の現象学として読むことができると述べた。

ここで，竹田の「現象学は〈思考の原理〉である」から，「〈身体性〉は人間の自由の根拠である」の一部を引用する。「自由」という感覚を本質観取し，その本質構造について述べたものであるが，主体が「欲望」に動かされ，「身体」を通じて「目的・目標」を達成するという行為のプロセス全体に言及している。

重要なのは，人間のこのような独自の〈身体性〉は，人間的「自由」の根拠でもあるということです。いま**「自由」という感覚の本質観取を行ってみると，さしあたり，「エロス的欲求＝欲望」と「能う」（能力）の間に生じる制限，可能性，諸手段，努力などの相関的意識**，という形で定位できます。具体的に言えば，自分の中で欲望が動き，その可能性が現れ，目標設定が確定し，それに応じて〈世界〉はこの目的へとめがける可能性と諸手段の多様な連関として現れ，主体はこの可能性の連関を読み取りつつ判断し，試行錯誤し，可能性の連鎖を引き寄せてゆく。このような「目的」と「能う（できる）」の関係の中で生じる可能性と創発性の感覚が「自由」の感覚の核なのです。「自由」の感覚には，可能性の連関（つまり意味の連関）を内的な判断によって絶えず編み換えつつ，それを追いつめながら「目的」へと近づいてゆく「能う」の感覚，つまり創発的な可能性拡大の時間感覚が不可欠のものです。（太字は原著）[33]

　先に，「関心相関的選択」という方法装置の要は，関心・目的に応じて，妥当性（適切さ）を判断することであり，「選択する」という行為における判断の指針であると述べた。これを念頭に置いて，引用した部分を読み返してみよう。

　まず，「自分の中で欲望が動き，その可能性が現れ，目標設定が確定し，それに応じて〈世界〉はこの目的へとめがける可能性と諸手段の多様な連関として現れ，主体はこの可能性の連関を読み取りつつ判断し，試行錯誤し，可能性の連鎖を引き寄せてゆく」という記述に注目する。

　この記述の前半の「自分の中で欲望が動き，その可能性が現れる」は「欲望相関性」に関する記述である。さらに「それに応じて〈世界〉はこの目的へとめがける可能性と諸手段の多様な連関として現れる」は「目的相関性」に関する記述である。

　記述の後半部分，「主体はこの可能性の連関を読み取りつつ判断し，試行錯誤し，可能性の連鎖を引き寄せてゆく」は〈世界〉に対して，主体がどのように向き合うかを述べたものと考えられる。「この可能性の連関を読み取りつつ判断し」とは，「目的・目標」に対して，どのような「意味」があるかを捉えることであり，「試行錯誤し，可能性の連鎖を引き寄せてゆく」とは，「目的・目標」を達成するために，あれかこれかと試行錯誤し，妥当なもの（適切なもの）を求めていくことと考えられる。さらに「可能性の連関（つまり意味の連関）を内的な判断によって絶えず編み換えつつ，それを追いつめながら『目的』へと近づいてゆく」という記述も，先の記述と同様，目的を達成していくプロセスを描いている。

　以上のように，これらの記述はいずれも「関心相関的選択」への言及として読みかえることができる。すなわち，竹田の記述にもとづけば，「関心相関的選択」と

は「主体が，欲望相関的に現われた可能性の連関（つまり意味の連関）を，内的な判断によって絶えず編み換えていくこと」として取り出すことができる。これは「欲望論」から取り出した現象学的原理であることから，現象学的原理「欲望相関的選択」と呼ぼう。

では，このとき，現象学的原理「欲望相関的選択」における「内的な判断」とは何だろうか。そして，どのような「内的な判断」がよりよい選択をもたらすのだろうか。

ここでは，「可能性の連関を読み取ること」「試行錯誤」「可能性の連鎖を引き寄せてゆくこと」として表現されているが，「内的な判断」がどのようなものであるかに関して，竹田は直接的には言及していない。また，「意味」に関する言及はあるものの，「価値」に関する言及はない。一方，西條は「関心相関的選択」によって，「関心・目的に応じて」という，妥当性（適切さ）に関する内的な判断を助けることがらを示したと考えられる。

西條は「関心相関性」という認識装置について，「行為者がその『視点』を身につけることにより，身につける以前には見えなかった（知覚できなかった）ことが認識可能となるという意味での『認識装置』である」と述べている[34]。これをそのまま使えば，「方法装置」とは身につける以前にはできなかったことが行為可能となるという意味での「方法装置」である。

これにもとづき，あらためて，本論では，「内的な判断」を助けることがらを方法装置「欲望相関的選択」と呼ぶこととし，「欲望論」において，「内的な判断」に関する探索を進めていこう。この探索の中で，「意味」と「価値」に関する判断について検討し，「内的な判断」について先の問いに答えることが「関心相関的選択」という方法装置の精緻化に資するものと考える。

3．「欲望論」における「内的な判断」
(1)「内在的な感受性」にもとづく判断

竹田は，人間の知覚を通じて経験できる対象である「実在物」とは違って，「ことがら」が「私」にとって確信される条件は「内在的な感受性」の確からしさ（明証性）[35]や動かしがたさ[36]であると述べている。これを理解するために，竹田の述べるところをまとめると，次のようになる。

ある「ことがら」に対して，「これがよい」「これがほんとう」といったある感じが「私」の中に起きてくる。その感じを判定する基準や根拠は「内在的な感受性」にある。つまり，「私」は「その感じを受け取る感性的な能力」[37]を持っており，「内在的な感受性」とはこの感性的な能力のことをいう。別の言葉で言えば，自分固有のものとして持っている，諸価値の秩序や体制である[38]。これは生育の過程でさ

まざまな経験にもとづき，自分の内に作りあげられていくが，必ず変容し刷新され続けていくものでもある[39]。くわえて，人間は経験を反復することで，さまざまな「ことがら」の判断を「直観化」し，身につけ「身体化」しているという[40]。

言うまでもなく，「意味」と「価値」は「ことがら」の1つであり，「意味」と「価値」の判断は「内的な感受性」にもとづく判断であり，これが前項における「内的な判断」と考えられる。

(2)「意味」に関する「内的な判断」

竹田[41]はハイデガー（Heidegger, M.）の語るところから，人間存在と事物存在の本質を述べ，そこに見出される「意味（存在意味）」について言及している。

事物存在はそれ自体として単に存在するような「ある」であり，人間存在の「ある」とは，ある可能性をめがけて存在するような「ある」，つねに新しい「ありうる」をめがけて存在しているような「ある」であると述べている。このような人間存在の本質を「存在可能」といい，この本質は，人間が「（配慮的な）気遣い」として「存在」していることにもとづく。なお，この「（配慮的な）気遣い」は竹田の言葉では「身体・欲望・関心」と言い換えられる[42]。

これにつづけて，竹田[43]は，人間がはっきりさせうるのは，事物存在の，人間にとっての「存在意味」だけであるとし，そこから2つの事物を区別した。具体的な生活実践の中での対象としての事物と理論的・観想的な対象としての事物である。ハイデガーは前者の事物存在を「道具存在」という概念で表わし，その「あり方」の特質を「道具性」と呼んだ。

そして，すべての事物存在は，あるものがあるものを指すという「指示連関」を有する。つまり，事物存在は「互いに，何かの目的・目標のための『手段』や『有用性』，またそのことの予告や示唆といった，その『関連自体』を示すもの」[44]として存在しうるのである。このような事物存在の「あり方」を「道具連関性」という。

竹田によれば「『身体的行為』をとろうとするときにもっとも原型的な『意味』というものが生起してくる」[45]という。それゆえ，この「道具性」「道具連関性」は通常は意識されないが，道具存在として利用可能性を欠くときに，初めて私たちに意識されるようなものである。反対に，道具存在がその本来性を示すとき，「道具性」「道具連関性」は「適所性」「適所連関性」として体験され，その一段上の目的にとっての存在意義を有するときに，「有意義性」「有意義連関性」として体験されるのである[46]。

このように，事物存在は，そのつど，「…のための」，「…に手頃な」，「…にふさわしい（ふさわしくない）」，「…するのに適った」といった存在意味を持って，人間に自分の存在を現わす[47]。言いかえれば，私たちが人間存在として事物を見る

とき，事物存在はそのつどそのつど人間存在にとっての利用可能性（不可能性）や不都合性として現れる（開示する）のである．竹田はこれを，「（配慮的な）気遣い」と道具存在は「相互にその存在意味を証明しあう（開示しあう）ような意味開示論的関係にある」（傍点は原著）と別の表現でも述べている[48]．「欲望論」においても，「欲望」とその対象（道具存在）は意味開示論的関係にあるといってもよいと考えられる．

さて，ここまで論じてきたことを踏まえ，現象学的原理「欲望的相関的選択」における，「意味」に関する「内的な判断」について検討するために，前項で引用した竹田の記述に再び戻ろう．「自分の中で欲望が動き，その可能性が現れ，目標設定が確定し，それに応じて〈世界〉はこの目的へとめがける可能性と諸手段の多様な連関として現れ」とは，「道具性」「道具連関性」に関する言及であり，「主体はこの可能性の連関を読み取りつつ判断し，試行錯誤し，可能性の連鎖を引き寄せてゆく」，さらに「可能性の連関（つまり意味の連関）を内的な判断によって絶えず編み換えつつ，それを追いつめながら『目的』へと近づいてゆく」とは「適所性」「適所連関性」「有意義性」「有意義連関性」に関する言及であり，それらに関して繰り返し判断する様子を説明している．

以上のことから，「欲望相関的選択」においては「連関性」が重要と考えられる．そして，「適所性」「適所連関性」および「有意義性」「有意義連関性」について判断することが「意味」に関する「内的な判断」と考えられる．

(3)「価値」における「内的な判断」

竹田は，エロスという概念を鍵概念として，欲望論における「価値」について論じている．エロスとは「引きつけ（と遠ざけ）の力動の原理」[49]であり，主体がある対象に対して「快・不快」の心の動きを持つことである．すなわち，ある対象は主体にとってエロス的対象であり，主体はエロス的対象に対して「欲望」を持つのである[50]．

このとき，世界はエロス的な対象世界として現われ，主体にとって，ある対象は「快」となり，ある対象は「不快」となる．つまり，主体は世界を「快」と「不快」に分節するのである．ただ，人間の「欲望」の特質は生理的身体的な「快」のみならず，「ほんとう・よい・美しい」をめがけることにある[51]．それゆえ，世界を「快」と「不快」に分節するように，世界を「ほんとう・よい・美しい」といった「価値のあるもの」とそうではないものへと分節する[52]．この二元的な分節が「価値」の秩序を生み出すのである．しかし，この「価値」の秩序は二項対立的構図というより階序的（＝審級的）秩序であるという[53]．つまり，「価値」には「欲望」に応じた「価値の内容」があり，階序的秩序にもとづく「価値の程度」があると考えられる．これらについて判断することが「価値」に関する「内的な判断」と考えられる．

5節
「選択する」という行為の本質観取

本節では、ものを買うといった日常的な体験から出発して、「選択する」という行為の本質観取を行い、その本質構造を論ずる。

1．「選択する」という行為の本質観取のプロセスの提示

私たちがどのように選択しているか、ものを買うといった日常的な場面を描いてみよう。たとえば、ある哲学者を講演会に招くとする。そして、講演者が"気持ちよく"講演できるように、必要なものを準備する。

> 演壇には水を用意したし、休憩のときのコーヒーも準備した。そうだ、あの先生は「現象学的還元」を説明するときに、リンゴを使うことがあるのでリンゴも用意しておこう。

「"気持ちよく"講演できるように」、つまり、そこには「喜ばせたい」という「欲望」がある。「喜ばせたい」は「講演者を喜ばせる」という「目的」として表現される。それを実現するために「水を用意する」「コーヒーを準備する」という「目標」は達成され、「リンゴを用意する」という「目標」が設定されたところである。

> あのリンゴって、模型だろうか。これまで何度か見かけたけれど、本物には見えなかった。模型だろうな。でも、模型を買えるほど十分な予算はないから、本物のリンゴを買おう。

実際に、「リンゴを用意する」という行動を起こす前には、さまざまなことについて考え判断する必要がある。どのようなリンゴを用意するのか。これまでの経験にもとづき、なんらかリンゴのイメージを思い浮かべる。スライドで見たリンゴのイラストを思い出したり、実際に講演会で使われていたリンゴを思い出したりする。このとき、「本物か、模型か」の問いは買い物の場所を決めるという点で実際の行動に直結する問いであると同時に、その答えは講演会に「手頃な」という「意味」に関する判断である。こうして、「リンゴを用意する」という「目標」は「本物のリンゴを買う」というより具体的な目標となる。

> さあ、どんなリンゴにしようか。まだ、はっきりとしたイメージはない。

「どんなリンゴを買おうか」と自らに問う。その哲学者がリンゴを手に持って演壇に立っている姿を思い浮かべる。「どんなリンゴを買いたいのか」と問われて，言葉にするとすれば「手に持って絵になるリンゴ」，つまり「真っ赤で，ツヤツヤして，リンゴらしいリンゴ」だろう。「でも，リンゴらしいリンゴって何だろう」と自らに問いかける。それぞれのリンゴのイメージに応じて，自分の中には「ちょっと違うかな」「よい感じ」といった感じが起きる。こうして，「リンゴらしいリンゴ」のイメージを探していく。昔懐かしい印度リンゴのイメージが浮かぶ。「そうそう，これだ」と思う。

　「講演者を喜ばせる」という「目的」と，さまざまな「リンゴのイメージ」を照らし合わせていく。「目的」とマッチ（適合）する「リンゴのイメージ」を，「手に持って絵になるリンゴ」「リンゴらしいリンゴ」という言葉にもたらすことができると，「言い当てた」感じがする。そして，「リンゴらしいリンゴ」を「目標」として設定し，照らし合わせのプロセスを進める。照らし合わせによって体験する「ちょっと違う」「よい」「これだ」という感じが，「目標」と「リンゴのイメージ」がマッチ（適合）しているかどうかを私たちに知らせてくれるのである。「目標」と「リンゴのイメージ」の適合性の検討を繰り返すことで，「目標」はより具体的になっていくのである。こうして，「印度リンゴ」というイメージが置かれた。
　このように，「欲望」を満たすために「目的」を置き，この「目的」と対象の適合性を検討することで「目標」が設定され，その「目標」と対象の適合性を検討することで，「目標」はより具体的になっていく。その結果，「欲望」を満たす対象がどのようなものであるか明らかになっていくが，これを「欲望」の明確化と言うこともできる。あらためて，このプロセスにおける適合性の検討を【欲望（目的・目標）と対象の適合性の検討】と表わすこととする。ただし，ここでの「対象」とはイメージである。
　「目的」とは「欲望」を満たす行為において目指すものであり，「欲望」が生起し，「欲望」を満たそうとする動きにつづき，「目的」が置かれる。そして，「目的」の実現に向けて，対象を含むようなかたちで，より具体的な内容として表現されたものが「目標」と考えられる。
　上に述べたプロセスにおいて，「リンゴを用意する」を「目的」と呼び，「（本物の）リンゴを買う」や「印度リンゴを買う」を「目標」と呼ぶこともできることから，「目的」と「目標」は相対的に使われていると考えられる。一般的に，「目的」と「目標」はほぼ同じ意味を持ち，より具体的であるとき「目標」という言葉を使うといえよう。
　このとき，どこまで「目標」を具体的にするかは，状況に応じてさまざまである。

「印度リンゴを買う」というほどまで，対象を絞る必要はないかもしれないが，「手に持って絵になる，リンゴらしいリンゴ」がどのようなものであるか，なんらかのイメージを持つ必要はあると考えられる。もちろん，具体的なイメージが浮かばないときには，店に行き，実物を前にして，「選択する」ということもあると考えられる。このときは「本物のリンゴを買う」という目標を設定して，すぐに行動するわけである。頭の中で考えているときに比べ，実際の対象を手に取ったときにはリアリティーに基づく「ありありとした」感じがあり，【欲望（目的・目標）と対象の適合性の検討】に対して強い影響を及ぼすと考えられる。いずれにせよ，「買い物をする場所」を決めることも含め，その主体にとって，実際に「選択する」という行動を起こすことができるほどには，具体的な「目標」を設定する必要があるといえよう。

　　　会場から歩いて10分のところに，スーパーがある。そこへ行こうか。ふと，高級な果物店が頭をよぎる。「えっ，あの店のリンゴなの！」という驚く顔を見たい，喜ばせたいという思いが湧く。しかし，開演まで時間はあまりない。超能力者だったら，テレポートできるだろうに。それに予算は限られている。やはり，近くのスーパーにしよう。歩いて10分，自分の足なら間に合う。そこで「手に持って絵になるリンゴ」，印度リンゴを買おう。
　　　スーパーのリンゴ売り場へ行く。「印度リンゴ」はなさそうだ。仕方がない，別の種類のリンゴから選ぼう。

　このように，時間や予算，「超能力者ではない」「自分の足なら間に合う」という「主体の能力」は「現実的制約」として，「選択する」という行為に対して，最初から強い影響を及ぼす。私たちは，「現実的制約」に応じて，何を「選択する」ことができるか，【選択の可能性の探索】を行い，対象を絞っている。このとき，選択の可能性と「目標」は照らし合わされ，すり合わされ，「目標」は修正されると考えられる。
　時間や予算は「外的な制約」であり，変更が難しいことも多く，選択の可能性を狭めるものとして機能する。一方，「主体の能力」は高めることができれば，選択の可能性を広げてくれるものとなる。「主体の能力」は，「足を鍛える」という方法（手段）によって直接的に高めたり，自転車やバイクといった道具を用いることによって間接的に高めたりすることもできる。このように，「主体の能力」は「内的な制約」となりうるが，「内的な可能性」も有するといえよう。
　私たちは，時間や予算という「外的な制約」に働きかけ，直接的にあるいは間接的に「主体の能力」を高め，選択の可能性を広げることによって，当初の「目標」

を達成することもできる。そういった意味で,「現実的制約」,つまり「外的な制約」と「主体の能力」を的確に評価することが重要と考えられる。このとき「選択の可能性」を広げるためには「欲望充足」の遅延が必要であり,これも「主体の能力」と考えられるが,こういったことが可能かどうかも含めて検討することが,「現実的制約」を的確に評価することと考えられる。

　この「現実的制約」の評価において,とくに「主体の能力」を評価する際に,「できる,できない」という自らの"感じ"にもとづき判断することもあると考えられる。そのため,「選択する」という行為を実際に行うなかで,評価そのものを修正することもあると考えられる。

　そして,この【選択の可能性の探索】において,方法(手段)や道具に関していくつかの候補があり,選択の余地がある場合は,そこでも「選択する」という行為が行われると考えられる。つまり,時間と予算の余裕があれば「近くのスーパーか,高級な果物店か」を決める必要があり,あらかじめ準備されていれば「自転車か,バイクか」を決める必要がある。このように,「選択する」という実際の行為には,「選択する」という行為が入れ子のよう含まれていると考えられる。このとき,「講演者を喜ばせる」という上位の「目的(目標)」を勘案しつつ,「なるべく良いものを買う」とか,時間や予算に応じて「買い物は早く済ませる」「なるべく安いものを買う」という「目的(目標)」を設定していると考えられる。

　このとき,「手に持って絵になる」ということの中に,主体の「見る喜びを得たい」という「欲望」が反映されていることに注意したい。「喜ばせたい」,「見る喜びを得たい」,「驚かせたい」と,知らず知らずのうちに,さまざまな「欲望」[54]が起きて,「選択する」という行為に影響を与えていると考えられる。「欲望」がそのつど生起し,ときに「目的」や「目標」からの逸脱を引き起こすこともあると考えられる。だからこそ,「目的」を置き「目標」を設定した後は「目的」や「目標」に照らし合わせていくことが重要と考えられる。

　こうして,「近くのスーパーで,手に持って絵になる印度リンゴを買う」という「目標」が設定されたが,実際にスーパーでリンゴを前にしたところで,「現実的制約」にもとづき,再び「目標」の修正を行うこととなった。

> 「王林」は色が黄緑色だから,違う。色の鮮やかさでいうと,「紅玉」や「千秋」も捨てがたい。「陸奥」は存在感のある大きさと形がいい。「世界一」というネーミングは講演会としては面白いかもしれないが,大きすぎる。それに,値段の500円は高すぎる。どうしようか迷う。

　ここでは,リンゴの種類について,【目標と対象の適合性の検討】がなされてい

る。「色」については，「赤がよい」というはっきりとした基準がある。「色の鮮やかさ」「面白い」「存在感のある形と大きさ」は「手に持って絵になる」ということの具体的な「価値の内容」である。また，「大きすぎる」とは「手に持つ」には適切ではないし，「絵になる（という美しさ）」において十分ではないということである。講演会において「手に持って」という「意味」において適切な大きさがあり，「絵になる（という美しさ）」という「価値」において程よい大きさがあると考えられる。

このように，ある対象を置いて，【目標と対象の適合性の検討】がなされる。なんらかの「よい」感じが残る。別の対象を置いて，【目標と対象の適合性の検討】がなされる。そして，それぞれの対象の「よい」感じを比較検討する。つまり【適合性の対象間の比較検討】が行われる。さらに「よい」感じを求めて，別の対象を置く。ときには，もう一度，「よい」感じを確かめるために，先の対象に戻って検討することもあるかもしれない。つまり，あれかこれかと，「欲望（目的・目標）」をもっとも満たしうるものは何か，対象を絞っていくのである。「よい」感じとして単純化して述べたが，「よい」感じには具体的な内容があり，それは対象の持つ「意味」と「価値」に関する判断と考えられる。

ここに述べたプロセスが「選択する」という行為における「試行錯誤」の内実と考えられる。つまり，【目標と対象の適合性の検討】と【適合性の対象間の比較検討】を繰り返し，より適合性の高い対象を見いだしていくことである。

ここで，先ほどの「目標」を設定するまでのプロセスを振り返ってみよう。「手に持って絵になる，リンゴらしいリンゴ」というイメージから「印度リンゴ」という具体的なイメージを持つプロセスにおいても，対象を絞っていくという点で，【目標と対象の適合性の検討】だけではなく，【適合性の対象間の比較検討】も行われていると考えられる。ただ，比較検討の対象がイメージであり，外的な対象を置くのとは異なり，比較検討していることがはっきり体験されないのかもしれない。

そして，再び，予算を確認するという，「現実的制約」にもとづく検討がなされている。別の新しい「現実的制約」が生じたり，「現実的制約」の再評価が必要とされたりする状況でも，【選択の可能性の探索】が行われると考えられる。このように【選択の可能性の探索】は「選択する」という行為において，必要に応じて繰り返し行われる。なお，実際に「選択する」という行為を行いながら，「現実的制約」を自らの"感じ"にもとづき再評価する場合にも，「試行錯誤」を体験すると考えられる。

　　　　　リンゴの種類，形と色と大きさ，つや，キズ，新鮮さ，値段，産地，味。
　　　　リンゴを選ぶにも，いろいろなポイントがある。しかし，今回は「手に持っ

て絵になるか」が重要だ。講演会であれば「つや」「キズ」は見えないから，あまり気にしないでよいだろう。「手に持って絵になる」という点で「形」「色」「大きさ」をよく見よう。種類によって，形や色や大きさは決まってくるから，まず種類を決めよう。どれにしようか。「陸奥」はふっくらとしたところがいい。「陸奥」にしよう。

　このプロセスにおいて重要なことは，「選択する」ための基準が作られていくことである。つまり，講演会で「手に持って絵になる」ということはどのようなことなのか，そこには選択のポイントがあり，優先順位がある。これが明確になっていくことで，「選択する」ことを助けてくれるものとなる。このときの「選択する」ための基準は自分の内側につくられていくが，「目的」や「目標」によっては，リンゴの糖度や重量という数値で表わされるような外的な基準を定めることもあると考えられる。
　ここでは「陸奥」という１つのカテゴリーに絞られ，「手に持って絵になる陸奥リンゴを買う」という目標が設定された。

　　　　　いくつかの陸奥リンゴを手に持ってみる。「悪くない，いいかも」という
　　　　　感じで，候補を３個ぐらいに絞る。さて，どれにしようか。候補のリンゴを
　　　　　もう一度手にとって見くらべる。やっぱり，これか。この赤，つややかさ，
　　　　　キズもない，手に乗せて，ずしりと重い。いい感じだ。これにしようと決め，
　　　　　レジに向かう。

　リンゴを実際に手に取り，比較検討して，１つのリンゴを選択する。「手に持って絵になる陸奥リンゴ」という目標を置き，１つ１つの対象に関して，【目標と対象の適合性の検討】を行い，さらに【適合性の対象間の比較検討】を行い，「これでよい」と１つのリンゴを選択するのである。このとき，「選択する」ための基準が使われると，その選択はスムーズになると考えられる。
　果物のリンゴは，１つ１つ異なるので，個別の対象を選択することになるが，規格品である場合は，銘柄が決まれば，後はどれでもよいということもある。また，ここでは，１つのカテゴリーから個別の対象を比較検討するという手順を踏んでいるが，いくつかのカテゴリーに絞り，そこから個別の対象を比較検討しながら，１つの対象を選択することも可能と考えられる。このように，対象を絞り，１つのリンゴを選択し，このリンゴでよいと同定するというプロセスは変わらないが，その道筋はさまざまに考えうる。
　そして，「選択する」という行為は，「これ以上，選択はしない」という【最終的

な選択】と判断することで終わると考えられる。【最終的な選択】と判断するのは，試行錯誤という判断の積み重ねを経て，十分な「よい」感じと「これがよい」という判断の確からしさや動かしがたさを体験しているからと考えられる。しかし，そのような体験が得られないまま，「欲望」に強く押され，早まって【最終的な選択】と判断することもあると考えられる。また，時間といった現実的制約などの理由によっても，同じようなことが起きると考えられる。また，【最終的な選択】と判断すると，その確からしさや動かしがたさによって，判断を変更することが難しくなることもあると考えられる。

2．「選択する」という行為の本質構造

ここでは，よりよい選択を明らかにするという観点にもとづき，「内的な判断」という視点から，前項で述べたことをまとめ，「選択する」という行為の本質構造として述べる。くわえて，「欲望論」の検討から見いだされた「内的な判断」に関することがらとの関連にも言及する。

(1)「欲望」を満たす対象の同定

「選択する」という行為は，「欲望」の対象を同定することである。

● 【欲望（目的・目標）と対象の適合性の検討】 と 【適合性の対象間の比較検討】

【欲望（目的・目標）と対象の適合性の検討】とは，「欲望（目的・目標）」と対象を照らし合わせ，「欲望（目的・目標）」と適合しているかどうかを検討し，「意味」と「価値」を同定することである。【適合性の対象間の比較検討】とは，対象の適合性を比較検討し，より適合性の高い対象を見いだすことである。対象の持つ「意味」と「価値」を比較検討し，対象を絞ることでもある。この判断においては，「欲望」を満たし「目的・目標」を達成することにおいて重要な「意味」と「価値」の内容が影響力を持つと考えられる。

そして，【欲望（目的・目標）と対象の適合性の検討】は，「欲望（目的・目標）」とその対象（道具存在）の意味開示論的関係にもとづき行われており，双方向性の検討と考えられる。また，【欲望（目的・目標）と対象の適合性の検討】は「道具性」「道具連関性」に関する検討であり，この検討にくわえ【適合性の対象間の比較検討】を行うことが「適所性」「適所連関性」に関する検討と考えられる。

● 【選択の可能性の探索】

対象をある範囲に絞り込むことは，【選択の可能性の探索】によって行われる。【選択の可能性の探索】とは，「現実的制約」を検討し，主体が「選択する」ことのできる対象を明らかにすることである。このとき，現時点における「外的な制約」と「主体の能力」と，その変更可能性も含めて的確に評価することが重要である。

私たちが「欲望」のままに「選択する」ということはありえない。竹田が自由と

いう感覚の本質観取の中で述べた「『目的』と『能う（できる）』の関係の中で生じる可能性と創発性の感覚」は，【選択の可能性の探索】に引き続き，その可能性を広げようとするところに生起すると考えられる。

●「目的・目標」の意味

さて，「欲望」の対象の同定において，「目的・目標」とは，どのような意味を持っているのだろうか。まず，「欲望」が告げ知らされたとき，それを満たすための第一歩は「欲望」の何たるかを捉え，その対象となりうるものをまず置くことである。そのような動きにもとづき，「欲望」は「目的」として表現される。この「目的」との適合性を検討することで「目標」が設定され，その「目標」と対象の適合性を検討することで，「目標」はより具体的になっていく。すなわち，【欲望（目的・目標）と対象の適合性の検討】と【適合性の対象間の比較検討】が繰り返しなされるのである。そして，「目標」は【選択の可能性の探索】によって，選択の可能性と照らし合わされ，すり合わされ，修正される。

こうして設定された「目標」は，「目的」に応じて対象をある範囲に絞り込むことで，「選択する」という行為を実際に可能にしてくれるものである。このとき，「目的」が置かれ「目標」が設定された後は，「欲望」に代えて「目的・目標」と照らし合わせ「対象の適合性の検討」を行うこととなる。このように，「目的」や「目標」は「欲望」と対象世界の結び目にあると考えられる。

以上をまとめておこう。「欲望」を満たし「目的・目標」を達成するという点から，【欲望（目的・目標）と対象の適合性の検討】と【適合性の対象間の比較検討】を判断の基軸として，対象は「欲望（目的・目標）」と照らし合わされ，絞られていく。そして，【選択の可能性の探索】をもう1つの判断の基軸として，現実に得ることができるという点からも，対象はある範囲に絞られていく。この2つの基軸にもとづく判断によって，「欲望」の対象が同定されていくのである。このとき，「目的・目標」は「欲望」や「現実的制約」を反映しながら，対象をある範囲に絞り込むものとして機能すると考えられる。

(2)「内在的な感受性」にもとづく判断の積み重ねとしての試行錯誤

「選択する」という行為における「試行錯誤」とは，1つには【欲望（目的・目標）と対象の適合性の検討】と【適合性の対象間の比較検討】を繰り返し行うことである。それは「内在的な感受性」にもとづく「意味」と「価値」の判断の積み重ねと考えられる。もう1つの「試行錯誤」は「現実的制約」を自らの"感じ"にもとづき評価する場合の「試行錯誤」である。そこでは，【選択の可能性の探索】が「内在的な感受性」にもとづいて繰り返し行われていると考えられる。

「試行錯誤」においては，リアリティーに基づく「ありありとした」感じが「内在的な感受性」にもとづく判断に強い影響を与えると考えられる。実際の対象を置

いて試行錯誤することの有用性が高いといえよう。

　また，仮に対象を置いて試行錯誤することで，「どのようなものを欲しているか」が明らかになっていくと考えられる。つまり，「欲望」の明確化は【欲望（目的・目標）と対象の適合性の検討】と【適合性の対象間の比較検討】によって，「欲望」と適合性の高い対象が見いだされ，「目標」がより具体的になっていくことでもある。

　そして，「試行錯誤」によって，自分の中に「選択する」ための基準が次第に作られていき，対象の絞り込みを助けてくれるものとなる。ここに「選択する」という行為における「試行錯誤」の意味がある。

　4節において，竹田の記述から取り出した現象学的原理「欲望相関的選択」，すなわち「主体が，欲望相関的に現われた可能性の連関（つまり意味の連関）を，内的な判断によって絶えず編み換えていくこと」とは，この「試行錯誤」に対応するものであり，本論では「内的な判断」を，上述の2つの基軸にもとづく判断からなるものとして，より詳しく述べた。

(3)「始まり」と「終わり」のあるプロセス

　先に述べたように，「選択する」という行為は「欲望」を捉え，まず，仮に対象を置くことに始まる。そして，これ以上の比較検討をやめて，【最終的な選択】と判断することで終わる行為である。このとき，「試行錯誤」という「内在的な感受性」にもとづく判断の積み重ねを経て，十分な「よい」感じと「これがよい」という判断の確からしさや動かしがたさを体験していると考えられる。

(4)「選択する」という行為の入れ子構造

　「選択する」という実際の行為には，いくつかの「選択する」という行為が入れ子のよう含まれている。【選択の可能性の探索】の結果，方法（手段）や道具に関して選択の余地がある場合には，そこでも，「目的（目標）」に応じて「選択する」という行為が行われると考えられる。

　4節で，「欲望相関的選択」において「連関性」が重要であると述べた。入れ子のように含まれた「選択する」という行為において，上位の「目的（目標）」を勘案した「目的（目標）」が設定されていると考えられる。それにもとづき選択された対象は，一段上の目的（目標）にとっての「有意義性」「有意義連関性」を有すると考えられる。

6節

方法装置「欲望相関的選択」――よりよい選択をめざして

　あらためて，ここまで述べたことから，「選択する」という行為において，より

よい選択を可能とするような,「内的な判断」を助けることがらを取り出し,方法装置「欲望相関的選択」の内実として述べる。もちろん,「関心・目的に応じて」ということがらが,その中心にあることは言うまでもない。

さて,よりよい選択とは何だろうか。【最終的な選択】と判断するときに,「内的な感受性」にもとづく判断の積み重ねとしての試行錯誤の結果,十分な「よい」感じと「これがよい」という判断の確からしさや動かしがたさが体験されていると考えられる。それは,判断が必要とされるときにそのつど繰り返し判断すること,「内的な感受性」にもとづく判断内容の適切さからなると考えられる。

まず,【欲望(目的・目標)と対象の適合性の検討】と【適合性の対象間の比較検討】という基軸および【選択の可能性の探索】という基軸にもとづく判断が繰り返され,「目標」が設定される。このとき,「目標」の内容が「欲望」や「目的」に適合していることが重要となる。これがなければ,「よい」感じがもたらされことは難しいと考えられる。そして,この「目標」に照らし合わせつつ,2つの基軸にもとづく判断が繰り返され,「目標」とより適合性の高い対象が同定されていく。この判断の繰り返しが十分な「よい」感じをもたらしてくれると考えられる。

また,【選択の可能性の探索】にもとづく「目標」の修正に対して開かれていることも必要である。「現実的制約(外的な制約と主体の能力)」の的確な評価をするべきであるとしたが,的確という意味は,現在の状況に対する評価の的確さだけでなく,「外的な制約」に働きかけ,「主体の能力」を高めることにもとづく「選択の可能性」について検討することも含んでいる。

くわえて,よりよい選択において「目標」は選択の要である。「目標」が設定された後は,ぶれることなく「目標」と照らし合わせ,【目標と対象の適合性の検討】を行うことが必要である。

つぎに,「内的な感受性」にもとづく判断を行う際には,実際の対象を置いて試行錯誤することの有用性が高いと考えられる。そして,試行錯誤によって「選択する」ための基準が作られていき,判断に際して使われることで,選択がよりスムーズになる。いずれも,判断の確からしさや動かしがたさの体験につながると考えられる。

最後に,「選択する」という行為は入れ子構造であることから,上位の「目的(目標)」を勘案した「目的(目標)」を設定したうえで,入れ子のように含まれた「選択する」という行為1つ1つをしっかり遂行することが必要と考えられる。【選択の可能性の探索】の結果,方法(手段)や道具に関して選択の余地がある場合が,その代表的な場合である。

以上のことをまとめると,①「目標」の設定において,「欲望」や「目的」との適合性を高めること,「現実的制約(外的な制約と主体の能力)」の的確な評価を行

い,「目標」の修正に開かれていること,②「目標」の設定後は【目標と対象の適合性の検討】とすること,③試行錯誤という判断の積み重ねが十分なされること,このとき,実際の対象を置くこと,「選択する」ための基準がつくられていくこと,④上位の「目的(目標)」を勘案しつつ,入れ子のように含まれている「選択する」という行為をそのつどしっかり遂行することが,よりよい選択とするために肝要である。これらを総称して,「よりよい選択のための四条件」と呼ぶこととする。

7節
考察

1. 研究における,方法装置「欲望相関的選択」の意義

「関心相関的選択」は構造構成主義における科学的構造構成の原理であることから,研究という文脈における,方法装置「欲望相関的選択」の意義について述べる。なお,本論では,「選択する」という行為の本質構造を述べる際に用いた「目的」と「目標」にそれぞれ対応するものとして,研究という文脈においては「研究目的」と「リサーチ・クエスチョン(研究設問)」を用いることとする。

(1)「リサーチ・クエスチョン(研究設問)」の設定および修正

研究においては「リサーチ・クエスチョン」の設定および修正が重要であるといわれる。「リサーチ・クエスチョン」については,フリック(Flick, U.)[55]が詳細に検討している。

まず,研究立案の最初の段階で,その後の方法論的問題について適切な決断をするために,「全般的な設問を定める」ことに続き,「特定的な研究設問を定める」ことが重要であると述べている。これは,「欲望相関的選択」においては「目標」の設定および修正として理解される。つまり,【欲望(目的・目標)と対象の適合性の検討】と【適合性の対象間の比較検討】を繰り返し行い,「関心」や「研究目的」と適合性の高い「リサーチ・クエスチョン(目標)」を設定すること,さらに【選択の可能性の探索】によって,「現実的制約(外的制約と主体の能力)」を的確に評価し,「リサーチ・クエスチョン(目標)」を修正することと考えられる。

また,フリックは研究デザインの構想やデータの収集段階などに,「特定的な研究設問を点検し,練り直す」ことを行っていくとして,研究プロセス全体に研究設問を扱う作業が必要であると述べている。このような「リサーチ・クエスチョン」の修正は,「欲望相関的選択」においては,「リサーチ・クエスチョン(目標)」から対象へというだけではなく,対象から「リサーチ・クエスチョン(目標)」へと,双方向性の検討によって適合性を高めていく作業として理解される。そして,この作業は「欲望(目的・目標)」とその対象(道具存在)の意味開示論的関係にもと

づき可能になると考えられる。
　たとえば，フリックは，質的研究における現実的な判断として「現実的制約」にもとづき整合性のある研究デザインを行った後に，「リサーチ・クエスチョン」を設定していく場合について述べている[56]。これは，「研究目的」を置きながら，研究デザインから「リサーチ・クエスチョン」へと，適合性を高めていくことと考えられる。また，木下はM-GTAの「分析テーマ」の設定作業において，「リサーチ・クエスチョン」だけではなく，収集したデータの内容との兼ね合いでも判断すると述べている[57]。これは，実際に収集されたデータを分析するために，データから「分析テーマ」へと，適合性を高めていくことと考えられる。
　ここまでは，西條の言葉によれば構造探索過程に関することがらである。論文作成過程に関して，西條は「関心相関的論文構成法」において，構造にフィットする研究目的を設定・調整することを「研究目的再設定法」と呼んで，定式化している[58]。これは，研究の妥当性（研究者が見ようとしているものを実際に見ているかどうか）を高めるために，構造から「研究目的」へと，適合性を高めていくことと考えられる。これが可能になるのは，「欲望」とその対象（道具存在）において意味開示論的関係が成立するからである。「関心」にもとづき設定された「研究目的」と，得られた構造の間には，この関係が成立している。つまり，分析において「選択する」ことを繰り返し行い，得られた構造は「何を捉えようとしたのか」を指し示し，これに応じて「研究目的」を再設定することが可能になると考えられる。

(2) 目的（目標）相関的選択の優先性

　研究における「関心」は「欲望」の性質を持つと考えられる。そのため，「関心」もそのつど性を持ち固定的ではない。つまり，「関心」がそのつど生起し，ときに「目的」や「目標」からの逸脱を引き起こすこともある。これは「関心」の明確化が十分ではないときに起こりやすいと考えられる。以上のことから，「関心」を明確化し，「研究目的」を置き，「リサーチ・クエスチョン」を設定した後は「目的（目標）相関的選択」とすることが重要と考えられる。西條[59]は，設定した「リサーチ・クエスチョン」を常に忘れないようにすることの重要性を述べているが，ここに述べたことがその基盤にあると考えられる。
　ただ，研究を進めるとき，私たちが「関心」の持つエネルギーを忘れがちになることに留意したい。「関心」は「目的」や「目標」を作り出す力である。「目的」や「目標」からの逸脱や拡散をもたらすこともあるが，研究を推進してくれるエネルギーでもある。研究は自我を働かせていく営みであるが，最初の生き生きとした体験から遠ざかり，そのエネルギーを見失うことがしばしば起きる。「選択する」ことに行き詰まったときは，エネルギーを汲み出すために，研究における最初の動機となった「おもしろい」「なんだろう」という素朴な体験，「これを知りたい」といっ

た「関心」に立ち戻ることが役立つと考えられる。
(3) 試行錯誤する余地の重要性
　「関心」を明確化し，「研究目的」を置き，「リサーチ・クエスチョン」を設定し，さらに対象の同定を進めていくために，試行錯誤することが重要であり，試行錯誤する余地を残すことに意味があると考えられる。
　たとえば，「リサーチ・クエスチョン」の設定において，最初から，「リサーチ・クエスチョン」として表現しないということが有効な方法になりうると考えられる。どういうことかと言えば，まず，関心を向けた現象をできるだけ具体的に表現することから始める。そして，表現した内容から，何が面白いのか，何を知りたいのか，何に注目したいのか，「選択する」ことを繰り返しながら，自分自身の「関心」を明確にし，「リサーチ・クエスチョン」を設定することが役立ちうると考えられる。
　フリックは「リサーチ・クエスチョン」を具体的に決定するうえで，調査フィールドの多様性を削減して構造化することを「設問の刈り込み」[60]と呼び，「あるフィールドで見られるプロセスをできる限り広くカバーできるような鍵概念を使用すること」[61]の意義を述べているが，これは試行錯誤する余地に関連すると考えられる。
　また，研究においては論理的判断が重要とされる。つまり，判断の基準や根拠を明らかにし，判断のプロセスを説明したうえで，その判断に関する共通了解可能性が高いことが求められる。しかし，この論理的判断にも「これがよい」「これがほんとう」といったある感じ，「内在的な感受性」にもとづく判断の側面があると考えられる。そういった点で，データという実際の対象や現象を置いて試行錯誤することの意味があると考えられる。西條が分析を進めるときの原則として述べた「とりあえずの鉄則」[62]や「関心相関的アプローチ」の1つとしてあげた「関心の探索的明確化」[63]はこれに関連する。
(4) 方法の選択と研究デザインの設定
　研究の営みにおいて，「関心」があり，「研究目的」が置かれ，それに応じた「リサーチ・クエスチョン」が設定される。続いて，「リサーチ・クエスチョン」に答えるべく，さまざまな選択や判断が積み重ねられていく。このプロセス全体が「関心」を満たすための「選択する」という行為と考えられる。一方，方法を選択すること，研究デザインを行うこと，データを収集することも，それぞれが「選択する」という行為と考えられることから，研究という営みには「選択する」という行為の入れ子構造が見いだされる。
　西條は，「方法」とは「(1)特定の現実的制約（状況）の中で，(2)特定の目的を達成するための手段である」と述べ，これを構造構成的研究法における「方法の原理」と呼び，「研究法は，現実的制約（状況）を勘案したうえで，関心（目的）に

照らして有効性と考えられる枠組みを選択すればよい（関心相関的選択）」と述べている[64]。また，研究デザインに関して，「(1)〈現実的制約の範囲内において〉学術的に意義がある研究関心（リサーチ・クエスチョン）を定め，(2)現実的制約を勘案しつつ，研究関心に照らしてフィールド，対象者，データ収集法，データ分析法を選択していくこと」（〈　〉は著者による補足）を「関心相関的研究デザイン」と呼んでいる[65]。

「方法の原理」や「関心相関的研究デザイン」における判断のポイントは，「関心相関的選択」と「現実的制約を勘案すること」であり，方法装置「欲望相関的選択」における2つの基軸にそれぞれ対応すると考えられる。つまり，【欲望（目的・目標）と対象の適合性の検討】と【適合性の対象間の比較検討】からなる基軸は，「欲望（目的・目標）」と対象を照らし合わせ，その適合性を検討し，より適合性の高い対象を見いだすことであることから，「関心相関的選択」に対応する。また，【選択の可能性の探索】という基軸は，「現実的制約」を検討し，主体が「選択する」ことのできる対象を明らかにすることであるから，「現実的制約を勘案すること」に対応する。

そして，先ほど，フリックの「特定的な研究設問を点検し，練り直す」ことに言及し，「リサーチ・クエスチョン」の修正について論じた。これは，「欲望相関的選択」では，入れ子のように含まれている「選択する」という行為において，上位の「目的（目標）」を達成するために，必ずしも十全な対象を得ることができるとは限らないことから，研究デザインや実際のデータに応じて「リサーチ・クエスチョン」を修正する作業としても理解される。また，そこで選択された対象が，研究という営みにおいて，新たな「現実的制約」になると考えることもできる。

ここまで，研究という文脈に「欲望相関的選択」を置いて論じてきたが，いずれも，研究を進めるうえで重要なこととして知られており，それを原理的に基礎づけた（言い当てた）点に意義があるといえよう。

2．構造構成主義における「欲望相関的選択」の意義
(1) 現象学的原理としての「欲望相関的選択」

「欲望相関性」（あるいは「関心相関性」）は「世界がどう対象化されるか」という側面を言い当てる原理である。一方，「欲望相関的選択」は「目的・目標」を置いて「主体が世界をどう対象化するか」という側面に関わる方法概念である。すなわち，「欲望相関性」と「欲望相関的選択」は，企投（人間存在として可能性をめがけること）のありようをとらえた原理であり，1つのコインの表と裏と考えられる。

また，関心相関的選択との差異を示せば，西條は「関心相関性」を哲学的構造構

成と科学的構造構成に通底する概念として構造構成主義全体に位置づけ,「関心相関的選択」を方法装置として科学的構造構成に位置づけている[66]。一方,本論で提起された「欲望相関的選択」は現象学的原理として構造構成主義全体に位置づけられるものであり——当然,関心相関的選択も基礎づけるものでもあるが——,その点において2つは異なるものであり,本論の意義もまたそこにあるといえる。

(2)「欲望相関的選択」における「連関性」

西條は,「人間科学のメタ理論の体系化」のために,研究法レベルにも通底する意味や価値の原理として,「志向相関性」を取り出した。そして,これを原理の中の原理として定位し,「身体」「欲望」「関心」「目的」といった異なる相関軸を代入できると述べ,変奏(ヴァージョン)を強調した。西條は,何かに向かおうとする「志向」と相関的に妥当な方法を選択するという「動き」を基礎づけることを目指したと考えられる。そして,「関心・目的に応じて(相関的に)」という選択の指針を,「関心相関的選択」という方法装置として提起した。

一方,「欲望相関的選択」においては「連関性」を強調している。つまり,「欲望(関心)」「目的・目標」がそのつど「世界」を分節し,「世界」が「可能性や意味の連関」として現われるという動的プロセスを含んだ,様相の全体を重要と考えている。それは,「欲望」存在としての主体の「選択する」という行為全体を捉えることを目指したのである。そして,現象学的原理「欲望相関的選択」における「内的な判断」を助けることがらを,方法装置「欲望相関的選択」と定義した。

さらに,「選択する」という行為の本質構造にもとづき,方法装置「欲望相関的選択」の内実を「よりよい選択のための四条件」として取り出した。これによって,妥当(適切)なものを選択するというだけではなく,よりよい選択を可能とするような方法装置として提起した。

ただし,本論では論じる余裕はないが,「内的な感受性」にもとづく判断に関して,「内的な感受性」について「欲望論」から述べたにすぎず,十分に吟味されたとは言いがたい。また,試行錯誤によって作られていく「選択する」ための基準に関しても,「内的な感受性」との関係性もふくめ,本質観取による検討の余地が残されている。そういった意味で,方法装置としての全体像を十分に捉えたとは言いがたい。それが本論の限界でもある。

(3) 関心相関性と契機相関性と欲望相関的選択の異同

最後に,桐田[67]が定式化した契機相関性との比較検討を行い,関心相関性もふくめ,3つの概念の異同を論ずる。

桐田はロムバッハの構造存在論による基礎づけを行っているが,本論では竹田の「欲望論」による基礎づけを行ったことに大きな違いがある。桐田は西條にならい身体・欲望・関心・目的を1つにまとめ「志向性」として論じ,志向・存在・意味・

価値は相互に相関し移ろっていく諸々の立ち現われであると述べている。そして，これらにおける「その都度性」の重要性を担保するために，志向・存在・意味・価値を「契機」として，「契機相関性」を定式化した。契機相関性とは，「志向性と存在・意味・価値の生成変化を，契機（発現）との相関性によって，『相互相関的な移り変わりによって生成される構造』として認識する生成論的視点（理路）である」（傍点は原著）と述べている[68]。

確かに，身体・欲望・関心・目的が「契機」となり，世界は繰り返し分節されるが，本論では，それらの「連関性」が重要であると述べた。また，本論における「そのつど性」には2つの意味がある。まず，そのつど性を持ち固定的ではないという，「欲望」の本質に基づく「そのつど性」である。さらに，「選択する」ことにおける試行錯誤，つまり内的な判断がそのつど繰り返しなされるという意味での「そのつど性」である。後者は「欲望」を持つ主体が世界に向き合うときの，その主体性を強調している。

「関心相関性」という原理は，「世界がどう対象化されるか」と問い，「関心相関的に」と述べている。同じ問いに対して，桐田の「契機相関性」は「その都度の契機相互の相関性（きっかけの関わり方）によって」[69]と答えている。そして，本論の「欲望相関的選択」は「主体が世界をどう対象化するか」と問い，「欲望相関的に現われた可能性や意味の連関を内的な判断によって絶えず編み換えていく」と答えた。別の言葉でいえば，「関心相関性」は，「志向性」によって世界が対象化される一瞬を捉え，「契機相関性」は一瞬一瞬が相互相関的に移り変わり生成される様相を捉えたと考えられる。そして，「欲望相関的選択」は一瞬一瞬が繋がりつつ（連関しつつ），主体が「欲望」を満たそうとする様相を捉えたといえよう。

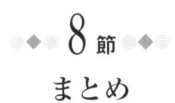

8節
まとめ

本論では，「関心相関的選択」を「欲望論」に立ち戻って検討し，現象学的原理「欲望相関的選択」を定位し，構造構成主義全体に位置づけ，その意義を論じた。さらに，「選択する」という行為を本質観取し，その本質構造にもとづき，よりよい選択という観点から方法装置「欲望相関的選択」の内実を述べ，研究という文脈における「欲望相関的選択」の意義を論じた。しかし，先に触れたように「欲望相関的選択」という方法装置の全体像を明らかにすることは，今後の課題として残されている。「内在的な感受性」および「選択する」ための基準に関して，今後のさらなる精緻化が望まれる。

【註および文献】

[1] 西條剛央　2005　構造構成主義とは何か―次世代人間科学の原理　北大路書房　p.21.
[2] 西條剛央　2007　構造構成主義とはどのような理論か　今、その深化を問い直す　西條剛央・京極　真・池田清彦（編）　構造構成主義の展開―21世紀の思想のあり方　現代のエスプリ475　至文堂　pp.215-227.
[3] 新田義弘　2006　現象学と解釈学　筑摩書房　p.94.
[4] 山本貴光・吉川浩満　2007　構造構成主義に関する一考察　西條剛央・京極　真・池田清彦（編）構造構成主義研究1―現代思想のレボリューション　北大路書房　pp.69-79.
[5] 竹田青嗣　2004　現象学は〈思考の原理〉である　筑摩書房　p.77.
[6] [1] の p.205
[7] [1] の pp.53-62
[8] [1] の p.153
[9] [1] の pp.58-59
[10] [2] の p.223
[11] 西條剛央　2008　ライブ講義　質的研究とは何か SCQRAM アドバンス編　新曜社　p.213.
[12] [11] の pp.217-218
[13] 西條剛央　2009　JJN スペシャル　研究以前のモンダイ　看護研究で迷わないための超入門講座　医学書院
[14] [2] の pp.223-224
[15] 西　研　2001　哲学的思考―フッサール現象学の核心　筑摩書房　pp.408-416.
[16] 京極　真　2008　「方法」を整備する―「関心相関的本質観取」の定式化　看護学雑誌, 72(6), 530-534.
[17] 西條剛央　2010　「科学的である」とはどういうことなのかといった難問をどのように考えればよいのか？―難問を見極める構造構成主義の10の視点　International Nursing Review, 33(2), 27-32.
[18] 竹田青嗣　1993　はじめての現象学　海鳴社　p.65.
[19] 竹田は「本質直感」と「本質観取」という2つの言葉を用い、これらの意味をほぼ同じとしている。「はじめての現象学」という著作において、「本質直感」という言葉は2通りのアクセントで使われていると述べている。「『原的な直感』は『知覚直感』と『本質直感』の二種類に分けられます。この『知覚直感』と対になる『原的な直感』のひとつとしての『本質直感』、という意味合いが、まず第一のアクセントです。第二のアクセントは〔……中略……〕現象学はものごとの本質（形相）を捉える独自の方法を打ち立てているということです。この現象学独自の思考の方法を、『本質直感』（本質観取）と呼ぶのです」と述べている。本論では、第二のアクセントを有する「本質直感」を取り上げている。これは3つのステップを含むようなものであるから、「直感」というより、本論では「本質観取」と表記する。（[18] の p.87）
[20] [18] の p.98
[21] [18] の p.91
[22] [1] の pp.71-76
[23] [1] の p.53
[24] [5] の p.197
[25] [5] の p.189
[26] [5] の p.190
[27] 「関心相関的観点」に関して、竹田は現象学の方法としての「還元」と「本質観取」の概念の理解について大きな混乱が見られるとして、フッサール現象学に即し「本質観取」を再考し、3つの指標を述べている。その第2の指標が「観点相関性」である。西や京極や西條がすでに言及しているように、「本質」とは、ものごとの「あるがまま」の真実ではなく、必ずある特定の「観点相関性」として取り出されるということである（竹田青嗣　2010　「本質観取」と「関心相関性」―「看護

の本質」をどう考えるか　*International Nursing Review*, 33(2), 17-21.)。
[28]　[15]の p.411
[29]　竹田は、「現象学は〈思考の原理〉である」のⅣ「欲望論」原論11節において、「欲望」に関連するさまざまな言葉を用いているので、これらを整理する。まず、エロスについては、「『身体』がある対象に引きつけられるという事実性を、われわれは「快＝エロス」と呼びます。エロスはひとことで言うと引きつけ（と遠ざけ）の力動の原理です（p.199）」と述べている。また、「ハイデガーの『情状性』（感情、気分、情緒、欲望）の概念を憂慮とか不安とかいった独自の色彩が強すぎる（p.202）」として、竹田は「エロス的感受」と言い換えている。この「エロス的感受」は「エロス的な情動（p.203）」とも表現され、「エロス的感受＝欲望（p.212）」、あるいは「エロス的欲求＝欲望（p.213）」とも表現されている。その内実について「エロス的感受とは欲望や情緒がどのような対象に動くかという〈身体〉の体制のことです（p.208）」と述べている。「エロス的感受」というときは、「身体」が「欲望」を告げ知らせ、それを受け取り、さらに「欲望」に動かされることを強調していると考えられるが、「欲望」が「身体」そのものを構成していると考えれば、「エロス的感受」と「欲望」はほぼ同じ意味を持つとし、本論では「欲望」と表記して論ずる。また、感情・気分・情緒・情動・欲求・関心にも、エロスという引きつけ（と遠ざけ）の力動の原理があると考え、本論では「欲望」として論じていく（[5]の pp.192-215)。
[30]　[5]の p.203
[31]　竹田青嗣　1995　ハイデガー入門　講談社　p.61.
[32]　[5]の pp.202-213
[33]　[5]の pp.213-214
[34]　[1]の p.49
[35]　[18]の p.145
[36]　[18]の p.148
[37]　[18]の p.240
[38]　[18]の p.183
[39]　[5]の p.210
[40]　[18]の pp.245-246
[41]　[18]の pp.186-188
[42]　[31]の p.71
[43]　[18]の pp.189-190
[44]　[31]の p.69
[45]　[5]の p.170
[46]　[31]の pp.69-70
[47]　[18]の p.190
[48]　竹田青嗣　1989　現象学入門　日本放送出版協会　p.189.
[49]　[5]の p.199
[50]　[18]の p.208
[51]　[18]の p.218
[52]　[18]の p.221
[53]　[5]の p.207
[54]　竹田は「自我のエロス」と「関係のエロス」を区別している。「自我のエロス」とは「人間（集団）が自分（たち）の自我を世界の中心として保っておきたいという欲望」である。「関係のエロス」とは「互いに相手を必要としているというエロス関係を保っておきたいという欲望」である。「関係のエロス」には本質的に「自我のエロス」を乗り越える原理があり、「自我のエロス」を乗り越えたところに得られる「関係のエロス」は感受化され（身体化され）て「自我のエロス」へと変成していくと述べている。ここでの「彼を喜ばせたい」「驚かせたい」は「関係のエロス」であり、「見る喜びを得たい」とは「自我のエロス」と考えられる（[18]の pp.161-175)。

［55］Flick, U. 1995 *Quallitative Forshung*. Reinbek bei Hamburg: Rowohlt Taschenbuch Verlag. 小田博志・山本則子・春日 常・宮地尚子（訳） 2002 質的研究入門―〈人間の科学〉のための方法論 春秋社 pp.60-67.
［56］［55］の p.63
［57］木下康仁 2003 グラウンデッド・セオリー・アプローチの実践―質的研究への誘い 弘文堂 p.137.
［58］［13］の p.107
［59］西條剛央 2007 ライブ講義 質的研究とは何か SCQRAM ベーシック編 新曜社 pp.181-182, pp.219-220.
［60］［55］の p.61
［61］［55］の p.64
［62］［59］の p.86
［63］［11］の p.218
［64］［13］の pp.10-17
［65］［13］の pp.94-95
［66］［2］の p.217 図1 構造構成主義モデル2007
［67］桐田敬介 2009 契機相関性の定式化へ向けて―構造構成主義におけるその都度性の基礎づけ 構造構成主義研究3 なぜいま医療でメタ理論なのか 北大路書房 pp.159-182.
［68］［67］の pp.174-175
［69］［67］の p.167

原著論文（研究）

II-5 教育・社会構想のためのメタ方法論の深化
——公教育の「正当性」原理再論

苫野　一徳

1節
問題設定

　現代教育（学）は，今日深い混迷の中にいる。その理由はひと言で，「規範欠如」[1]の問題として指摘することができる。教育の現状を明らかにする社会学的な実証研究は，これまで豊富に蓄積され続けてきた。しかし，ではその現状は果たして「よい」のかどうか，また，その調査研究をもとに，われわれはどのような方向に向けて教育を改善すべきといえるのか，といった問いに，教育学は今日，説得力をもって答える方法を見出せずにいるのである。その一方で，今もなお，世界中で矢継ぎ早に教育改革が進められている。なぜ，どのような根拠において改革が必要で，そしてどのような方向に向けて改革すべきといいうるのか。この問いに説得的な答えを明示できずにいる教育学者を尻目に，「改革」はこれまで，常に何らかの政治力学のもとに進められてきた[2]。

　2008年，筆者は，このような教育（学）の現状を克服するための教育学メタ方法論——教育の「よさ」「正当性」「規範」を論ずるための方法論——を構築し[3]，その上で，とりわけ公教育の「本質」および「正当性」の原理——公教育とはそもそも何か，そしてどうあることを「正当」といいうるのか——を解明する論考を発表した[4]。このメタ方法論および「正当性」の原理は，現在専門的・理論的検証の過程にあるとともに[5]，東京都杉並区における教育行政の指針原理としても取り入れ

られており，その意味では実践的検証の過程にあるともいえる。

さて，しかし上記論文発表の後にさまざまな場面で行われた議論[6]を通して，筆者は，上述したメタ方法論に若干の不備（説明不足）があり，これをさらに深化する必要性を感じるに至った。そこで本稿では，混迷や信念対立を深める教育（学）の議論を，できるだけ建設的かつ創造的な議論へと向かわせるための理路（メタ方法論），そしてその方法に基づいた公教育の「正当性」原理を，これまでの筆者の論考をさらに深めて再説・提示することとしたい。

また，上記メタ方法論は，教育のみならず社会を構想するための根本的な方法論にもなりうる，と筆者はこれまでにもしばしば論じてきたことがあるが[7]，本稿では改めてこの点を強調したいと思う。そこで本稿のタイトルを，「教育・社会構想のためのメタ方法論の深化」とした。理論の射程を広げることで，教育（哲）学のみならず政治哲学・理論等の領域においても，本稿が吟味検証される機会を得られれば幸いである（この点については特に4節の3.以降を検討されたい）。

2節
方法

上記目的を，以下の方法を通して達成する。

筆者が以前に提示した教育学メタ方法論は，以下再論する「理想・当為主義」「相対主義」「規範主義」の，三つの思想的立場（アプローチ）の対立を克服することを主眼としていた。しかしその際，「理想・当為主義」と「相対主義」の対立については十分克服し得たはずではあるが，「規範主義」の諸アプローチとの比較検討を通した上記メタ方法論の優位性についての論証は，十分行うことができなかった。そこで本稿は，主として「規範主義」と筆者が呼ぶところの，とりわけ今日の教育哲学が範とする現代政治理論の諸アプローチとの比較検討を通して，上記メタ方法論の原理性を論証する方法をとる。その上で，改めて「教育・社会構想のためのメタ方法論」を提示し直し，これに基づいた公教育の「本質」および「正当性」の原理を再説する。

この点について，二点補足しておきたい。

第一の補足は，上述のように本稿ではいくつかの現代政治理論を取り上げ検討はするが，その目的は，これら諸理論の内実を深く解明するものではないということである（「ロールズ（Rawls, J.）における○○」といったような）。むしろそうした先行研究も参照した上で，これら現代政治諸理論が抱える問題を，上記メタ方法論によって克服することにある。その意味では，本稿は，「当該領域の問題を解消するためのメタ理論を構築する」ための，西條剛央のいう「メタ理論工学」と同様

の問題意識をもった研究であるといってもよい[8]。つまり，諸理論に内在的な研究，比較思想，哲学者研究，思想史研究，といったアプローチではなく，こうした諸研究に多くを負いつつも，あくまでも教育・社会構想のための説得的な方法を，検証可能な形で構築・深化することが目的である。

　第二の補足は，特に上記のような目的上，本稿ではこれまで数多く提示されてきた現代政治諸理論やこれらに関する先行研究を全て比較検討することは当然できないものの，この点に関する問題に対処するため，本稿ではさしあたり，現代政治諸理論の思考モデル（アプローチ）を類型化し，それら一つ一つを批判した上でオルタナティヴ（上記メタ方法論）を提示，その優位性を論証するという方法をとるということである。

　したがって本稿は，その類型化の（致命的な）誤りが指摘された場合に，あるいはこの類型におさまらない理論の存在が指摘された上で，そうした筆者の目配りの届かなかった理論が，筆者の提示するメタ方法論に対して原理的に優位であることが論証された場合に，原理的な欠陥をもつことになる。この点を明記することで，本稿を広く検証・批判に開きたい。

3節
教育学における「規範欠如」の問題

　以上の方法に基づいて研究を進めるに先立って，本節では，教育学が上述したような「規範欠如」の状況に陥った理由について，これまで筆者が論じなかった点を加えて再論しておきたい。互いに関連し合った，二つの観点から述べる必要がある。

　一つ目の観点は，今日の教育を取り巻くある種複雑な現状である。

　今日の教育学とは違って，日本のいわゆる戦後教育学は，ある程度「原理的」問題に果敢に取り組んできた経緯がある。教育学関係者には周知のように，50年代60年代には勝田守一や宗像誠也が，70年代80年代には堀尾輝久が，主として政策批判の文脈から，「あるべき教育の姿」を原理的に探究した。その背景には，保守政権と革新勢力との，いわば見えやすい対立があった[9]。教育委員任命制化に対する批判と抵抗，道徳の時間設置に対する批判と抵抗，全国一斉学力テストの実施とこれを巡る紛争など，対立の根底には，「国家の教育権」か「国民（親）の教育権」かという対立があった。国家統制に対して国民の教育権を守ることが，「原理」的な理論研究の主軸であったといってよい。

　しかし広田照幸が指摘するように，冷戦終結以降，教育のあり方を巡る議論は，保守―革新の二極対立から，旧来の保守―新自由主義的保守―左翼の社民・リベラルという，三極モデルに変化した[10]。ここにおいて，「あるべき教育の姿」は極め

て複雑化することになった。国家統制的教育を奉じる旧来の保守もあれば，同じ保守内から，教育制度の規制緩和・撤廃が叫ばれるようにもなった。いわば教育の自由化・個性化・多様化である。これに伴って，リベラル派の中でも，教育構想に対する立場の違いが顕在化した。新自由主義的な規制緩和は，中央集権から現場の裁量権の拡大につながるとみた黒崎勲と，むしろこれは格差を拡大するとして痛烈に批判した藤田英典の，いわゆる黒崎—藤田論争は有名である[11][12]。広田の言葉を借りれば，「誰と誰が，何をめぐって闘っているのか，非常にわかりにくい時代になったわけである」[13]。

　さらに近年では，2007年のアメリカにおけるサブプライム・ローン破綻から始まった世界金融危機を契機に，行き過ぎた新自由主義の見直しが迫られている。教育改革の大きな論拠となったこの立場の漸次的失墜は必至だが，しかしむしろだからこそ，今日いったいどのような考えに基づいて教育を構想していけばよいのかという問いが，切実に問い直されているのである。対立軸の多元化や不明確化は，すなわち構想すべき教育像の混乱である。この現状を前にして，現代教育学は有効な「考え方」を提示することができずにいる。

　もう一つ現代教育学が教育の構想原理を提示し得ていない理由として，上述した社会・教育をめぐる現状に加えて——というよりはむしろこの社会的状況の変遷に伴った——いわゆるポストモダン思想の流行がある。筆者がいう，教育学における「理想・当為主義」「相対主義」「規範主義」の，三つの立場の対立あるいは齟齬の問題はここから生起する[14]。

　「理想・当為主義」とは，何らかの教育的価値をいわば絶対化する立場である。教育は誰でも一家言もつテーマであるがゆえに，われわれは比較的安易に，「教育は〜すべきである」「〜でなければならない」と主張することができる。しかし複数の「理想・当為」は，多くの場合互いに対立し合うことになる。たとえば，「個性を尊重せよ」「できる子をどんどん伸ばせ」という理想・当為が，「平等を守れ」という理想・当為に対立する。「ゆとりを確保せよ」という理想・当為が，「もっと学力を向上させよ」という理想・当為に対立する。実際はこれほど単純ではないにしても，何らかの教育観を多かれ少なかれ絶対化する「理想・当為主義」は，このような教育を巡る信念対立に陥ってしまいがちである。上述した教育を巡る多元的対立は，基本的にこの「理想・当為主義」の対立だといってよいだろう[15]。

　「相対主義」は，こうした「理想・当為主義」を徹底的に批判する立場である。いわゆるポストモダン思想の流行に伴って，この立場は今日教育学界における強大な勢力となっている。相対主義的な現代教育（哲）学は，近代教育（学）の掲げた教育理念を次々と相対化する研究——「教育による平等化は不可能である」「真理の代理人（エイジェント）としての教師（宗像）[16]は実は権力存在である」といった——を，盛んに

蓄積している[17]。自明とされてきた教育理念を哲学的に解体することは，確かに十分意義のあることであったといってよい。しかしこれら諸研究は，ではわれわれは教育をどう構想設計すべきなのか，という問いに答えられないし，むしろあえて答えようとしてこなかった。ここに，今日の教育学が抱える大きな問題がある。

そこで近年，「理想・当為主義」にも「相対主義」にも絡め取られることなく，どのように教育を構想しうるかを模索する「規範主義」が，少しずつ現れ始めている。しかしそれもまだ問題提起に留まっており，われわれはではどのように「よい」教育を考え構想していくことができるのか，という問いに，説得的な回答は示されていない。「規範主義」の第一人者である宮寺晃夫も，自らの考えについて，「お前をふくめてわれわれは，所詮多様化と相対化の渦から超絶できないのだ」[18]と述べているように，「規範主義」も結局のところ，強力な「相対化」の力に抗することができずにいるのである。

以上，教育（哲）学が教育の構想原理を積極的に打ち出すことができなくなっている背景として，教育・社会における対立軸の複雑化・多元化という現状と，相対主義の興隆という学問的状況について述べてきた。そしてこの現状のゆえに，広田が指摘するように，「教育社会学者も，教育心理学者も，教育方法学者も，どの分野のものもみな，『規範欠如』に悩」[19]まされることになったのである。

「規範欠如」の問題を，広田は次のようにいっている。

> 実践的教育学の規範創出力が低下してしまうと，結局のところ，そうした教育科学は，外部から単純な価値尺度をもちこむか（たとえば「平等が重要」とか），自前の実践理論（自分の体験に根ざしたあやしい教育論）をあてにするかしかなくなってしまう。〔中略〕あるいは，教育経営学や高等教育論など一部の分野で見られるように，目的や目標は，政策レベルで設定してもらって，自分たちはひたすらその目的や目標の合理的遂行に努めるという，「教育（学）のシニシズム」に陥ることになる。行政の下請け屋だ。[20]

ウェーバー（Weber, M.）が夙に指摘しているように，社会科学者は，存在（社会の実情）から当為を導くことに，常に禁欲的である必要がある。「経験科学は，なんぴとにも，なにをなすべきかを教えることはできず，ただ，かれがなにをなしうるか，また——事情によっては——なにを意欲しているか，を教えられるにすぎない」[21]。しかしこのことに無自覚な社会科学（教育科学）者は，広田がいうように，「科学的方法によって検証できた知見に，自分の体験などからくる粗野な教育論や教育的信念をくっつけて，『あるべき教育』を指し示す」ことになりがちである。「議論の中に登場するデータや事例はしっかりしたものだが，議論全体は乱暴

で，飲み屋談義のレベルだったりする。」[22]いわば教育学は，せっかくの豊富な種々の実証研究の蓄積にもかかわらず，その「規範欠如」のゆえに，これら知見を十分使いこなせていないのである。

「規範欠如」の問題は，日本に限ったことではない。対立軸の複雑化する教育・社会の現状[23]，および学界におけるポストモダン思想の興隆は，多かれ少なかれ各先進諸国が抱える問題である。もっともアメリカでは，ガットマン（Gutmann, A.）[24]，ハウ（Howe, K.）[25]，ブリグハウス（Brighouse, H.）[26]といった研究者が，ロールズ以来の現代政治哲学を範として，教育の「正当性」原理を導出しようと試みている。しかし筆者の考えでは，そうした試みも，実際は現代政治哲学それ自体の混乱のゆえに，未だ十分成功しているとはいい難い。

すなわち，上記分類からすれば多くは「規範主義」に相当する現代政治哲学——およびこれを範とした教育哲学——の諸理論もまた，なぜその「規範」が正当化されうるのかを説得的に論じる方法を持たないために，結局のところ信念対立を続けているのが現状なのである[27]。たとえば，いまやおびただしい数の研究がなされているリベラル‐コミュニタリアン論争と呼ばれるものなどは，その代表的な対立あるいは理論的錯綜といってよいだろう[28]。そして前節で述べたように，本稿は，「教育・社会構想のためのメタ方法論」を深化するという目的達成のために，これらさまざまに対立や齟齬を続ける現代政治哲学・理論の諸アプローチを検討した上で，以下深化再論する，メタ方法論の優位性（原理性）を論証するものである。

ともあれ，現代教育学最大の問題は，上述の通り，何をもって「よい」教育というるのか，ミクロレベルからマクロレベルに至るまで，広範な共通了解の得られる「回答」を，提示し得ていない点にある。確かに相対主義が主張するように，教育的営為の「正当性」を絶対的にはかる原理を主張することはできないだろう。しかし，上述してきたとりわけマクロな教育構想の指針原理欠如の問題を踏まえるならば，われわれはただその不可能性をいい立てるばかりでなく，何らかの形で，これに一定の指針を提示する必要がある。いわば，公教育構想の際の，きわめて有用性の高い，しかも高強度の共通了解可能性を備えた，指針原理の解明。これが，現代教育学最大の課題なのである[29]。

4 節

教育学メタ方法論再説・深化——教育・社会構想のためのメタ方法論へ

以上の問題を踏まえて，先述したように，筆者は2008年，この問題を解消する理路（メタ方法論）を構築した上で，公教育の「正当性」原理を明示した。本節では，まずこのメタ方法論の不備（説明不足）を補い，さらに深化させて再提示したいと

思う。そして「教育学メタ方法論」を，さらに射程を広げて，「教育・社会構想のためのメタ方法論」として再提示しよう。

1．第1ステップ——関心相関的教育論

　先述のように，現代教育学の根本問題は，どのような教育論を唱えたところで「それは結局絶対のものたり得ない」という，相対主義の強力な論の前に挫折せざるを得ないという点にある。しかしこの問題は，フッサール（Husserl, E.），ハイデガー（Heidegger, M.）および竹田青嗣の現象学的方法，そしてこれを継承した構造構成主義の中核原理である，「関心（志向）相関性」の原理によって解消することが可能である。この原理はこれまでも本誌において十二分に論じられてきた経緯があるため，ここで改めて詳論することは控えるが，教育論への応用については，以下手短かに述べておくことにしよう。

　われわれの教育論は——政治論も社会論も——，実は「相対的」というよりは厳密にいって「関心相関的」である。われわれは個々の「関心」に応じて，どのような教育を「よい」といえるか，判断しているわけである。たとえば，個々人の能力や特性を活かすことが，その個人にとっても社会にとっても重要だという関心からすれば，「英才教育」や，「学校選択制」を含む多様な教育制度が公教育論として成立するであろう。あるいは逆に，社会における平等を重視しなければならないという関心からすれば，できるだけ平準化を求める公教育論が成立するであろう。どちらも絶対に正しいわけではない。しかしそれぞれの関心からすれば，それぞれの教育論には一定の妥当性がある。

　要するに「関心相関性」の原理が了解されるならば，われわれは一切を相対化するニヒリズム（教育のシニシズム）[30]に陥ることを免れるのである。それぞれの教育論は，それぞれの関心に応じて，一定の妥当性を持っている。したがってわれわれは，一切の教育論は相対的であるというのではなく，○○の関心に基づけば□□の教育論は一定妥当といいうる，というように，各教育論の妥当性を論じ合うことができるようになるのである。これを，<u>【あらゆる教育論は関心相関的である】と定式化し，（相対主義に陥らないための）教育構想のためのメタ方法論の第1ステップとしておこう。</u>

2．第2ステップ——「関心」それ自体の妥当性（メタ関心）を問う

　さて，しかし教育構想の観点からすれば，われわれはさらに次のステップへと論を展開する必要がある。というのも，ミクロレベルにおいてもマクロレベルにおいても，具体的な教育実践の現場では，ではどの「関心」に基づいてわれわれは教育を構想すべきといいうるのか，と問わざるを得ないからである。上の例でいえば，

多様性を主関心とするのか，平等を主関心とするのかで，教育（および社会）構想のあり方は大きく変わる。したがってわれわれは，各「関心」それ自体の妥当性を問う必要があるのである。そこでこれを，【各「関心相関的教育論」の「関心」それ自体の妥当性を問う】営みとして定式化し，教育構想のためのメタ方法論の第2ステップとしておこう（この第2ステップは後にさらに深化する）。

この点について，以前に筆者が提示した理路を深める形で，さらに少し論じておきたい。

「関心」それ自体の妥当性を問う営みは，比較的ミクロレベル──教室レベル──の教育実践であれば，ある程度，その都度その都度プラグマティックに考えることが可能であろう。セン（Sen, A.）がベンガルの古い諺を持ち出していうように，「正義は大砲のようなものであり，一匹の蚊を殺すために撃つ必要はない」[31]。つまり，これこそが最も妥当な「関心」である，というものを，一つに限定して実践する必要はない。むしろ，その都度その都度妥当と思える関心に基づいて，柔軟に実践を展開することが求められるだろう。しかしプラグマティックな教育論に依拠するにあたって，われわれはその有効性について，2つの留保を明記自覚すべきである。

1つは，プラグマティックな教育論はあくまでも形式原理であるという点である。確かに，教室での教育実践は，「今この状況においてはどうすることが望ましいか」と，その都度その都度プラグマティックに展開していく必要がある。形式的には，その通りである。しかし，では何をもって「望ましい」実践といいうるのか。各教育場面で切実になるのは，その内容をめぐる問題なのである。筆者の知る限り，デューイ（Dewey, J）をはじめとするプラグマティックな教育論は，「望ましさ」は状況に応じて決まる，というのみで，その内容を問うための方法論を十分用意してこなかった（もっともこのようないい方は，デューイに対して少々アンフェアであるかも知れない。彼は「望ましさ」の「内容」について，さまざまに論じているからである。ただ筆者としては，この「内容」の論じ方は，もう少し突き詰めて考えられる必要があると思う[32]）。

そこで以下，教育学メタ方法論の第1および第2ステップを，その内容を問うためのより具体的な方法論（観点）として再提示しよう（ただし，以下はプラグマティックな形式原理に具体的な方法を与えるものであって，「望ましさ」の内実それ自体の論じ方については次項でさらに明らかにする）。

各教育実践は，どれだけ意識的であるかは別にして，常に「関心相関的」に行われている。そこで，「望ましい」教育実践をはかるための第1ステップは，その実践（方法）が関心相関的に妥当（有効）かどうか，と問うことである。西條は，「関心相関性」の原理を基軸に，「方法とは，特定の状況・制約下において，ある目的

を満たすための手段である」と「方法の原理」を定式化しているが[33]，まさに各教育実践（方法）もまた，その実践（方法）が，その時々の状況・制約を踏まえた上で，ある目的を達成するものとして十分妥当（有効）かどうか，と問われる必要がある。

　極端な例ではあるが，「体罰」を取り上げてみよう。この「方法」は，どのような「関心（目的）」に基づいて選択されたものだろう。「子どもたちの規律ある生活を育む」，という「関心（目的）」だろうか。その場合，体罰という「方法」は，この「関心（目的）」を達成するための有効かつ妥当な方法といえるだろうか。われわれはそのように問う必要がある。そしてこの「方法」の有効性および妥当性をはかるときには，子どもたちが置かれた状況，教師との関係性，社会的状況等を勘案する必要がある。たとえば，その生徒は「体罰」を中長期的にみて受け入れることができるだろうか，十分その生徒との信頼関係は構築されているだろうか，親や社会が許容するだろうか，といった観点である。

　これを京極真は，「あらゆる実践法の有効性は，特定の現実的制約と実践目的のもとで，①実践を取りまく現実的制約と，②実践者の目的を踏まえて判定されることになる」[34]と定式化し，また山口裕也は，「実践理論の有効性や妥当性は，当該の目的，現実的状況・制約から規定される」[35]として定式化している。「方法の原理」を踏まえた「方法選択の原理」として，「目的・状況相関的方法選択」といい換えていいであろう。つまり，「望ましい」教育実践（方法）は，第1に，その時々の関心・目的・状況に照らして最も妥当かつ有効と考えられるものを選択・構築することにあるのである。これが，プラグマティックな「望ましさ」をはかる際の第1の観点である。

　さて，しかし続いてわれわれは，はたしてその「関心（目的）」は，それ自体が妥当なものといえるだろうか，と問う必要がある（第2ステップ）。たとえば，「体罰」という方法が，「生意気な生徒たちを懲らしめるため」という「関心」に基づいていたとしたらどうだろうか。あるいは，それが「子どもたちの規律ある生活を育む」という「関心（目的）」のゆえであったとしても，果たしてその「関心（目的）」は，それ自体妥当といえるだろうか。「子どもたちの伸び伸びとした生活を育む」といった「関心（目的）」の方が，妥当といえる場合もあるのではないか。そのように，「関心（目的）」それ自体の妥当性を問う必要がある。

　この場合，各「関心（目的）」それ自体の妥当性もまた，特に比較的ミクロな教育実践であれば，その都度の状況に応じて変わるものである。「規律」という「関心」が求められる場合もあれば（たとえば軍隊のように），「伸び伸び」という「関心」が求められる場合もあるだろう（たとえば幼稚園のように）。要するに，「望ましい」教育実践（方法）は，第2に，その時々の状況に照らして，その方法を導い

た「関心」それ自体の妥当性を常に吟味した上で選択・構築することにある。
　以上2点を,「その都度の状況に応じてプラグマティックに実践する」という, プラグマティックな教育論における, 具体的な方法論として提起しておきたい。状況に応じたプラグマティックな実践の「望ましさ」は, ①その実践が目的・状況相関的に妥当かどうか, そして, ②その目的（関心）それ自体が妥当かどうか, を吟味することではかられる。
　これは, 各教師が自らの実践の「望ましさ」を吟味する方法であると同時に, 教育現場における, 実践方法を巡る信念対立を解きほぐす方法としても活用することができる。たとえば,「子どもたちには厳しくするべきだ」という考えと,「子どもたちにとって友人のようであるべきだ」という考えが教師間で対立する。この場合, それぞれの教育論の根拠となった「関心」を互いに問い合うことで, まずは対立をある程度解消することができるはずである。前者の「関心」は,「子どもたちのよき導き手になるために」というものかも知れない。後者の「関心」は,「子どもたちのよき相談相手になるために」というものかも知れない。どちらの「関心」も, それなりの妥当性を持っている。したがって, 互いの教育論を支える「関心」までさかのぼることができれば, お互いの教育論, 教育方法について, 一定の共通了解を得る可能性は広がるはずである。そしてその上でわれわれは,「今この状況においては, どのような『関心』に基づきどのような『方法』を選択することが有効かつ妥当か」と, 議論を柔軟に, 建設的な方向へと向かわせることができるはずである。（状況に応じて, たとえば「よき導き手」として「厳しく」接するときと,「よき相談相手」として「友人」のようになるときとを使い分ければよい。）
　以上の理路は, 西條や彼の議論を踏まえて筆者がしばしばいうように[36], いわれてみれば当たり前のことである。しかし,「『言われてみて思い当たること』と, それを『身につけ』『実践している』ことはまったく異なる」[37]。以上の理路は, 教育をプラグマティックに実践するための自覚的な方法である。具体的な教育実践における, 方法選択の観点として役立つことができれば幸いだ。
　次に, プラグマティックな教育論の有効性についての2つめの留保点について論じよう。
　プラグマティックな教育論は, マクロレベル――政策レベル――の教育実践において, 残念ながらそれほど有効性を持ち得ないのである。立法および行政現場においては, 教育政策を, その都度その都度プラグマティックに立案実行していこうなどと, 悠長なことはいっていられない。
　もちろん, 絶対的に「よい」教育などあり得ないがゆえに, 形式的には, マクロレベルであっても, 教育実践の「よさ」はプラグマティックにはかられるというほかない。しかし, 先にミクロレベルの教育実践の「よさ」の内容を問う方法が求め

られたのと同様，マクロレベルの教育実践においても，その「よさ」を問うための方法が現実問題として必要である。そしてこれは，先述した，各「関心相関的教育論」の「関心それ自体の妥当性を問う」という方法のみによっては難しい。妥当な「関心」は，状況に応じて無数に提示しうるからである。それゆえこの方法は，比較的ミクロレベルの教育実践においては有効であっても，マクロレベルの実践を構想する方法としては不十分である。

　そこでマクロレベルにおいては，個々の「関心相関的教育論」の「関心」それ自体の妥当性を問うというよりは，むしろ，マクロな教育・社会構想において，できるだけ広範な共通了解を得られるような「メタ関心」を見出すという営みが求められることになる。ミクロな教育構想が，個別的「関心」に焦点を合わせるのに対して，マクロな教育構想は，できるだけ誰もが納得しうるような「関心」を目指す，すなわち「メタ関心」の探究を必要とするのである。この「メタ関心」の探究方法については，次項で詳論することにしよう。

　ともあれ以上から，教育学メタ方法論の第2ステップを，【ミクロレベルにおいては各「関心相関的教育論」の「関心」それ自体の妥当性を問う】営みとして，【マクロレベルにおいては，教育構想のための「メタ関心」を問う】営みとして定式化し直しておくことにしたい。

　もっとも，以上ではミクロ－マクロとあえて区別して論じてきたが，ミクロレベルの場合は，その時々において「関心それ自体の妥当性」を見出すことが比較的容易である，というだけのことであって，もしそれが中々見出せない場合には，マクロレベルの議論同様，「メタ関心」を問う営みへとさらに掘り下げなければならなくなる。したがって以下論ずる「メタ関心」の探究方法は，ミクロ－マクロ双方の次元において最も根本的な方法となるはずである。

3．第3ステップ――欲望論的アプローチ

　ではこの「メタ関心」を，われわれはどのように見出すことができるだろうか。これが，教育・社会構想のためのメタ方法論第3ステップの問いである。（このマクロな視点を問う方法を明らかにするという観点のゆえに，これまで「教育学メタ方法論」と呼んできたものを，「教育・社会構想のためのメタ方法論」として再提示することができる）。

　結論からいえば，その方法は，【われわれはどのような生を欲するのか，その人間的欲望の本質を仮説的に明らかにする】となる。さらに続けて次のステップをいっておくと，【各人のこの欲望を最も十全に達成しうる，社会的・教育的条件を明らかにする】[38]ということになる。これを以下「欲望論的アプローチ」と呼びたいと思うが，しかしなぜこのアプローチが「メタ関心」を見出すアプローチとして妥

当であるのか，筆者はこれまで十分論じてこなかった。そこで以下，このことについて詳論したいと思う。

「メタ関心」の探究方法としては，いくつかの考え方があるだろう。今日，何らかの形で政治・社会的あるいは倫理的「正義」や「規範」を論じようとしている，現代政治理論や現代倫理学等の諸議論を参照しつつ，以下，便宜的に三つの類型に分類してみよう。そしてその上で，これらいずれもが，有効な「メタ関心」の探究方法たり得ないことを明らかにし，「欲望論的アプローチ」の優位性・妥当性・有効性を論証しよう。

(1) 道徳・義務論的アプローチ

まず，「どのような関心に基づいた社会・教育が最も道徳的といいうるか」という問いの立て方がある。筆者の考えでは，現代政治哲学や倫理学の諸議論のかなり多くが，このパラダイムの中にある。さしあたり，「道徳・義務論的アプローチ」といっておこう。

ジョン・ロールズが，このアプローチの代表である。

ロールズは，政治理論は常に「道徳的にみて恣意的」[39]でないものとして構築されなければならないと主張する。たとえば，同じ才能をもった者同士が，生まれの違いによってその社会的成功に差がつくとすれば，それは「道徳的」でない，とロールズはいう[40]。そこでロールズは，こうした「道徳的な恣意性」を取り除くために，有名な「無知のヴェール」に覆われた「原初状態」を仮定し，そこにおいて合意されうる，「公正としての正義」の二原理を提示する。ここで詳論はしないが[41]，原初状態において合意された原理は，まさに恣意性を排除した道徳的な原理たりうるはずだ，というのが，ロールズの主張である。要するに，「道徳・義務論的アプローチ」は，何が人間としての義務であり道徳であるかを見定めるところから，社会構想理論を構築していこうとするアプローチなのである。

もっとも，ドゥウォーキン（Dworkin, R.）はロールズの理論を「義務論」ではなく「権利論」として解釈しているので，この点についても少し論じておきたい。

ドゥウォーキンによると，法・政治理論には，「目標に基礎を置く理論」「義務に基礎を置く理論」「権利に基礎を置く理論」がある。「目標に基礎を置く理論」は，ある特定の政治的利益を目標にする，ファシズムに親和的な理論，「義務に基礎を置く理論」は，カント的な絶対義務を措定する理論，「権利に基礎を置く理論」は，個人の価値をどこまでも擁護する理論，とされる[42]。

先述したように，筆者がロールズの理論を「道徳・義務論」と呼ぶのに対して，ドゥウォーキンはこれを「権利に基礎を置く理論」であるという。そしてその上で，残り二つの理論モデルに対する優位性を主張する。「目標」も「義務」も，超個人的な（個人に先立って措定されている）ものだからである，というのがその理由で

ある。

　しかし筆者の考えでは，ドゥウォーキンが類型化した三つの理論モデルは，「権利に基礎を置く理論」も含め，結局のところ全てが「道徳・義務論的アプローチ」である。「目標」も「義務」も「権利」も，どれも何らかの形で超越項化された，「道徳・義務」として提示されているからである。

　ドゥウォーキンがファシズムに親和的という「目標に基礎を置く理論」が，たとえば「劣等民族は排除されなければならない」という「目標」を掲げたとするなら，その目標は超越項化された「(道徳的) 義務」となる。ロールズの，生まれの差を無効化しようとする理論構成も，後述するように一つの超越項化された「道徳的義務」である。ドゥウォーキンがいう「権利」も，諸個人の価値を絶対に擁護すべしとする，超越項化された「道徳的義務」である。

　なぜ理論が超個人的であってはならず「権利」を基礎にしなければならないのか，ドゥウォーキンは論証しない。というよりは，ドゥウォーキンが主張する「権利に基礎を置く理論」は，諸個人の「権利」をほとんど先験的に措定しているのである。法・政治理論は超個人的であってはならず，そもそも個人の権利を基礎にしなければならないものである。ドゥウォーキンの論じ方は，そのような先験的アプローチである。ハーバーマス (Habermas, J.) [43]やローティ (Rorty, R.) [44]もいうように，ドゥウォーキンはポスト形而上学の理論構成をしているかにみえて，実はある絶対的義務を打ち出してしまっているのである。したがって繰り返すが，ドゥウォーキンがどれほどロールズを「権利に基づく理論」と主張したところで，それは結局，筆者のいう「道徳・義務論的アプローチ」の範疇内にある。要するに「道徳・義務論的アプローチ」は，ポスト形而上学の時代においては一見そうみえないように記述されているかも知れないが，しかし結局のところ，われわれの「義務」を何らかの形で多かれ少なかれ先験的に——すなわち検証不可能な形で——措定するアプローチなのである[45]。

　さて，以上のような道徳・義務論的アプローチには，大きな問題がある。理由は簡明である。何が「道徳的 (義務)」であるかを一義的に決定することは，原理的にいって不可能であるからだ。

　ロールズがいうように，同じ才能を持つ者が，生まれによって社会的成功に差が出ることは道徳的に絶対に間違っているといえるか。これは答えの出ない問題である。実際リバタリアンの理論家ノージック (Nozick, R.) は，このロールズ的「道徳」を認めない。ノージックからすれば，自らの才能は自らのものであって，これを社会的に平準化しようとすることのほうが「道徳的に恣意的」である[46]。

　どちらがほんとうに「道徳」的か。このような問いの立て方をする限り，政治理論は答えの出ない信念対立を続けるほかなくなってしまう。絶対的な「道徳」など

あり得ない。何が「道徳的」かを巡る問題もまた，これまで何度も述べてきたように，いつでも常に関心相関的であるほかないのである。

現代政治理論だけでなく，いわゆる功利主義の現代的諸ヴァージョンを主軸とすることの多い現代倫理学の領域においても，主流はこの道徳・義務論的アプローチであるといってよい。ロールズが批判した功利主義も，実はロールズと同じく「道徳・義務論的アプローチ」であるということは，一見奇妙に思われるかも知れない。しかし結局のところ，ロールズは，何をもって道徳・義務とするかという答えの出ない問題において，功利主義とは意見が異なっていたというだけのことなのである。

周知のように，功利主義の基本原則は「効用の最大化」である。そして現代の功利主義は，何をもって「効用の最大化」といいうるかを巡って内部で議論を続けると共に，「効用の最大化」は「道徳的」でないとする，ロールズをはじめとする外部の論者たちと，論争を続けているのだといってよい[47]。

何をもって「効用の最大化」といいうるか，そしてそれはほんとうに「道徳的義務」たりうるか，という（功利主義内部の）議論は，やはり決して答えの出ない問いである。たとえば加藤尚武の『現代倫理学入門』[48]には，「人を助けるために嘘をつくことは許されるか」「10人の命を救うために1人の人を殺すことは許されるか」「エゴイズムに基づく行為はすべて道徳に反するか」「現在の人間には未来の人間に対する義務があるか」といった問いがずらりと並び，現代倫理学はこれらの問いに，何をもって「効用の最大化」といいうるか，という観点から答えようとする。

しかし，加藤自身がはっきりした答えを明示していないことからも分かるように，どのような「効用の最大化」が道徳／義務か，という問いの立て方では，われわれはただデッドロックに行き当たるだけなのである。10人乗りの救命ボートに11人が乗り込んだ，10人が助かるために1人を犠牲にすることは道徳的に許されるか，といった問いを立て，この特殊状況における何らかの答えをいついかなる場合にも当てはまる一般的解とすることなど，できるはずがない[49]。それは常に関心相関的な問題であって，われわれは，ある関心・条件下においては，何らかの選択をぎりぎりの選択として納得しうることもある，という程度にしか，こうした問題を論ずることはできないのである。何を「効用」と捉えるかは，その時々の関心・状況に相関的であるというほかない。

もっとも，多様なヴァリエーションを持つ現代の功利主義の中には，必ずしも「道徳・義務論的アプローチ」の範疇に収まり切らないモデルもあることと思う。この点については今後専門家からの指摘・批判を待ちたいと思うが，さしあたり筆者は，功利主義の基本的なパラダイムは，何をもって「道徳的義務」とするかを問う，「道徳・義務論的アプローチ」であると改めて主張しておきたい。少なくとも現代功利主義は，筆者が後に論じる，「欲望論的アプローチ」の「道徳・義務論的アプロー

チ」に対する優位性について，ほとんど無自覚であるといってよい（ちなみに，かつて触れたこともあるが，筆者は，功利主義の祖であるミル（Mill, J. S.）のアプローチに関しては，筆者のいう「欲望論的アプローチ」とほぼ同型であると考えている[50]）。

ともあれ以上みてきたように，教育・社会構想の際の「メタ関心」を導出するにあたって，どのような関心が最も「道徳的」かと問う道徳・義務論的アプローチは，適切な方法ではない。それは答えの出ない，信念対立を繰り返すだけである。政治哲学においても教育哲学においても，道徳・義務論的パラダイムは転換される必要がある。

(2) 状態・事実論的アプローチ

ロールズの『正義論』発表の後から今日に至るまで，現代リベラリズムを巡って政治理論の領域において激しい論争が繰り広げられていることは周知の通りだが，筆者の考えでは，ロールズ批判における一つの典型的なアプローチが，「状態・事実論的アプローチ」である。より正確にいえば，「状態・事実論的アプローチに基づく道徳・義務論」である。いわゆる自己の成り立ち（the constitution of the self）問題が，その典型である。

ロールズは，（彼が考えるところの）道徳的恣意性を排除するため，諸個人を自由で平等な，独立した個人として（あるべきだと）考えた。それに対してサンデル（Sandel, M.）は，事実的にいって，そうした「負荷なき自己」（unencumbered self）などあり得ないとロールズを批判する[51]。われわれは必ず，家族，人種，国家，その他諸々，何らかのコミュニティに属し，その文化的背景や価値に埋め込まれた存在である。サンデルからすれば，こうした文化的背景（状態・事実）を無視したロールズの理論構成には無理がある。

そこでサンデルが重視するのが，「共通善」の政治である。われわれが何らかの文化的価値に埋め込まれている以上，ここから完全に独立した正義の原理を提示することは不可能である。代わりにわれわれが提起すべきは，それぞれの文化的背景（共通善）の内側から，道徳的原理を見出すという方法である。サンデルは次のように主張する。

> 共通善の党が正しいとすれば，われわれの最も緊急を要する，道徳的・政治的企て（プロジェクト）は，われわれの伝統に内在するものの，今日では消滅しつつある公民的共和制の可能性を再活性化することである。[52]

テイラー（Taylor, C.）もまた，人間はやはり独立した個人ではあり得ず，「元来（fundamentally）対話的な性質のもの」[53]であるという。リベラリズムの人間像は，

この点を見誤っている。自由で平等な独立した人格として，リベラリズムの描く人格は自らの生き方を自己決定する存在とされるが，現実にはそのようなことはあり得ない。そうテイラーはいう。

> どの問題が重要なのか，それを決めるのはわたしではありません。〔中略〕言い方を変えれば，重要なことがらを背景にして，その背景と照らし合わせることでしか，わたしは自分のアイデンティティを定義できないのです。[54]

そこからテイラーは，政治理論において重要なことは，中立的価値を見出そうとすることではなく，いかにして「共通価値」を涵養していくかを探究することである，と論ずることになる[55]。

サンデルもテイラーも，細かな相違点はあるにしても，その思想の基本的構えは，われわれはそもそも文化的状況に埋め込まれた存在である，という状態・事実論を基礎にして，それゆえ「共通価値」「共通善」の涵養が重要である，と論ずるものである。これが，状態・事実論的アプローチに基づく道徳・義務論である。ロールズのように何らかの道徳的義務を──先述したように一見そうはみえないにせよ──先験的に決定しようとするわけではないが，ある状態・事実から当為を導出しているのである。

しかしこのアプローチは，かなりの程度，3節でも触れた，ウェーバーが禁じ手とした存在から当為を導出する方法に近いといってよいだろう[56]。ウェーバーは，存在（事実）──と見なされること──から当為（規範）を導出することの危険性を，繰り返し強調した。たとえば次のような例が顕著であろう。凶悪犯罪者の脳にはある共通性がある，したがって，犯罪者脳の子どもは若いうちから隔離あるいは矯正教育を施されるべきである。ユダヤ人は劣等民族である，したがって，殲滅されるべきである。障害者は劣等種である，したがって，断種されるべきである。……存在（事実）──と見なされること──から当為（規範）を単純に導出した悲劇的な例は，枚挙に暇がない。

存在から当為を導出する方法の問題は，大きく二つある。一つは，前提とされる存在（事実）が，絶対的真理であるかどうかは決して分からない，という点である。それは厳密にいって，関心相関的に「事実」とみなされたものである。観点が変われば，「事実」認識もまた変わる。サンデルやテイラーがいうように，われわれは「事実」的に何らかの共同体に埋め込まれた存在である，ということも可能だが，観点を変えれば，われわれは「事実」的に狭い共同体を超え出た地球市民である，ということも可能である。となると，したがって，共同体の「共通善」ではなく，超共同体的な普遍的「正義」の理念を打ち出すべきである，という論理も成立する

ことになる。「事実」は，常に関心相関的なのである。したがって何らかの「事実」──と見なされたもの──を前提し，それを根拠に「当為」を導出することは，厳に慎まなければならない。

　存在（事実）から当為を導出する方法の二つ目の問題──そしてそれが暴力的たりうる理由──は，それが当事者の欲望を，ほとんど，あるいは全く考慮に入れることがないからである。「犯罪者脳」とラベルを貼られた子どもは，彼／彼女やその親が望まなくとも，隔離あるいは矯正教育を施されるべきとされるのである。

　もちろん，サンデルもテイラーも，ここまでナイーヴな議論をしているわけではない。両者ともに，その思想の根底には，伝統的文化的結びつきが断たれ孤立した諸個人が生まれることによって起こりうる（あるいは起こりつつある），トクヴィル（Tocqueville, A.）のいう「穏やかな専制」に対処し得なくなることへの危機感がある。互いに分断された諸個人は，何らかの全体主義的傾向に歯止めをかける力をもたない。両者はそう主張する。

　まさにそのような関心下においては，両者の思想は確かに一定の妥当性をもっている。その意味で，筆者の考えでは，彼らの思想はあくまでも関心相関的な実践理論としてなら妥当であり，またそのようにして編み直される必要がある（この点については次節で述べる）。しかしサンデルもテイラーも，その理論の基本的な導出方法は，やはり状態・事実論的アプローチに基づく，道徳・義務論なのである。そして繰り返すが，このアプローチに基づく道徳・義務論は，上述のような危険性を伴わざるを得ない。この点については，齋藤純一も次のようにいっている。

> テイラーの議論の問題は，そうした各人の価値判断を方向づけるべき「意味＝重要性の先行的な地平」は，いったい誰によって解釈されるのかということにある。その「地平」を共有しているとされる共同体に解釈の「最終的な権威」が委ねられるのだとすれば，「共通善」による自由の抑圧という帰結を避けることはできないだろう〔後略〕。[57]

　人間はそもそもある共通価値に埋め込まれたものである，したがって，この共通価値を涵養すべきである。この論理は，共通価値から抜け出たいという欲望をもつ人を排除しかねない。

　何らかの状態・事実認識は，いつも常に関心相関的である。それゆえそのうちの一つの関心相関的状態・事実論をナイーヴに前提して規範を導出することは，恣意的であると同時に，時として危険ですらある。以上が，状態・事実論的アプローチの問題である。

(3) プラグマティックな／効率論的アプローチ

次に，プラグマティックなアプローチについて論じよう。

おそらく上記問題を自覚している政治理論家ウォルツァー（Walzer, M.）は，人間はそもそも状況に埋め込まれた存在である，といった，「自己の成り立ち」問題は政治理論に不要であると主張する。重要なことは，人間はそもそもどのような存在か，という——筆者の言葉でいえば関心相関的に無数に答えの出てしまう——問いではなく，今われわれはどのような社会的状況に置かれているのかという，透徹した現状認識である。

ウォルツァーが提案するのは，何が道徳的か，といった「哲学的」問いの立て方を回避し，現実をみて実践的にその都度リベラリズムに修正を加えていく方法である[58]。状態・事実論から何らかの道徳／義務を導出するのではない。多様な現実のあり方を捉えながら，その都度最も「よい」と思われる方法をプラグマティックに見出していくのである（その意味では，ウォルツァーのアプローチは「状態・事実論的アプローチに基づくプラグマティズム」といえるかも知れない）。

この方法は，サンデルやテイラーの方法に比べれば，穏当かつ現実的なものに思われる。たとえば集団内の「共通善」も，それが集団内の人々の自由を抑圧する場合には，中立的リベラリズムを修正して，何らかの形で介入することが必要だとウォルツァーは説く[59]。あるいは逆に，著しく不利益を被っているマイノリティ集団に対しては，何らかのエンパワメントを積極的に行っていく必要があると説く[60][61]。まさにプラグマティックな方法論といってよいだろう。

この方法論をさらに自覚的に強調するのは，ローティ（Rorty, R.）である（ウォルツァーとローティはかなり毛色の異なった思想家なので，両者を類似の類型として論じることには違和感があるかも知れない。しかしここでは，あくまでも両者の思想の方法〔アプローチ〕という観点から論じていることを理解されたい）。何が絶対的な正義か，とか，何が絶対的な人間像か，といった問いをやめよ，とローティはいう。プラグマティズムの観点からすれば，こうした真理論など「ないほうがうまくいく」。ローティはいう。

> プラグマティズムの見方からすれば，探究とは，個々の問題に基準を適用することではなく，むしろ，信念の網目を絶えず編み直すことである。他の信念が変化するように，基準も変化する。ある基準をあらゆる改訂から護ることのできるような試金石が，存在するわけではない。[62]

それゆえローティの方法は，ひと言でいえば，その都度その都度，どうすれば「うまくいく」かを考える，というものになる。

ウォルツァーやローティの方法は，道徳・義務論的アプローチや，状態・事実論的アプローチに基づく道徳・義務論と比較すれば，妥当なものといえるだろう。しかし前節でみたように，プラグマティックな方法は，形式的には妥当であっても，その内容を論ずる方法を持たないがゆえに，残念ながら，マクロな社会・教育構想においては不十分である。

もはや繰り返さないが，ローティの方法では，何をもって「うまくいく」といいうるのか，その基準を明らかにすることができないのである[63]。これが，プラグマティックなアプローチの問題である。これに対して，欲望論的アプローチは，マクロレベルの社会・教育構想指針原理をかなり説得的に提示することができる，というのが，以下筆者が明らかにしたい点である。

その前に，プラグマティックなアプローチの一種として，効率論的アプローチについても論じておきたい。特に教育構想の観点からいえば，教育経済学的なアプローチがそれある。このアプローチは，教育構想の際，「どのような教育のあり方が最も効率的か」と問う。

とりわけマクロな教育構想において，この観点は重要である。教育は「お金と時間のかかる営み」であるがゆえに，（経済）効率性を無視するわけにはいかないからである[64]。しかしこの効率論的アプローチの観点は，これまで日本ではほとんど育ってこなかった。矢野が指摘しているように，教育を損得勘定で考えてはいけないとする教育学者の抵抗感や，戦後の経済的成功のゆえに，これまで教育と経済の関係を真剣に考える必要がなかったという点などがその理由として挙げられる[65]。

そこで矢野は，教育経済学的な効率性の観点から，次の三点を教育政策の課題として挙げている。

> 第一は，子どもたちの学習の成果（アチーブメントの達成）をどのように効率的に達成させるか。これを教育の内部効率性とよぶ。第二は，就職および失業という側面から見て，教育・雇用の関係が効率的に達成されているか。これは教育の外部効率性である。第三は，教育機会の平等性が確保されているか。[66]

ところがわれわれは，ここで第一と第二の効率性と，第三の平等性とが，異なった次元のものであることに注意する必要がある。第一と第二は，いわば効率化を図るための技術論の側面が強いが，第三は価値（規範）論である。第一の内部効率性と第二の外部効率性の最適化については，大した異論も起こらないであろう。しかし第三の「教育機会の平等性」については，いかにこれが教育基本法で定められて

いるとはいえ，その理由や程度を巡っては，経済効率性の観点からいっても異論が起こりうる。たとえば新自由主義の立場からすれば，平等性よりも英才教育に力を入れた方が経済効率性は高まる，という指摘も起こりうる。

そこで効率論的アプローチは，なぜ，どのような効率性を最適化すべきといいうるか，という問いに逢着することになる。そして効率論的アプローチそれ自体からは，この問いに対する答えは導出できない。問うべきは，何をもって効率的というのか，どのような効率性であれば「よい」といいうるのか，という，規範的問いだからである。効率論的教育論の本領は，「これこれの効率性を，このような理由によって最適化してください」といわれたときに，その技術論を洗練する点にあるといえるだろう（教育経済学は，筆者がいうまでもなくこのことには十分自覚的であるように思われるが）。

以上，プラグマティックな／効率論的アプローチは，重要な観点ではあるが，この観点のみによっては，「正当性」原理を導出することができないことを論証した。プラグマティズムも効率論も，それはどのような意味において「うまくいく」あるいは「効率的」なのか，有効な答えを提示する具体的方法を持たないのである。

(4) 欲望論的アプローチ

冒頭の「方法」の節でも述べたように，現代政治哲学の理論には，上記三つのアプローチ以外にも何らかのアプローチがありうるかも知れない。さらに，上で取り上げた政治理論家たちを，筆者はあるいは歪曲して類型化しているとの批判もあるかも知れない。実際，上記政治理論家たちは，いくつかのアプローチを（自覚的にも無自覚的にも）複合的に使用している場合がある。そこで筆者の類型化があまりにも不適切であると認められれば，今後修正していきたいと思う。しかし本稿に対する建設的な批判は，筆者の類型化の（致命的な）誤りを指摘，あるいはこの類型におさまらない理論の存在を指摘した上で，そうした筆者の目配りの届かなかった理論が，以下筆者の提示する欲望論的アプローチに対して原理的に優位であることを論証するほかないだろうということを繰り返しておきたい。

以下，「欲望論的アプローチ」について，上記三つのアプローチに対する優位性を論証しつつ論じていこう。

先述したように，欲望論的アプローチは，【「われわれはどのような生を欲するか」という欲望論を基軸に，「ではそのような生を最も十全に可能にする社会的・教育的条件は何か」と問う】と定式化される。欲望論的アプローチからすれば，この条件を十全に達成しうる社会・教育を，われわれは「よい」「正当」ということができる。

道徳・義務論的アプローチは，そもそも絶対的道徳／義務など存在し得ないがゆえに，何が最も道徳的／義務か，という問いを巡って，信念対立に陥らざるを得な

かった。状態・事実論的アプローチも，存在から当為を導出することで，人々が望まざる社会像を一種超越項化する可能性があった。それに対して欲望論的アプローチは，道徳や規範を外部に超越項化するのではなく，常に自らの欲望に問うてその「正当性」（メタ関心）を確かめることができる。「それはほんとうに道徳／義務か」という問いに答えることは，その検証不可能性のゆえに不可能だが，「私はほんとうにそのような欲望を持っているか」「私はほんとうにそのような社会・教育を望むか」という問いは，自らに問うという形で常に検証することができる。この<u>検証可能性を常に確保しうる点こそが，道徳・義務論的アプローチや状態・事実論的アプローチに対する，欲望論的アプローチ最大の優位</u>である。

他方，何をもって「うまくいく」「よい」「効率的」かという問いに，十全に答えることができないプラグマティックな／効率論的アプローチに対して，欲望論的アプローチは，「われわれはどのような生を欲するか」「何を望むか」に焦点を合わせるため，まず議論の筋道を明確にすることができる。そしてこの問いに合意可能な回答（人間的欲望の本質）を見出すことができれば，これを根本仮説として，この欲望を最も十全に達成することのできる社会的・教育的条件へと考察を展開することができる（そして以下論じるように，この合意可能な根本仮説を，われわれは見出すことができるはずである）。

ここで，人間的欲望の本質を「根本仮説」と自覚的に述べていることは重要である。このメタ方法論は，人間的欲望の本質を先験的に措定することなく，常に検証に開かれたものとして提示する。したがって，もしもこの仮説が不十分と判断されれば，また別の仮説を探究すればよいし，そうする必要がある。その意味で，このメタ方法論は，ローティが危惧するようなある人間モデルを絶対化するようなものにはなり得ないのである。

ともあれ要するに，<u>プラグマティックな／効率論的アプローチに対する欲望論的アプローチ最大の優位は，「うまくいく」「よい」とはどういうことであるかという，その内実の問い方の筋道を明確化した点にある</u>。

管見の限り，このアプローチは現代政治哲学においても現代倫理学においても，これまで自覚的に提起されたことがない[67]。しかし筆者は，このアプローチこそが，教育構想のみならず社会構想のための，広範な共通了解を得られうる「メタ関心」を導出する最良の方法であると考えている。そこで以下，そのことを論証する意味も込めて，欲望論的アプローチに対する想定される批判についてあらかじめ考察しておきたい。

まず，「われわれはどのような生を欲するか」は人によって違う，と批判されるかも知れない。確かにその通りである。しかし筆者の考えでは，<u>とりわけ社会的観点からみれば，われわれはさしあたりこのような欲望をもっている，と定式化する</u>

ことが，社会・教育構想の際に極めて便利なツールたりうる，そのような「根本仮説」としての「本質」は取り出せる。それはあくまで，誰もが絶対普遍的に持っている欲望というわけではなく，「根本仮説」である。そして繰り返すが，ここでいう欲望の本質は，「根本仮説」という以上，個々人の検証に常に開かれている。「私はほんとうにそのような欲望を持っているか」という検証に，常に開かれている。そして筆者は，以下論じていくように，この人間的欲望の本質を，検証可能な形で（反証可能性を担保しつつ）提示することが可能であると考えるのである。

しかしそれでは，この人間的欲望の本質を見出そうとするアプローチは，結局のところ状態・事実論的アプローチと同じではないか，という批判も起こりうるだろう。それは，人間はそもそもこのような欲望をもつ存在である，という，状態・事実論的「自己の成り立ち」問題と同型ではないか，と。しかし欲望論的アプローチは，状態・事実論的アプローチとは二つの点において全く異なるものである。

一つは，欲望論的アプローチは，再び，人間的欲望の本質があくまでも社会・教育構想の観点からみた（関心相関的な）根本仮説――しかも検証可能性を担保した――であるということを，自覚しているという点である。状態・事実論的アプローチは，そもそも人間は負荷ある自己である，という，「そもそも」論である。ここには反証可能性を担保する理路がない。

もう一つの相違点は，状態・事実論が，先述のように人間を何らかの「状態」に状況づけられた者として描き出すのに対して，欲望論的アプローチは，たとえどのような「状態」に置かれようとも，われわれは○○を欲してしまう，という「根本仮説」を見出そうとする点にある。たとえわれわれがどれほど文化的背景に状況づけられていたとしても，われわれはその状態から抜け出たいと欲することもある。そのような自由が，担保されていてほしいとわれわれは（おそらく）欲する。たとえ犯罪者脳と診断されようとも，だからといって有無をいわさず隔離されたり矯正教育を受けさせられたりということは欲さない。そのような自由が，担保されていてほしいと欲する。このように，欲望論的アプローチは，人間がある「状態」に置かれているということを絶対的所与として前提するのではなく，どのような「状態」に置かれたとしても○○を欲するのだ，という点に，焦点を合わせるのである。筆者はかつてこれを，社会構想における「（人間的欲望の）本質」論の「状態」論に対する優位，として論じたことがあるが[68]，われわれは次節において，この人間的欲望の本質を，上記でも暗示したように，人間はどのような状態に置かれようとも「自由」を欲する，として定式化することになるだろう。

最後に，なぜ人間的欲望の本質論から始めるのか，それは結局，個々人の「わがまま」を認める議論に過ぎないのではないか，という批判も想定される。しかし人間的欲望の本質論は，ただに個々人の「わがまま」を素朴に認めるような，ナイー

ヴな議論ではあり得ない。「欲望」は「わがまま」と同義ではない。われわれは、われわれの欲望を十全に実現しようと欲するがゆえにこそ、他者との協調へと開かれる可能性を強くもつ。そのような「欲望」へと開かれる可能性を強くもつ。「欲望」の概念は、単なる個人的わがままのことではなく、よりよい他者関係へと開かれることへの「欲望」もまた含むのである。この点については次節で論ずることになろう。

　さらにいっておくと、この想定される批判者──「わがまま」を認めるなという──は、ではもし人間的欲望の本質論から始めるのではないとすれば、ほかにどのようなアプローチがあると主張しうるだろうか。「わがまま」を認めてはならない、「公」を重視しなければならない、というならば、それは先に挙げた道徳・義務論的アプローチ──「わがまま」を抑制し「公」に尽くすことこそが道徳・義務論的に正しい──にならざるを得なくなるだろう[69]。

　以上、社会・教育構想の際の「メタ関心」導出の方法として、欲望論的アプローチの優位性を論証した。他にも何らかの批判はありうるかも知れないが、それについてはまた今後の議論を待ちたいと思う。

　ともあれ以上から、改めて、教育・社会構想のためのメタ方法論の第3ステップを、【われわれはどのような生を欲するか、この人間的欲望の本質を根本仮説として提示し、これを最も十全に達成しうる社会的・教育的条件を仮説的に解明する】として定式化しておこう。この営みは、いい換えれば、①人間的欲望の本質を巡る根本仮説の強度を問い合うこと、そして、②これを十全に達成するための条件を洞察し合うこと、となる。

　以上の3ステップをもって、錯綜しがちな教育（あるいは政治哲学）論争を、建設的な議論へと向かわせることができるはずである。そして、ミクロレベルからマクロレベルにいたるまで、教育実践の「よさ」「正当性」「規範」を導出するための、メタ方法論が整備されたはずである。

5節
公教育の「本質」および「正当性」原理再論

　以下本節では、上述の教育・社会構想のためのメタ方法論第3ステップを実際に遂行する。すなわち、人間的欲望の本質を根本仮説として提示し、この根本仮説（メタ関心）を最も十全に達成しうる教育的条件を解明する試みである。その際本節では、この「教育的条件」のうちでも、とりわけどのように教育を構想することを「正当」といいうるかという、公教育の「正当性」原理の解明について再論したい。もっともこの点について、筆者はこれまである程度十全に解明また検証してきた[70]。

そこで本稿では，詳細な論証を省略し，結論だけを述べることにしたい。

1．人間的欲望の本質論——自由

本項では，メタ方法論第3ステップ最初の問いである，根本仮説としての人間的欲望の本質解明を行おう。

筆者はこれまで（いくつかの比較検証を経た上で），この問いに最も有効な回答を（とりわけ竹田によってその形而上学的要素を棄却された[71]），ヘーゲル（Hegel, G. W. F.）哲学の中に見出すことができると考えてきた。そして今回，さらにここに，とりわけ社会・教育構想の観点からいって，という一文を付け加えておきたい。とりわけ社会・教育構想の観点からいって，ヘーゲルが提示した人間的欲望の本質論は極めて有効である。「<u>人間的欲望の本質は『自由』である</u>」というテーゼがそれである。

われわれは本性的に「自由」をめがけてしまう存在である，そうヘーゲルはいう。ではここでいう「自由」とは何か。『法の哲学』[72]緒論におけるヘーゲルの「自由」論を受けて，筆者は「自由」の本質を次のように定式化した。すなわち，「<u>諸規定性における選択・決定可能性の感度</u>」，（実践への応用可能生を高めるため）より平易な言葉に直しておくなら，「<u>できるだけ納得して，さらにできるなら満足して，自分が生きたいように生きられているという実感</u>」，これが「自由」の本質であるといってよい。われわれはほんとうに，このような欲望を本質的にもっているのか。紙幅の都合上この論証は割愛せざるを得ないが，われわれは自らに問うという形で，この欲望を検証することができるはずである。

とはいうものの，この「自由」への欲望をまったく（あるいはほとんど）持たないという人も，おそらくいないわけではないだろう[73]。しかしそれでもなお，筆者は繰り返し次のようにいいたいと思う。以上のように人間的欲望の本質を「自由」として定位することは，先述したように，とりわけ社会・教育を構想するという観点（目的）からいって，きわめて有効な方法である，と[74]。

2．社会の原理と権力の「正当性」——「自由の相互承認」と「一般意志」

というのも，この「自由」をめがける人間という根本仮説によって，われわれはわれわれの社会のあり方を，より鋭く洞察することができるようになるからである。

簡潔にいえば，人類は自らの「自由」への欲望を叶えるために，そしてこれを他者に承認させるためにこそ，互いに争い合ってきた（繰り返すがこの見方は一つの「根本仮説」である）。ヘーゲルのいう，「承認をめぐる生死を賭けた主と奴の闘い」である。そして人類はこれまで，「自由の素朴な相互主張」や「自由の絶対抑制」（絶対王政）による秩序設立など，各人の「自由」への欲望ゆえの争いを，どのように

調整するか，試行錯誤を繰り返してきた。そしてヘーゲルはいう。ようやく近代になって人類は，各人の「自由」への欲望を最も十全に達成する原理を見出したのだ，と。それこそが，<u>「自由の相互承認」</u>[75]の原理にほかならない。われわれは，自身ができるだけ十全に「自由」たりたいと欲するのであれば，これを素朴に主張するのでもあるいはこれを絶対的に抑制するのでもなく，他者もまたこの「自由」の欲望を持っているということを，まずは承認するほか方法を持たない。すなわち社会を，「自由の相互承認」の原理（理念）によって営むほか方法がない。

以上の理路を，教育・社会構想のためのメタ方法論第3ステップにならっていえば次のようになる。すなわち，<u>「人間的欲望の本質が『自由』であるとするなら，これを最も十全に達成するための最も根本的な社会的条件（原理）は，『自由の相互承認』である」</u>。

ここでもしも，「自由の相互承認」など絶対的実現は不可能である，という批判があったとすれば，それは的を外した批判である。われわれが十全に「自由」たりうるためには，この原理（理念）以外にその根本条件はないのであって——もし他にあるというならそれを明示する必要がある——そうである以上，われわれの問いは，ではいかにしてこの原理（理念）をできるだけ現実化することができるか，というものとなるほかないからである。

そこでわれわれは，この「自由の相互承認」をどのように保障することができるか，上記「社会的条件」をさらに整備する必要がある。

まずわれわれは，この原理を保障するための「法」を必要とする。そしてこの「法」を制定する，「政治権力」を必要とする。しかしいうまでもなく，この権力は人民の意志を超えた，絶対的超越権力であってはならない。その「正当性」は，ルソー（Rousseau, J-J.）のいう<u>「一般意志」</u>を代表しているときにのみ担保される。つまり権力は，「自由の相互承認」を基本原理とする限り，すべての市民の「自由」への欲望（利益）を保障・代表し得ているときにのみ，「正当」な権力ということができるのである[76]。

この理念もまた，もちろん現実的にはその完全な実現はおそらくほぼ不可能なことである。しかしわれわれは，この基準による以外に，権力の「正当性」をはかることはできない。「一般意志」は現実的に不可能であるから原理たり得ない，とか，にもかかわらず「一般意志」を完全に実現しようとすることは全体主義である，とかいった批判が，ルソー以降無数に繰り返されてきたが[77]，このような批判は無意味である。繰り返し強調しておきたいが，「一般意志」は政治権力の「正当性」をはかるための基準原理なのである。すべての人の意志が反映されているかどうか。権力の「正当性」は，この基準によってはかられるほかない。「一般意志」の理念は，現実的に絶対に達成しうるかどうかが問題なのではなく，ましてやすべての人

の意志を全体主義的に統一するなどというものでも決してなく，あくまでも，すべての人の意志が反映されているかという基準によってのみ政治権力の正当性ははかられるという，基準原理なのである。

3．社会政策の「正当性」の原理——「一般福祉」と社会実践理論構築法

さて，「一般意志」を代表しているときにのみ「正当」といいうる政治権力は，先述したように「自由の相互承認」を理念的に実質化するために，「法」「権利」を設定することになる。しかし形式的な法の設定だけでは，「自由の相互承認」は十全に実質化され得ない。たとえば市民相互の間に著しい知的・身体的差異があった場合，法でどれだけ権利が保護されたところで，「自由の相互承認」は有名無実となってしまうからである。

そこで，教育をはじめとした種々の社会政策が実施されることになる。

ではこの社会政策は，どのようなときに「正当」といいうるか。いうまでもなく，それはやはり「一般意志」を代表しているときにのみである。しかし筆者は，「社会政策」の正当性原理を「権力」の正当性原理と区別するため，ヘーゲルおよび竹田を参照してこれを「**一般福祉**」の原理と呼んだ。社会政策の「正当性」，それは，その政策が「一般福祉」——すべての市民の「自由」への欲望——を達成促進させうるとき，あるいは少なくともこれに反していないときのみである。繰り返すが，「一般福祉」を絶対的に達成することはおそらくほとんど不可能ではあるだろうが，社会政策の正当性は，この基準からしかはかることができない。

ここで十分に理解していなければならないことは，先述したように，どのような理念が「一般意志」や「一般福祉」を絶対的に代表しているか（超越項化しうるか），と問うことはできないということである。たとえば，最も賢明な者たちの意志こそが「一般意志」である，とか，最も恵まれない者が最大の利得を得ることが「一般福祉」である，とかいう風に，「一般意志」や「一般福祉」の内容を絶対化してはならないのである。

この点は極めて重要なので，繰り返し強調しておきたい。というのも，「道徳・義務論的アプローチ」が犯した根本的な誤りが，この点にあるからである[78]。たとえば，ロールズの「格差原理」[79]——社会的・経済的不平等は，社会のなかで最も不利な状況にある者にとって最大の利益になる場合にのみ容認されうる——は，いついかなる時も「一般意志」を代表しているということはできない。これはあくまでも，たとえば経済的不平等があまりにも決定的な状況においては，一般意志を代表しうる可能性が高い，という，一つの仮説的理念である。「効用の最大化」を主張する，功利主義も同様である。たとえば現代の功利主義の多くは，効用の最大化を「社会生産の最大化」と捉えることが多いが，これも，いついかなる時も絶対

に「一般意志」「一般福祉」を代表しうるということはできない。「社会生産の最大化」も，ある状況においては「一般意志」や「一般福祉」を代表しうることがある，という，状況相関的な一つの理念に過ぎないのである。

　しかしだからといって，「一般意志」や「一般福祉」の概念は，その内容を全く決めることのできない，結局のところ相対主義的概念であるというわけではない。なぜなら，権力の「正当性」を「一般意志」に，社会政策の正当性を「一般福祉」に定位した今，われわれは，互いに補い合う以下の2つのテーマへと，探究を進めることができるからである。

1．一般意志／一般福祉を完全に達成することはほぼ不可能ではあるが，ある状況下においてはこの理念が最も妥当であろうというものを仮説的理念として提示する。
2．どのような条件を整えればより一般意志／一般福祉に近づけるようになるか，そのプラグマティックな手続き的実践理論を構築する。

　1．は，一般意志／一般福祉の具体的内容を，状況に応じた理念として仮説的に提示するという課題であり，2．は，一般意志／一般福祉を実現に近づけるための（あるいは現状が一般福祉に適っているかを判断するための）方法論構築（たとえば選挙制度や税制，学校制度のあり方など）の課題を述べたものである[80]（その際，社会学，経済学，統計学，心理学などが駆使される）。この二つを，<u>社会実践理論構築法</u>と呼んでおこう。

　要するに，正当性の原理が「一般意志」および「一般福祉」に定位された後，われわれが論ずることができるのは，この原理にできるだけ近づくための実践理論を構築することなのである。筆者はこれを，【政治・教育哲学における原理と実践理論を自覚的に区別する必要性】として定式化している[81]。この点も極めて重要なので，繰り返し強調しておきたい。つまり，ロールズの「格差原理」にせよ，サンデルやテイラーの「共通善」にせよ，センのケイパビリティアプローチ[82]にせよバーリン（Berlin, I.）の「積極的自由」に対する「消極的自由」の尊重[83]にせよ，これら諸々の現代政治理論は，権力や社会政策，あるいは正義の「原理」では決してない。これらはあくまでも，「一般福祉」達成のための，状況に応じた「実践理論」——特に，上記社会実践理論構築法の1——として解釈・再構築される必要があるのである。

　以上の理路を，再びメタ方法論3にならっていえば，次のようになる。「人間的欲望の本質が『自由』であるとするなら，これを最も十全に達成するための最も根本的な社会的条件（原理）は，『自由の相互承認』である。この原理を実質化するための権力は，『一般意志』を代表している時にのみ，社会政策は，『一般福祉』に

適うとき（さらには促進するとき）にのみ正当である」。

4．公教育の「本質」および「正当性」の原理

　以上を踏まえて，公教育の「本質」および「正当性」の原理について再説しよう。

　結論からいえば，公教育の「本質」は，「**各人の〈自由〉および社会における〈自由の相互承認〉の〈教養＝能力〉を通した実質化**」である。各人の「自由」および社会における「自由の相互承認」を，理念的に現実化するのが「法」「権利」である。それに対して社会政策としての公教育は，これらを実際に現実化──実質化──するという本質（目的）を持っているのである。

　各人は，「自由」になるために，「自由の相互承認」の感度を土台としたさまざまな「教養＝能力」を必要とする。この「教養＝能力」を通した実質化を最も十全に

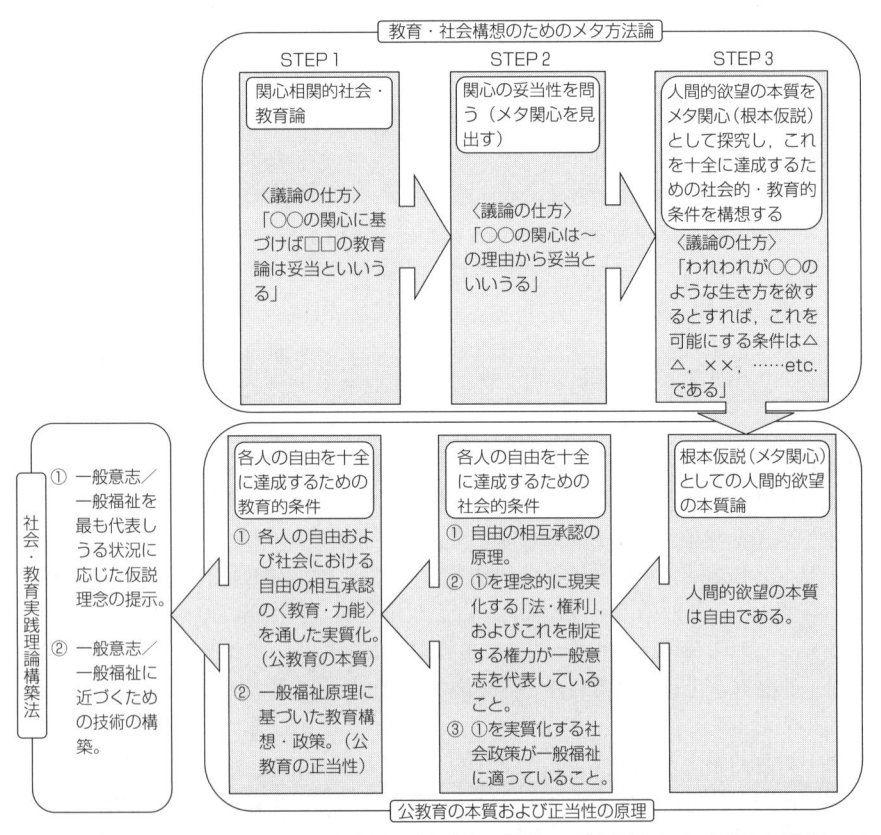

図Ⅱ-5-1　教育・社会構想のメタ方法論に基づく公教育の「本質」および「正当性」の原理解明

可能にするのが，教育である。公教育は，すべての市民に「自由」になるための「教養＝力能」の育成を保障することで，同時に社会における「自由の相互承認」を実質化するという本質をもつのである。

ではそのような本質をもつ公教育は，どのように構想されることを「正当」といいうるか。もはや明らかであろうが，その原理は「一般福祉」にのみ定位される。社会政策としての公教育は，ある一部の人の利益（「自由」への欲望）のみを促進するものであってはならず，すべての市民の利益（「自由」への欲望）に適う，あるいは促進しうるものでなければならないのである。

こうして，公教育の「正当性」の原理は「一般福祉」として概念化することができる。そしてこのように，概念として提示されたことが重要である。というのも，これまでどのように公教育の「正当性」を論じればよいかが不明確であったのに対して，今後われわれは，あらゆる教育（社会）政策を，「それはどのような意味において『一般福祉』に適っている，あるいはこれを促進するといえるのか？」という観点（問い方）によって，構築・批判・評価することができるようになるからである。繰り返すが，「一般福祉」が絶対的に達成されることは困難である。しかし少なくともわれわれは，「一般福祉」という基準原理を明らかにしたことで，教育構想や教育政策批判の際，議論を空転させることなく，「それはどのような意味において『一般福祉』に適っている，あるいはこれを促進するといえるのか？」という問い合い方——議論の仕方（土台）——を得たのである。

6節
「一般福祉」原理の教育政策理論への応用へ

以上，本稿では，以前に筆者が構築した教育学メタ方法論の不備（説明不足）を補い深化させ，これを教育・社会構想のためのメタ方法論として再構築，その上で，公教育の「本質」および「正当性」の原理について，簡単に再論してきた。これらの理路，とりわけ「一般福祉」原理の原理性については，今後も検証を重ねていく必要がある。しかしさしあたり以上の理路が広範な共通了解可能なものであるといえるなら，われわれは今後，新たな研究（および実践）の領野を展開していくことができるし，またその必要がある。

すなわち，「一般福祉」原理に基づく実践理論の構築および検証である。先述したように，公教育の「正当性」原理が「一般福祉」に定位された今，われわれが次にできることは，互いに補い合う次の2つである。1つは，ある関心・状況下においては，どのような「理念」が最も「一般福祉」を促進するといいうるか，という仮説的理念提示研究であり，いま1つは，どうすれば「一般福祉」に近づけるかを

問う，あるいは現状が「一般福祉」に適っているといえるかどうかを検証する，実証的・実践的研究である。

【註および文献】

［１］広田照幸　2009　ヒューマニティーズ教育　岩波書店　p.114.
［２］近年の日本の教育改革の現状については，さしあたり以下を参照されたい。
　　　小川正人　2010　教育改革のゆくえ―国から地方へ　筑摩書房
　　　広田照幸・武石典史　2009　教育改革を誰がどう進めてきたのか―1990年代以降の対立軸の変容　教育学研究，76(4)，400-410.
［３］苫野一徳　2008　構造構成主義による教育学のアポリアの解消―教育学研究のメタ方法論　構造構成主義研究，2, 88-110.
［４］苫野一徳　2008　どのような教育が「よい」教育か―ヘーゲル哲学の教育学メタ方法論への援用　RATIO 05号　講談社　pp.218-264.
［５］註［７］および［32］は，筆者自身による検証研究の一環である。また教育哲学会2010年度特定課題研究助成を受けて，高宮正貴（研究代表者）・平井裕介・生澤繁樹・鈴木　宏・苫野一徳による，「公教育の『正当性』論のための基礎研究―近・現代の倫理学・政治哲学諸理論の比較検討」をテーマとした共同研究が続けられている（2010年教育哲学会ラウンドテーブルにて成果報告）。
［６］本誌第Ⅰ部における山口・苫野・西條の鼎談とともに，註［５］に記載した共同研究を通した，特に生澤氏からの指摘からは多くを考えさせられた。記して感謝したい。本稿に深く関係する氏からの批判として，「『教育学メタ方法論』の戦略は，プラグマティズムの『形式』に対して『内容』を提示したいようでいて，じつは『形式』のいいかえを提示しているのではないか」（「学校選択と価値多元社会―公教育の正当性を問うために」〔教育哲学会特定課題研究助成公開研究会「なぜ公教育の正当性論なのか？」於早稲田大学2010年６月26日発表原稿〕）という指摘を挙げておきたい。これは，教育の目的は「成長」それ自体であるとしたデューイプラグマティズムの理論を，マクロな教育構想の観点からはあまり役に立たないと批判した，筆者の論文を踏まえてのコメントである（註［32］参照）。筆者は，確かに「形式」的には，教育の目的は「成長」それ自体といえるだろうが，教育構想の観点からすれば，どのような「成長」を「よい」といいうるかという「内容」が問われるのであって，デューイプラグマティズムはその「内容」を明らかにする方法を持っていないと指摘した。それに代わって筆者は，「教育学メタ方法論」を「成長」の「内実」を問える方法として提示したが，生澤氏はここに２つの疑問を投げかけた。すなわち，そもそも「成長」の「内実」を明らかにする必要はあるのか，という問い，および先述した，果たして「教育学メタ方法論」はこの「内容」を明らかにする方法たり得ているのか，という問いである。本稿を通して，この生澤氏のコメントにも応答できるだろうと考えている。
［７］苫野一徳　2009　ヘーゲル「自由」論の射程―社会原理論としてのヘーゲル哲学再考　イギリス理想主義研究年報，5, 11-20.
［８］西條剛央　2007　メタ理論を継承するとはどういうことか？―メタ理論の作り方　構造構成主義研究，1, 24.
［９］戦後教育学を当時の政治状況の文脈の中に位置づけ論じたものとして，以下を参照されたい。
　　　森田尚人　2003　戦後日本の知識人と平和をめぐる教育政治―「戦後教育学」の成立と日教組運動　森田尚人・森田伸子・今井康雄（編著）　教育と政治―戦後教育史を読みなおす　勁草書房　pp.3-53.
［10］広田照幸　2009　格差・秩序不安と教育　世織書房　pp.16-18.
［11］藤田英典　1996　教育の市場性／非市場性―「公立中高一貫校」「学校選択の自由」問題を中心に　教育と市場（教育学年報５）世織書房　pp.55-95.

［12］黒崎　勲　1997　学校選択＝複合的概念―藤田論文に接して再考すること　教育史像の再構築（教育学年報 6）　世織書房　pp.377-408.
　　　　黒崎　勲　2006　教育の政治経済学［増補版］　同時代社
［13］［10］の p.19
［14］［3］の pp.90-94
［15］たとえば藤田も，「教育に関する実践的・政策的議論はほとんど例外なく，『真正の学習』とか『理想の教育』といった『理想・当為』を実現しようという意図によって導かれている」と指摘している（藤田英典　1997　教育改革　岩波書店）．
［16］宗像誠也　1961　教育と教育政策　岩波書店　p.94.
［17］このような研究は枚挙に暇がないが，さしあたり以下を挙げておく．
　　　　鈴木晶子　1997　フィクションとしての近代教育（学）　教育学研究，64(1), 7.
［18］宮寺晃夫　2004　リベラリズムの教育哲学―多様性と選択　勁草書房
［19］［1］の p.114
［20］［1］の p.115
［21］Weber, M.　1904　Die "Objektivität" sozialwissenschaftlicher und sozialpolitischer Erkenntnis. *Archiv für Sozialwissenschaft und Sozialpolitik*, Bd. 19. Tübingen: J. C. B. Mohr. 富永祐治・立野保男・折原浩補（訳）　2007　社会科学と社会政策にかかわる認識の「客観性」　岩波書店　p.35.
［22］［1］の p.44
［23］世界の教育改革の実情については，さしあたり以下を参照されたい．
　　　　佐伯　胖　他（編）　1998　世界の教育改革　岩波講座現代の教育：危機と改革〈12巻〉　岩波書店
　　　　黒沢惟昭・佐久間孝正（編）　2000　世界の教育改革の思想と現状　理想社
［24］Gutmann, A.　1987　*Democratic education*. Princeton: Princeton University Press.
［25］Howe, K. R.　1997　*Understanding equal educational opportunity: Social justice, democracy, and schooling*. New York: Teachers College Press.
［26］Brighouse, H.　2003　Educational equality and justice. In R. Gurren (Eds.), *A companion to the philosophy of education*. Malden, MA: Blackwell Publishing. pp.471-486.
［27］この点については，さしあたり以下を参照されたい．
　　　　Kymlicka, W.　2002　*Contemporary political philosophy: An introduction*. New York: Oxford University Press. 千葉　眞・岡崎晴輝　他（訳）　2006　新版現代政治理論　日本経済評論社
［28］この論争のまとまった研究については以下を参照されたい．
　　　　Mulhall, S., & Swift, A.　1996　*Liberals and communitarians* (2nd ed.).Cambridge: Blackwell. 谷澤正嗣・飯島昇藏　他（訳）　2007　リベラル・コミュニタリアン論争　勁草書房
［29］後にも詳論するが，さしあたりこの指摘をもって，註［6］で述べた生澤氏からの，「成長」の「内実」を問う必要があるのかという疑問への回答としておきたい．マクロな教育構想においては，その都度その都度プラグマティックに教育を計画していけばよいという悠長なことはいってられない実情がある．子どもたちのどのような「成長」を志向すべきか，ある程度共通了解可能な指針を明示する必要がある．ツールとしての，マクロな指針原理が必要なのである．
［30］小玉重夫　2003　シティズンシップの教育思想　白澤社　pp.67-71.
［31］Sen, A.　1999　*Development as freedom*. New York: Oxford University Press. p.254. 石塚雅彦（訳）　2000　自由と経済開発　日本経済新聞社　p.291.
［32］教育構想における，デューイ的プラグマティズムの意義と限界，およびその超克の理路については，以下の論考を参照されたい．
　　　　苫野一徳　2009　教育的経験＝「成長」の基準の解明素描―ヘーゲル哲学のデューイ教育哲学への援用　日本デューイ学会紀要，50, 91-105.
［33］西條剛央　2008　ライブ講義　質的研究とは何か　SCQRM アドバンス編―研究発表から論文執筆，評価，新次元の研究法まで　新曜社　p.57.
［34］京極　真　2008　「目的相関的実践原理」という新次元の実践法―構造構成的障害論を通して　構

造構成主義研究，2，222．
[35] 山口裕也　2010　自己効力理論をめぐる信念対立の克服—存在・言語・構造的還元の提起を通して　構造構成主義研究，4，91．
[36] 西條剛央　2005　構造構成主義とは何か　北大路書房　pp.79-81．および［3］のp.99
[37] ［36］西條著書のp.79
[38] ［3］のp.107　ただし引用に際して，文言を少し改めた．
[39] Rawls, J.　1971　*A theory of justice*. Cambridge, Mass：Harvard University Press. p.72.
[40] Rawls, J.（Kelly, E. Eds.）　2001　*Justice as fairness : A restatement*. Cambridge, Mass：Belknap Press of Harvard University Press. p.16, 43．田中成明・亀本　洋・平井亮輔（訳）　2004　公正としての正義再説　岩波書店　p.27, 77．
[41] ロールズ正義論に対する筆者の批判は，註［4］を参照されたい．
[42] Dworkin, R.　1977　*Taking rights seriously*. Cambridge：Harvard University Press. pp.172-177.
[43] Habermas, J.　1992　*Faktizität und Geltung : Beiträge zur Diskurstheorie des Rechts und des demokratischen Rechtsstaats*. Frankfurt am Main：Suhukamp Verlag．河上倫逸・耳野健二（訳）　2002　事実性と妥当性—法と民主的法治国家の討議理論にかんする研究（上）　未來社　p.87．
[44] Rorty, R.　1988　The priority of democracy to philosophy. In M. D. Peterson, & R. C. Vaughan （Eds.）, *The Virginia statute for religious freedom : Its evolution and consequences in American history*. Cambridge：Cambridge University Press. p.259．冨田恭彦（訳）　1988　連帯と自由の哲学—二元論の幻想を超えて　岩波書店　pp.167-168．ローティは「非歴史的人『権』という観念をまじめに取るロナルド・ドゥオーキンらは，〔中略〕絶対主義的立場をとる者の典型である」といっている．
[45] ロールズは何らかの道徳的義務を先験的に提示しているのではなく，あくまでも原初状態の設定を通して手続き的に正義の原理を導出しているのだ，という反論もあるだろうから，ここでひと言だけ述べておく．原初状態を設定するというその動機の中に，すでに，すべての人は生まれの差によってその後の社会的成功に差があってはならないという，超越項化された道徳的義務の思想が前提されているのだ，と．そして後述するように，何が（絶対的な）「道徳的義務」かという問いに答えは出せない．
[46] Nozick, R.　1974　*Anarchy, state, utopia*. New York：Basic Books．嶋津　格（訳）　1985　アナーキー・国家・ユートピア　木鐸社
[47] たとえばキムリッカ（Kymlicka, W.）は，功利主義を批判して，「なぜ直接的目的としての効用の最大化が道徳的義務と考えられるべきなのかがまったくもって不明瞭である」といっている（Kymlicka, W.　2002　*Contemporary political thought : An introduction* (2nd ed.). Oxford：Oxford University Press．千葉　眞・岡崎晴輝　他（訳）　2006　新版現代政治理論　日本経済評論社　p.52.）．
[48] 加藤尚武　1997　現代倫理学入門　講談社
[49] ノディングズはこのような問いの立て方を「道徳上の思考遊戯」といっている（Noddings, N.　1984　*Caring a feminine approach to ethics & moral education*. Berkley：University of California Press. p.105．立山善康　他(訳)　2008　ケアリング：倫理と道徳の教育—女性の観点から　晃洋書房　p.164.）．ただし，こうした「抽象的倫理学」のオルタナティヴとして「ケア」の概念を提示したノディングズの理論も，結局はその都度その都度の具体的場面でケアの倫理に基づくことができれば望ましいと主張するにとどまっており，特にマクロな教育構想をどのような考えに基づいて行っていけばよいかという問題については射程外である．
[50] ［4］のpp.239-240で少し触れたこともあるが，筆者は，功利主義を「社会生産の最大化」と捉える現代の功利主義——これを筆者は通俗的功利主義と呼んでいる——を，ミルのそれとは区別して考えている．
　　ミルは，「究極目的は証明できない」——すなわち絶対に正しい社会原理はない—ということを前提にした上で「何かが望ましいことを示す証拠は，人びとが実際にそれを望んでいるということしかない」といっている（山下重一（訳）　1967　功利主義論〈世界の名著38〉　中央公論社　pp.496

-497.)。ミルはまさに，われわれはどのような生を欲するかという欲望論的アプローチから，社会構想の原理論を構想しようと考えているのである。そしていう。「功利主義が正しい行為の基準とするのは，行為者個人の幸福ではなく，関係者全部の幸福なのである」(『功利主義論』のp.478.)。これは，後に欲望論的アプローチから筆者が導出する，社会政策の「正当性」の原理である「一般福祉」原理と同義であると筆者は考えている。そしてさらにミルは，筆者が後に展開する「原理と実践理論の区別」という発想にも，ある程度自覚的であると思われる。すなわち，「正当性」の「原理」は「関係者全部の幸福＝全員が欲すること＝一般福祉」だけであって，その内容は決して一義的に決定することはできず，関心・状況相関的な「実践理論」として論じるほかないということである。現代の功利主義の多くが，何をもって「効用の最大化」といいうるか決定しようと議論しているのに対して，ミルは，それはあくまでも関心・状況相関的な実践理論であるということを，自覚していたように思われる。

[51] Sandel, M. 1998 *Liberalism and the limits of justice* (2nd ed.). Cambridge : Cambridge University Press. 菊池理夫（訳）1998 リベラリズムと正義の限界（原著第二版） 勁草書房
[52] [51]の日本語版附論 p.259
[53] Taylor, C. 1992 *The ethics of authenticity*. Cambridge, Mass : Harvard University Press. p.33. 田中智彦（訳）2004 〈ほんもの〉という倫理―近代とその不安 産業図書 p.45.
[54] [53]のp.40（訳書 p.57）
[55] [53]のpp.51-53（訳書 pp.71-73）
[56] コノリーも，テイラーの思想について次のようにいっている。「それは，あるときには道徳的な『べきである』となるし，別のときには論理的な『はずである』となる。また別のときには，道徳的な『べきである』が暗黙のうちに論理的な『はずである』であるかのように扱われる場合もある。」(Connolly, W. E. 1991 *Identity/Difference : Democratic negations pf political paradox*. Cornell University Press. p.111. 杉田 敦・齋藤純一・権左武志（訳）1998 アイデンティティ／差異―他者性の政治 岩波書店 p.207.)
[57] 齋藤純一 2005 自由 岩波書店 p.34.
[58] Walzer, M. 2004 *Politics and passion : Toward more egalitarian liberalism*. New Haven & London : Yale University Press. 齋藤純一・谷澤正嗣・和田泰一（訳）2006 政治と情念―より平等なリベラリズムへ 風行社 など
[59] [58]の訳書 p.106
[60] [58]の訳書 pp.64-72
[61] このような主張は，ウォルツァーだけでなくキムリッカやまたテイラーも行っているが，その根拠となった「方法」は，それぞれに少しずつ異なっている。先述のようにテイラーは「状態・事実論的アプローチ」であり，キムリッカは，比較的ウォルツァーに近いが，ウォルツァーに比べれば，明示的にではないが，わずかに「道徳・義務論的アプローチ」に寄っていると思われる（残念ながら本稿ではこのことを論証する紙幅の余裕はない。改めて別稿で論じる機会を持ちたい）。
　　Kymlicka, W. 1995 *Multicultural citizenship : A liberal theory of minority rights*. Oxford: Clarendon Press. 石山文彦・山崎康仕 他（訳）1998 多文化時代の市民権―マイノリティの権利と自由主義 晃洋書房
　　Taylor, C. et al. 1994 *Multiculturalism : Examining the olitics of recognition*. Princeton: Princeton University Press. 佐々木毅 他（訳）1996 マルチカルチュラリズム 岩波書店
[62] Rorty, R. 1987 Science as solidarity. In S. N. John, M. Allan, & N. M. Donald (Eds.), *The rhetoric of the human sciences : Language and argument in scholars*. Madison : University of Wisconsin Press. p.42. 冨田恭彦（訳）1988 連帯と自由の哲学―二元論の幻想を超えて 岩波書店 p.14.
[63] この点に関しては，[7]および[32]も参照されたい。
[64] 矢野眞和 2001 教育社会の設計 東京大学出版会 p.89.
[65] [64]のpp.83-105

[66] [64] の p.98
[67] この欲望論的アプローチに自覚的だったのは，現代政治哲学者たちよりも，むしろ近代の幾人かの哲学者たちであったといっておきたい。ルソーやヘーゲル，あるいはミルなどが，その代表である。もっとも筆者の考えでは，近代哲学者のうちでもロック（Locke, J.）やカントは道徳・義務論的アプローチの代表であり，とりわけ英米系の現代政治理論は，特にこの二人を下敷きにすることが多い。また先述したように，ミルなどの功利主義を継承した現代の功利主義は，基本的には各人の（あるいは社会の）効用／選好をいかに最大化するかという点に焦点があり，各人の「欲望」を上手に調整しあうという欲望論的アプローチの構えとは異なっている。なお欲望論的アプローチの発想は，竹田青嗣の『人間的自由の条件』（註 [71]）およびヘーゲル『法の哲学』（註 [72]）から得た。
[68] 苫野一徳 2008 公教育の「正当性」の原理—ヘーゲル哲学の教育学メタ方法論への援用 2008年度教育哲学会研究大会発表原稿（於慶応大学）
[69] なおさらに付言すれば，われわれは欲望論的アプローチによって，教育は「個」のためのものか「公（社会）」のためのものか，という，近代公教育誕生以来の問いを解消することができるのである。簡潔にいうと，それは「個」の「自由」になりたいという欲望を最も十全に達成するためには「公（社会）」における「自由の相互承認」の原理が自覚化・実践される必要がある，となるが，この点について詳細は次節および拙稿（[4]）の pp.249-251）を参照していただきたい。
[70] [4] [7] [32] に加え，以下の論考も挙げておく。
　　苫野一徳 2009 公教育の「正当性」—「よい」教育とは何か 岡部美香（編）子どもと教育の未来を考える 北樹出版 pp.106-122.
[71] 竹田青嗣 2004 人間的自由の条件 講談社
[72] Hegel, G. W. F. 1970 *Grundlinien der Philosophie des Rechts oder Naturrecht und Staatswissenschaft im Grundrisse*. in Werke, Bd 7, Frankfurt am Main: Suhrkamp. 藤野 渉（訳）1978 法の哲学 世界の名著44 中央公論社
[73] 「生きたいように生きたい」という欲望を，自覚し得ない人も確かにいるだろう。たとえば，生まれたばかりの乳児，植物状態の人，何らかの精神疾患患者，脳機能障害患者などを想起されたい。
[74] まさに社会構想の観点からいって，バタイユが，（ヘーゲルを批判し）人間の本質的な欲望として「蕩尽」を置いたことはよく知られている。われわれがこのような欲望（呪われた部分）を持っていることをまず自覚しなければ，社会構想はいつまでも悠長なままである，とバタイユは主張した（Bataille, G. 1967 *La part maudite : Precede de la notion de depense*. Paris : Editions de minuit. 生田耕作（訳）1985 呪われた部分 二見書房）。これはこれで洞察だが，この「蕩尽」欲望もまた，「自由」に生きたいと欲する人間の，一つの「自由」のあり方と捉えることができるだろう。
[75] この言葉は，ヘーゲル哲学を再構築する過程で，竹田によって提示されたものである。[71] を参照のこと。
[76] もっともここで，「すべての市民」とは誰か，という問いが発せられるだろう。特にポスト・ナショナルな現代社会において，これは難しい問題である。遠藤がいうように，「政治体を形成する一定領域の人たちだけの『同意』で済むとしていた社会契約説は，ここにその領域国家的な前提を露わにするのである。さらに言うと，政治思想史の中でこの点について長らく軽視されてきたことが，その前提の強さを物語ってもいよう」（遠藤 乾 2009 ポスト・ナショナルな社会統合—多元的な自由の語り口のために 齋藤純一（編）自由への問い1 社会統合—自由の相互承認に向けて 岩波書店 p.162.）。
　ここでは，「すべての市民」は，何らかの領域内にあらかじめ囲い込まれた者たち，というわけではなく，状況に応じて常に変わりうる，ということをいっておきたい。実践的には，ウォルツァーがいうように，その成員資格は「すでに成員である私たちがその選択を行う」といえるだろう（Walzer, M. 1983 *Spheres of justice : A defense of pluralism and equality*. New York : Basic Books. 山口 晃（訳）2006 正義の領分—多元性と平等の擁護 而立書房 p.63.）。一般的実践的には，「す

べての市民」の枠は，すべてのステイクホルダーとして，漸次的に拡大されていく傾向も必要もあるだろう。しかしいずれにせよ，繰り返すが，「一般意志」はこれが絶対的に現実可能であるかどうかという問題をはらむ概念ではなく，あくまで権力の「正当性」をはかるための基準原理である。

[77] 「一般意志」を全体主義的概念と解釈するものとして，たとえばアーレントは，「ルソー，は一般意志のこの隠喩を真面目に，また文字通りに受けとっていたので，国民を，一個人のように，一つの意志によって動かされる一つの肉体と考えていたのである」といっている（Arendt, H. 1963 *On revolution*. New York : Viking Press. 志水速雄（訳） 2005 革命について 筑摩書房 p.115.）。あるいはハーバーマスは，「非公共的意見を根拠にするルソーの民主主義は，結局のところ，世論操作的な実力行使を必要とするのである」といっている（Habermas, J. 1990 *Strukturwandel der Öffentlichkeit : Untersuchungen zu einer Kategorie der bürgerlichen Gesellschaft*. Frankfurt am Main : Suhukamp Verlag. 細谷貞雄・山田正行（訳） 2007 公共性の構造転換―市民社会の一カテゴリーについての探求 未来社 p.139.）．

[78] この観点からのロールズ批判については，[4]のpp.240-243を参照されたい。

[79] [39]に同じ。

[80] これは，以下のハーバーマスの主張とも共通した課題提起である。「法が完全な規範的意味を得るのは，それ自体の形式によるのでもなければ，ア・プリオリな所与の道徳的内容によるのでもなく，正統性を産みだす法制定手続きによるのである。〔中略〕そして正当化のポスト伝統的水準では，すべての法仲間の討議による意見形成・意思形成において合理的に承認されうるような法だけが正統だと見なされる。」（[43]の訳書 p.167）

[81] [4]のpp.236-237

[82] [31]に同じ。

[83] Berlin, I. 1969 *Four essays on liberty*. London : Oxford University Press. 小川晃一（訳） 1979 自由論 みすず書房

原著論文（研究）

II-6 公教育の「正当性」原理に基づく実践理論の展開
——地方自治体教育行政における実践理論の基本型としての〈支援〉

山口 裕也

　そうして明らかになった「各人の自由および社会における自由の相互承認の，『教養』を通した実質化」という公教育の「本質」と，その「正当性」の基準原理である「一般福祉」は，公教育を論じる際，これ以上遡ることのできない思考の始発点である。

苫野一徳『どのような教育が「よい」教育か』[1]より

1節
教育改革とは何であったのか——問題と目的

1．教育改革の時代

　教育改革とは何であったのか——1998年末，この問いに関連して，「後世の歴史家は20世紀末の十数年間を『教育改革の時代』と呼ぶかもしれない。21世紀に向けて，世界各国でラディカルな教育改革が進んでいるからである」[2]との指摘が為された。そして歴史は，この指摘を裏書きするかのように進展したと思われる。2001年からOECD[3]によって立て続けに刊行された『世界の教育改革　OECD教育政策分析』[4][5][6]を紐解くと，そこには，「再学校化」「脱学校化」「早期幼児期教育」「高水準で公平な教育」「教育的労働力」「国境を越える教育」「特別支援教育」「キャリア・ガイダンス」「高等教育ガバナンス」「成人生涯学習」といったキーワードが列挙し，これらを主題とする各国の公教育改革は枚挙に暇がない。事実日本もこれに漏れることなく，1983—87年に中曽根内閣が設置した首相諮問機関である臨時

教育審議会（以下，臨教審と略記する）等を契機とし，教育の「個性化」「自由化」を主たるスローガンとした様々な改革が為されてきた。いわゆる，「新自由主義的‐市場競争原理」を底板に据えた，公教育の「再構造化」である。

　藤田は，1998年当時の日本の公教育改革をして，次のように述べていた。

　　　　日本の学校教育は，四階建ての巨大なビルの二階部分（初等・中等教育）までがすべての青少年を収容できる平等で揺るぎないものとしてほとんど完成しており，三階部分（大学・短大・専門学校などの高等教育）もかなりでき上がっており，そして四階部分（大学院教育・生涯教育）は一部がある程度できており，さらに，徐々に建て増しされているという段階にある。しかも，三階部分までの基本設計は戦後改革の時点ででき上がっており，そして，少なくとも二階部分までは，基本的にはビル全体を支えるだけのしっかりとしたものとして作られている。したがって，この段階で増改築の必要があるとすれば，二階部分はもちろん，三階部分にしても，たいがいは内装工事を中心にしたものでいいはずである。ところが，近年の改革は柱や壁の取り替えやエレベーターの設置などを含む大規模な改築工事をしようとしている。近年の改革が「教育の再構造化」と言われる所以である〔後略〕。[7]

　以下に，臨教審設置前後からの日本の公教育改革を，義務教育制度に的を絞りつつ，同藤田による2006年『教育改革のゆくえ』[8]，同タイトルの小川による2010年の著書[9]に依った上で，おおざっぱに振り返ってみよう。

　「学校教育法施行規則」を法的根拠として規定され，学校教育課程編成の基準を示す「学習指導要領」は，1977年の改訂の際，1970年代のいわゆる「詰め込み教育」への反動から教育内容の精選・授業時数削減が為され，後に「ゆとり教育」と呼ばれる路線[10]での改革が始まる。臨教審の答申においては，教育の「多様化」「弾力化」が提案され，「選択と自己責任」「自由競争」とを重視する改革イデオロギーとして，先の新自由主義的‐市場競争原理を世に広める結果となった。

　1992年から暫時部分的実施，2002年の完全実施に至った「学校週5日制」。1999年「学校教育法」改正による中高一貫校・中等教育学校設置の公式認可。1997年文部省「通学区域の弾力的運用について」通達を契機とし，2000年東京都品川区での実施を直接的なきっかけとして全国的に拡大した「学校選択制」[11]。2000年には，ノーベル賞受賞者である江崎玲於奈を座長とした教育改革国民会議が設置され，日本の教育に関して最も基礎的な法律となる「教育基本法」改正への見通し，奉仕活動義務化，学校の外部評価と結果公表の導入，学校選択制促進，中高一貫校大幅拡大，コミュニティ・スクール導入，問題を抱えた児童生徒への厳格な対応，家庭・

保護者の教育責任強調，教員免許更新制度の導入や指導力不足教員の排除，スクールカウンセラー配置，民間人校長導入・校長裁量権拡大をはじめとする提言が為されるとともに，順次実施に移された。そして，2006年11月16日には，教育基本法の政府改正案が与党単独（野党欠席）で採決され，可決されるに至る。

　これら改革の矢継ぎ早な実施に，1990年代後半から世を席巻した「学力低下」論争[12]が拍車を掛けたことも踏まえておく必要があるだろう。「新しい学力観」「個性伸長」を謳い，小学校第1・2学年の「理科」「社会科」を廃止した上で「生活科」を新設した1989年告示の学習指導要領，「生きる力」の育成をめがけ，「総合的な学習の時間」を創設した1998年告示の学習指導要領は，1977年の改訂（告示）以降一貫して「ゆとり」路線を継承してきた。しかし，学力低下論争を受けた2002年，当時の遠山文部科学大臣は，「学びのすすめ」として「基礎・基本の充実」「確かな学力」の育成，指導要領は「最低基準」とした上で「発展的な学習の時間」を導入すること，総合的な学習の時間と各教科・領域の関連性及び体系化などを強調し，翌2003年には早くも指導要領一部改訂の運びとなる。2007年には，1966年の旭川学力テスト事件[13]以来の悉皆（全数）調査として，小学校第6学年，中学校第3学年対象の全国学力調査が実施されたことも記憶に新しいだろう。そして，2008年改訂（告示）の新学習指導要領では，小学校第5・6学年に「外国語活動」が新設されるとともに，およそ30年ぶりに授業時数が増加したのである。

　しかし，改革はこれに限定されない。この間，行財政構造も大きく変化した。

　まず，自民党政権下では，2000年「地方自治法」大改正に伴う地方分権改革，2001年中央省庁再編，三位一体の税財政改革に連動した教育行財政改革が為される。「聖域なき構造改革」「改革をとめるな」「民間でできることは民間で」というスローガンを掲げた小泉政権では，2005年度から，義務教育機会均等保障の要ともいえる支援制度において，準要保護世帯への補助金が廃止された。次ぐ2006年度には，義務教育を学校現場で担う教師の質と量を安定して確保するために，都道府県が教職員給与として実支出した額の国負担率を定める「義務教育費国庫負担法」，本法に基づく「義務教育費国庫負担金制度」において，国負担率二分の一から三分の一への引き下げ（一般財源化，財源移譲と交付税化）が実施される。

　さらに，小泉路線を引き継ぎ，教育改革を最重要課題の一つとした安倍政権では，2006年に閣議決定された教育再生会議が設置される。本会議から公教育に向けても提言が為され，義務教育制度では，学校教育制度の根幹を定める学校教育法において，学校の組織的運営・指導体制の充実を図ることを目的とした副校長・主幹教諭・指導教諭の創設，都道府県・区市町村の教育行政を規定する「地方教育行政の組織及び運営に関する法律」では，教育委員会の責任体制強化に関連した法改正が為された。先の教育基本法改正も，安倍政権下でのことである。

このようにして公教育，とりわけ義務教育制度は，めまぐるしく改革し，再構造化されてきたのである。そして，それを下支えしたのが，「個性化」「自由化」「多様化」「弾力化」，また「選択と自己責任」「自由競争」をキーワードとした新自由主義的・市場競争原理であったということができるだろう。さらに近年では，2009年8月の政権交代に伴い，子ども手当創設・高校授業料無償化，教職員定数をはじめとする教育環境・教員養成課程の見直しを契機として，国政は新たな方角へと改革の舵を取ろうとしている。こうして今もなお「教育改革の時代」の最中に在るわれわれは，これから，一体どのような「教育の未来」へと向かうのだろうか。

2．教育統治における地方自治体教育行政・教育委員会制度の錯綜という問題

そして，新たな改革の時代を迎えようとしている今，本稿で筆者が考えたいのは，前項でも触れたコミュニティ・スクール構想を基軸として更なる改革が迫るであろう「教育統治」の問題，とりわけ中でも「地方自治体教育行政」についてなのである。本稿の目的へと至るこの問題設定の理由を，ここで，簡潔に述べておこう。

「教育民主化」をめがけた戦後の学校教育は，地方自治体の「自治事務」，それを担う「教育委員会制度」をもって出発したという経緯がある[14]。しかしながら本制度は，一連の改革の流れを汲む今日に至ってその役割を根本的に問い直されており，教育統治の問題群でも抜本的改革が必要な事案に位置付けられる。もちろん筆者とて，広く共通了解され，明確な「指針」をもつ改革に異論はない。

しかし，次節で明らかにするように，本制度改革のための指針は「不在」の状態にあり，これによって地方自治体教育行政は，複数の改革案が提出されながらもいまだ錯綜を続けているのである。よって，抜本的改革が目前に迫る教育委員会制度，地方自治体教育行政には，改革の明確な指針はいうまでもなく，それに基づく具体的な構想理論という意味での「実践理論」が求められていると考えられるのだ。

3．本稿の目的

以上の問題設定を受け，本稿では，教育委員会制度の今日的役割，ひいては地方自治体教育行政の今後の在り方を構想する際に「基軸」となる，いわば実践理論の「基本型」の提示を目的とする。錯綜を続ける地方自治体教育行政・教育委員会制度という状況のうちにあって，本稿で提示する実践理論は，ある三つの明確な「原理」に基づき導出される。筆者としては，本稿で提示する実践理論の基本型またその「具体例」が広く検証に開かれることはもちろん，その導出「過程」が，今後，「指針なき改革」への警鐘と一定の歯止めになることを願っている。

では，本節で振り返った一連の改革は，地方自治体教育行政・教育委員会制度にどのような影響をもたらしたのか。次節は，これを確認することから開始しよう。

2節
地方自治体教育行政をめぐる問題のいま

1. 地方自治体教育行政における教育委員会制度のこれまで

1節で振り返った国政レベルでの改革は，もちろんのこと地方自治体教育行政・教育委員会制度にも大きな影響をもたらした。2000年地方分権改革の流れに伴い，地方自治体（区市町村）[15]レベルでの公教育改革を先導する首長が現れたことは，その代表事例であろう。愛知県犬山市[16]，東京都品川区[17][18]，あるいは筆者が所属する東京都杉並区などもその筆頭例ということができる。

小川は，地方分権改革に伴う自治体教育改革の動きを，次のようにまとめる。

> 旧来の自治体教育行政は，文部科学省→都道府県教育委員会（→教育事務所）→市町村教育委員会という「閉じられた系列」のなかで運営することに慣らされてきたこともあり，分権改革が始まった後も，市町村の取り組みは文部科学省や都道府県教育委員会が改革の指針として示す方策の枠内に留まる傾向が強かった。それに対して，そうした枠を超えて独自の施策や取り組みに挑戦し指導力を発揮する自治体首長群の存在とその動きは，〔中略〕地方分権改革の進展と自民党政権下における教育政策の「揺れ」「ぶれ」が不安視されるなかで更に拡大し，旧来の教育委員会主導型の自治体教育行政運営と衝突したり確執を抱え込むような新たな事態も生じ始めていた。[19]

「学力保障・向上」施策一つを例にとってみても，1節で確認した学習指導要領改訂に代表されるように，「詰め込み」から「ゆとり」へ，ゆとりから「確かな学力」へと揺り戻し的にぶれながら続く改革には未来がない。ならば首長自らが船頭となり，トップダウンで改革を推進していく必要がある。そういった感度は，地方自治体レベルでの教育改革を先導した首長の多くが共有していたのではないか。しかしながら，議会民主制を敷く本国において住民代表の「正統性」[20]を有する首長が，当該自治体の教育政策の決定にどこまで権限を有しまた関与すべきか。地方分権改革を通過した今日，教育委員会制度の役割や地方自治体教育行政の今後の在り方を構想するに際して，この問題を避けて通ることはできない。

(1) 戦後から地方分権改革に至るまでの教育委員会制度の変遷

ここで，今日に至る教育委員会制度の歴史的変遷を簡単に追っておこう。

第二次世界大戦後の占領下，1948年制定の旧「教育委員会法」に規定される本制度の役割（目的）は，終戦後の教育改革が目指した「教育民主化」を図る教育行政

改革の要として位置付けられ，住民による教育委員直接公選制，独自予算編成権や教育予算原案・条例の議会送付権限，小中学校教職員の人事権を付与することにより，①教育の地方自治，②民衆統制，③教育行政の一般行政からの独立を実現することにあった[21]。しかしながら，世界的な東西冷戦構造の形成に伴って国内でも激しい政治対立が生じ，教育委員選挙もそれに巻き込まれる中，教育委員公選制は，教育委員会内部に政治的確執をもち込む，教育委員会と首長・議会の確執を生むといった批判が呈されるようになる。そして，このような時代背景を受けた1956年，地方教育行政の組織及び運営に関する法律（以下，地教行法と略記する）改正で教育委員が首長任命制となり，これ以後，図Ⅱ-6-1[22]に国・都道府県・区市町村の関係を併せて示す今日の教育委員会制度は，その目的（役割）こそ旧教育委員会法を継承したとはいえ，教育行政の独立性・自立性が著しく低下したという経緯がある。こうした経緯が地方分権改革と相俟って，教育政策への首長関与権限の問題として顕在化しているということができるだろう。

(2) 教育委員会制度が戦後教育民主化・大衆教育社会の実現に果たした役割

とはいえ教育委員会制度が，戦後の教育民主化，さらに「大衆教育社会」[23]の実現を果たす過程で担った役割を過小評価することはできない。小川がいうように，文部省から都道府県教委，都道府県教委から区市町村教委への「上意下達」という「閉じられたけ系列」であったとしても[24]，公教育が自治体首長の「政治的オモチャ」にならず，政治的中立性，安定性，教育的専門性を確保する上で果たした役割を無視することはできないのである。

1950—60年代には，学校設置・増設，施設設備を中心に文部省と都道府県，区市町村が一体となって，東西冷戦構造を背景にした政治対立から一定の距離を保ちつつ，公教育の民主化・大衆化を進めた。もちろん，教育委員会制度が唯一無二の役割を担ったわけではない。明治時代以来，日本の教育のトラウマになっていた都道府県間格差を是正するために，1950年代以降，例えば1節でも触れた義務教育費国庫負担金制度，教育資源として重要な位置を占める教員の定数・配置に関して「公立義務教育諸学校の学級編制及び教職員定数の標準に関する法律」（以下，義務標準法を略記する）とが整い，その他にも1959年「へき地教育振興法施行規則」制定といった面から，全国的に教育条件の標準化が進んだことを確認しておく必要がある[25]。そしてその背後には，教育の地方自治の理念と齟齬を来し，教員個人の異動希望尊重の原則とも衝突する中で，それらを統制することによってまでも実現しようとした「教育機会の均等」があった[26]。これらを踏まえると，この過程で区市町村教育委員会（制度）が果たした主たる役割は，学校の設置・増設，施設設備とともに，学習指導要領に規定される教育内容（課程）の管理・標準化にあったといえようか。

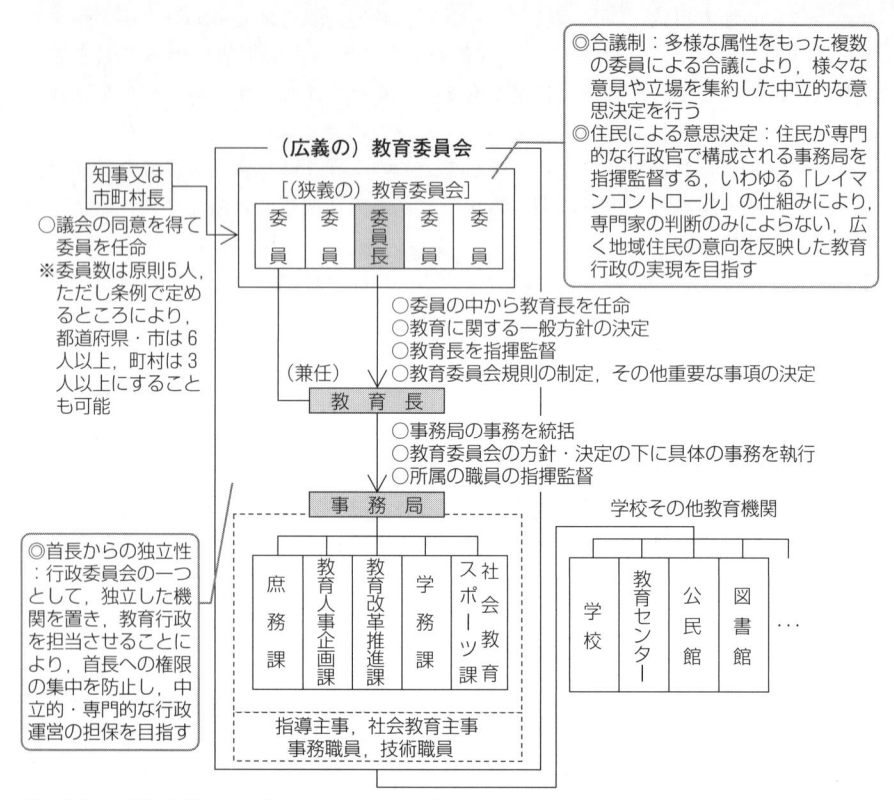

図Ⅱ-6-1 教育委員会制度とその組織例

（広義の）教育委員会

[狭義の]教育委員会：委員・委員・委員長・委員・委員

知事又は市町村長
○議会の同意を得て委員を任命
※委員数は原則5人、ただし条例で定めるところにより、都道府県・市は6人以上、町村は3人以上にすることも可能

合議制：多様な属性をもった複数の委員による合議により、様々な意見や立場を集約した中立的な意思決定を行う

住民による意思決定：住民が専門的な行政官で構成される事務局を指揮監督する、いわゆる「レイマンコントロール」の仕組みにより、専門家の判断のみによらない、広く地域住民の意向を反映した教育行政の実現を目指す

○委員の中から教育長を任命
○教育に関する一般方針の決定
○教育長を指揮監督
○教育委員会規則の制定、その他重要な事項の決定

教育長（兼任）
○事務局の事務を統括
○教育委員会の方針・決定の下に具体の事務を執行
○所属の職員の指揮監督

事務局：庶務課／教育人事企画課／教育改革推進課／学務課／社会教育スポーツ課
指導主事、社会教育主事、事務職員、技術職員

学校その他教育機関：学校／教育センター／公民館／図書館／…

首長からの独立性：行政委員会の一つとして、独立した機関を置き、教育行政を担当させることにより、首長への権限の集中を防止し、中立的・専門的な行政運営の担保を目指す

義務教育の行財政制度は、「義務教育は市町村の事務である」という地方自治の原則を踏まえた上で、国、都道府県、市町村が、以下に示す役割を分担し、連携・協力しながら義務教育の維持と水準向上に取り組む。

(1) 市町村は、義務教育学校の設置・管理、教職員の服務監督を行う。
(2) 都道府県は、①市町村が担えない広域的行政事業（高等学校・養護学校等の設置・管理等）、②域内の広域調整（義務教育学校教職員給与の三分の二負担、教職員の採用・任免や交流人事等）、③市町村への支援・援助を行う。
(3) 国は、①国の教育・研究機関の設置・運営、②教育の最低保障（ナショナル・スタンダード）と水準向上の責任（義務教育学校教職員給与の三分の一負担、学校建築費の二分の一〜三分の一負担、就学援助等の財政補助、教育課程の基準設定、等）、③地方自治体の教育事業や学校法人への支援・援助（私学助成等）を行う。

図Ⅱ-6-1 教育委員会制度とその組織例，国・都道府県・区市町村の関係[22]

2．中間項としての区市町村教育委員会をめぐる問題と論争

いずれにせよ，こうして教育民主化・大衆教育社会の実現に一定の役割を果たしてきた教育委員会制度ではあるが，公教育改革・地方分権改革を通過してきた今日，特に区市町村の教育行政において，その役割を根本的に問い直されている。そしてそれは，先の教育政策への首長関与権限の問題に限定されるものではない。

(1) 教育委員会の活性化論と地方分権改革に伴う裁量権・自由度の拡大

問い直しの最初の契機は，学校設置・増設，施設設備が一段落した後の1980—90年代，教育課題の多様化に伴って教育委員会「活性化」議論が高まったことであった[27]。学習指導だけでなく，校内暴力，今日まで続くいじめや不登校，学級崩壊をはじめとする生活指導上の課題[28]。「環境」面である程度の標準化を達成した後，今度は教育方法という「内容」面での要請が始まったのである。そしてこのような事態が，2000年地方分権改革へと接続していくことになる。

分権改革前の日本の行政制度は，本来国の仕事であるものを，国の出先機関を設置する経費の節減などを目的に地方自治体執行機関に委任して執行する「機関委任事務」を基軸とし，閉じられた系列・上意下達という中央集権的な色合いが濃かったという経緯がある。しかし分権改革後，機関委任事務は廃止となり，例えば児童生徒の就学指定が区市町村教育委員会の自治事務となったことで，1節でも確認した学校選択制が公認された。全国共通の教育課題こそあれ，多様化の一途を辿る教育課題には，程度問題も含めて地域性に固有のものがある。それらを柔軟に解決していくためには，中央集権的な統制を緩和し，地方の教育裁量権を拡大する必要性が高い。そしてこれを具体化するものが，学級編成や教職員定数の標準を国財政負担とし，都道府県が必要に応じて学級編成や教職員定数・配置を弾力的に運用できる義務標準法改正などであった。もちろん地教行法においても，これに先駆けるように，(旧) 文部大臣の教育長任命承認制が廃止（16条改正），地方に対する指揮監督権が「行うものとする」から「行うことができる」と改正（48条改正），都道府県から区市町村に対する学校その他の教育機関の管理運営に関する統一的基準の設置権限が廃止（旧49条削除）される。つまり，2000年地方分権改革の流れを汲む一連の改革は，指導要領の最低基準化なども含めれば，地方・学校の教育に関する裁量権・自由度を法令＝理念上拡大するものだったということになる。

(2) 地方分権改革の影響と中間項としての区市町村教育委員会をめぐる論争

しかし，ここで急ぎ確認しておかなければならないことがある。

まず，1節でも触れた義務教育費国庫負担金制度における国負担率引き下げの影響である。中央教育審議会における義務教育特別部会での議論を経て，地方の裁量権・自由度拡大から公教育の質向上に資するといった表向きの理念[29]で行われた引き下げは，実際には，都道府県における教職員給与引き下げ，多様化する教育課

題への対処として，特別支援教育への対応，中学校免許外教科担当，小学校専科担当，学級改善支援担当など，正規常勤教職員一人分の給与で非常勤講師数名を雇う「定数崩し」を引き起こす[30][31]。結局のところ財源移譲に伴う地方の裁量権拡大は，教育費負担増から地方の自由度を圧迫しているのである。この影響については，「財政力の弱い地域ほど，教員数を減らすために，学校の統廃合を進めるか，教員給与を下げるかしなければなくなる。前者の場合，バス通学などの遠距離通学といった負担を子どもに強いることになるし，後者の場合には，教員の質と数の確保が難しくなる」[32]ことから，義務教育の水準低下を呼び込むとの見方が強い。

さらに，これに拍車を掛けたといえるのが，団塊世代の大量退職に伴う若年次教員の増加である（図Ⅱ-6-2）[33]。例えば筆者所属の杉並区でも，計画的な教員配置にもかかわらず，教員総数約20名のある学校では，約半数を1―4年次の教員が占め，そのうち約6割を初任者・期限付採用者が占めるという現状がある。つまり学校は，先の給与引き下げや定数崩しに伴う常勤率低下も相俟って，多様化する教育課題を解決するための教員の「質」「量」という基盤が弱体化しつつある，換言すれば，下支えのない裁量権拡大と自由競争のうちに在るといえるのだ。

そして，こうした背景の中，教育委員会の役割を問い直す，ひいては「解体」「廃止」論争も激化していく。例えば新藤[34]は，区市町村教委の現状を，法令上は独自予算編成権もなく，教育委員も首長任命制であるとはいえ，実態は首長すら介入できない上意下達な教育行政の末端と断じ，市民代表の正統性を有す首長所管での教育行政執行を求める[35]。また，現政権民主党マニフェストには，教育委員会制度廃止を前提していると思われる，学校と地域住民，保護者や教育専門家などから構成され，学校裁量決定機関となる「学校理事会」，教育行政を首長所管とし，それを監視する機関となる「教育監査委員会」の設置が謳われる[36]。これについて鈴木文部科学副大臣[37]は，「いま大事なのはルールの問題ではなく，ロールとツールの問題，つまり教育の現場を担う人材や，地方の教育行政を担う人材の発掘と登用と育成の問題だと思っています」と述べている。しかし，「ガバナンス［教育統治］の問題の中心である教育委員会制度の改革は学校支援地域本部やコミュニティ・スクールが定着した後に行います」との発言を踏まえれば，結局のところ教育委員会制度は，解体・廃止へ向かっていると受け取ることができるだろう。

もちろん上記案に対して，公教育や教育行政の政治的中立性，安定性，教育的専門性の確保の観点から疑義を唱える論者も存在する[38]。しかしいずれにせよ，文部科学省→都道府県教育委員会，学校現場との間に在るいわば「中間項」としての区市町村教育委員会（制度）は，教育統治の一翼を担う地方自治体教育行政において，その役割を根本的に問い直されているのである。

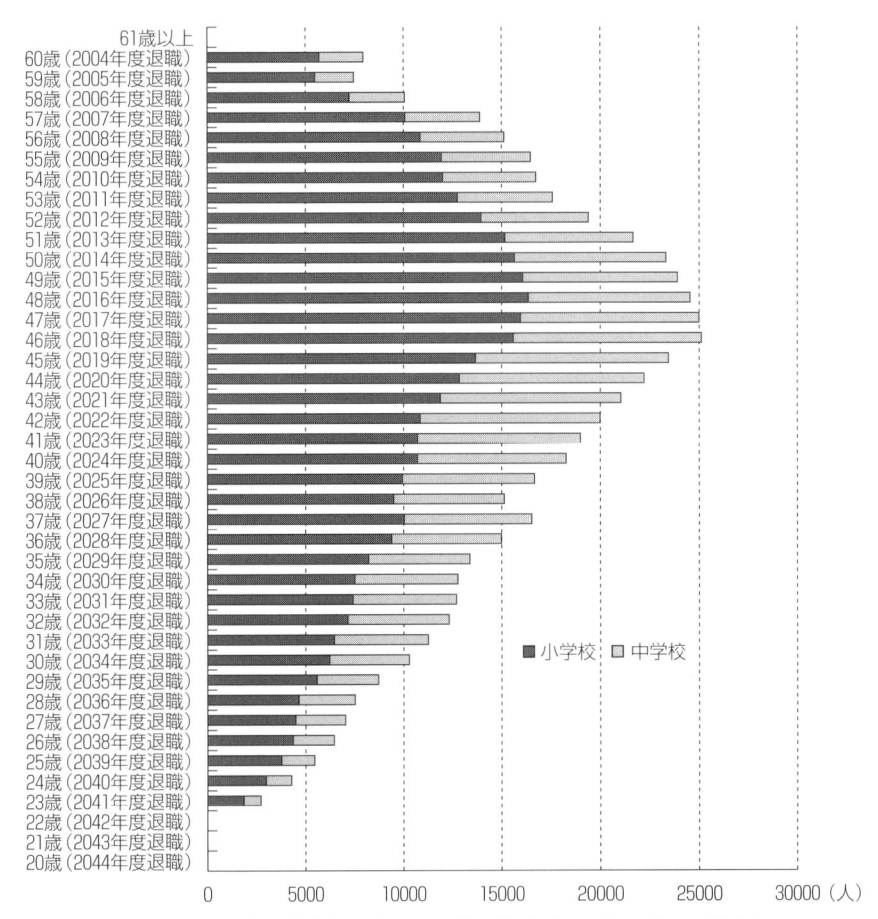

図Ⅱ-6-2　公立小・中学校の年齢別の教員構成（2005年3月31日現在）[33]

3．地方自治体教育行政の構想めぐる規範欠如の問題
(1)　教育委員会制度・地方自治体教育行政をめぐる問題の整理

　こうして今日，教育委員会制度の役割，ひいては地方自治体教育行政の今後の在り方を論じる際の中心問題を，1節で振り返った新自由主義的‐公教育改革の経緯を踏まえつつ，次のように整理することができる。それらは，①地方分権改革に伴う財源移譲に伴って生じた学校組織における常勤率低下，教員若年化（大量退職・採用）に伴う学校教育力・義務教育水準の低下可能性。そういった現状の中で，②指導要領の最低基準化，分権改革・地教行法改正などによる法令＝理念上の裁量権・自由度拡大に伴い，現状ではほとんど何の下支えもないまま新自由主義的‐市

場競争原理の時空間に放り出されている公立学校。そして，これら背景の中で激化した③文科省→都道府県教委→区市町村教委という閉じられた系列・上意下達の教育委員会活性論，その役割の問い直し，さらに制度解体・廃止論争，である。

なお，ここで付け加えておくと，解体・廃止には，教育委員会制度の実態に関する論もある。つまり，④地教行法上「人格が高潔で，教育，学術及び文化に関し見識を有する」と規定される教育委員とはいえ，月１・２回程度開催される「定例会」が主たる職務であり，責任体制強化が法制化されたところで当該自治体の現状を適切に把握した教育政策に関する議論（合議）は為されておらず，実態は「形骸化」している[39]，⑤教育委員会組織を担う職員の大半は数年で異動する一般行政職（事務職員）であり，教育的専門性を有す教育長，大学以外の公立学校の教員経験者が充てられる指導主事数名が配置されているとはいえ，所管学校における教育課程・教職員服務の「管理」「監督」を中長期的な「安定性」をもって図ることは困難な実態がある，といったものである。先の学校理事会・教育監査委員会設置は，これら実態を踏まえた改革案ということもできるだろう。もちろんのことこの案には，本節冒頭で触れた⑥教育政策への首長関与権限の問題が絡まる。

(2) 地方自治体教育行政の構想指針をめぐる錯綜

しかしながら，これら中心問題を受けて現行の教育委員会制度を（一部）改編するにせよ，本制度を排して教育監査委員会（・学校理事会）といった機関を設置するにせよ，われわれは，一体どのような「指針」をもって，教育統治の一翼を担う地方自治体教育行政を構想すればよいのかという問いが生じる。

戦後数十年かけて構築した中央集権的な公教育制度が，政治的中立性，安定性及び教育的専門性，すなわち公教育の質確保のために必要不可欠と考える立場からすれば，恐らく各自治体の教育委員会や学校を新自由主義的‐市場競争原理の時空間に放り出したままにしておくことを是とはしないだろう。こと義務教育については，地方分権改革の流れに抗して旧来の官僚制的統制を強化し，例えば拡大する様々な格差を是正していかなければならない。そしてこれは，地方への強力な財政支援に裏付けされる必要がある。この立場は，そう声高に主張するのかもしれない。

しかし上記立場は，例えば経済効率性の観点からの批判を容易に浴びることになる。その重要性を認識しつつも，国の財政状況が逼迫している以上公教育は，排他的・特権的価値をもたない社会政策の一つである。これまでのように，あるいはこれまで以上に「小さな政府」を志向し，財源移譲に伴って地方の裁量権・自由度を拡大，市場競争原理の時空間で自治体や学校が切磋琢磨し，成果主義的‐数値管理下で経済効率を追求していく必要がある。よって今後，地方間格差や学校間格差が更に拡大し，例えば学校の統廃合（適正配置）が進んだとしても，これを正当とするほかない。いやむしろ，これまで「大きな政府」を志向した中央集権的‐官僚制

的統制が，地方や学校の自由な発想や独自の教育方法の創発を抑圧していたのではないか。そうであるならこれを排していくことには意味があり，ひいてはそれが，地方自治体教育行政における教育委員会の活性化にもつながる，と。

とはいえこの立場も，結局のところ他観点からの批判を免れ得ないのである。今日，行き過ぎた新自由主義的な改革は，特に格差や階層化といった観点からの批判に曝されている[40]。しかしそれだけではない。市場競争原理の時空間では，成果主義的-数値管理が教師を圧迫しており，これこそが義務教育の水準低下を引き起こしている。学校を強力な管理・統制下に置く点では，最初の立場も同様であろう。そうである以上前二者は，公教育を構想する指針としては是でも正当でもない。教師の自由度を回復するためにも，財政支援を強化しつつ，学校とそれを取り巻く地域住民に裁量権をゆだね，中央集権的，新自由主義的な管理・統制を排すことが必要なのである。そしてそのためには，戦後果たした役割を認めつつも，地方自治体教育行政において形骸化した教育委員会制度の解体・廃止も辞さない。これらと同型の主張は，今日，多くの論者が展開するところである。

(3) 地方自治体教育行政を構想するための指針＝規範欠如という問題の核心

ここに際して地方自治体教育行政の構想をめぐる考えや立場は，複雑な対立構造へと回収され，錯綜していく。そしてその背後にあるのは，上段から順に「旧来保守」，次いで「新自由主義的保守」，最後に左翼の「社民・リベラル」という，前稿苫野が広田から引いていた「教育政治の三極モデル」[41]という思想的対立にほかならないということができる。こうした錯綜する対立を十分に紐解き，そこから地方自治体教育行政を力強く未来へと構想するために，われわれの指針，すなわち「規範」となる考え方はあるのだろうか。

こうしてわれわれは，地方自治体教育行政を構想するに際しても，結局のところ前稿苫野が引く「規範欠如」[42]の問題へと立ち戻ることになった。

3節
公教育の本質と正当性，目的・状況相関的-方法選択

公教育やそれに関する諸制度を構想する際の規範欠如の問題。この問題は，本稿が目的とした今日の教育委員会制度を含む地方自治体教育行政を構想する論場にも深く根を下ろしており，われわれを錯綜する思想的対立へと絡め取っていく。そしてこの対立は，それを乗り超える規範が打ち出され，共通了解されない限り，前節末でも一例を確認したように，幾重にも位相を変えて繰り返されていくだろう。

しかし，上記した規範欠如の問題は，筆者が考える限り，苫野が提起した二つの原理[1]，加えて，西條が「信念対立」克服を根本動機として体系化した「構造構成

主義」[43]を設計思想とする「構造構成的研究法」[44]からある原理を継承することにより，これを乗り超え，共通了解を広げることができる。ここで結論を先取りしておくと，それらは，第一に公教育の「本質」原理，第二にその「正当性」[20]の基準原理，第三に，「方法」の原理に基づく「方法の関心相関的選択」[45]（これは本節で"目的・状況相関的‐方法選択"という"呼称"を提案する），である。

1．公教育の本質原理・正当性の基準原理と学力格差
(1) 規範としての公教育の本質原理と正当性の基準原理

人間的欲望の本質〈自由〉と市民社会の原理としての〈自由の相互承認〉。そこから導かれる政治権力の正当性「一般意志」，政治権力が展開する社会政策の正当性「一般福祉」。苫野[1]は，竹田[46][47]が主としてヘーゲル[48][49]及びルソー[50]から取り出したこれら原理を，構造構成主義の中核原理である「関心相関性」[51]を敷衍した「関心相関的教育論」[52]を出発点としつつ，近代教育の父といわれるコンドルセ[53]を経て援用し，次のように定式化した。すなわち，社会政策に位置付く公教育の本質原理としての「各人の〈自由〉及び社会における〈自由の相互承認〉の〈教養〉を通した実質化」，その正当性をはかる基準原理「一般福祉」，である。本稿では，苫野の前稿によって補説されたこれら原理を，地方自治体教育行政を構想するための規範（思考の始発点）として採用する。

とはいえ筆者とて，これらを無批判に採用するわけではない。むしろその普遍性や共通了解可能性については，今後も十分な検証が必要であると考えている。しかしその手順は，苫野が幾つかの論考[1][54]で行ったのとは別角度からのものも必要であると考えており，それは，市民社会の原理・教育自治の原則を踏まえつつ，一般の人々に身近な事例をもって検証をゆだねることである。したがって以下では，この点に関連させる形で，特に公教育の正当性の基準原理について補説しておく。

(2) 学力格差を例とした通俗的功利主義と一般福祉との比較検討

これまで苫野は，前稿も含め，主として先行研究との比較という形で検証作業を行っている。ざっと挙げるだけも，そこには，思想的立場としての理想・当為主義，相対主義，規範主義やそれぞれに依拠した論，ロールズの正義論[55]，ハウ[56]や彼が依拠したガットマンの正当性論[57]などが含まれる。一つ具体例を挙げると，「社会生産の最大化」を正当性の基準（第一原理）とする「通俗的功利主義」（通俗的に理解される功利主義）については，以下に引くように，「異議申し立て」（の正当性）という観点から一般福祉と比較検討し，これを説得的に退けている。

　　　　　　しかしこの［(通俗的功利主義の)］解釈に従えば，〔中略〕たとえば教育においては，能力の高い子どもがそうでない子どもたちに比べより高度な教

育を受けることが，それが社会生産を最大化するという理由で正当化される。つまり「生産性の最大化」を第一原理とした場合，これに寄与し得ないと判断された子どもたち（やその親）は，そうでない子どもたちとの教育機会の差に異議申し立てをすることが許されないことになる。

　それに対して「一般福祉」の原理は，政策の正当性の根拠をただ市民全員の相互承認（合意［＝全き合意としての「一般意志」］）にのみもつ。したがって，〔中略〕ある一部の市民の福祉が侵害された場合には，彼らには異議申し立ての正当な権利が保障されるわけである。[58]

　これを読者に実感をもって受け取って（検証して）もらうために，筆者は次の例での補説を行いたい。図Ⅱ-6-3に示したのは，筆者所属の杉並区教委が「基礎学力」を主内容として近年に実施した学力調査における，ある小学校第6学年の結果である（左上は当該学年の第5学年時の結果）。筆者作成による本図は，x軸に国語科，y軸に算数科を配し，区平均正答率と標準偏差で標準化得点に換算した各児童の結果をプロットしてある。なお，x軸とy軸は区平均正答率（＝50）で交差させてあり，円は標準化得点換算後の標準偏差（＝10）の範囲を示す。

　筆者の経験上，本区において学力分布が図Ⅱ-6-3のようであれば，学年による差こそあれ，円から左下方に位置する児童（生徒）は，指導形態の基本型である「一斉指導」では指導要領に規定される当該学年で育成を目標とする学力を実質化することは困難である。加えて学習が，基本的に既習内容に新たな内容を積み重ねてい

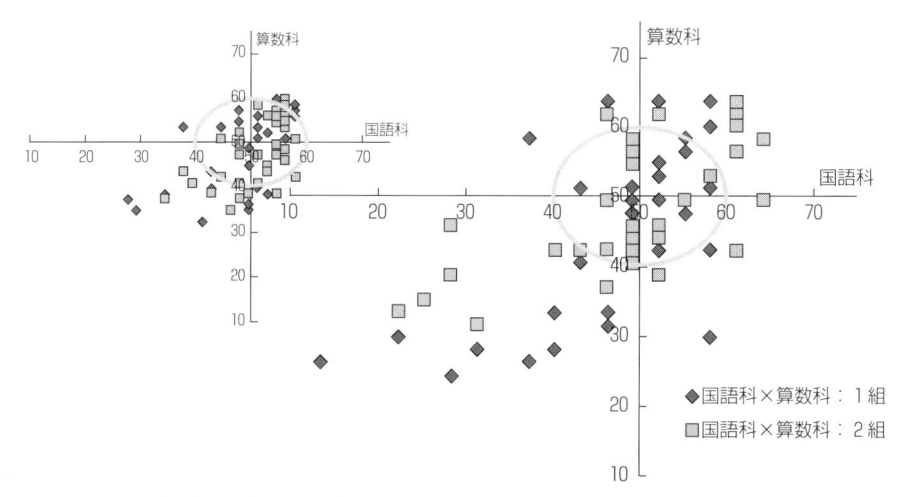

図Ⅱ-6-3　標準化得点による学力調査結果散布図（左上：5学年時，右：6学年時）

く段階的な営みである以上，本図からも視覚的に見取れるように，学力格差は学年の進行に伴って拡大していく傾向にある。したがって教師は，通常，これら児童(生徒)を「机間指導」「個別課題の付与」，授業外の「補習」をはじめとする手だてをもって指導していくし，保護者などからもそう期待されるはずである。

しかし，ここでもし読者の子供が円の範囲から左下方に位置する児童であったらどうだろう。特別な支援を要する場合を想像してもいい。自分の子供が，仮に他の子供たちから成績が劣り，将来的な社会生産の最大化，あるいはこれをもっと身近に言い換えて，学級全体の学力向上に寄与しないという理由で指導を放棄されたらどうだろう。恐らく多くはこれを「よくない」「不当」と見なし，学校に対して異議を申し立てるのではないか。しかしこのとき，公教育・学校が通俗的功利主義を正当性の基準原理として構想・経営されていれば，異議申し立ては棄却される。このような教育を，読者は「よい」「正当」と見なすことができるだろうか。

なお，上記を単に「想像上の事例」と見なすことは早計である。以下は筆者の経験事例なので参考程度に受け取ってほしいのだが，「学力不振層に位置する子供は，いくら指導したところで学年や学級の学力向上にほとんど寄与しない。だから本校では，伸びが最も期待できる成績中間層の子供に対する指導を学校経営の重点としたい」といった主張は，現実に存在する。例えば学校経営計画策定の相談を受ける際にこのような主張が為されれば，筆者はこれを，「すべての人（一般）のよき生（福祉）」の促進・拡大を正当とする一般福祉の観点から退けるのである。

しかしながら，その際筆者は，一般福祉があくまで「指針原理」[59]であることを十二分に踏まえる。学校には，一般福祉の達成を困難にする現実的な制約がある。例えば「すべての児童生徒に十分な学力保障を」というとき，それには，教育資源としての（常勤）教員の数や力量，特別な支援を要する子供への介助員，教材・教具などが該当するだろう。現実的な制約としての「状況」を踏まえるとき，一般福祉は，必ず達成しなければならない「究極目的」ではなく，どこまでもそこに向かっていく必要があるという指針原理としてこれをとらえる必要があるのだ。

ともあれ，自身に問いかければ，今日われわれの多くが共有しているはずの「すべての人が自由で対等な社会の一員」というメンバーシップの感度。それを根拠とした学校や教師，ひいては公教育制度に対する批判。このような社会批判（倫理）は，竹田[60]がいうように，自由の相互承認や一般福祉という観点からしか正当性をもち得ない。そして，人間の欲望の本質〈自由〉と市民社会の原理〈自由の相互承認〉が受け容れられるなら，われわれは，公教育やそれに関する諸制度を構想する際，正当性の基準原理である一般福祉を常に規範としておく必要がある。

2．改革に伴う学校・教師の勤務実態の変化と目的・状況相関的‐方法選択

さて，上記したようにわれわれは，公教育を構想する際，その本質や正当性とともに，現実的な状況（制約）を十二分に踏まえる必要があるのだった。そして，苅谷による，「どのような学力観に立とうと，あるいはどんな授業改善の実践論を展開しようと，それを実際に担う教員の質と量の問題を抜きには語れない」[61]との指摘を受ければ，われわれが必ず踏まえる必要のある状況は，一つに，学校現場と教師の実態ということになるだろう。では，ここ30年，特にここ10年の間の改革に伴って，学校と教師の勤務実態にはどのような変化が起きたのか。

(1) 改革に伴う学校・教師の勤務実態の変化という現実的状況

苅谷らが行った学校週5日制完全実施後の2003年「教員勤務実態」調査によれば，学校週5日制導入の影響は，子供たちの学校生活からというよりはむしろ，教師の仕事から「ゆとり」を奪っているとの結果が報告されている[62]。事実筆者も，ここ数年来「授業準備や成績処理，家庭連絡，発達障がい児についてスクールカウンセラーと相談，お便り発行や校務事務処理，研修報告書作成，出張。そういったことで精一杯です」といった声を耳にしているし，このことは，同調査によって一定程度それを裏付ける結果が得られているようだ（図Ⅱ-6-4）[63]。

もちろんこれだけでない。例えば佐貫は，「教育改革10年の総括」として，新自由主義的‐市場競争原理を底板に据えた改革は，「公教育破壊」推進の第一の元凶として告発されなければならないとし，こと成果主義的‐数値管理については，これを次のように断罪する。

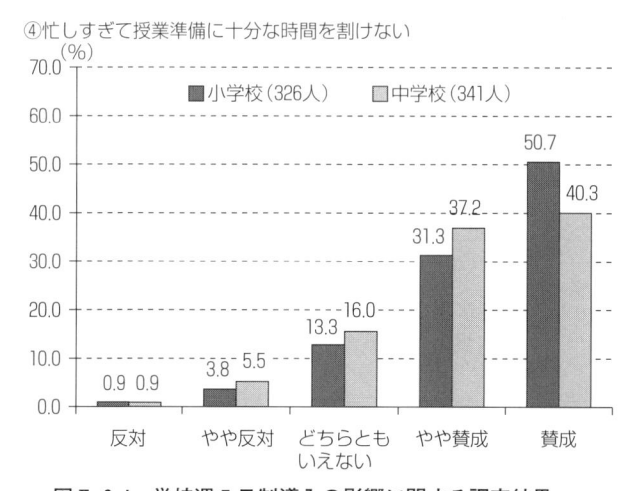

④忙しすぎて授業準備に十分な時間を割けない

	反対	やや反対	どちらともいえない	やや賛成	賛成
小学校（326人）	0.9	3.8	13.3	31.3	50.7
中学校（341人）	0.9	5.5	16.0	37.2	40.3

図Ⅱ-6-4　学校週5日制導入の影響に関する調査結果[63]

　　　　第四に，教育目標を上から管理し，教育成果，子どもの成長を数値化して
　　　　管理・評価する教育管理システムを強引に浸透させたことで，人間的な行為
　　　　としての日々の教育実践の全体性を奪い，形式化し，子どもにとってさらに
　　　　生きにくい，競争に一元化した教室空間を出現させた。
　　　　第五に，教師に多大な課題を負わせ，長時間の多忙を強い，責任を負いき
　　　　れない労働条件の非正規・低賃金労働を拡大させ，教師が協力し合う自発的
　　　　な協力関係を抑圧して上からの強権的な伝達と命令のシステムを組み込んだ
　　　　ことによって，ストレス拡大，病気の拡大，人間的な子どもと教師の関係の
　　　　発展を奪い，教師のやりがいと成長を奪った。[64]

　そして，教師の「多忙感」を表す次の肉声は，後段の指摘を裏付けるものとなろうか。2007年「教育改革等に関する教員の意見」報告書[65]からの引用である。

　　　　学校・家庭・地域の連携が言われるようになってから，連携といより，押
　　　　しつけ的なものになってきている。それは学校への押しつけである。食育・
　　　　性教育・禁煙教育・情報教育等々。〔中略〕教員は少ない時間の中で量的に
　　　　も質的にも多くものを求められ過ぎている。〔後略〕（女性30歳～34歳）[66]
　　　　　教員も人間です。1日24時間は決まっている。家庭もある。自分の納得す
　　　　る教材研究，準備をしているときは時間を忘れますが，今はただ，夜10時ま
　　　　でのサービス残業，土日も出勤し，やり残した仕事を片づけ，それができな
　　　　いといらいらする精神状態です。管理職の理由説明なき方針，命令。評価に
　　　　よる脅かし。給料削減。〔後略〕　　　　　　　　　　（男性51歳～59歳）[67]

　しかし反面で，次のような指摘にも留意しておく必要がある。例えば奈須は，「教科の場合は，〔中略〕熟練した技術者が十分な時間をかけ，精巧に組み上げた教科書が手元にあります。エンドユーザーとしての教師は，教科書にある活動をただただ実行すれば，そこそこの水準で内容が実現される」と述べた上で，「一方，総合的な学習をめぐる状況はまったく違っていました。〔教科書がない以上〕内容への意識なくしては，まともに学びを生み出すことすらできません」[68]とする。そして，「ある教科のつもりで始めた単元の中で，結果的に別の教科の内容を学んでしまってもいいのです。制度的には，学習指導要領総則の第5の1の（4）『児童の実態等を考慮し，指導の効果を高めるために，合科的・関連的な指導を進めること』が，この発想をバックアップします」[69]ともいう。つまり，こと指導要領に限っていえば，改訂（改革）はむしろ，教科書や教科等の枠にとらわれない「自律的・創造的な授業づくり」を可能にするものであるということになる。

あるいは守屋は，上記に関連して，教師の実態を次のように批判する。「どんなに教師に対して管理の厳しい学校であっても，一時間一時間の授業の中で教師が創意工夫をする余地は実はかなり大きい。〔中略〕それなのに，与えられることに従うという姿勢が強い教師が多いのはどういうわけだろうか。新しい単元を考えるとき，教師用指導書のとおりに授業を行う。『生活科』が新しく導入されると，何をすればいいかわからず，たまたま教科書に書いてあったからといって全国の教師たちがザリガニを飼い始める。『総合的な学習の時間』が始まると，教科書がないということで不安になって，すぐに手軽に使える実践事例集を求める」[70]。やや極端にまとめれば，指導要領改訂は本来自律的・創造的な授業づくりを可能にするはずなのに，現実は教師の力量不足に起因して程遠い状態にある，と。

(2) 目的・状況相関的‐方法選択という呼称の提案

既に明らかであろうが，成果主義的‐数値管理であれ，中央集権的な管理であれ，あるいはこれらを排して学校と教師の裁量権を拡大するのであれ，それは，一般福祉を促進・拡大する限りにおいて正当である。しかし仮に，自由競争や数値管理が教師の力量を高めることで一般福祉の促進・拡大に資するとしても，現実的な学校と教師の実態を踏まえれば，法令＝理念上拡大された裁量権を実質化し，自由競争を行うだけの人や資金，物，情報，時間，場所といった教育資源が「不足」しているのではないか。あるいは自由競争を行わないにせよ，例えば民主党マニフェストにある学校理事会を設置して学校裁量決定機関とし，その運営の一翼を（これから発掘・育成していく者も含めた）地域人材にゆだねようとするなら，各人の自発性と偶然の確率に依ってしか獲得できない地域人材（資源）の差異によって学校間格差が拡大し，義務教育の水準低下に一層拍車を掛ける可能性も否定できないのではないか。ここに際してわれわれは，2節2項から3項（1）において確認した，②法令＝理念上の裁量権・自由度拡大に伴い，現状ではほとんど何の下支えもないまま新自由主義的‐市場競争原理の時空間に放り出されている公立学校という現実的状況を，より実感をもって受け取ることができるはずである。

さて，以上を受けて筆者は，構造構成的研究法に組み込まれた「方法の関心相関的選択」について，"目的・状況相関的‐方法選択" という "呼称" を提案しておきたい。これは，方法選択の際に考慮する必要のある「現実的状況（制約）」[45]を明示する呼称である。前稿苫野がいう「原理と実践理論の区別」[71]を踏まえていえば，この方法概念によってわれわれは，公教育の本質・正当性という二つの原理＝目的，とりわけ現実的な状況（制約）を十二分に踏まえた実践理論＝方法の選択を，より自覚的に実践することができるようになると考えるからである。

3. 地方自治体教育行政における実践理論の基本型の提示に向けて

　前節から本節へと確認してきた様々な現実的状況（制約）を踏まえ，一般福祉の促進・拡大（目的）のために，地方自治体教育行政（方法）をどのように構想すればよいか。われわれは，公教育の本質と正当性の基準という規範・指針原理，目的・状況相関的 - 方法選択という方法選択＝実践理論の構想原理を手にすることで，錯綜する思想的対立から一歩を踏み出し，さしあたりこのように問いを建て直すことができる。そこで次節では，この問いから出発し，筆者が所属する東京都杉並区の教育（行政）改革例を通して，地方自治体教育行政を構想する際に「基軸」となる実践理論の「基本型」及び現教育委員会制度下での「具体例」を提示していく。そしてそれは，終節となる6節において述べるように，今後，地方自治体教育行政の在り方を構想していくに当たって，「根本モデル」の一つともなろう。

4節
地方自治体教育行政における実践理論の基本型

1. 地方自治体教育行政における実践理論の基本型としての〈支援〉

　様々な現実的状況を踏まえ，一般福祉の促進・拡大のために，地方自治体教育行政を構想すること。まず，この問いを受けて筆者は，とりわけ学校と教師の実態を踏まえつつ，教育委員会制度の今日的役割，それを含む地方自治体教育行政を構想する際に基軸となる実践理論の基本型を，杉並区の教育改革から取り出した〈支援〉というキーワードで呼ぶことにしたい。その要諦は，以下のようである。

　繰り返しになるが，公立学校は現在，ほとんど下支えのないまま新自由主義的 - 市場競争原理の時空間に放り出されているということができる。これは筆者なりに煎じ詰めれば，「教育資源の限界」という問題に尽きる。教育課題が多様化する一方，課題解決に投じることのできる資源やその開発には限界があり，特に教員の質・量という観点に立てば，2節2項（2）で確認した常勤率低下や若年化（大量退職・採用），3節2項（1）で踏まえた多忙感増大，さらには近年の「中途退職率」上昇[72]といった状況も相俟って，現状それは不足状態にあるといった方が適切であると思われる。このような状況で学校が自由競争を強いられれば，様相は，限りある教育資源――学校選択制を敷く自治体なら，そこには児童生徒数も含まれ得る――を奪い合い，極少数の勝者と圧倒的多数の敗者を生みだす「ゼロサムゲーム」[73]と化していく可能性すら高いと考えられる。そして，地域による程度差こそあれ，様々な教育資源の格差を一因として学校間格差・階層化が拡大し，このことによってある特定の子供たちが社会的に不利な状況に置かれる＝自由の相互承認を基盤とした自由の実質化が困難になるのなら，それは，すべての子供たち（学校）のよき

生の促進・拡大をめがける一般福祉原理に反することになる。

　以上の現状認識＝前提が受け容れられるなら，地方自治体教育行政，とりわけ今日の教育委員会制度に求められる機能の一つを，次のようにまとめることができるだろう。すなわち，善き合意としての一般意志下に限りある教育資源を一旦集約し，それらを一般福祉に照らして適正・傾斜配分しながら，各校が最低基準化された学習指導要領に沿って様々な特色を織り込み編成する教育課程・経営計画の実質化に向け，具体的〈支援〉を行うことである。そしてこれが，これまで杉並区教育委員会が「教育総合支援機関」である「杉並区立済美教育センター」を中心として取り組んできた教育（行政）改革の一端である。以下に，論じていこう。

２．教育総合支援機関としての杉並区立済美教育センター
(1) 杉並区教育改革の基本方針・具体的行動計画と済美教育センターの関係

　杉並区では，「人が育ち・人が活きる杉並区」をめざす将来像として掲げつつ，それを実現するための重要政策として「地域ぐるみで教育立区」を据える。杉並区教育委員会ではこうした区の取組に呼応し，2005年1月に「杉並区教育ビジョン」を策定，これまで，「未来を拓く人を育てる教育の推進」「自分たちで自分のまちをつくる人々の力の育成」を教育改革の基本方針としてきた。このビジョンを実現するための行動計画は，質的／量的なデータに基づく効果検証を通して，「杉並区教育ビジョン推進計画」[74]に具体化されている。

　こうした改革の基本方針・具体的行動計画の流れを汲む昨今では，教育の根幹を「人」であるととらえた上で，学校現場変革への〈支援〉を特に重視＝実践理論の基本型とし，「教員の資質向上・力量形成」「学校経営を支える人的支援」「地域との協働」を中心とした六つの目標を設定，様々な施策を構想・展開している[75]。そして，この〈支援〉というキーワードが具体化されるのが，前項で触れた教育総合支援機関としての杉並区立済美教育センターである。

(2) 教育総合支援機関としての済美教育センターが有する支援機能

　図Ⅱ-6-5は，済美教育センターの組織体制を「支援機能」の観点から整理して示したものである。図Ⅱ-6-1に示した教育委員会組織例に即して説明すると，杉並区では，一般に「指導室」と呼ばれ，「設置者管理・負担主義」[76]を法的背景とした自治体設置・所管学校の教育課程・教職員服務に関する管理・監督，筆者なりにいえば〈指導〉〈助言〉を実践理論の基本型とした「学校教育課」の機能を，まず，教育委員会事務局における①「教育人事企画課」，②「教育改革推進課」，教育委員会出先機関としての③「済美教育センター」へと分離する。これらは主として，①が「教職員の服務監督」「教員独自採用」「民間人校長の導入」「副校長二人制」をはじめとする「教職員人事に関する機能」，②が「学校支援（地域）本部の設置」「コ

```
                    ┌──────────┐
                    │  所　長  │
                    └────┬─────┘
                    ┌────┴─────┐
                    │  副所長  │
                    └────┬─────┘
┌──────────┐             │             ┌──────────┐
│主任分析官／│             │             │統括指導主事│
│経営支援  │─┐  ┌────────┴─────────┐  ┌─│          │
│スーパーバイザー│ │  │副所長代理・統括係長│  │ │ 指導主事 │
└──────────┘ │  └────────┬─────────┘  │ └──────────┘
```

①調査研究
　○済美教育センター事業評価に基づく経営改善
　○学力調査，意識・実態調査実施・研究

②学校教育課程
　○学校教育課程管理
　○学校経営計画分析
　○学校管理職経営相談
　○学校魅力づくり
　○教科書採択（事務）等

　○体力等調査実施・研究
　○学校評価実施支援・研究
　○杉並区課題別指定研究推進
　○学校内研究支援
　○調査研究に基づく指導法・
　　教材などの資源開発 等

⑤教職員育成
　○教職員研修企画・運営
　○指導教授制度
　○認定講師制度
　○授業力向上塾運営
　○自己啓発塾企画・運営等

③教育相談
　○来所相談
　○学校復帰支援
　○スクールカウンセラー
　　（SC）派遣・研修
　○適応指導教室運営 等

④緊急課題対応
　○いじめ解決支援
　○学級の荒れ解決支援
　○スクールソーシャル
　　ワーカー（SSWr）派遣
　○来所相談 等

⑥特別支援教育
　○適正就学支援
　○来所相談
　○介助員派遣
　○巡回相談アドバイザー
　　による巡回相談 等

⑦学校図書館支援
　○学校図書館運営支援　○済美教育センター教育図書館運営 等

⑧国際理解・日本語指導
　○国際理解教育推進　○外国人・帰国児童生徒に対する日本語指導 等

⑨教育情報収集・周知広報
　○学校の取組の情報収集・周知広報　○済美教育センター情報発信 等

教育総合支援機関としての済美教育センター

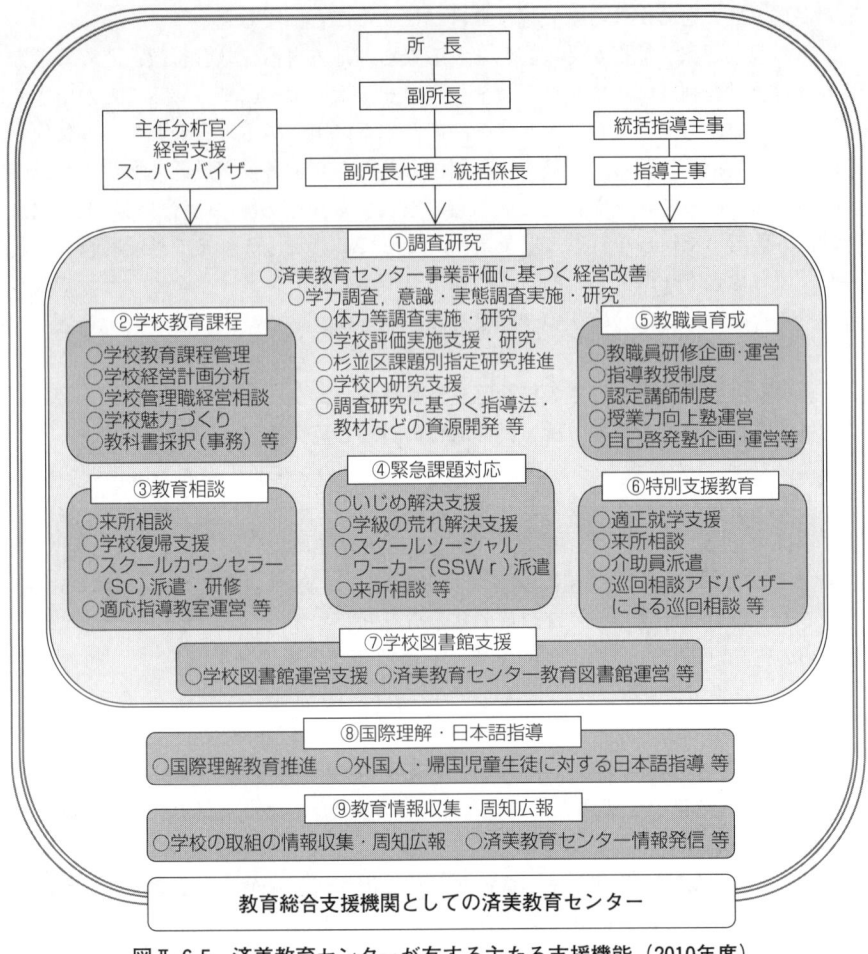

図Ⅱ-6-5　済美教育センターが有する主たる支援機能（2010年度）

ミュニティ・スクール（地域運営学校）の拡充」「小中一貫教育の推進」といった「教育制度改革に関する機能」，③が図Ⅱ-6-5に示した「学校経営支援に関する機能」を担う。すなわち済美教育センターは，従前〈指導〉と一体であった〈助言〉機能を〈支援〉に置き換えつつ物理的にも分離することで，学校やその教職員が人事評価（教育人事企画課）と一定の距離を置き，実状に応じて様々な支援を要請することのできる機関なのである。

　なお，付言しておくと，従前の教育委員会は，上記機能の大半を学校教育課配置の指導主事数名（と一般行政職等）で担っていたということになる。筆者の実感と

していえば，地域差こそあれ，多様化する教育課題のすべてを学校が自力解決することは極めて困難であり，それは，指導主事数名の助言（支援）をもってしてもやはり同様である。学校教育力の低下可能性を踏まえれば，それはなおさらであろう。杉並区教育委員会では，こういった課題意識の下，学校現場変革に先駆け，それを下支えする教育行政の仕組みづくりを優先改革事項としたのである。

(3) 済美教育センターの組織とデータ・グランデッドな支援

こうした改革の経緯を受け，学校現場変革の中心的下支えとなる済美教育センターでは，所長→副所長→副所長代理・統括係長という指示命令系統を基軸とし，統括指導主事→指導主事（5名）系統からの指導・助言，主任分析官／経営支援スーパーバイザーの助言の下，データ・グランデッドな調査研究に基づく多角的支援を行う。そして，各支援機能（及び庶務事務）は，学校管理職・教職員を（定年・中途）退職し再任用となった職員（区費採用嘱託員・都費採用非常勤教諭）と一般行政職員が協働して担う。改革当初の2005年度，30名（1課3係）に満たない職員配置だった済美教育センターは，支援機能を拡張しながら2010年度には100名超（1課5係）の組織となり，次ぐ2011年度には，事務局各課との機能分担の見直しや連携強化を中心課題として，全庁規模の組織改正を予定している。

さて，データ・グランデッドという観点からいえば，済美教育センターが特に課題視していることの一つに，「教師の力量差」やそれに起因した「児童生徒の学力格差」の進展傾向がある。大量退職・採用の時代にある今日，本区では，小学校第1―4学年における「30人程度学級」全校実施のために毎年度30名前後の独自（養成・）採用を行ってきた経緯もあって，2010年度では，約120名の初任者・新規採用者・期限付採用教員（以下，初任者等教員と略記する）を迎えた。本区教員（本務者）総数は約1400名であるから，実に1割近くが，教育経験が浅く，これから指導力を育成していく必要性の高い教員ということになる。

そして，このことは，もちろんのこと児童生徒の力能にも一定の影響を及ぼす。例えば3節1項（2）において示した図Ⅱ-6-3を再見すると，2組と比較した際の1組における学力格差の進展度合いが，5学年で左下方に位置する児童の多くが6学年で更に左下方へ移動していることを一因とし，一定程度高いことを視覚的に把握できるだろう。これと同型の事態は，本区の場合，初任者等教員をはじめとする若年次教員が担当した複数の学年・学級において確認されている。よってここから本区の一般傾向とし，若年次教員においては，特に学力不振層に位置する児童生徒の学力保障・向上が困難であるという課題が同定できることになる。

とはいえ上記については，そもそも100点という「連続」得点上のわずか何点という差に，実質的な学力差がどれほど反映されるのかといった疑義が呈されて然りだろう。そこで済美教育センター（筆者）は，「段階」的な学力評価を可能にする

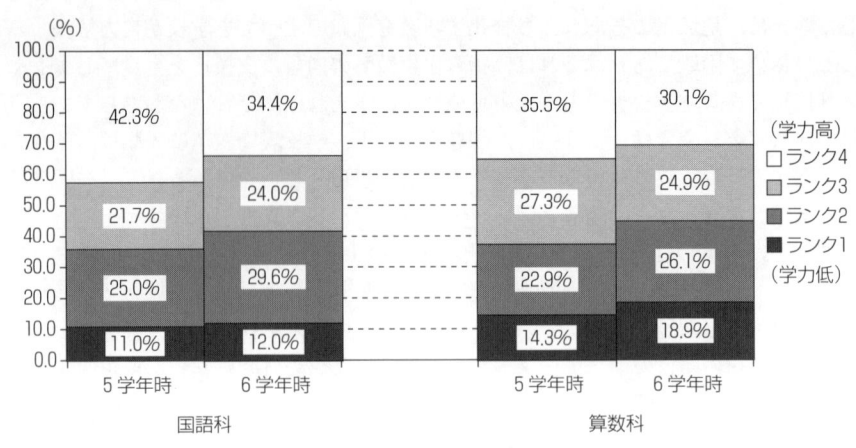

図Ⅱ-6-6　潜在ランク理論による学力調査結果の分析結果（一部）

「潜在ランク理論」[77]による分析も試みており，図Ⅱ-6-6にはその結果の一部を示してある。潜在ランク数を"4"に設定し，本区で「当該学年までに期待される学習内容の修得が不十分」と見なすことにしている"ランク1"に着目すると，該当児童が国語科では5,6学年時ともに10％強，算数科では5学年時14.3％が6学年時で18.9％まで増加していることを確認できるだろう。そして潜在ランク理論による分析においても，上記した若年次教員の課題はやはり同定できる。

　もちろん，潜在ランク数の設定は基本的に恣意であるため，どのランク数が児童生徒の学力格差の度合いや将来的な自由の実質化を最もよく表現・予測するかについては議論の余地が残るし，ある時点での児童生徒の学力には，学校教育外の要因も影響する。しかしいずれにせよ，済美教育センター・杉並区教育委員会では，こうした質的／量的なデータに基づく現状分析・課題把握から，一般福祉に照らした教育資源の適正・傾斜配分をめがけるのである。

（4）若年次教員育成を中心課題とした済美教育センターの教職員育成支援

　では，上記の現状分析・課題把握を受け，済美教育センターでは，一般福祉に照らしてどのように教育資源を適正・傾斜配分し，さらには，具体的にどのような学校支援を展開しているのか。この問いへの回答を図Ⅱ-6-5に示した支援機能に即していえば，以下に述べるように，③教職員育成，とりわけ中でも，若年次教員の育成支援を主目的とする「指導教授制度」[78]がその代表施策となる。

　まず確認しておくと，現在，東京都教育委員会では，教員の大量退職・採用に伴い，定年退職を迎えた教職員を再任用して学校現場に配置，学校管理職としての継続登用，小学校については，2010年度より社会人経験のない初任者の補助役として

活用する施策を展開している[79][80][81]。しかし杉並区では，都施策との調整を図りつつ教育委員会事務局・済美教育センター配置での再任用を行い，その一部を，先の指導教授制度における「指導教授」業務に充てる。これは，データ分析による課題把握とともに，以下のような現状認識に基づく制度設計である。

　例えば，再任用教員を特定の学校（教員）に配置して初任者の育成に充てる場合，その教育資源の活用は，当然ながら一校単位にとどまる。よってこの場合，制度設計上は，初任者と同数，少なく見積もっても，初任者が配置される学校と同数の再任用教員が必要ということになる。しかし実態は，すべての退職教員が再任用される（できる）わけではないということもあり，都施策の2010年度実績は，588名に対して再任用教員83名配置（14.1％）にとどまった。また仮に，再任用教員を学校や初任者の実状に応じて傾斜配分するとしても，都教委が，1300以上にもなる区市町村立小学校（中学校は600以上）の実状を把握した適正配分を行うことは，事実上極めて困難だろう。もちろん筆者とて，都の制度には理念上賛同しているし，その拡大実施を望んでいる。しかし本制度は，例えば再任用教員の将来需給率予測という現実的制約（状況）を踏まえる限り設計上かなりの無理があるといわざるを得なく，その一端は2010年度実績を見てもある程度明らかであることから，少なくともこれを補完していく必要がある。

　さて，こういった現状認識を基に本区では，都教委施策との調整を図りつつ，限られた再任用教員，中でも学校管理職退職者のみを集約し，指導教授としてまずは各分区（小学校7分区，中学校4分区）単位へと均等配分，その都度変化していく学校や若年次教員の実状を見取りながら傾斜配分していくことにしている。2010年度実績では，小学校6名，中学校2名の指導教授が各校を巡回し，学校長の経営方針や人材育成計画，要望などを受けつつ，実状に応じて訪問回数を調整しているのである。また，学力不振層に対する学力保障・向上の困難は，通常学級における特別な支援を要する児童生徒の影響も大きいとの判断から，同年，特別支援教育を専門としていた退職教員を指導教授として校種・分区横断的に配置し，幼稚園担当を含めれば，計10名の指導教授が若年次教員の育成にあたっている。

　なお指導教授は，済美教育センターの支援資源を配分する上で重要な学校情報の媒体の一つであるとともに，例えば若年次教員の共通課題を明らかにすることで，研修制度の設計にも資する制度となっている。本区では，「全職層（年次）・関心に対応可能」を研修制度設計の基本方針[75]としており，中でも，筆者が2010年度1－4年次各々の研修，10年経験者研修において担当した目的・状況相関的‐方法選択を基軸とした「授業づくり・指導案作成の原理」[82]，学力散布図（図Ⅱ-6-3）を活用した「授業づくり・学級経営に活かす学力調査，意識・実態調査のよみ方」などは，指導教授の提案から設定されたものであることを付記しておきたい。

(5) 一般福祉・一般意志をはかるためのデータ・グランデッドな施策展開

このようにして杉並区教育委員会では、済美教育センターを中心とした支援を行っている。もちろん学校や教師を対象とした支援施策に限らず、すべての児童生徒の学校生活が充実するようにと、学校の通常授業では扱うことが困難なより高度で興味・関心を喚起する内容を扱う学習会や、近隣高等学校との連携・専門的な技術をもった指導者を招致して行う部活動を、夏季休業中・中学生対象とし、学校合同で実施するといった試みもある。しかしここで留意しなければならないのは、こういった施策が児童生徒の一般福祉はもちろんのこと、学校やその教職員の一般意志足り得るかもはかる必要があるということだ。

そこで済美教育センターでは、学校やその教職員の意志をはかり、種々の施策や支援機能を改善していくために、学校管理職を対象とした年度2回の「事業評価」を実施している。例えば先の指導教授制度では、2009年度末の結果として肯定率84.8%（前年度比＋16.1）、全事業においては76.9%（昨年度比＋6.2）との評価を得た。こうした施策や支援機能改善の効果もあってか、小学校第3—6学年、中学校全学年を対象とし、本区が学力調査とともに実施する「意識・実態調査」のうち「学校の生活が充実している」項目に対する2010年度肯定率（調査開始2004年度比）は、小学校対象学年総合で87.1%（＋6.4）、同じく中学校で82.8%（＋8.2）となっている。ここからは、改革の成果を一定見取ることができるだろう。

3．改革の指針・規範としての公教育の本質原理・正当性の基準原理

ここでは紙面の都合により、これ以上地方自治体教育行政における実践理論の基本型としての〈支援〉について、現制度下での具体例を述べることはできない。しかしながら、本節を終えるに当たって筆者は、再度、公教育やそれに関する諸制度を構想する際の指針・規範である公教育の本質原理と正当性の基準原理を思い起こしておきたい。例えば前項末で述べたような成果に安住することなく、すべての児童生徒から「現在」の学校生活が充実しているとの回答が得られることはもちろん、彼らの「未来」が、様々な制限の中で、〈自由の相互承認〉を基盤として他者の生き方に配慮しつつ、自分の生き方を自分で選択・決定でき、それに納得感や満足感をもてるものになること。つまりわれわれは、すべての児童生徒が〈自由〉になるための地点を、どこまでもめがけていく必要があるのだ。

◆◆ 5 節 ◆◆
実践理論の基本型に基づく地方自治体教育行政のこれから

こうしてわれわれは、地方自治体教育行政における実践理論の基本型として〈支

援〉というキーワードを手にした。そして，前節でこのキーワードから述べた現教育委員会制度下における具体例に立てば，以下に述べるように，2・3節で確認してきた本制度をめぐる中心問題の幾つかは一定解消することができ，さらにそこから，今後の地方自治体教育行政の在り方についても，その構想に資する一定の見解を提出することができるはずである。

1．〈支援〉を基軸とした地方自治体教育行政の構想
(1) 学校と教師を支える教育委員会制度の今日的役割

 まず，①学校教育力の低下可能性という状況のうちにおいて，②ほとんど下支えのないまま自由競争の時空間に在る公立学校という点については，地方自治体教育行政における教育委員会が，一般福祉に照らしつつ限りある教育資源の集約，適正・傾斜配分を行い，それを具体的な支援へと結び付けていくことで，所管学校の下支えとなることができる。そして次に，教育委員会にこのような機能を付していくことは，その役割の問い直しが高まる今日において，③教育委員会を活性化するための具体案を示すものとなる。

 とはいえ現在でも，教育委員会が限りある教育資源を集約し，それを適正・傾斜配分していく施策は展開されているだろう。例えば，優れた力量をもつ教員を認定して学校間の共有資源化し，当該校には後補充講師を配置，当該教諭が所属外学校からの要請に応じて特定日時のみ訪問指導が可能になる制度である（なお杉並区では，図Ⅱ-6-5の「認定講師制度」がこれに該当する）。しかしながら，特定日時であれ貴重な人的資源を奪われたくない，この制度はなぜ正当なのかといった対立意見が，当該教諭の所属校から教育委員会に寄せられることもあるだろう。しかしこのとき，教育委員会は，一般福祉を学校との共通規範とし，目的・状況相関的 - 方法選択とともに実践理論の基本型である〈支援〉を思い起こすことで，学校の現実的な状況を十二分に踏まえ，そして何よりこれを支えつつ，一般福祉に迫るためのより建設的な議論の場へと自覚的に歩み出していくことができるはずである。

(2) 教育監査委員会・学校理事会の設置と地方自治体教育行政の今後の在り方

 そして，このように考えてくると，例えば③教育委員会制度の解体・廃止を前提した教育監査委員会・学校理事会の設置については，これに一定の留保を掛ける必要がある。3節2項(2)で述べたように，仮に現制度を廃止して教育監査委員会・学校理事会を設置する場合，理事会の構成人材という独力で獲得しなければならない教育資源の差から学校間格差・階層化が拡大する可能性を否定できない。特定の学校・児童生徒が社会的に不利になるこのような事態が一般福祉に反することは，4節1項でも述べたとおりだからである。

 とはいえ筆者は，学校理事会だけでなく，学校支援地域本部やコミュニティ・ス

クール構想の背景にある教育統治の理念[36][37][83]に賛同している。繰り返すが，教育課題が多様化の一途を辿る今日，学校の教育活動に地域や保護者が一層の理解を示し，それを支援することは不可欠と考えるからだ。つまり筆者が強調したいのは，あくまで一般福祉に照らした際の学校間格差・階層化の拡大可能性に対する是正可能性なのである。現制度であれば，例えば杉並区[74]のように，「学校教育コーディネーター」「地域コーディネーター」「学校サポーター」などを地域運営学校推進のための資源としてある程度集約し，実状に応じて配分することで，著しい学校間格差・階層化が生じたとしても，これを是正していくことができる。また，「スクールソーシャルワーカー」が地域の教育資源を新たに開発することで，これを学校教育に投じることも可能である。地方自治体教育行政にはこのように，資源開発を含め，すべての所管学校を下支えすることのできる機能が求められるはずだ。

　以上を受ければ，今後，教育委員会制度を改編・廃止するにしても，地方自治体教育行政は，教育資源の集約・開発と適正・傾斜配分を含む意味での〈支援〉機能を基軸＝最低限有する機能として構想しておく必要がある。そして，そうした在り方が，公教育の正当性の基準原理である一般福祉にかなうといえるだろう。

(3) 教育政策への首長関与権限と一般意志・一般福祉という二つの正当性

　すると，地方自治体教育行政の今後の在り方を構想するに際して次に考えなければならないのは，教育監査委員会設置と関連する④形骸化した教育委員の実態，⑥教育政策への首長関与権限である。とりわけ後者は，2節1項冒頭で引いた小川の指摘[19]にあるように，犬山市や品川区をはじめ，首長と教育委員会事務局が教育政策の裁量・決定権限をめぐり対立するような事態もある。しかし筆者の考えからすると，この対立は問題の「本質」を的確につかめないがゆえに生じる「不毛な信念対立」という側面を否めない。では，この問題の本質とは一体何なのか。

　教育政策の裁量・決定権限をめぐっては，現在までに，これを乗り超えようとする案が複数提出されている。筆者の管見の限りその多くは，民主党案と同じく首長所管での教育行政執行を求めるものであり[84]，他方これと対立して，教育（行政）の住民自治を根拠とした教育委員の直接公選制案なども存在する[85]。しかしこれら案の議論には共通して補う必要のある点があり，この点こそが，教育政策の裁量・決定権限問題の本質と筆者が考えるものである。

　つまりこの問題は，結局のところ公教育やそれに関する諸制度を構想する際の規範欠如に起因しており，そうである以上その本質は，ある教育政策の決定・展開が，一般福祉，そしてここでは一般意志を含めた両正当性にかなうか否かに尽きる。例えば入学予定者数や児童生徒数の推移を基本情報として学区（就学指定）変更や学校の適正配置（統廃合）を展開する際，行政が十分な住民説明を行う必要があるのはなぜか。あるいは逆説的に，十分な説明がない行政トップダウンでの施策決定を，

地域住民，また学校や教師がしばしば問題視するのはなぜか[86][87]。それは，仮に行政（政治権力）から見てある施策展開が一般福祉にかなうとしても，それは社会政策として正当であるにとどまり，その前段にある施策決定が，全き合意としての一般意志という政治権力としての正当性（正統性）に反するからだ。

とすれば，この問題を考えるに際して踏まえておく必要があるのは，次の三点になる。①行政が一般福祉にかなうと想定する政策・施策が一般意志足り得るかは分からず，逆に，一般意志足り得る政策・施策が必ずしも一般福祉を促進・拡大するとは限らないこと[88]，②例えば首長の直接公選制や裁量決定の議会承認制が一般意志に近付くための方法であり，教育行政の一般行政からの独立性が一般福祉に迫るための実践理論の一つであること，さらに，③方法＝実践理論の「有効性」「妥当性」が目的・状況相関的に規定される以上[89]，それらは，一般意志・一般福祉という両原理を普遍的な目的・指針としながらも，その都度の現実的な状況によって選択可能であること，である。これらを前提すれば，教育政策の裁量・決定権限をめぐる対立は，不毛な信念対立という側面が否めないことを理解できるだろう。この対立において首長は，しばしば直接公選制から一般意志の代表性を正当性（正統性）の「矛」とするし，多くの場合教育委員会事務局は，一般福祉の促進・拡大を正当性の「盾」として一般行政からの独立性を主張するからだ。しかし両正当性は，矛と盾が目的を共有した際に「矛盾」する道具ではなくなるように，相補完的な，それでいて分離することのできない原理＝目的・指針である[90]。よって，ある状況下において，どうずれば一般意志・一般福祉両者へ接近できるのか，あるいはその接近可能性を，どのような方法＝実践理論が，どの程度担保し得るのか。これこそが，本来この問題において自覚的に議論されるべき内容であるはずだ。

このことを自覚すれば，教育政策の裁量・決定権限については，首長所管案であれ，教育委員会事務局の一定独立案であれ，あるいは教育委員の直接公選制を基軸とした案であれ，それぞれが一定の有効性と妥当性，何より「限界」をもつことが明らかになるだろう。これは換言すれば，複数の案が相補完的な方法＝実践理論にもなり得るということである。例えば本稿で度々引用している小川は[91]，①首長所管での教育行政執行，②形骸化した教育委員の役割を地域教育ニーズの発掘やそれに基づく教育政策の基本大綱の設定，地域での教育議論のリードなどに限定，③具体的な政策方針・企画立案とその執行は教育長及び事務局にゆだねること，を提案する。また彼は，④教育長を首長任命制としながらも，その承認を議会や教育委員会にゆだねる，⑤教育委員の推薦制，準公選制，といったことも検討されてよいとする。この案の場合，①，②⑤が一般意志を代表しつつ，③が一般福祉を促進・拡大する具体的な政策・施策案を作成することで，両正当性への接近可能性は一定担保される。④は，一般意志と一般福祉をいわば「接続する」策ということができ

るだろう。では，このような案が，どのような状況においてどの程度有効・妥当足り得るかという問いへの回答は，更なる議論を要するため稿を改めて論じるほかない。したがって本稿では，教育政策の裁量・決定権限問題の本質を先のように指摘するにとどめ，ここで再度，以下の三点を強調，補説しておく。

　すなわちそれは，地方自治体教育行政の今後の在り方を構想する際の必要条件・機能についてである。第一に，教育委員会制度を改編するにせよ，本制度を排して教育監査委員会といった機関を設置するにせよ，それは，国が都道府県に対して，都道府県が区市町村に対してそうであるように[22]，例えば地教行法において，所管学校への〈支援〉を基軸＝最低限有する機能とする旨の改正が付加的な必要条件になること。第二に，〈支援〉とは，一般福祉に照らした際の学校間格差・階層化の是正可能性を担保するための機能であること。そして第三に，〈支援〉とは裏返せば，学校教育力・義務教育の水準を，児童生徒だけでなくその保護者，教師，それを取り巻く地域住民といったすべての人がより〈自由〉になるための地点に推し進めていくための機能でもあること。本稿では，ここで第三の点を補説し，これらをもって，今後の地方自治体教育行政の構想に資する見解としたい。

2．実践理論の基本型としての〈支援〉の一般化可能性と限界

　しかしながら，最後にわれわれは，地方自治体教育行政における実践理論の基本型として提示した〈支援〉の「一般化可能性」について考えておかなければならない。また，この点には，地方自治体教育行政・教育委員会制度をめぐる中心問題のうち，ここまでに論じ残している⑤教育行政の安定性の問題が関連する。

　まず，実践理論の基本型である〈支援〉，特にその具体例については，各区市町村の諸条件，つまり状況相関的に一般化可能性やその限界が異なるという点を踏まえなければならない。例えば筆者所属の杉並区は，2009年度（2008会計年度）で総行政費に対する教育費比率15.5%[92]，面積34.02km^2，推計総人口541,066人（人口密度15,900人／km^2）であり，所管学校数は，義務教育課程では区立養護学校1校を含め68である。しかし同じ東京都でも，面積・人口密度や学校数，何より学校や地域の実状からすれば，学校支援の拠点が複数必要になる場合も考えられるし，逆に，複数の区市町村に対して一つの拠点で十分な場合も想定できる。つまり支援機能の「最適規模」は状況相関的に異なると考えられるから，〈支援〉の一般化可能性や限界を規定するに当たり，この点の十分な検証も必要である。

　また，上記のうち特に教育費と関連して，民主党は，地方への補助金廃止と一括交付金化への改革を提案している。これついて例えば小川[93]は，ナショナル・スタンダードを確実に確保する財源保障制度であり，義務教育学校の管理・運営の諸権限を設置者に移譲・集中することで，県費負担教職員制度から生じる都道府県と

区市町村の跛行状態を解消し得るとしている。これについても本稿の範囲を超えるため改めて論じ直すほかないが、いずれにせよ、地方自治体教育行政に教育資源の集約・開発と適正・傾斜配分，何より具体的な学校支援の機能を付与し、それを実質化するためには、指導主事や再任用教員に限らず、研究者をはじめとした教育専門職確保の安定性が必要である。筆者としては、一括交付金がその財源的裏付けとなり〈支援〉の一般化可能性を推し拡げると考えているが、本制度は本稿執筆時点で構想段階にあるため、今後、その動向を追っていかなければならない。

6節
教育改革とは何であり続けるのか――まとめと今後の課題

　折しも本稿を投稿中の2010年9月、現政権である民主党は党代表選挙に突入した。代表選後の国政が、公教育を含む文部科学に関してどのように舵を取るのか、筆者には分からない。しかし、いずれにせよ多くの者は、ここ10年の改革を下支えした新自由主義的‐市場競争原理の完全な転換を望むのだろうか。

　しかし原理的には、次のようにいっておかなければならない。本稿で呼称を提案した目的・状況相関的‐方法選択を基軸とすれば、学習指導要領に規定される全国標準の目標（目的）を同じくしても、児童生徒の実態や教師の質・量をはじめとする現実的な状況（制約）によって、有効な教育課程・授業展開といった方法は異なることになる。学校や地域の状況が多様であることを認め、一般福祉に照らすなら、規定以上に高度な学習を保障するために、目標（目的）すらある程度の設定幅が必要だろう。このように考えてみると、少なくとも指導要領は、法令＝理念上、かつての中央集権的‐官僚制的な管理・統制色を弱め、状況に応じた自律的・創造的な教育課程編成・授業づくりを可能にする方向で改訂されている。また、成果主義的‐数値管理の筆頭としてしばしば批判される学力調査などは、状況要因としての児童生徒の実態をデータ・グランデッドに見取ることで、確実な学力保障・向上の実質化という目的の達成に資する方法の一つにもなる、と。

　新自由主義的‐公教育改革は、3節2項（1）で引いた佐貫の指摘[64]にあるように、確かに学校や教師、子供たちへの弊害を含んでいただろう。しかしそれは、あくまで現象の一側面であったというにとどめなければならない。そうである以上われわれは、改革の舵を、安易に揺り戻し的方角へと切ってはならないのである。

　公教育やそれに関する諸制度を構想するための三つの原理を手にした今、読者は、一連の新自由主義的‐公教育改革を、どのように評価／批判するだろうか。

1. まとめと今後の課題

　さて，前置きが長くなったが，まとめと今後の課題を置いていこう。
　本稿では，社会政策に位置付く公教育の「本質」と「正当性」の基準という規範・指針原理，"目的・状況相関的‐方法選択"（方法の関心相関的選択）という方法選択＝実践理論の構想原理から，地方自治体教育行政における実践理論の基本型として〈支援〉を提示した。限りある教育資源の集約・開発とその適正・傾斜配分，これに基づく学校の具体的な下支えを意味する〈支援〉は，第一に，学校や教師の裁量権拡大，しかしそれを実質化するだけの資源不足という今日的な状況を踏まえた際の地方自治体教育委員会（制度）の役割を示す。さらに〈支援〉は，第二に，今後，地方自治体教育行政の在り方を構想するに当たって「基軸」となる，いわば「根本モデル」の一つになる可能性を有すということができる。この意味でも〈支援〉は，「一般福祉」という公教育の正当性の基準原理に照らした際に地方自治体教育行政に求められる，「最低限の機能」を示しているのだった。
　しかし，これら実践理論には，一定の留保があることを自覚しておく必要がある。とりわけ〈支援〉が根本モデルの一つになる可能性を有すという点については，現時点で「仮説」の域を出ない。よって，本稿では触れることのできなかった「教員養成課程」やその改革経緯，今後の展望[94]，民主党政策にある「中央教育委員会」構想[36]なども考慮し，実践理論の基本型またその具体例の有効性や妥当性，5節2項で述べた一般化可能性やその限界を継続的に検証していく必要がある。
　加えて，その際，5節1項（3）で教育政策の裁量・決定権限問題としてその本質を指摘したように，一般福祉の基体となる「一般意志」に迫るための具体的な方法＝実践理論についても更なる議論が必要である。教育政策・施策の決定「過程」の問題となるこの点の議論は，図Ⅱ-6-1に示した現制度下における「レイマンコントロール」，本稿で引いた小川案[91]をはじめとする複数の改革案[34][35][84][85]の検証を含むものであり，前段で述べた内容と併せて，今後の課題となろう。

2. 教育改革とは何であり続けるのか

　そして最後に，本稿，特に本節において筆者が暗に示しておきたかったのは，巷に溢れる，あるいは今後更に溢れ返るようにも思われる，新自由主義的‐公教育改革への行き過ぎた批判に対置した，建設的な教育議論の「在り方」である。──しかしながら，そもそも教育改革とは何であったのか。本稿を閉じるに際してもう一度こう問うとき，われわれは，改革をどのような根拠から評価／批判できるのか。その先に，どのような考え方を指針とすれば，公教育を正当に構想できるのか。前稿苫野が引いた規範欠如の問題を受け，広く共通了解を得ることのできる規範を共有し，それを指針としてこれからの公教育やそれに関する諸制度を構想していくこ

と。われわれには，それが切実に求められている。そして繰り返しになるが，人間的欲望の本質〈自由〉と市民社会の原理〈自由の相互承認〉が受け容れられるのならば，教育改革とは，「すべての人のよき生」である一般福祉の促進・拡大を，教育，ひいては，よりよい「社会の未来」へと向かって，力強く，どこまでもめがけ続けるものでなければならない[95]。

【註および文献】

[1] 苫野一徳　2009　どのような教育が「よい」教育か―ヘーゲル哲学の教育学メタ方法論への援用　RATIO 5　p.260.
[2] 佐伯　胖・黒崎　勲・佐藤　学・田中孝彦・浜田寿美男・藤田英典（編）　1998　岩波講座12　現代の教育　危機と改革―世界の教育改革　岩波書店　p.V.
[3] Organization for Economic Co-operation and Development：経済協力開発機構
[4] OECD　2001　Education Policy Analysis 2001. OECD Publishing. 御園生純・稲川英嗣（監訳）2002　世界の教育改革　OECD教育政策分析　明石書店
[5] OECD　2002　Education Policy Analysis 2002. OECD Publishing. 御園生純（監訳）　2006　世界の教育改革2　OECD教育政策分析―早期幼児期教育・高水準で公平な教育・教育的労働力・国境を越える教育・人的資本再考　明石書店
[6] OECD　2003　Educational Policy Analysis 2003. OECD Publishing. 稲川英嗣・御園生純（監訳）　2009　世界の教育改革3　OECD教育政策分析―特別支援教育，キャリア・ガイダンス，高等教育ガバナンス，成人生涯学習への投資　明石書店
[7] 藤田英典　1998　Ⅰ　教育改革の論理と構造（[2]のpp.3-20のp.4）
[8] 藤田英典　2006　岩波ブックレット No.688　教育改革のゆくえ―格差社会か共生社会か　岩波書店
[9] 小川正人　2010　教育改革のゆくえ―国から地方へ　筑摩書房
[10] この経緯は，下段で述べる「学力低下」論争との関連も含めて，以下の論考に詳しい。
　　佐藤　学　2006　第2章　転換期の教育危機と学力問題―学力議論と学校の変容　基礎学力開発センター（編）日本の教育と基礎学力―危機の構図と改革への展望　明石書店　pp.35-50.
　　なお，「ゆとり教育」の開始とされるのは，一般に，1998年告示（改訂）の学習指導要領が完全実施となった2002年（度）とされる。
[11] 最初に学校選択制を導入したのは，1998年三重県紀宝町である。
[12] 佐藤　学　2009　改革論争のポリティクス　1章　学力問題の構図と基礎学力の概念　東京大学学校教育高度化センター（編）　基礎学力を問う―21世紀日本の教育への展望　東京大学出版会　pp.1-32.の p.1.
[13] 1956年から1965年にかけて実施された「全国中学校一斉学力テスト」を旭川立永山中学校において阻止しようとした反対運動派の教師（被告人）が公務執行妨害罪などに問われた事件。一審，二審ともに，建造物侵入罪については有罪判決，公務執行妨害については国による学力テストの実施が違法であるとし，共同暴行罪の成立のみを認める。検察側，被告人ともに上告し，一部上告棄却，一部破棄自判・有罪に至る。
[14] 結城　忠　2009　教育の自治・分権と学校法制　東信堂　pp.32-65.
[15] 通常，日本における「地方自治体」（法規上は「地方公共団体」）は，一つに，「都道府県」を指し示す「広域的（包括的）地方公共団体（自治体）」，「区市町村」を指し示す「基礎的地方公共団体（自治体）」に分類されることが多い。なお本稿では，区市町村を指し示す語として「地方自治体」を用いることにする。よって，本稿で提示する地方自治体教育行政の実践理論の基本形は，さしあ

たり区市町村の教育行政を射程としたものである。
[16] 苅谷剛彦・安藤 理・内田 良・清水睦美・藤田武志・堀 健志・松田洋介・山田哲也　2006　岩波ブックレットNo.685　〈検証〉地方分権改革時代の教育改革　教育改革を評価する―犬山市教育委員会の挑戦　岩波書店
[17] 岩月秀夫・吉村 潔・藤森克彦　2008　品川区の「教育改革」何がどう変わったか―教育委員会はここまでできる　明治図書
[18] 小川正人・品川区教育政策研究会（編）　2009　検証　教育改革―品川区の学校選択制・学校評価・学力定着度調査・小中一貫教育・市民科　教育出版
[19] ［9］のpp.137-138
[20] 正統性の「正統」は"legitimate"のことであり、後述する（公教育の）正当性の「正当」には"legitimate"に加え"just"や"fair"の意味も含まれ得ると考えることができる。
[21] この経緯については［9］のpp.142-151に詳しい。
[22] 文部科学省ホームページと［9］のpp.95-96を参照・引用しつつ、本稿筆者が所属する杉並区教育委員会の組織例を基に作成した。文部科学省ホームページについては、次のURLを参照されたい。http://www.mext.go.jp/a_menu/chihou/05071301.htm
[23] 苅谷剛彦　1995　大衆教育社会のゆくえ―学歴主義と平等神話の戦後史　中央公論社
[24] これに関連して、苅谷は、「なぜ［戦後の教育条件の］標準化は止まらなかったか」という問いを立て、「制度上は地方分権の建前が残る義務段階の教育において、それぞれの地方自治体の判断で、それぞれの範域内で面の平等を推し進める政策がとられていく。その重なり合いが、日本全体の面の平等につながる」のだが、「このような見方は、文部省＝国家の教育統制が強まり、文部省の上意下達によって、画一的な教育ができあがったという見方とは異なる」と述べる（苅谷剛彦　2009　教育と平等―大衆教育社会はいかに生成したか　中央公論新社　p.222）。
[25] ［24］で示した著書のp.147
[26] ［24］で示した著書のp.201
[27] ［9］のpp.152-153
[28] 例えば、NHK「日本の宿題」プロジェクト（編）　2001　学校の役割は終わったのか　NHK出版　pp.48-73.
[29] 実際は、高度経済成長の時代が終わり、企業への税負担を軽減したい財界と教育への公的予算を軽減したい官界とが、「規制緩和」「市場化」「民営化」を核として公的予算に支えられた公教育を縮小したいとのねらいが背後にあったとの見解が一般的である。
　　例えば、小森陽一・大内裕和　2010　政権交代と教育制度の転換　現代思想2010年4月号（vol.38-5）特集　教育制度の大転換―現場はどう変わるのか　青土社　pp.60-80.のpp.76-80.
[30] ［9］のpp.111-113
[31] ［9］のpp.113において引用された全国都道府県教育長協議会『平成18年研究報告』からの二重引用。
[32] 苅谷剛彦　2006　第10章　義務教育の地殻変動と「学力」問題のゆくえ　階層格差拡大を導く「分権化」という名の地域格差拡大政策　基礎学力開発センター（編）　日本の教育と基礎学力―危機の構図と改革への展望　明石書店　pp.209-224.のpp.218-219.
[33] ［32］で示した著書のp.213
[34] 新藤宗幸　2004　分権と改革―時代の文脈を読む　世織書房　pp.42-52, pp.198-224.
[35] これと同型の改革案を提唱するものとしては、例えば以下のものがある。
　　穂坂邦夫　2005　教育委員会　弘文堂
[36] 民主党政策集INDEX2009　文部科学　民主党　p.22.
　　http://www.dpj.or.jp/policy/manifesto/seisaku2009/img/INDEX2009.pdf
[37] 鈴木 寛・寺脇 研　2010　コンクリートから子どもたちへ　講談社　p.171.
　　　［　］内は本稿筆者による加筆。
[38] ［29］で示した著書のpp.76-80やpp.96-99など。

[39] ［9］の pp.150-151
[40] これに関連した論考・著書は多数あるが，例えばイギリス教育改革の「教訓」を分かりやすく伝えるものとして，以下の書がある．
　　阿部菜穂子　2007　岩波ブックレット No.698　イギリス「教育改革」の教訓―「教育の市場化」は子どものためにならない　岩波書店
[41] 広田照幸　2009　格差・秩序不安と教育　世織書房　p.376.
[42] 広田照幸　2009　ヒューマニティーズ教育学　岩波書店　p.114.
[43] 西條剛央　2005　構造構成主義とは何か―次世代人間科学の原理　北大路書房
[44] 西條剛央　2008　ライブ講義　質的研究とは何か　SCQRM アドバンス編―研究発表から論文執筆，評価，新次元の研究法まで　新曜社
[45] 西條剛央　2009　看護研究で迷わないための超入門講座―研究以前のモンダイ　医学書院　pp.10-17.
[46] 竹田青嗣　2004　人間的自由の条件―ヘーゲルとポストモダン思想　講談社
[47] 竹田青嗣　2009　人間の未来―ヘーゲル哲学と現代資本主義　筑摩書房
[48] Hegel, G. W. E.　1807　*Phänomenologie des Geistes*. 長谷川　宏（訳）　1998　ヘーゲル　精神現象学　作品社
[49] Hegel, G. W. E.　1821　*Grundlinien der Philosophie des Rechts*. 藤野　渉・赤沢正敏（訳）　2001　ヘーゲル　法の哲学 I・II　中央公論新社
[50] Rousseau, J. J.　1755　*Discours sur l'origine et les fondements de l'inégalité parmi les homes.*，1762　*Du Contrat Social*. 小林善彦・井上幸治（訳）　2005　ルソー　人間不平等起源論・社会契約論　中央公論新社
[51] 例えば［44］の p.26
[52] 苫野一徳　2008　構造構成主義による教育学のアポリアの解消―教育学研究のメタ方法論　構造構成主義研究, 2, 88-110.
[53] 松島　均（訳）　1979　コンドルセ　公教育の原理　明治図書出版
[54] 苫野一徳　2009　教育的経験＝「成長」の指針の解明素描―ヘーゲル哲学のデューイ経験哲学への援用　日本デューイ学会紀要, 50, 91-105.
[55] Rawls, J.　2001　*Justice as fairness: A restatement*. Cambridge, MA: Belknap Press of Harvard University Press. 田中成明・亀本　洋・平井亮輔（訳）　2004　公正としての正義　再説　岩波書店
[56] Howe, K. R.　1997　*Understanding equal educational opportunity: Social justice, democracy, and schooling*. New York: Teacher College Press.
[57] Gutmann, A. G.　1987　*Democratic education*. Princeton, NJ: Princeton University Press.
[58] ［1］の p.239　［　］内は本稿筆者による加筆．
[59] ［54］の p.92
[60] ［46］の p.56, 60, 194, 199, 435, 447 や，［47］の p.171, 288, 296 など．
[61] ［32］の p.210
[62] 苅谷剛彦　2008　学力と階層―教育の綻びをどう修正するか　朝日新聞社出版　pp.168-169.
[63] ［62］の p.171
[64] 佐貫　浩　2010　「教育改革」10年の総括―現状と課題　教育, 8, 90-93. の p.90.
[65] 中央教育研究所　2007　研究報告 No.68　平成19年 7 月　教育改革等に関する教員の意見―新しい教育課程，総合的な学習の時間，英語教育等について　財団法人　中央教育研究所
[66] ［65］の p.130
[67] ［65］の p.133
[68] 奈須正裕　2006　学力が身に付く教師の技 1　教師という仕事と授業技術　ぎょうせい　p.34.　［　］内は本稿筆者による加筆．
[69] ［68］の p.60

[70] 守屋　淳（編）　2006　学力が身に付く教師の技2　子どもとともに育つ技　ぎょうせい　pp.7-8.
[71] ［1］の p.236
[72] 朝日新聞調査（asahi.com）による，次のような統計がある。
　　公立の小中高校と特別支援学校で中途退職する教員が全国で毎年1万2千人を超え，この5年間では6万7千人に及ぶことが，全都道府県・指定市の教育委員会への朝日新聞の調査でわかった。〔中略〕退職理由など詳しい状況は不明だが，久冨善之・一橋大名誉教授（教育社会学）は「子どもや保護者らとの関係に悩み，事務作業なども増える中で『やめたい』という気持ちに傾く教員が増えているのではないか。成果主義による教員評価の導入なども背景にある」とみている。〔後略〕
[73] ［47］の p.123
[74] 杉並区教育ビジョン推進計画　http：//www.kyouiku.city.suginami.tokyo.jp/plan/vision_suisin.html
　　杉並区教育委員会については，以下を参照されたい。http：//www.kyouiku.city.suginami.tokyo.jp/
[75] 杉並区立済美教育センター　2010　平成22年度済美教育センター要覧　杉並区教育委員会
[76] 中嶋哲彦　2009　第4章　教育委員会制度の現状と課題―学習権保障の条件整備と教育の地方自治　平原春好（編）　概説　教育行政学　東京大学出版会　pp.71-89. の p.76.
[77] または「ニューラルテスト理論」。例えば「体重計」は，人間のわずかな「体重」の「差」を明確に見取ることができる。しかし「学力テスト」は，100点といった「連続」得点上の5点や10点というわずかな差に「実質的な学力」の差はほとんど反映しない。そこで学力の「段階」評価が求められることになり，これを可能にするものが潜在ランク理論（ニューラルテスト理論）である。
　　なお，潜在ランク理論については，荘島による以下の論考やサイトなどを参照されたい。
　　荘島宏二郎　2009　ニューラルテスト理論―資格試験のためのテスト標準化理論　電子情報通信学会誌，92，1013-1016.
　　荘島による潜在ランク理論については，以下を参照されたい。http：//www.rd.dnc.ac.jp/~shojima/ntt/jindex.htm
[78] ［74］の p.4
[79] 東京都教育委員会　2006　教員任用制度あり方検討委員会報告について―これからの教員選考・任用制度について（最終のまとめ）　http：//www.kyoiku.metro.tokyo.jp/press/pr060413j.htm
[80] 毎日 jp　新教育の森：再任用教員と組み，新人育てる新研修　東京都教委の試み
[81] 教育庁報 No.520（2009年3月21日）　退職教員ボランティア活動事業の実施
　　http：//www.kyoiku.metro.tokyo.jp/buka/soumu/choho/550/page4.htm
[82] 本研修内容の一端は，筆者の次の論考にも記されている。
　　山口裕也　2009　構造構成的 - 教育指導案構成法の提唱―実践知の伝承・継承・学び合いの方法論　構造構成主義研究，3，183-211.
[83] 鈴木　寛　2010　「熟議」で日本の教育を変える　小学館　pp.43-62.
[84] ［34］の pp.218-219
[85] ［29］で示した著書の pp.78-80
[86] 例えば，内田ユリコ　2004　第6章　母親からみた品川の教育改革　堀尾輝久・小島喜孝（編）　地域における新自由主義教育改革―学校選択，学力テスト，教育特区　pp.69-82.
[87] 例えば，［65］の pp.42-48
[88] ［50］の pp.241-243
[89] 山口裕也　2010　自己効力理論をめぐる信念対立の克服―存在・言語・構造的還元の提起を通して　構造構成主義研究，4，71-103. p.91
[90] あるいは，「すべての人のよき生」という一般福祉は，「すべての人の全き合意」という一般意志を含むとともに［58］，それを「基体」としているということができる。
[91] ［9］の pp.196-206
[92] 東京都教育委員会　平成21年度（平成20会計年度）地方教育費調査報告書　第13表　都・区市町村別義務教育費（公費）の財源別内訳及び総行政費に対する教育費の比率
　　http：//www.kyoiku.metro.tokyo.jp/toukei/21chikyohi.htm

［93］［ 9 ］の pp. 194-195
［94］東京学芸大学教員養成カリキュラム開発センター　2006　教師教育改革のゆくえ―現状・課題・提言　創風社
　　なおここには，もちろんのこと学級定数や教職員定数の問題も含まれ得る。
［95］本稿に関連して付言しておくと，教育課題が多様化の一途を辿る今日，地方自治体教育行政及びそれが所管する「教育センター」に対して学校支援機能の強化を求める声は強い。例えば中央教育審議会の答申においては，1998（平成10）年 9 月「今後の地方教育行政の在り方について」を契機とし，2003（平成15）年10月，2006（平成18）年 7 月と順次提言がなされ，2008（平成20）年 1 月の答申では，「教育センターは，教員研修の実施などのほか，カリキュラム開発や先導的な研究の実施，教師が必要とする図書や資料等のレファレンスや提供などを行うことにより，教師の創意工夫を支援することが求められる」との言及があった。
　　しかし本稿においては，教育委員会が有する機能の一つ，また地方自治体教育行政が所管する教育センターの機能としてではなく，地方自治体教育行政を構想する際に基軸となる実践理論の基本形として〈支援〉を提示したため，これら中教審の答申については本論中で言及しなかった。加えて，本稿において提示した〈支援〉は，教育資源の適正・傾斜配分機能を含むものであり，この点においても中教審答申において言及された学校支援とは異なる。
　　なお，上段の答申内容に関する具体例については，本論中でも言及した犬山市［15］が属する愛知県総合教育センターの実践を伝える次の論考がある。
　　企画開発室・教科教育室・教職支援室　2010　総合教育センターの機能を生かした学校支援の在り方―カリキュラムサポート体制の構築と運用　愛知県総合教育センター　教育研究紀要（第76集），pp. 1 -25.

【謝辞】

　本稿の内容は，杉並区教育委員会教育長の井出隆安氏をはじめとする事務局各課のみなさん，同区立済美教育センター所長の玉山雅夫氏，同副所長の坂田篤氏，同統括指導主事の田中稔氏また指導主事のみなさん，同調査研究担当の三浦春江氏，同指導教授の西山恭子氏・大竹久江氏，同SSWrの入海英里子氏はじめとする職員のみなさん，同区立園・学校の先生方，早稲田大学教育学部教授の松本芳之氏，東京学芸大学教育学部准教授の山田雅彦氏，同学生のみなさん，京都橘大学人間発達学部准教授の池田修氏など，この間，私を必要としてくださった・バックアップしてくださったすべての人に負っています。
　また，早稲田大学国際教養学部教授の竹田青嗣氏，同大学・盟友の苫野一徳氏，小学校教員である河角扶美子氏，加えて『構造構成主義研究』編集委員会からは，本稿執筆・査読の過程で，有益なコメントをたくさんいただきました。
　これらの方々に，この場を借りて深謝申し上げます。ほんとうにありがとうございました。

原著論文（研究）

II-7 理学療法臨床実習を通じた構造構成的協同臨床教育法の方法論的拡張
——臨床現場基礎力の欠如問題を通して

池田 耕二

1節
問題設定

1．構造構成的協同臨床教育法とは

　構造構成的協同臨床教育法とは，構造構成主義[1]をメタ理論におくことで教える側と教えられる側の人間関係の構築を促し，お互いのもっている知識や技術を効果的に共有（伝達）することを可能にした教育法である[2]。

　これまでの構造構成主義の臨床実践への応用[3][4][5]は，おおむね哲学的構造構成による相互理解や現象を理解するためにその確信を問うタイプのものに限定されていたが，本教育法の特徴は，そこに科学的構造構成や臨床の知やエビデンスを柔軟に組み合わせ活用するところにある。教育実践において，構造構成主義の哲学的構造構成と科学的構造構成の2つの方法領域を柔軟に駆使することができれば，さらにその有効射程範囲を拡げることが可能と考えられる。

　本稿では，筆者が以前発表した研究を踏まえ，構造構成的協同臨床教育法を「お互いの関心を対象化し，それらをすり合わせて共通目的を共有した上で，その論件についての臨床の知やエビデンスを踏まえ，あるいは経験知から暫定的に構成した科学的構造を踏まえることによって，教育効果を高める教育法」と定式化しておく[2]（図II-7-1）。

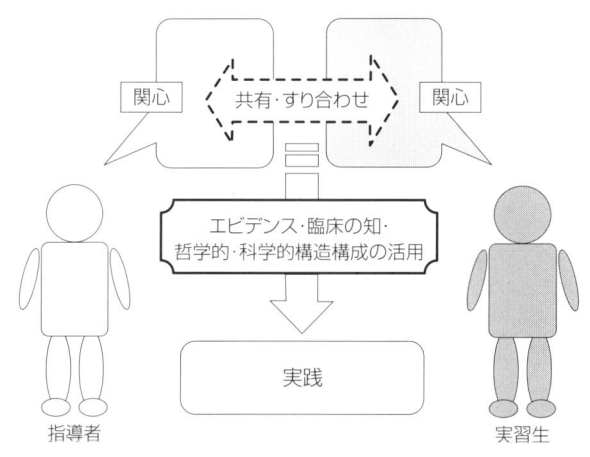

図Ⅱ-7-1　構造構成的協同臨床教育法の概念モデル

2．構造構成的協同臨床教育法が抱える課題

　構造構成的協同臨床教育法は，すでに理学療法臨床実習において実践されており，①意欲低下問題や，②基本的評価法ができないという問題，③動作分析ができないという問題を対象に学習効果をあげている[2]。しかし，本教育法を採用すれば臨床実習における全ての問題が解決し，全ての知識や技術が簡単に教育できるようになるとは筆者も考えてはいない。それというのも本教育法はまだ開発されたばかりということもあり，臨床実習が抱える多くの問題に対する活用法や，効果，限界といったことについては部分的にしか明らかになっていないためである。

　また構造構成主義が建設的・相補完性を重視することからもわかるように，本教育法は従来からある他の教育法を否定するものではない。むしろ教育効果をあげるためには実習生や状況に合わせ，積極的に他の教育法も併用するという立場を本教育法ではとることになる。そうしたことから本教育法は様々な教育法の特性を活かすことができるため，他の枠組みとの相性は比較的よいものと考えられる。

　また，本教育法は実習システムが類似していると思われる作業療法の臨床実習[6]や，専門領域を横断するときの職種間や他職種間の学び教え合い等にも応用できる可能性があり，さらには自身のスキルアップや技術開発にも活用可能であると考えられる[2]。しかし，そういった他の教育法との併用方法や自身のスキルアップにおける活用方法についての検討は今後の課題とされてきた。

　したがって，本教育法を様々な臨床課題に応用することを通して，本教育法の有効性と限界を明らかにすることが必要と考えられる。そこで本稿では理学療法臨床実習における教育実践を通して，構造構成的協同臨床教育法の可能性や限界につい

てさらに検討を加えることとする。

3．理学療法臨床実習における臨床現場基礎力の欠如という問題

　日本理学療法士協会の臨床実習教育の手引き[7]では，「基本的理学療法をある程度の助言・指導のもとで行えるレベル」を卒業時に到達すべき最低限の目標としている。ところが，その具体的な内実はほとんど明らかにされておらず，具体的な到達目標は絶えず検討する必要性がある。しかし，そういった状況の中においても多くの指導者が現実的な到達目標として共通認識していることといえば，新人理学療法士として現場に受け入れてもらえる程度の実践能力は必要だということである。いわずもがなではあるが，実習生は臨床実習終了後すぐに卒業し，新人理学療法士として実際に現場で働くことになるからである。

　そこで新人理学療法士として現場に受け入れてもらえる程度の実践能力とはどういったものかをあらためて考えてみる。当然のことながら，新人理学療法士は知識や技術は未熟であり最初から効率のよい有効な理学療法を展開することは難しい。しかし現場のスタッフや患者との人間関係を構築したり，患者のリスク管理を行うといったことは，たとえ新人であったとしてもできなければならないものといえる。そうしたことから新人理学療法士として現場に受け入れてもらえる程度の実践能力とは，現場のスタッフや患者と上手に関係構築を行い，患者のリスク管理を行いながら，少々理学療法知識や技術が未熟であったとしても諸先輩方等の助言や手助けを借りながら，現場で理学療法を誠実に実践していくことができる能力と考えることができる。このことをふまえて本稿では，これらの能力を「臨床現場基礎力」と名づけることとし，現場で理学療法を実践していくために必要な最低限の基礎的総合力と位置づけておくことにする。言い換えれば，実習生にこの能力の欠如が認められる場合，患者や指導者との間に人間関係上のトラブルを招いたり，リスク管理上の問題行動が多くなり，適切に専門的な技術を向上させていく事も困難であると考えられる。

4．臨床現場基礎力の欠如に対する指導の問題

　臨床現場基礎力は，現場でこそ発現する能力でもあることから基本的に現場で評価することになる。そのため実習生の臨床現場基礎力の欠如については養成校ではなく臨床実習で気づくことが多くなると考えられる。となると，それだけ現場の指導者には臨床現場基礎力の欠如に対する適切な評価や指導力が求められるということになる。しかし，現実はそれらの実践能力が最低限の基礎的総合力を意味することから，これぐらいは出来て当然であろうという思い込みが評価や指導に入り込み適切な評価や指導を困難にしているように思われる。その結果，臨床現場基礎力の

欠如を安易に資質問題として片付けてしまっているとも考えられる。

　現在の医学教育や理学療法教育に関する著書（たとえば[8][9][10][11]）を見渡しても，筆者の知る限り臨床現場基礎力という最低限の基礎的総合力の欠如を示唆したうえで，具体的な指導方法を言及したものは見当たらない。おそらくそれは臨床現場基礎力の欠如を今までは医療人としての資質の欠如として片付けてきたことや，医学や理学療法における臨床教育がそういった問題を抱える実習生を想定してこなかったことが原因にあると考えられよう。

　こうしたことを背景にして，臨床現場基礎力という根源的臨床能力が欠けている実習生はそれを補完することなく臨床実習に出てくるため，現場の多くの指導者はどのように指導すればよいのかと困惑しているというのが実情なのである。したがって臨床現場基礎力が欠如している実習生に対して構造構成的協同臨床教育法を実践し，その教育効果を検討することは現場の指導者にとって意義あるものと考えられる。

5．目的

　本稿の目的は，理学療法臨床実習において重要な教育課題と考えられる「臨床現場基礎力の欠如」という問題を有する実習生に対して構造構成的協同臨床教育法を実践し，その結果から構造構成的協同臨床教育法の可能性や限界を検討することである。

2節
方法

　構造構成的協同臨床教育法の可能性や限界を検討するに際して，臨床現場では条件を統制することは難しく実習生においても同一条件にすることは困難である。そのため，客観的実証主義といわれるような従来の科学性は機能しない。そこで本研究では構造構成主義をメタ理論におくことで科学性を担保することにする。構造構成主義における実践法の科学性は，現象の構造化や構造化に至る諸条件の開示によって，他者が批判できる形にしてあるかどうかで検討がなされる[12]。そのためそれらを踏まえておくことができれば構造構成主義においては科学性を担保することができるといえる。また，構造構成主義では実践法の優劣は，実践における現実的制約と実践者の関心や目的を達成するための有効性から検討がなされる[12]。したがって構造構成的協同臨床教育法の可能性や限界を科学的に検証するには，実践者の関心や目的，現実的制約，現象の構造化やそれに至る諸条件，その達成度が開示してあることが必要となるといえよう[12]。

これらの条件を満たす研究方法の1つとして，教育実践上の課題や問題を明らかにしたり説明したりすることができ，プロセスの分析にも優れているとされる事例研究法をあげることができる[13]。事例研究法は現実の状況に根ざした全体論的な説明の中で現象を理解しようとする研究法であるため，実践者の関心，現象の構造化に至る諸条件，現実の制約，実践の達成度という詳細な記載を可能にするためである。以上のことから，本研究では目的を達成するために構造構成主義をメタ理論においた事例研究法を用いることにする。

3節
構造構成的協同臨床教育法の実践報告

1．実習生

本事例研究の対象は，他の施設の臨床実習で不合格を言い渡された実習生2名であった（倫理的配慮については後述）。これら2名の実習生が不合格となった詳細な経緯は明らかにされなかったが，養成校教員からの情報や実習生の話を統合し推察するかぎり，2名とも現場で理学療法実践がうまく出来なかったことに加え，指導者に理学療法士としての資質に問題があると思わせるような行動や態度（例えば，指導者の注意を聞かない，患者をすぐに怒らせるなど），さらにはリスク管理上問題と思われる行動が認められた様子であった。これらのことから2名の実習生は臨床現場基礎力が欠如していると考えられ，それらを育むために構造構成的協同臨床教育法を活用することにした。

一方，これらの教育実践は筆者の指導経験でもあるため，以後事例の提示の仕方によっては2名の実習生が個人的に特定される危険性もあるかと思われる。よって実際は別々に実践されたものであるが，本稿では出来るだけ2名に共通しているものや教育実践の検証に関係していると思われるものだけを最大公約数的に開示して議論を進めることにする。なお臨床実習指導の経験を今後の指導に生かすために学術的関心のもとで発表したり論文にしたりすることについては十分に説明を行ったうえで実習生から承諾を得ていることを記載しておく。

2．面接の実施

構造構成的協同臨床教育法では人間関係を構築することから始めるため，臨床実習を実施する前にそれらを築くために実習生と指導者は面接を行った。そこで不合格になった臨床実習について，今どのように認識しているかを聞いてみたところ，「自分は一生懸命，真面目に取り組んでいるのに評価してもらえなかった」といった発言を多く聞くことができた。また，「指導者から指摘・指導を受けたことにつ

いては素直に反省している」といった発言も聞くことができた。しかし，それらの問題を改善するために「具体的にどのように努力しましたか？」を問うてみたところ，何か具体的な行動をとったというような発言は聞けなかった。これらのことから指導者は，不合格を出した指導者の思いと実習生の思いにずれがあるのではないかといった印象や，自分の思いを具体的な行動にすることが苦手なのではないかといった印象を強く受けた。

3．実習生における現状認識の共有やすり合わせ困難

　臨床実習を開始して実習生の状況から気付いたことは，理学療法実践が上手く出来ないということだけでなく，指導した後に一度は理学療法実践ができていたものが時間の経過とともに出来なくなるという現象が多く見られたことであった。また，患者との人間関係も何かギクシャクしており，時折，患者から怒られるといったことがみられた。そこで「指導されたことはしっかりと復習し，同じ失敗はしないという心構えで臨むように」や「患者とコミュニケーションをとる際は丁寧に言葉を選ぶように」といった指導を行うようにした。しかし，あまり改善は認められずその後も同じようなミスやトラブルが繰り返されていた。そのため指導者は実習生の実践に対する不安を拭い去ることができず，このままでは何か大きなミスやトラブルが起こるのではないかと感じるようになっていた。一方，構造構成的協同臨床教育法では，問題構造がどのように構成されたものかを実習生と指導者の二者間において協同で探る（構成する）ことから始めるため，頃合いをみて指導者は実習生とミーティングを行い，お互いに少しでも現場の実践能力を向上させるために「現状をどのように認識しているか？」という関心を共有し，すり合わせようと考えた。

　そこで，指導者は実習生が一生懸命実習を行っていることを認めつつ，なぜ指導したことが一度は修正できているのにも関わらず，再度できなくなってしまうのか？等について問うことにした。さらに指導者は，いつも何か失敗するのではないかという不安を感じていることや，安心してまかせることができないと思っていることも正直にやさしく伝えるようにした。そのうえで，実習生自身がそれらについてどのように認識しているのかを率直に言ってもらいたいということを伝えたが，実習生は自分に否があると繰り返し，反省している態度をみせながら努力するといった姿勢を強調した。そこでもう一度，指導者は実習生にのみ原因があるというつもりはないことを伝え，さらに認識が違えば指導が上手くいかないこともあるので正直なところを教えてほしいと伝えたが，先ほどと同じ態度や言動が繰り返されるだけであった。

　これらは指導者と実習生にあるヒエラルキーが原因とも考えられることから，できるだけヒエラルキーを解消するために，話しやすくする工夫として職務終了後に

おかしやジュースを飲食しながらミーティングを行うことにした。その中でようやく聞けた本音の部分としては，驚いたことに「ときおり指導者の言っている意味がわからないときがある」や「リスクといわれても，それぐらいかまわないと思っている」あるいは「患者は何か分からないけど怒っている」というものがあった。これらからは現状認識が指導者と実習生では想像以上に違うことや，共有やすり合わせ自体が難しい関心もあるということを考えさせられた。また本事例では，指導者がいくら丁寧に説明しても正確に伝わらないことが多かったことから，極端にコミュニケーション能力が低い場合には，関心の共有やすり合わせがかなり難しいとも感じさせられた。

　これらのことから指導者と実習生において，現状認識という関心の共有やすり合わせが困難になる理由として，①いくら指導者側が返答しやすい態度を形成したとしても，合否判定を握っている指導者には実習生は本音を話しにくいということ，②臨床実習は実習生にとってそもそも本音を話しにくい環境であるということ，③実習生と指導者の現状認識には想像を超えた食い違いがあるということ，④関心には，そもそも共有やすり合わせ自体が難しいものや，あるいは時間が必要なものがあるということ，⑤いくら丁寧に指導者が説明しても正確に伝わらないなど，極端にコミュニケーション能力が低いこと，があげられた（図Ⅱ-7-2）。

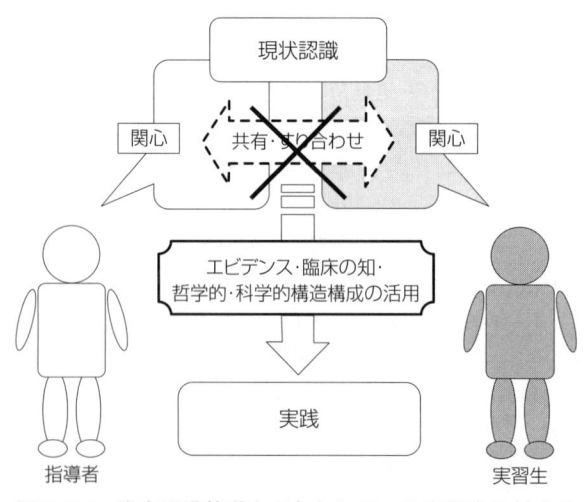

図Ⅱ-7-2　臨床現場基礎力が欠如している実習生に対する構造構成的協同臨床教育法の実践モデル

4．複数の指導者間による問題構造の構成

　臨床現場基礎力は，多くの構造から構成されている能力であることから，その欠如問題についても多くの構造から成り立っていると推察される。そのため効果的な教育を行うためには実習生と指導者がどれだけ早く問題構造を共有やすり合わせできるかが重要になってくる。しかし，前述したことから臨床実習には指導者と実習生にヒエラルキーがみられることや，臨床実習では本音を話しにくい環境があることから，いくら工夫をこらしても共有やすり合わせには限界が認められる。そこで指導者は，実習生との二者間で行う関心の共有やすり合わせ，臨床現場基礎力の欠如という問題構造の協同構成を一時的にあきらめ，指導者が構成した問題構造を実習生に提示するという指導方法に切り替えることにした。

　具体的には，複数の指導者間で構造構成的協同臨床教育法を実践し，それぞれの問題構造をすり合わせながら実習生の問題構造を構成することにした。具体的な方法としては，まず複数の指導者が臨床現場基礎力を育むという関心を共有したうえで，協同で①臨床実習における実習生の自然な振る舞いや行動を観察し，そこから問題と感じる言動や行動について構造化（科学的構造構成）を行った。具体的には，西條の提唱するSCQRM[14]の手法を参考にしながら，問題と感じる態度や行動をできるだけ言語化し，それを概念化したうえで，類似したものをカテゴリーとしてまとめ，いくつかのタイプに分類するように試みた。さらに②種類の違う実践課題ではどうか？③同じ実践課題の継続ではどうか？そして④違う指導者が指導するときにはどうか？⑤違う患者を受け持つときにはどうか？⑥二人一組で評価や治療を行うときのチームプレイ時にはどうか？⑦勉強会やカンファレンスなどではどうか？といったように異なる条件下においても構造化（科学的構造構成）を繰り返し行い，最終的に指導者間で共有・すり合わせしながら実習生の臨床現場基礎力の欠如という問題を構造的に把握するように試みた。またその際は，他の実習生からみてそれらの実習生がどうみえているかも参考にするようにした，なぜなら世代間ではみえる現象も違うと考えたからである（図Ⅱ-7-3）。

5．指導方法の構築に向けた問題構造の構成結果

　今回の事例研究では面接を行った指導者1名とその他の指導者2名の計3名で構造構成的協同臨床教育法を実践した。その結果，構成された臨床現場基礎力の欠如という問題構造は以下の5つの【カテゴリー】と14の下位項目《概念》に整理することができた。

　1つめのカテゴリーは【知識やその活用面に関する能力の不足】である。これは既存の知識や経験知を上手に判断し組立てて実践することができないという問題であり，理学療法スキーマの構築やその活用法が未熟であると考えられる問題であ

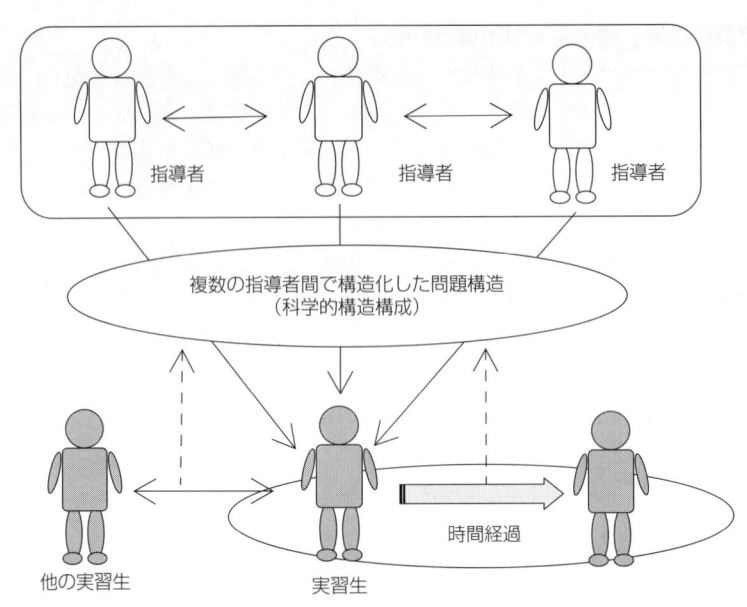

図Ⅱ-7-3　複数の指導者間による問題構造の構造化実践モデル

る[15]。そして，これらを構成する下位項目《概念》としては，①《知識活用の貧弱さ》と，②《経験の汎化ができない》があげられる。

　①の《知識活用の貧弱さ》は，プログラム設定時のカンファレンスやレポート作成時に虚弱高齢者に対して強度の高い筋力トレーニングを設定してしまうなど，実践的には少し無理があることを理論的に設定してしまうという事象である。これらは知識不足というだけでなく知識の活用面に難があると考えられる問題である。

　②の《経験の汎化ができない》は，ある患者に対して「移乗時には必ずリスクを考えて注意するように」と指導したとしても，同じ患者には注意できるが他の患者には注意できないといった事象である。これらは１つの経験を次にいかせないと考えられる問題である。

　２つめのカテゴリーは【直感的な把握能力の低下】である。これは自分の置かれている状況や主観的な感覚をもとに，自らが判断し行動することができないと考えられる問題である。そして，これらを構成する下位項目としては，③《直感的・主観的判断が必要となる技術の未熟さ》，④《何をしていいかわからなくなっているときがある》，⑤《現場の文化や雰囲気を読み取る力の未熟さ》，⑥《相手（患者・スタッフなど）の様子を直感的に感じる力の弱さ》，があげられる。

　③の《直感的・主観的判断が必要となる技術の未熟さ》は，関節を動かす時に強

く動かしすぎてしまうことや，立ちあがり動作時の介助等で患者の動きを邪魔するような介助を行うといった事象である．これらは理学療法実践の中で必要とされる直観的・主観的な判断が未熟だと考えられる問題である．

④の《何をしていいかわからなくなっているときがある》は，スタッフ全員がミーティングしているにもかかわらず参加しようとしない，あるいは臨床実習中にボーっとしているという事象である．確かにこれらは緊張や睡眠不足が原因で生じていると考えられなくもない事象である．しかし，睡眠不足が原因と思われる実習生は呼びかけに対してハッと気付いたように行動することが多いように思われるが，今回は呼びかけても指導者が何を意図して呼びかけているかが分からないといった様子であり，明らかに雰囲気が読めない，または読もうとしていない，あるいは読めていたとしても行動がとれないと思わせるものであった．したがって，これらは周囲の雰囲気を読めない，または読んでも行動がとれないと考えられる問題といえる．

⑤の《現場の文化や雰囲気を読み取る力の未熟さ》は，現場にはスタッフとのコミュニケーションを楽しみにしている患者とそうでない患者が混在しているが，楽しみにしていない患者にまで話し込み嫌な思いをさせたり，スタッフが手際よく仕事をこなしているときに臨床実習に直接関係のない不適切な質問をしたりするといった事象である．これらは医療現場にある暗黙のルールに気づき，現場の動きを円滑にすることができないと考えられる問題といえる．

⑥の《相手（患者・スタッフなど）の様子を直感的に感じる力の弱さ》は，スタッフが準備に忙しくしていても手伝わない，あるいは疾患を有する患者をみても「苦しそう」や「痛そう」といった感情を生起できないといった事象である．こういった問題を実習生が抱えていると実習生はスタッフや患者に不快感を抱かせてしまう，あるいは痛みのある患者の体を不用意に動かし痛みを誘発させてしまうと推察される．したがって，これらは現場で思わぬトラブルやリスク行動を引き起こすと考えられる問題といえる．

3つめのカテゴリーは【患者や他のスタッフの気持ちをくみ取り，良好なコミュニケーションを行う能力の未熟さ】である．これはコミュニケーションのほとんどを相手の理解に頼っているという問題であり，相手に分かりやすく伝えたり，相手の意思をきっちりと受け止めることができないと考えられる問題である．そして，これらを構成する下位項目としては，⑦《コミュニケーションの未熟さ》，⑧《周囲を説得・安心させる力の無さ》，⑨《わからない・すみませんによる思考停止》，があげられる．

⑦の《コミュニケーションの未熟さ》は，自分本意な話のみを患者やスタッフにしたり，患者やスタッフに話しかけることはあっても相手の話には返答しない，あるいは尋問のような話し方をするといった事象である．これらは患者や他のスタッ

フの気持ちをくみ取り，良好なコミュニケーションを行うことができないという問題である。

⑧の《周囲を説得・安心させる力の無さ》は，指導を受けた後，自分の勉強不足でしたと言いつつも勉強しない，注意不足を指摘されても以後自ら修正しようとしない，強く指導を行えば「僕には無理だから」とあきらめてしまうといった事象である。これらは注意や指導を受けたあと自らが修正のために努力したり行動することができないと考えられる問題である。

⑨の《わからない・すみませんによる思考停止》は，何かを質問したり意見を求めても，「わからない」や「すみません」で終了させようとしたり，相手の出方をみながらそれにあわせるといった受け身の姿勢をとるといった事象である。これらは消極的かつ思考停止と考えられる問題である。

4つめのカテゴリーは【態度や言葉に対する認識能力の低下】である。これは言葉の誤認識や思い込みから生じると考えられる問題である。そして，これらを構成する下位項目としては，⑩《失敗したくないという過剰な姿勢》，⑪《勝手なことをしてはいけないという過度な思い込み》，⑫《言葉の食い違い》，があげられる。

⑩の《失敗したくないという過剰な姿勢》は，1つ1つの指導において必ず言い訳をしたり，「患者の移乗動作の介助をしようか」と呼びかけても「いえ，まだしたくありません」と消極的な姿勢を示したりするといった事象である。これらは過去の臨床実習不合格経験から指導＝怒られているや，失敗＝臨床実習不合格という思い込みからなるスキーマがあるために生じていると考えられる問題である。

⑪の《勝手なことをしてはいけないという過度な思い込み》は，患者が転倒しそうなときに助けないや，一人での立ち上がりを禁忌にしている患者が立ち上がろうとしたときにも注意しないといった事象である。臨床実習は指導者の管理のもとで実習を行うことが大原則である。しかし，これは患者が転倒しそうなときにまで何もするなという意味ではない。これらは過去の不合格経験が歪んだ形で行動形成したのではないかと考えられる問題である。

⑫の《言葉の食い違い》は，「積極的に自分から行動をとるように！」と指導したあとに身勝手な行動をとるという事象である。これは積極的という言葉の概念を実習生が自分勝手にしてもいいといった意味で捉えたことから生じた問題である。したがって，これらは指導者と実習生との思いや言葉の意味のずれから生じると考えられる問題といえる。

5つめのカテゴリーは【視野や思考に関する能力の低下】である。これは認知や精神活動のコントロール不良からくると考えられる問題である。そして，これらを構成する下位項目としては，⑬《視野・考えが狭く偏る》，⑭《注意力・集中力の偏り》，があげられる。

⑬の《視野・考えが狭く偏る》は，リスク面において周囲の状況を把握できていなかったり，患者について幅広い考察ができないといった事象である。これらは周囲がみえていないや，あるいは考え方が狭いと考えられる問題である。

⑭の《注意力・集中力の偏り》は，患者に対する装具作成や小物作りなどのように根気よく打ち込むことができる実践がある一方で，レポート作成やディスカッションなどのように集中力や注意力が発揮・継続できない実践もあるといった事象である。これらは注意力や集中力が発揮できるものとそうでないものに偏りがあると考えられる問題である。

以上が，指導者3名からなる構造構成的協同臨床教育法の科学的構造構成によって構成された問題構造の5つの【カテゴリー】と14の下位項目《概念》から構造化したモデル図である（図Ⅱ-7-4）。これに対して教育の専門家がみると本構造は問題の本質をついていないと指摘をうけるかもしれないし，また学習心理学や精神医学などの諸学問からみると学問的解釈が間違っていると批判を受けるかもしれない。しかし構造構成的協同臨床教育法では普遍的な真実や本質の追及よりも，目の前の実習生の言動を理解し，臨床現場基礎力を育むことに目的をおくため，本構造を指導方法の構築にむけた「とりあえずのツール」[14]として用いることに重きがおかれ

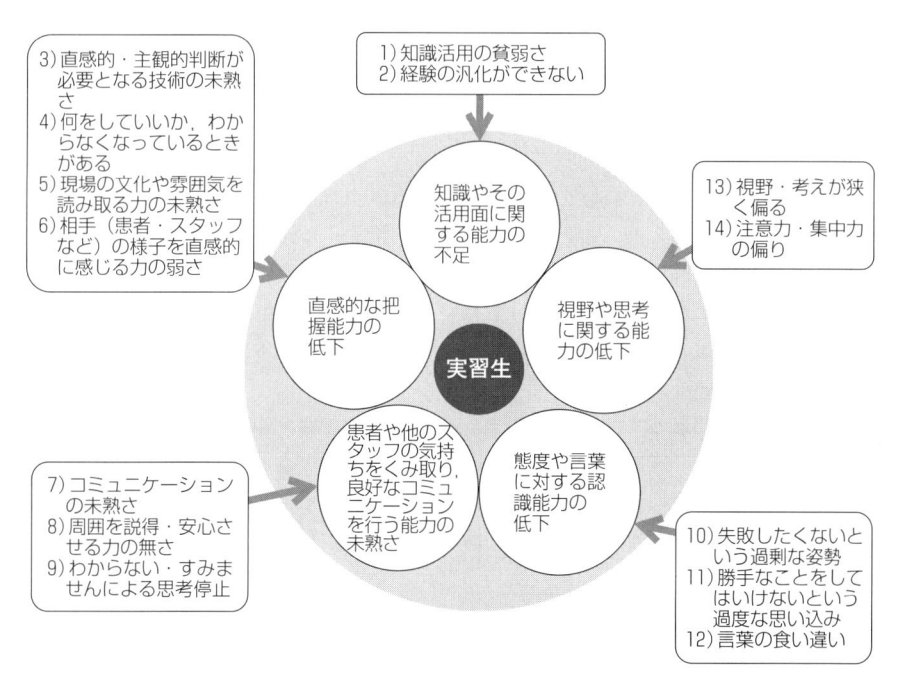

図Ⅱ-7-4　臨床現場基礎力の欠如という問題構造：5つのカテゴリーと14の概念

ることになる。そのため,「とりあえずのツール」に足りないところがわかったときには,それに焦点化して,それをひっくり返すような形で補完するアプローチが可能になることから,指導が不十分なまま終わることはないと考えられる。

6. 5つの能力低下に対する指導構築と実践
(1) 知識やその活用面に関する能力の不足に対する指導

　知識やその活用面に関する能力の不足を改善するためには,実習生に対して事前に知識を整理させ,ディスカッションによって実習生の知識を確実なものにすることが必要と考えた。そのため,できるだけ実習生の有している知識を引き出し,指導者の知識と共有やすり合わせするような指導を行った。その際は,実習生から質問によって単に知識を聞き出すだけではなく,「要するにどういうこと?」といって要点を整理させたり,理解を促したりすることも必要に応じて行うようにした。

　一方,知識に関する指導では「実習生がどのように経験を受け止めているか?」を理解することが必要と考える。なぜなら実習生は同じ経験でも,それらを知識として受け止めたり,感情として受け止めたりと,その受け止め方に違いがみられるからである[16]。つまり,これは歩行困難を呈する高齢者を同じように観察させたとしても,「これは下肢の筋力低下やバランス不良等が原因で歩行困難となっている」と知識として受け止める実習生や,「転倒しそうで怖い」と感情で受け止める実習生がいるということである。このように経験の受け止め方に違いがみられれば,前者は理学療法として筋力増強やバランス練習が選択され,後者では理学療法として転倒リスクに配慮した補助具や自助具の選別,あるいは環境整備が選択されるものと推察される。さらに経験の受け止め方に違いがみられれば,同時に理学療法の方向性にも違いがみられることから,それらを踏まえながら知識補充や必要な実習経験を積ませる指導が必要といえる。そこで,見学後や実践後には必ず「どう思った?どう感じた?」という問いかけを行いながらどのように経験を受け止めているかを把握し,知識の補充や実習生にとって必要と考えられる実習経験を増やすような指導を行っていった。

　他方,知識を間違って活用してしまうこともあるため,知識の解釈,類推,活用方法を育むために「実践で得た知識を,他のどのようなことに活用できると思いますか?」と問うようにし,その返答を聞きながら得た知識をどのように解釈し,どのように活用しようとしているかを判断するようにした。そのうえで得た知識の活用方法の教示を行った。その後一定の時間をおいたあとに再度「この経験から得た知識はどのような事に活かすことができると思いますか?」と問いかけることで,実習生の中で育まれた類推能力や判断能力を再評価し,それが定着しているかも判断するようにしていった。また理学療法プログラム立案・実践については,指導者

が実習生のファシリテーターとなって理学療法プログラムを協同で組み立てるようにし、徐々に指導者の発言を少なくすることで実習生の実践能力を育むようにした。

(2) 直感的な把握能力の低下に対する指導

筆者は、これらの直感的な把握能力にはセンス的な部分と知識や経験から養われる部分があると考えている。そのため、臨床実習で直感的な把握能力の低下を改善するには知識や経験から養われる部分を育むことが重要になると考えた。

具体的な指導方法を示すと、例えば、関節リウマチ患者の視診から直感的に関節がどの程度動くかを実習生に推測させ、指導者のそれとすり合わせを行うのである。そうしてから実際に関節可動域を測定し、その結果をもとにそれらの推測をつき合わせ臨床的な直感力（厳密には評価・判断力とも考えられる）を養うようにした。このようにすり合わせを多く行うことが臨床的な直感力を養うことにつながっていくものと考えられる。また、このような直感のすり合わせはクイズ的・ゲーム的な要素も含まれていることから、どのような実習生に対しても比較的容易にできる指導方法の1つと考えられる。

また実習生が何をしていいかわからなくなっているようなときには、スタッフから積極的に声掛けし相互理解を深めるよう努め、現場のルールやスタッフの雰囲気が読めていないようなときには無理に分からせようとするのではなく、指導者やスタッフが現場のルールを教えたり、雰囲気がかもしだす意味を教えてあげるようにした。しかし、教示後には必ず「分かっていた？感じていた？」と確認しながら、雰囲気や暗黙のルールを読み取る力を養うように指導を行った。また、今何をすべきかを常時考えさせ、周囲に気をくばる練習も指導するようにした。なぜならそうした練習によって、周辺環境から転倒リスクを感知したり身体能力を推測したりする能力も養われるからである。具体的には絶えず周囲に目を配らせ、気づいたことを実習生に問うということを繰り返し、お互いに気づいたことをすり合わせるといったことを行った。

(3) 患者や他のスタッフの気持ちをくみ取り、良好なコミュニケーションを行う能力の未熟さに対する指導

本事例研究の実習生に対して、常時感じていたのはコミュニケーションのほとんどを指導者側の理解に頼っているという点であった。そこで患者や他のスタッフの気持ちをくみ取り、良好なコミュニケーションを行う能力の未熟さを改善するためには、相手に伝えようとする伝達能力と相手を理解しようとする受信能力という2つの視点からコミュニケーションを捉えなおし、それらを育むことが必要と考えた。

そこで、まず相手に伝えようとする伝達能力を養うために実習生の話を最後まで傾聴したうえで、「自分が言おうとしていることを、しっかりともう一度まとめていうように」と指導し、再度まとめて発言するように指導した。それでも上手くい

かない場合には,「ゆっくりと聞くから,自分の思いをしっかりと言葉にして出してみるように」と内面の言語化を促した。それでも上手くいかない場合は,さらに「身振り手振りでもかまわないし,タメ口でもかまわないから,しっかりと気持ちを指導者に伝えるように」と指導するようにした。

一方,相手を理解しようとする受信能力を養うためには,とりあえず指導後に「指導したことを復唱し,まとめていうことできますか？」と問いかけ,返事をまって内容が理解できているかどうかを確認するようにした。また受信していることを相手に伝える言葉（はい）や動作（うなずき）が出来ていないときには,それも教示した。さらに「わからない」,「すみません」といえばそれで済むといった消極かつ受身的な姿勢に対しては発言後に「それではこの後,具体的にどうしますか？」と具体的な判断や行動を促し,本当にわからないのかどうかを見極め「わからない」や「すいません」で済ませることのないようにした。それでも変化がなければ「わからない」や「すみません」は使ってはいけないと禁じ手とすることとした。

(4) 態度や言葉に対する認識能力の低下に対する指導

態度や言葉に対する認識能力の低下の改善には指導者と実習生の相互理解が不可欠である。そこで,お互いの誤認識を防ぐために,例えば朝の準備が終了したあとの時間や昼食後の休憩時間を利用して,「患者をみているとき何か不安そうだったけど,何かわからないことや,指導者の言っていることで理解できなかったことがあった？」などの声がけを行い,状況を振り返りながら態度や言動に対することで双方の思いにずれがないかを,ディスカッションしながら確かめる機会を増やすようにした。具体的な指導としては,絶えず,お互いの認識が同じかどうかを確認しながら,もし違っているような場合には認識を共有やすり合わせするようにした。

(5) 視野や思考に関する能力の低下に対する指導

視野や思考に関する能力の低下を改善するためには,如何に現場での視野を広げ,奥行きのある思考を育むかが重要になってくる。そこで視野を広げるための具体的な指導としては,例えば,性別：男性,年齢：56歳,診断名：上腕骨骨折,職業：大工,体格：身長175cm,体重70kgといった症例に理学療法プログラムを設定する場合にも,本症例が女性の場合にはどのようにプログラムを変更すべきか？あるいは職業が大工以外ならばどうか？年齢22歳ならばどうか？などといったように症例の条件を変化させることで,多様なシミュレーションを行い,視野を少しずつ広げるような指導を行った。これは先ほど述べた類推能力を育むことにもつながると考えられる。また注意力,集中力については,どのような実践で注意力や集中力が発揮されるのか？や,それらがどの程度持続できるのかを把握することから始め,実践の中で注意力や集中力が発揮できていないときには,注意喚起や叱咤激励を行うようにした。

以上が，臨床現場基礎力を育むために，①知識やその活用面に関する能力，②直感的な把握能力，③患者や他のスタッフの気持ちをくみ取り，良好なコミュニケーションを行う能力，④態度や言葉に対する認識能力，⑤視野や思考に関する能力，という5つの低能力に関するカテゴリーと14の下位項目（概念）に対する指導的アプローチの骨子である。

7．指導の成果——実習生の変化・成長過程

　ここでは，以上の指導を経ていく中での複数の指導者間の見解をすり合わせた実習生の成長過程について，指導アプローチと同じく，①知識やその活用面における能力，②直感的な把握能力，③患者や他のスタッフの気持ちをくみ取り，良好なコミュニケーションを行う能力，④態度や言葉に対する認識能力，⑤視野や思考に関する能力，の5つの低能力に関するカテゴリーを視点にみていくことにする。

　まず，①知識やその活用面に関する能力の不足については，知識の整理とすり合わせによって実習生は指導者の考えることと同じように考えることができるようになっていった，と判断された。それは，実習生は現場にとってすぐに必要で大切な知識を指導者とのすり合わせによって効率よく学習できたためと考えられる。しかし，人間関係の構築がスムーズにできないといった理由から，患者の評価や実践を一人で行うことに対しては一抹の不安が残った。

　②直感的な把握能力の低下については，常に実習生に対して患者の状態を直感的に把握するように指導した結果，そういった習慣がつくようになり，そこから指導者の直感と実習生の直感も似通ってくるようになった，と判断された。こうした能力は一般にセンス的なものも大きいと考えられるが，今回の指導によって直感的に把握しようとする習慣がつき，そこから能力の向上がみられたことから，後天的に向上させることが可能な能力として捉え，そういった習慣をつけることが重要と考えられた。またスタッフが動くとそれに合わせて「何かできることはありませんか？」といった気遣いや手伝いができるようになっていったことから，職場のルールや雰囲気を把握することができるようになっていったと思われた。

　③患者や他のスタッフの気持ちをくみ取り，良好なコミュニケーションを行う能力の未熟さについては，相手の理解にまかせたコミュニケーションは少なくなり，しっかりと理解してもらえるように伝えようとしたり，相手を理解しようとする努力がみられてきた，と判断されたことから，臨床実習が進むにつれて相互理解が進み改善されてきたと思われた。当初は，何を言っていいかわからなかったり，どうせ理解してもらえないといった緊張がコミュニケーション能力を低下させていたと考えられるが，時間が経過するにつれて相互理解がさらに進んだため改善されたと考えられる。またそれに伴い「わからない」や「すみません」といった思考停止か

らも開放されていったように感じられた。

　④態度や言葉に対する認識能力の低下については，すり合わせの中で指導者の言葉の意味することが実習生にもわかるようになり，お互いの誤解が少なくなっていった，と判断された。これらのことから態度や言葉に対する認識能力の低下は徐々に改善していったと考えられた。

　⑤視野や思考に関する能力の低下については，視野や思考をできるだけ広げることと深めることを意識して指導を行った。臨床実習開始当初，実習生は「患者に対して何をしていいかわからないのですが？」といった単純な質問をすることが多かったが，こうした指導の結果，徐々に「担当患者に対して，このような理学療法プログラムを設定してもかまわないでしょうか？」や「複雑な社会関係によって退院が困難な患者に対して，現場はどのようなタイミングや方法で退院へと進めていくのでしょうか？」といったように質問の内容が変化し，その内容が実践的なものへと変化していく様子がみてとれた。このように質問の内容がより実践的なものに変化していく過程で，視野の広がりや思考の深まりの変化を感じることができた。したがって，視野や思考に関する能力の低下は改善していったと考えられた。ただし，注意力や集中力に関しては，どうしても偏っていたり継続できなかったりする部分が依然として認められていた。

　このように5つの低能力というカテゴリーを視点に臨床現場基礎力の欠如という問題をみてみると，それぞれに限界がありながらも，指導の効果がみられ，実習生の根源的臨床能力は発達していったように思われる。それに伴い，当初見られていたミスやトラブルは徐々に減少し，指導者が臨床実習初期に感じていた不安は減少していった。

　最後に，これらの実習生に対する臨床実習の合否判定は各養成校によって教育観や判定基準が違っていたことから，実習施設としては養成校にこれらの状況を情報提供することにとどめ，養成校側に判断をゆだねることにした。

4節
実践報告に対する総合考察

1．関心の共有やすり合わせの困難さとその克服法

　当初，今回の実践事例では指導者と実習生の間で現状認識の共有やすり合わせが困難であった。そしてその背景には，①いくら指導者側が返答しやすい態度を形成したとしても，合否判定を握っている指導者には実習生は本音を話しにくいということ，②臨床実習は実習生にとってそもそも本音を話しにくい環境であるということ，③実習生と指導者の現状認識には想像を超えた食い違いがあるということ，④

関心には，そもそも共有やすり合わせ自体が難しいものや，あるいは時間が必要なものがあるということ，⑤いくら丁寧に指導者が説明しても正確に伝わらないなど，極端にコミュニケーション能力が低いこと，が認められた。つまり，理学療法臨床実習においてはこれらの背景をもとに関心の共有やすり合わせが困難になる可能性が高まると考えられる。従って構造構成的協同臨床教育法を活用する際は，これらの背景を踏まえつつ関心の共有やすり合わせの限界を見極めて実践していくことが必要と考えられる。

　構造構成的協同臨床教育法の実践において関心の共有やすり合わせが困難と思われた場合，通常は指導者が態度を軟化させ，話しやすい雰囲気や環境をつくることで対処されることになる。大方はそれで共有やすり合わせが進むものと思われるが，それでも関心の共有やすり合わせが困難になるときがある。そういった場合，臨床実習にも時間的制約があるため共有やすり合わせに固執するのではなく，むしろ指導者が実習生に問題構造を提示し，それをガイドに理解を促しながら指導したほうが現実的ではないかと考える。しかし，その時に問われるのが問題構造の妥当性である。なぜなら指導者と実習生で協同構成する場合には，当事者同士がお互いに妥当性を検討しながら問題構造を構成することになるため，ある程度の妥当性は担保できると考えられるが，指導者が問題構造を構成する場合には指導者の一方的な思い込みで問題構造を構成し，指導してしまう危険性があるからである。そこで様々な条件下と複数の指導者間で臨床現場基礎力の欠如という問題の構造化（科学的構造構成）を行い，それらをすり合わせることで多角的な視点から問題を捉えつつ，一人の指導者の一方的な思い込みを軽減することで問題構造の妥当性を高めることにした。

　これらをまとめると，複数の指導者間による構造構成的臨床教育法は，①ヒエラルキーが原因で指導者と実習生の関心の共有やすり合わせが困難と感じるとき，②関心そのものが原因で共有やすり合わせが困難と感じるとき，③実習生のコミュニケーション能力低下のために関心の共有やすり合わせが困難と感じるときに，有効性を発揮すると考えられる。

2．複数の指導者間による構造構成的協同臨床教育法の有効性

　構造構成的協同臨床教育法において実習生の問題構造を他の指導者と協同で構成するのは，相互理解を深め教育効果を高めるためである。そのため構成された問題構造には，①臨床現場基礎力の欠如という問題を少しでも理解することができる，②それを視点にして指導方法が構築できる，③その指導実践によって臨床現場基礎力が育まれる，という3つの目的があると考えられる。そこで，これらの3つの目的を視点に本事例の問題構造の妥当性を問いながら複数の指導者間による構造構成

的協同臨床教育法の有効性を検討してみる。

　構造構成主義では，構造の妥当性はその目的と，構造化に至る過程の開示，現実的制約，その達成度から問うことができるとされている[12]。それに従えば，まず問題構造の目的は，前述した3つと考えられる。そして複数の指導者によって構成した問題構造の構成過程については本事例の経過で記述した通りである。その結果，実習生の臨床現場基礎力の欠如という問題は5つの低能力のカテゴリーと14の下位項目（概念）からなる問題構造から構成された。

　ここで5つの低能力のカテゴリーを眺めると，それらの問題構造の1つぐらいは通常の実習生にも認められるものばかりである。これらから臨床現場基礎力の欠如という問題は，5つの問題構造が単独で存在している場合ではなく，5つの問題構造が同時に重なったときに，はじめて立ち現れやすくなる問題といえるのではないかと考えられる。そうであるならば問題構造の全てを解消しなくても1つずつ丁寧に解消することができれば，臨床現場基礎力は育まれると考えられる。これらのことから複数の指導者間による構造構成的協同臨床教育法によって構成された問題構造は，目的①とした臨床現場基礎力の欠如という問題を少しでも理解することができるということに役立ったと考えられる。さらに事例経過にもあるように構成された問題構造を視点に指導方法が構築・実践されたことを踏まえると目的②も達成できたと考えられる。

　ここで教育効果を先ほどの5つの低能力のカテゴリーから検証してみると，事例研究で検討する限りでは，直感的な把握能力の低下や，態度や言葉に対する認識能力の低下，視野や思考に関する能力低下の中の視野の狭さという問題には効果が認められたが，患者や他のスタッフの気持ちをくみ取り，良好なコミュニケーションを行う能力の未熟さや，視野や思考に関する能力低下の中の集中力や注意力の偏りや継続の無さという問題には効果があまり認められなかった。しかし，全体的にみてみると臨床ではミスやトラブルになるようなものは減少し，指導者の不安も少しずつ減少していったことから臨床現場基礎力は育まれたものと考えられる。これで目的③とした指導実践によって臨床現場基礎力が育まれる，も達成できたと考えられる。

　一方，今回臨床実習を行った現場の指導者は理学療法士であり教育の専門家ではない。そのうえ忙しい業務の中で複数の指導者が一人の実習生に対して多角的に観察しながら問題構造を構成したため現場にかかる負担は大きく，それ以上精度を高めようとした際に本来の業務に支障がでた側面があることは否めない。よって現実的制約の限界点は，本来の業務に支障がでるところと考えることができる。これらのことから目的，構造化に至る過程，現実的制約，目的の達成度を踏まえて問題構造の妥当性を総合的に検討すると，複数の指導者間による構造構成的協同臨床教育

法によって構成された本事例の問題構造は妥当性を有しているものと考えられる。すなわち，これは複数の指導者間による構造構成的協同臨床教育法という活用法の有効性を示唆したものと考えられる。

他方，複数の指導者間による構造構成的協同臨床教育法の実践で実感したのは，複数の指導者間で構成された問題構造を視点に構築した指導方法は，指導者間でコンセンサスが得られやすく，チームによる指導方法として機能しやすいということである。つまりこれは複数の指導者間による科学的構造構成は，関心の共有やすり合わせが困難なときだけではなく，チームによる指導方法の構築にも活用できる可能性を示唆したといえよう。ただし複数といっても多くなりすぎると指導者間で問題構造の構成が難しくなったり，指導者間でコンセンサスを得ることが難しいと思われることから，現実的には3～5名程度が適切ではないかと思われる。

最後に，複数の指導者間による構造構成的協同臨床教育法の実践には，指導者間で一定の協力関係が必要なことや，より的確な問題構造を構成するためには，当たり前のことではあるが少なくとも「実習生に対して何かをしてあげたい」というぐらいの教育的関心が指導者には必要であると実感させられた。

3．複雑な問題に対する構造構成的協同臨床教育法の可能性について

上述してきたように，構造構成的協同臨床教育法はこうした複雑な問題に対しても関心の共有やすり合わせ，あるいは複数の指導者間で本教育法を活用することによって問題構造を構成することができるようになり，それを視点にすることで複雑な問題に対する理解を深め，指導方法を構築・実践することができるようになる。そのため本教育法は現実的かつ非常に応用可能性の高い教育実践法と考えられる。そうしたことから本教育法は多様な環境で行われる他業種の教育にも援用できると考えられ，他業種の新人教育や他業種特有の複雑な問題に対しても有効機能すると思われる。

また構造構成的協同臨床教育法から構成した問題構造は，問題に対する理解を深める分析機能と指導を構築・実践できる実践機能が備わっていると考えることができる。そのため分析機能を上手く活用し，応用行動分析学[17]やクリニカル・クラークシップ[9]などの教育法と併用することができれば，さらに有効な教育法にもなると考えられる。よって，それらの検討については今後の課題といえる。

一方，本教育法は指導者と実習生のコミュニケーションを基本にすることから，指導者には日常業務の中で常にコミュニケーションチャンネルを実習生に対して開いておくことが要求される。そのため指導者によっては，かなりの疲労感を伴う可能性が示唆される。したがって，そのあたりに本教育法を指導者が活用する際の実践的な課題があるように思われる。

5節
可能性と限界の明示化

当初，構造構成的協同臨床教育法は指導者と実習生の二者間による問題構造の構成を想定していたが，本事例研究からは複数の指導者間による新しい協同構造構成の可能性を示唆したといえる。また複数の指導者間で構成された問題構造を視点に構築した指導方法は，指導者間でコンセンサスが得られやすかったことから，チームで指導する際の指導方法の構築方法としても活用できると考えられ，新たな活用方法の1つを提示できたといえよう。

他方，構造構成的協同臨床教育法は多様化した複雑な問題に対しても理解を深めつつ指導法を構築することができるため，現実的かつ応用可能性の高い教育実践法であるといえる。また，それだけではなく，そのなかの分析機能を上手く活用することができれば他の教育法との併用によって，本教育法はさらに有効な教育法になるとも考えられる。この他，本教育法は援用可能性が高いことから他業種においても活用できることが示唆されたといえる。

6節
最後に

近年，臨床実習生や新人理学療法士に対する臨床教育は，後輩の育成という観点からだけではなく，理学療法士という専門職業団体の発展という観点からも重要視されてきているように思われる[10]。そうした背景の中で構造構成的協同臨床教育法は開発され，理学療法臨床実習において学習効果をあげてきた[2]。しかしながら，本教育法は発展途上の段階でもあるため，その活用方法や方法論にはいまだ未整備な部分が多いと思われる。そのため，それらについては今後の検討課題としたい。

最後に，日本理学療法士協会では，将来に向けて新人教育プログラムや生涯学習プログラムといった教育システムの再構築が始まっている[18]。このような状況の中で構造構成的協同臨床教育法が少しでも役立つことを期待したい。

【註および文献】

[1] 西條剛央　2005　構造構成主義とは何か　次世代人間科学の原理　北大路書房
[2] 池田耕二　2010　構造構成的協同臨床教育法の構築へ向けて―理学療法臨床実習における実践事例を通して　構造構成主義研究, 4, 104-130.

［3］京極　真　2009　医療における構造構成主義の研究の現状と今後の課題　構造構成的研究，3, 2-67. 本文献の中には，構造構成主義を臨床実践に応用した文献がまとめられている．
［4］山口裕也　2009　構造構成的―教育指導法案構成法の提唱　実践知の伝承・継承・学び合いの方法論　構造構成的研究，3, 182-211.
［5］前原和明　2010　構造構成主義の視点から展開する職業リハビリテーションでの臨床実践―異職種間のより良い連携を目指していくための視点　構造構成的研究，4, 18-238.
［6］京極　真・鈴木憲雄（編）　2009　作業療法士・理学療法士　臨床実習ガイドブック　誠信書房
［7］日本理学療法士協会（編）　2009　臨床実習の手引き　第5版　p.19.
［8］John, A. D., & Ronald, M. H.（Eds.）2005　*A practice guide for medical teachers*（2nd ed.）. Edinburgh：Elsevier Churchill Livingstone. 鈴木康之・錦織　宏（監訳）2010　医学教育の理論と実践　篠原出版新社
［9］中川法一（編）　2007　セラピスト教育のためのクリニカル・クラークシップのすすめ　三輪書店
［10］新田　収・小林　賢・小山貴之（編）　2010　理学療法スーパーバイズマニュアル―臨床実習生・新人理学療法士指導のために　南江堂
［11］奈良　勲（編）　2004　理学療法学教育論　医歯薬出版
［12］西條剛央　2009　JNNスペシャル　看護研究で迷わないための超入門講座　研究以前のモンダイ　医学書院　pp.46-48.
［13］Merriam, S. B.　1998　*Qualitative research and case study applications in education*. San Francisco：Jossey-Bass. 堀　薫夫・久保真人・成島美弥（訳）2004　質的調査法入門　教育における調査法とケーススタディー　ミネルヴァ書房　pp.37-64.
［14］西條剛央　2008　ライブ講義　質的研究とは何か　SCQRMベーシック編　新曜社　p.86.
［15］［8］の pp.222-223
［16］池田耕二・玉木　彰・吉田正樹　2010　理学療法臨床実習における実習生の意識構造の変化―質的内容分析と数量化Ⅲ類による探索的構造分析　理学療法科学，25(6)，881-888.
［17］山本淳一・山崎裕司　2004　応用行動分析学からみた教育方法　奈良　勲（編）　理学療法学教育論　医歯薬出版　pp.8-19.
［18］社団法人　日本理学療法士協会ホームページ
　　http://wwwsoc.nii.ac.jp/jpta/（2010年7月現在）

【謝辞】

本稿を執筆するにあたり，貴重な助言をいただきました同僚の山本秀美氏，中田加奈子氏には心から感謝申し上げます．

原著論文（研究）

II-8 SCRMにおける「論文の公共性評価法」の定式化
―― 論文の「型」を巡る難問解消に向けて

西條 剛央

　現代のポストモダン的批判思想は，近代社会の本質を適切に捉える前に，これを相対化し，無化しようとした。それは近代社会の核心をなす普遍性，合理性，理性，原理，制度といった諸概念を"拒否"してきた。つまり「近代」の"克服"に向かうのではなく，その諸理念の"打ち消し"をめがけたのだ。しかし，このような試みは，ニーチェのいうところの"反動思想"，直視する代わりに否認する思想となるのである。[1]

1節 問題・目的

1. 研究法における信念対立

　構造構成主義（Structural-constructivism）は人間科学という学際的フィールドを通して諸学の原理として体系化されたメタ理論である[2][3]。そしてそれに基づきメタ研究法として構想されたのがSCRM（Structural-construction research method, 構造構成的研究法）である[4]。

　従来は，方法論であれ理論であれ，それぞれの枠組みを精緻化させ，それに依拠して研究を生み出すことで，学知の発展に貢献してきた。それは学問の発展過程そのものであったといってもよい。しかしその一方で，異なる理論，方法，科学観，専門領域間での対立といった大きな弊害を生み出してきた。

方法論を例に挙げれば，特定の方法が有効性を発揮するほど「これこそが正しい研究法だ」と強く確信するようになる。そしてそれぞれの正当性を訴えることにより，方法論間の対立に陥ってしまうのである。量的研究と質的研究の対立はこの典型ということができ，現在では質的研究を標榜する研究者の間でも異なる流派間の対立が生じている。

　こうした問題は，個別の方法を習得し，研究を生産することで解消することはできない。むしろ特定の研究法を学び，それを用いて研究論文を生産するほど，特定の方法を遵守すること自体が自己目的化してしまう「方法の自己目的化」[5]に陥ることも珍しくない。特定の方法に固執することで，より有効な方法枠組みへと修正したり，新たな研究法を開発する柔軟な態度が失われてしまうのである。

　そうした信念対立は方法論の多様性を強調するポストモダン的な考え方によって解消できるという意見もあろう。たとえば，現在の質的研究の台頭を認識論的に後押ししたポストモダン的な思潮——たとえば構成主義（constructivism）——は「科学の目的」は「ローカルな知識の創造」であり，「科学的方法」とは「無政府主義」としながらも「質的方法や物語の解釈学的分析を強調する」としている[6]。こうした潮流は量的研究が唯一の正しい研究法とされてきた状況に大きな風穴を開けることになり，質的研究が台頭する素地を作った。その点はおおいに評価されるべき点であろう。

　この対立は，このような「ローカル性」や「無政府主義」というシンプルな原理でクリアできるように思えるが，しかしポストモダン的な考え方によって信念対立の問題を解消することはできないのである。なぜか。このことを深く考えるためにさらに構造構成主義が登場した思想的背景にまで遡って考えてみよう。

2. 現代思想からみた構造構成主義

　あらためて構造構成主義とは何か。現代思想の文脈から言えば，モダニズムとポストモダニズム双方の限界を超え，それらの関係自体を調整可能なメタ理論といえる。大枠でいえばモダニズムの共通項は特定の絶対的規範に依拠している点にある。科学によって世界はすべて説明可能になるという科学主義や，独立自存する外部世界が実在するといった前提に基づく客観主義。これらはモダニズムの代表といってよいだろう。他方ポストモダニズムは，すべてを相対的に捉える視座を共通項として挙げることができる。先に挙げた構成主義，現実はすべて社会的に，言語により構築されているという前提に基づく社会的構築主義（social constructionism）。世界を物語として捉え，科学も一つの物語であるとする物語論（narrative approach）。これらはポストモダニズムの代表的思想といえる。

　ポストモダニズムはその表記"post-modernism"に現れているように，モダニズ

ム（近代）の行き詰まり（閉塞感）を打開するために，そのアンチテーゼとして台頭してきた反動思想的側面を持つ。モダニズムが前提としてきた絶対的規範を相対化，否定，否認，無化，脱構築し，その絶対性の不可能性を暴き立てることにより特権性を奪い，相対的地平を拓いた点にその時代的意義と役割があった。しかしその一方で，その後真っ平らな価値の地平に放り出された人々は，良し悪しを吟味する術も，進むべき方向を判断する指針も持たず，凹凸のなき地平で何を目がけてどのように生きていけばよいのかわからないといった「相対主義」のもたらす新たな問題に悩まされることになった。

じつはモダニズムとポストモダニズムは"絶対的規範"を前提として成立する点では——それを肯定するか否定するかといったスタンスは違うが——同じなのである。しかしその絶対性に対する根本的スタンスが背反するため，いわば絶対性を起源としたアイデンティカル・ツインズは信念対立の様相を呈することになる。ここでいう「信念対立」とは異なる前提に依拠することにより構造上生じる対立のことである。客観主義の科学者と，社会的構築主義を基軸にSSK（科学的知識の社会学）を推進する科学哲学者の対立であったサイエンス・ウォーズはそうした二つの思潮の関係を示す信念対立の典型的事例といってよい[7]。人間科学において，モダニズムの申し子である数量的研究とポストモダンを背景に台頭してきた質的研究の信念対立や相互不干渉といった問題が生じてきたのにもこうした背景がある。

ここで重要なことは，絶対的規範を肯定するにしても，否定するにしても信念対立を越える考え方にはなりえない，という点にある。特定の規範を正しいものとして前提とするモダニズムは異なる規範と相容れることはできない。となれば，声の大きさ，腕力の強さ，権力の強さといったパワーゲームに帰着することになる。

ではポストモダンはどうか。すべての規範を解体し相対化するポストモダニズムは信念対立に陥らないと思われがちだがそうではない。確かにポストモダンは正しさを相対化し，多様性を強調するのだが，同時に価値評価のための理路（原理）を備えてはいないため，良し悪しを判断する基準（方法）をもたないのである。そのため何かの価値判断（決定）をしなければならないときは，やはり声の大きい方，権力の強い方の意見が通ることになり，相対主義は結局のところパワーゲームに陥る可能性を排除できないのである（詳細は後述する）。

無論，ポストモダニズムの論者の多くは，自分達はすべてのことに同じ価値があるなどといっておらず，相対主義などでは断じてないと主張する（たとえばローティ（Rorty, R.）[8]）。しかしポストモダニズムに対する相対主義批判の真意は，ポストモダニズムは良し悪しを吟味（判断）する理路を持たないために相対主義を越える枠組ではなく，結局のところパワーゲームになるという点に対して向けられたものである以上，上記のような反論は反論としては成立していないのである。

3．論文の型を巡る新たな難問の台頭

　じつはこの問題はフッサール（Husserl, E.）が『ヨーロッパ諸学の危機と超越論的現象学』[9]にて主題化した「学問の危機」と密接に関係しており，その状況は現在においても先鋭化することはあっても解消されてはいない。そのことを学問的営みの最も基礎的なフォーマットともいえる「論文の型」の観点から考えてみよう。

　ポストモダンの台頭によって研究法が多様化すると同時に，従来の論文の型にも疑念の目が向けられるようになった。たとえば，世界初の質的研究の専門誌でもある『質的心理学研究』には，編集委員を中心としてインタビュー形式[10]や往復書簡形式[11]といったような新しいスタイルの「論文」が掲載されている。

　ここでは新たな論文スタイルの提示という点で典型例ともいえる「往復書簡形式」を提唱している矢守・伊藤論文[12]を取り上げてみよう。この論文の形式は【はじめに－往復書簡－おわりに】の三部構成になっている。まず「はじめに」のセクションにおいて，「複数のローカリティがもつ個別性を保持したまま，それらを複数接続し相互に関係づける第三のアプローチ」として「インターローカリティ」という発想に基づき，「往復書簡の記述スタイル」を「インターローカリティという本論文のテーマにふさわしい形式として筆者達が当初から意図的に選び取った」として，自身のメールでのやりとり（往復書簡）を「論文」として積極的に位置づけている。その後「往復書簡」のセクションで16頁にも渡り「メールで実際にやりとりしたものをほぼそのまま」[13]掲載している。その往復書簡の最後は次のような形で終わっている。

　　　　　復興支援の営みにみられたように，「わからない」こと自身が，むしろインターローカルな交流の究極の礎となりうるケースがあるのではないでしょうか。「わからない，でも共に生きる」ことが大切になるようなケースが……。
　　　　　私たちの，長い，インターローカルな旅も，とりあえずのゴール地点に到着しました。やりとりの中で見出した"Live interlocally"（インターローカルに生きよう）を思い出しながら筆をおきたいと思います。（2007年11月28日　矢守克也）[14]

　ここでは，やりとりの中で現出したとされる"Live interlocally"（インターローカルに生きよう）という言葉が最後に挙げられているが，こうした「標語」がインターローカルという研究テーマにとってどのような学術的意義があるのか，その後の「おわりに」にもまったく書かれていない。

　またこの論文には「往復書簡形式」を導入に関する言及はあるものの，肝心のメールのやりとりの内容がいかなる意味で学術的・実践的意義を擁しているのか明示的

に論じられていないためその形式の機能を検討することができないのである[15]。内容についてのわずかな言及を挙げれば「おわりに」に次のような文言がある。

> 読者は,「自然と社会」「Think globally, act locally」,「トラウマ」といった,いくつかの鍵概念をめぐる一致やズレを見出すことができる。往復書簡のメインテーマである「インターローカリティ」という概念そのものが,二人の対話者それぞれのローカルな意味のシステムのインターローカルな相互作用を通じて,ときに構築され,ときに脱構築される。ローカリティの固有性を尊重しつつそれらを相互接触させることを通じて,知見の相互構成的かつ持続的な更新を計るプロセス——決して知見の普遍化を目指すプロセスではなく——が,往復書簡という形式を通じて提示されていると言えるだろう。[16]

しかし装飾用語に惑わされずに,ここで述べられている内実をフラットに見定めれば,どんな人間でも「ローカルな意味のシステム」であり,したがって二者の対話は常に「インターローカル」なものであり,また「鍵概念をめぐる一致やズレ」も,「ローカリティの固有性を尊重しつつそれらを相互接触させることを通じて,知見の相互構成的かつ持続的な更新を計るプロセス」も,この往復書簡特有のものではなく,多くの対談や鼎談はもとより,会議,研究会,日常会話,メーリングリスト,ソーシャルネットワークサイト,twitterに至るまで,社会のあらゆるところでみられるといってよい。したがって,その学術的意義が論証されていない限り,第三者がその内実自体に意義を認めることは困難であろう。

矢守と伊藤は「質的研究の論文として往復書簡の形式がとられうることを実例で示し,かつ,その効用を整理した例は,筆者たちが知る限り存在しない」[17]と自らの往復書簡形式論文の新規性を強調しているが,論文の形式もひとつの学的手段である以上,新しいスタイルであること自体に価値があるということにはならない。当然のことだが新しいことと優れていること(機能的であること)はまったく別の問題なのである。

もし新しければよいというのであれば,ブログとそのコメント欄をベースとしたやりとりをそのまま「論文」として掲載したり,またインタラクティブ性を重視するため座談会や授業記録をそのまま「論文」にすることも,日常のリアリティを重視するため日記を「論文」としてそのまま掲載することも,youtubeにアップしたビデオのURLだけを記載した文面も「論文」とすることも成り立つことになる。しかし「これは新しいタイプの論文だ」と宣言することで,論文ということになるのであれば,もはや「論文」というコトバを用いる意味もなくなってしまうだろう。

そして本質的な問題として，仮に学生同士のメールのやりとりが学会誌に送られてきたとしてそれが採択されるのだろうか，という疑問が湧いてくる[18]。裏を返せば，その論文はそこでの書簡でのやりとりで提示された知見の学術的な意義が論証されていない以上，その号の責任編集者であった矢守と伊藤の間のメールのやりとりだったから採択された可能性は否定できない[19]。というのも，メールのやりとりをまとめただけでは，それを生み出す方法である往復書簡の学術的意義を他者が吟味し，判断することはできないためだ。

　ここには多様性を強調するポストモダン的な理路の限界問題が凝縮されているといってよい[20]。先ほども述べたように，近代の学問の型の意義を十分に理解した上で乗り越えるのではなく，素朴に「こんな方法もあるのだ」と披露してみせることで多様化の一途を辿るポストモダン的な考え方は，良し悪しを吟味し，判断する基準（方法）をもたない以上――本人が意図しなかったとしても――結局のところ権力のある人の意見が妥当であるというパワーゲームに回収されてしまうのである。あるいは，おもしろい／おもしろくない，気に入る／気に入らないという好悪の域を出ない情緒的評価に帰着せざるをえないのである。

　しかしながら他方で，世界標準の『APAマニュアル』[21]に代表される執筆マニュアルや，論文執筆に関する書籍にある「こうした方がよい」という経験的なコツや個人的見解[22]を先験的に正しい基準として批判を展開したとしても，伊藤や矢守もそうしたマニュアル等の存在を知った上で，そうではない新しい論文のあり方を提示していると考えられることから，マニュアルを巡る信念対立以上の結果をもたらすことはないであろう。したがって今あらためてそれぞれの「あり方」の妥当性を問い直す必要がある。さもなければ，新しいスタイルの論文はすべて否定されることになり，論文スタイルの発展可能性は閉ざされることになってしまうであろう。

　特定の規範に依拠するモダニズムは学問の硬直化という問題を抱えているが，ポストモダニズムはそれを乗り越えるのではなく，それを否認，無化することでなんでもありの相対主義へと転じた。皮肉なことに，それは結局のところパワーゲームに行き着く可能性をはらんでいるため，ポストモダンが忌避した「権力の絶対化」に回帰することになるのである。そしてモダニズムとポストモダニズムがそれぞれの正当性を主張しても，異なる価値基準に依拠しているために，信念対立に陥ってしまうのである。これは論文の「型」を巡る新たな難問に他ならない。

　以上のことからも，現実とは無関係にみえる思想的な難問がいかに研究実践の根本問題に直結しているかがわかるであろう。

4．SCRMにおける非構成的評価法

　このような，実証研究をいくら積み重ね，従来の理論や方法論を洗練させても解

消できない研究以前の難問を解消するために体系化されたメタ研究法がSCRM（構造構成的研究法）なのである。研究評価という観点からいえば，SCRMにおいては，「括弧入れ」「現象学的還元」「関心相関的評価」といったより妥当に評価するための方法概念が備わっている[23]。これらの意味（機能）を受け取ってもらうためには，フッサールがいう「自然的態度」について概説する必要があろう。自然的態度というのは「○○というモノがあるから→○○が見える」という自然な認識図式のことである。この図式に基づけば，「研究とはいえない論文が実在するから，自分はこの論文をそのような論文と判断している」ということになる（「研究とはいえない論文が実在する→研究とはいえない論文に見えている」）。そして自然的態度でいることは，「自分がこの論文は研究とはいえないと思っているのは，厳然たる事実であるから，客観的にいって誰もがそのような判断をするに違いない」という自己の判断を絶対視することにつながる。

　そのようにならないためには，良い／悪い，価値がある／価値がないといった確信（感覚）をまずは「括弧に入れておく」ことが有効になる。「私はこの論文を良い／悪いと思っているが，あくまでも私の判断であり絶対的に正しいわけではないのだから，ひとまず括弧に入れて横においておこう」と考えるのである。これが「括弧入れ」（エポケー：判断中止）である。次に「そのような確信をもつに至ったのはなぜなのか？」と確信した理由（条件）を遡って考える。確信成立の条件を洞察すること，これが「現象学的還元」である。

　その観点に加え，「すべての価値は，欲望や関心，目的といったことと相関的に（応じて）立ち現れる」という「関心相関的観点」から評価すれば，「価値がある／ない」といった判断する際に，その価値評価は自分の欲望や関心に応じて立ち現れる側面があることを自覚的に認識することが可能になる。すなわち，「××という観点からみれば価値が見いだせないが，○○という観点からみれば高い価値がある」といったように複眼的に評価する可能性が開かれる。これが「関心相関的評価」である。これによって，たとえば数量的な研究にしか価値を見出せない場合に「自分はこれまで全体的傾向や全体的な分布を捉えたいという関心があったため対象を数量化し，統計を用いる量的研究が役立つと思ってきたが，確かにこの研究の目的は対象者の内的世界に迫ることになるため，その目的（関心）に照らせばインタビューに基づく質的研究の方が適切だ」といった洞察に至ることが可能になる。

　こうした観点は自由度が高く，どのような状況においても有効性を発揮しうるであろう。しかし論文評価に特化したものではないため，先ほど論じたような論文の「型」を巡る難問を直接解消するものではない。たとえば関心相関的観点から「○○という観点からみれば妥当だが，××という観点からみれば妥当ではない」ということはできる。しかし論文の型を巡る難問を解消するためには，○○と××のど

ちらが妥当かといったように，それぞれの観点自体の妥当性を吟味する必要がある。したがって，設定した観点が妥当であることを論証した上で，論文評価法を構築していく必要があるのだ。

そのようなプロセスを経ることで研究論文を一律に評価可能な「一般評価法」が開発できれば，学知発展の基礎整備に大きく貢献し，また論文型を巡る難問を解消する可能性も開かれるであろう。

5．目的

以上の問題意識から，本論文では様々なタイプの論文を一律に評価可能な「論文の一般評価法」を構築することを目的とする。またそれをもとに論文の型を巡る難問を解消するための道筋を拓く。

2節
方法

次に一般評価法を構築していく際の方法を確認する。まず当然ながら一般評価法といえども，特定の観点を設定し，その観点を基軸に評価することになる。先に述べたように，その際特定の観点を先験的に（あらかじめ正しいものとして）定めた上で議論を開始してしまうと，その観点の置き方の妥当性を読者が吟味することができなくなる。それでは論文の型を巡る難問は解消できず，広く了解されうる一般評価法を構築することはできない。したがって，本論ではそのための方法や観点の置き方を含めて議論を進めていく。

まず個々人の経験に基づく「〜することが大事である」「〜すべきである」といった私見の域を出ない意見は，それに合わないものを排除することになるため適切とはいえない。したがって，一般評価法を構築していく際の理路を他者が批判的に吟味することが可能な反証可能性（公共性）を備えていることが必要となる。反証可能性を備えていれば，誰が言ったかにかかわらず理路の破綻しているところを指摘したり，修正したりすることが可能になるためである。

それを担保するために，ここでは規範的な理路を巡る信念対立に足をとられることなく，広い意味での反証可能性を残すために採用された「メタ理論工学」[24]というメタ方法論に沿って一般評価法を整備していく。メタ理論工学とは，設定した目的を達成するため（問題を解決するため）に有効な方法を選択，導入し，理論的齟齬をきたすことなく内的整合性のある形で目的を達成可能なメタ的枠組みを作ることを志向する「方法的視点」である。

また必要な理路が既存の枠組みにない場合には，「本質観取」によって——この

際の本質とは「あることがらの一番大事なポイントを的確に言い当てたもの」[25]というものであるが——適宜「○○の本質は何か」という洞察を行い，そこで明らかになった「本質」を理路に組み入れていく。ただし，その際には現象学の本質観取が必ず特定の関心に照らして行われるという西の洞察[26]を踏まえて京極が改めて方法概念として定式化した「関心相関的本質観取」[27]を用いることとする[28]。

こうした方途を用いて，多様な研究に妥当する一般評価法を構築していく際には，特定の立場を先験的に排除しないよう適切な条件を同定した上で，注意深く理路を重ねていくことがポイントとなる。

3 節
一般評価法構築条件としての超メタ性

1．一般評価法の条件とは何か

本稿における一般評価法とは，様々な研究を特定の観点から妥当に評価できる枠組みのことを指す。では多様なタイプの研究論文に妥当する一般評価法を構築する上で，必要な条件とはどのようなものであろうか。まず特定の認識論，理論，方法論しか当てはまらないものは一般評価法とはいえない。したがって，さしあたり個別の枠組みの規範に左右されず「研究」を妥当に評価可能であることが一般評価法の条件といえよう。

2．従来の認識論問題への取り組みとその限界

そうした条件を満たすために認識論の壁を越えるものである必要がある。ウィリッグ（Willig, C.）が「研究するには，ある特定の認識論的立場に立たなければならない」[29]と述べているように，それぞれの枠組みは，それが明示化されているかどうかにかかわらず，特定の認識論的前提に基づいているためである。

ここでいう「認識論」とは世界を捉える根本をなす認識形式のことである。たとえばモダニズムの代表的な認識論といえる「客観主義」は，我々とは独立して自存する客観的な外部世界が実在する，といった世界認識に基づいている。他方，ポストモダニズムの代表的な認識論といえる「社会的構築主義」は，現実は社会的に（言語により）構築される，といった認識形式を前提としている。

また同じ名を冠する研究法の中でも異なる認識形式を前提としていることは珍しくない。たとえば質的研究の代表的な技法であるグラウンデッド・セオリー・アプローチ（GTA）を例にとっても認識論は多様であり，創唱者の一人ストラウス（Strauss, A.）の系譜を継ぐ戈木[30]は客観主義に，修正版グラウンデッド・セオリー・アプローチ（以下 M-GTA とする）を整備した木下[31]はプラグマティズムに，

そして最近台頭したシャーマズ（Charmaz, K.）[32]は社会的構築主義に依拠している。

ここで「認識論などという抽象的なことは，科学的なデータを客観的に分析する際に関係ないことだ」と主張する人がいるかもしれないが，それは短見といわねばならない。認識論の問題を無視したとしても，当人が気づかないだけで，自身の行動の方向性は認識論的に決定されてしまうためである[33]。たとえば，伝統的な GTA に依拠する戈木は，できる限り主観を排し，文脈から切り離して，客観的に細かく見ることで，データ本来の内容や意味を客観的に理解できるといった「客観主義的な認識論」に基づいている。戈木[34]が「一文ごとに切片化して，ラベル名をつける方法」を推奨し，さらに「文中に違う内容が含まれていると思うときには，その一文をさらに細かく区切っていく」という分析手法を望ましいものと考えた後景には，そうした認識論が前提とされているのである。

このように，どのような認識論に基づくかによって，どのような方法が妥当か，その価値評価も大きく異なってくることがあり，こうした認識論的な前提の違いに無自覚ゆえに，研究評価の際に的外れな批判が生じることも珍しくはない。これが研究において認識論的前提が重視されるゆえんでもあり，認識論を考慮しないことは一見近道にみえても，結局のところより深い混乱を招くことになる。このことは強調してもしすぎることはないと思われる。

それでは，こうした認識論の問題をクリアするために従来どのような方法が模索されてきたのだろうか。ウィリッグはその著書において「質的研究は，さまざまな認識論的，存在論的枠組で行うことができ，その枠組みによって優れた研究の基準は異なる」[35]ことから，様々な質的研究法について「認識論上の三つの問い」を提起し，それぞれの認識論的立場を軸として位置付けることによって，それに相応しい評価が可能となるとしている。

また久保田論文[36]でも，量的研究と質的研究は，それぞれ客観主義，構成主義といったように依拠するパラダイムが異なり，それが研究方法や評価基準の違いに直結してくることから，それぞれのパラダイムを相対的に捉えることが重要であると指摘されている。

認識論を軽視する研究者も少なくない現状を鑑みれば，こうした問題意識を持つこと自体高く評価されるべきだが，しかし，ここで本質的な指摘をしなければならない。それは，ウィリッグや久保田のそうした主張を基礎づける認識論的基盤が何なのかは明らかにされてはいない，というものだ。「あらゆる認識論を相対的に捉える」というのも一つの立場に他ならないため，それを透明化（絶対化）しないためにも自らの立場の認識論は明示されているべきであろう。

ではそれでは自らの立場を，たとえば「ウィリッグ主義」などと明示化（宣言）

しさえすればこの問題は片が付くのだろうか。答えは「否」である。自らの立場に何らかの名を与えて，宣言しさえすればよいのであれば話は早いが，しかし通常の認識論（メタ理論）を相対化した上で，それらの関係性を調停する機能を備えるためには，単なる立場ではなくあらゆる立場の違いを超えうる超メタ理論としての条件を備えていなければならない。その理由を含め以下議論を進める。

3．超メタ理論の条件

　客観主義や社会的構築主義，物語論といった通常の認識論は，超メタ理論の条件を備えているのだろうか。それを検討するためには，メタ理論の射程はどのような条件により支えられ，それはどのような観点から判定可能なのかについて十分自覚的である必要がある。以下「メタ性を担保する条件とその判定方法」について論じている論文[37]を参照しつつ確認していく。

　まず超メタ理論（超認識論）としての条件としては，何らかの先験的前提に依拠していないということが重要になる。その観点からみると，たとえば「外部世界の実在」を前提とする客観主義といったメタ理論（認識論）に依拠したならば，物理的な事象については基礎づけることができるが，最初から実在しているとは言い難い「意味」や「価値」といった側面を理論的に基礎づける（支える）ことができなくなる。したがって，「意味は物理的世界に還元できない」という物語論者が了解できる理路にはなりえない。

　逆に「現実は言語により構築されたものである」といった社会的構築主義的な認識形式を前提とすると，「言語によって構築される以前の世界」については直接言い当てることができなくなる。それにより，語られる以前の外部世界を前提とする客観主義者を納得させることは困難になる。これは世界を物語として捉える「物語論」も同様である。

　このように何らかの前提に依拠する認識論は，その前提の範囲内しか扱えないため，人間的事象を包括的に基礎づけるものにはなりえないのである。「特定の前提に依拠する理論は，その前提の範囲内の事象しか基礎づけられず，懐疑の余地がある分だけその前提に阻まれ，原理的ではなくなっていく。」[38]

　かといって冒頭で述べたように，多様な認識論があってよいという相対主義に帰結にするならば，何でもアリになってしまい，多数派の意見や権力を持つものの意見が正しいものとされてしまうことになるだろう。したがって認識論の壁に阻まれることなく超メタ理論たりうるためには，特定の前提に依拠することなく，かといって相対主義に回収されることもなく，普遍的に了解される可能性の高い理路でなければならない。

4．超メタ理論としての構造構成主義

　こうした超メタ理論の条件を満たす枠組みとして構築されたのが構造構成主義ということができる。ここであらためて先行議論[39]を踏まえ，それが超メタ理論の条件を満たすものかどうか確認していく。

　構造構成主義は，戦略的基点として「現象」という方法概念を措定する。ここでいう「現象」とは「立ち現れ」のことを指し，そこには「外部世界での出来事」も「言説」も「夢」も「幻想」「妄想」といったことも内包される。今目の前にこの論文があることそれ自体は夢かもしれず，夢ではないと思っていても夢だったということがあるように，我々人間が自分の外に出ることができない以上，原理上はその真偽を判定することはできない。

　しかし，「立ち現れている」ということそれ自体はさしあたって確かであることから，「現象」（立ち現れ）に，外部世界の出来事も，心的な事象も包含されうることになる。よく知られているように，自然科学が依拠してきた客観主義と，内在的な視点に基づく物語論といった異なる認識論は共約不可能なため，相容れない認識論を併用することはできない，とされている（共約不可能性）。それでは構造構成主義はこの問題をどのように解決できるのか，その基本的な理路の一端を示す。

　構造構成主義において，従来の認識論は現象に立ち現れた「構造」として位置づけられる。ここでいう「構造」とは実体的な概念ではなく，「コトバとコトバの関係形式」のことである。たとえば「客観主義」は「我々の外部に独立自存する客観的世界が実在する」というコトバとコトバの関係形式からなる構造（根本仮説）ということができるし，社会的構築主義は「現実は社会的に（言語により）構築される」という構造（根本仮説）ということになる。

　そして構造構成主義においてこれらの認識論（根本仮説）の価値は関心相関的観点により吟味され，選択されることになる。関心相関性とは今一度詳しく述べるならば「存在，価値，意味といったあらゆることは身体・欲望・関心・目的といったことと相関的に（応じて）立ち現れる」という原理である。この観点からすれば「客観主義」も「社会的構築主義」もその他あらゆる認識論を相対化しながらも，根本仮説として目的に応じて選択・併用すればよいことになるため，何でもアリの相対主義に帰着しない道筋を開くことができる（認識論の関心相関的選択）。ここにおいて認識論は世界認識の根底をなすものではなく，関心相関的選択の対象となる「根本仮説的視点」にその意味を変えることになり，共約不可能性の問題はクリアする道筋が拓けるのである。

　繰り返すが，ここでは自然科学が依拠してきた客観主義的な超越的なポジション（メタ理論）と，（ある種の）質的研究が依拠してきた内在的なポジション（メタ理論）のどちらが正しいかと言っているのではない。そうではなく，「認識論の関心

相関的選択」を方法的視点とすることで，それぞれの立ち位置（メタ理論）は研究関心や研究の目的に応じて選べばよい，というしなやかな道筋が確保できるのである。構造構成主義は，このように様々なメタ理論（認識論）を選択可能なさらにメタレベルの機能を備えた枠組みという意味で，「超メタ理論」と呼ばれるのである。

また，あらゆる現実は社会的に構築されると考える社会的構築主義や，あらゆるものを物語として相対的に捉える物語論，そして認識論を自覚的に選択すればよいと主張した木下のM-GTAも，認識論を相対化するための理論的条件やそれを選択するための方法概念は組み込まれていなかった，ということに注意を要する。こうした方法概念が自覚的に組み込まれていなければ，煎じ詰めれば特定の正しさ（先験的基準）を前提としてそれに照らして良し悪しを判断するか，相対主義に陥る他ないのである。上述してきた「現象」や「構造」「関心相関性」といった方法原理の意義はそこにある。

構造構成主義が体系化されて5年ほどの間に，人間科学的医学[40]，医療論[41][42][43][44][45]，感染症[46]，実践原理論[47][48]，看護学[49][50][51][52]，障害論[53]，QOL理論[54][55]，チーム医療[56][57]，医療教育[58]，看護学教育[59]，異職種間連携[60]，作業療法[61][62][63][64]，理学療法[65]，臨床心理学[66]，心理療法論[67]，認知運動療法[68]，精神医療[69][70][71]，認知症アプローチ[72]，リハビリテーション論[73][74]，EBM[75][76][77][78][79][80]，EBR[81]，NBM[82][83]，インフォームドコンセント論[84]，パターナリズム論[85]，歴史学[86]，国家論[87]，メタ研究法[88]，質的研究法[89][90][91][92][93][94]，質的研究論[95][96][97][98]，統計学[99]，実験研究論[100]，生態心理学[101]，社会学[102][103]，教育学[104][105]，教育指導案作成法[106]，心理学論[107][108]，アサーション理論[109]，自己効力論[110]，メタ理論構築法[111]，文学論[112]，理論論[113]，他者論[114][115]，健康不平等論[116]，妖怪論[117]，縦断研究法[118]，ダイナミック・システムズ・アプローチ[119]，発達心理学[120][121]，英語教育学研究法[122][123]，議論論[124]，学融論[125]，信念対立論[126]，助産学[127][128]，社会構想法[129]，職業リハビリテーション[130]，地域福祉活動評価法[131]，メタ科学論[132]といった様々な領域に導入・応用されている[133]。こうした広まりは，超メタ理論としての条件を備えているのに加え，汎用性の高い原理群が自覚的に組み込まれていることが大きいと考えられる。

さしあたり以上の議論によって一般評価法を構築する上での認識論的基盤を整備することができたといえよう。

4節
一般評価法構築の切り口としての公共性

1．公共性と恣意性問題

　では研究に必要最低限求められること，すなわち研究を研究たらしめる条件とは何だろうか。ここで関心相関的本質観取により研究の本質——もっとも重要なポイントとなる事柄——は何か洞察してみよう。ここでの関心は「学術的研究」に限定されていることから，そうした観点から本質観取を行うということになる。まず内容的には「学術的・実践的・社会的意義が論証されていること」が挙げられる。この洞察（命題）は妥当だろうか。それを検証するには，否定命題として各人が「学術的・実践的・社会的意義がまったくない研究は研究といえるだろうか」と考えてみればよい。いかがだろうか？　「確かに学術的・実践的・社会的意義がないものは研究とはいえない」と了解されるならば，「学術的・実践的・社会的意義が論証されていること」は研究の一般条件としてさしあたり妥当といえることになる。

　次に研究論文形式の本質とは何だろうか。まず「他者が批判的に吟味できる形式になっていること」がその本質（一般条件）として挙げられる，と思われる。この条件が妥当かどうかを検証するためには，各人が「他者が批判的に吟味できる形式にまったくなっていないものを研究論文と呼んでよいか」と逆に考えてみればよい。批判的に吟味することすらできない形式になっている，ということである。いかがだろうか。もしそのことが了解できないならば，さしあたり「他者が批判的に吟味できる形式になっていること」を研究論文の一般条件として考えてよいことになる。

　以上をまとめて「内容に学術的・実践的・社会的意義があり，それが批判的に吟味可能な形式として提示されていること」をここでは「研究論文の公共性」と呼ぶこととする。したがって，ここでいう「公共性を備えた研究論文」とは，「学術的・実践的・社会的意義があり，それが批判的に吟味可能な形式として提示されている論文」ということになる。

　さらに形式面でいえば，たとえば，私的な問題設定の域を出ない論文，先行研究の恣意的で偏った引用，歪曲した解釈，根拠のない批判，妥当ではない方法論の選択，データと乖離した恣意的な考察，不正確な引用といったものは，研究において研究の公共性を損なう致命的な問題といえよう。これを「恣意性問題」[134]と呼ぶ。この種の批判が該当してしまうことは，研究として信用に値しないことを意味する。したがって恣意性問題は，研究論文が公共性を担保可能な形式になっているかを評価する際の一般的視点となりうることがわかるだろう。

2．関心相関的論文構成法

したがって次に恣意性問題に陥らずに公共性のある研究として構成するための技法である「関心相関的論文構成法」[135]の導入を検討する。その要諦は，「目的の再設定法」と「関心相関的選択を視点とした再構成」の二つを方法的軸とした論文執筆の技法である，ということができる。より具体的にいえば，研究を探索的に進めている段階と論文としてまとめている段階で生じるある種のズレ——それが研究の信憑性（公共性）を大きく損なう一因になっている——を埋めるための技法である。そうしたズレの一つに結果と目的のズレがある。リサーチクエスチョンを立てて研究を進めるわけだが，特に質的研究のように，手探りで（探索的に）研究を進める場合には，結果的に得られた構造（知見，仮説，理論）がリサーチクエスチョンとズレてくることも少なくない。目的以上の結果が得られたならば問題はないが，掲げた目的以下の知見しか得られなかった場合，研究目的を達成できていないことになるため，その研究は失敗とみなされてしまう。

たとえば目的に「〜の全貌を明らかにする」と書いておきながら，実際の結果では「〜の構造の一端が示された」程度であったとするならば，目的は達成できていないということになってしまう。したがって，その場合，研究で得られた結果（構造）から逆算的に目的を再設定することによって，内的整合性の高い論文とするのである。これを「目的再設定法」と呼ぶ。これはどこまで自覚的に行っているかは別として，特に探索的研究スタイルを採る研究者なら実践しているであろう論文構成の技を「関心相関性」という原理に基づき技法化したものといえよう。

また特に質的研究の場合には，他者が批判的に吟味可能なように選択理由を書けずに恣意的な印象を与えることが多い。例えば，テクストを提示していくタイプの質的研究では，膨大な資料の中から論文で提示する事例やテクストや具体例を厳選する作業が不可欠となる。その際なぜそれを選択したのかその理由を書かなかったり，あるいは書いていたとしても「直観的によさそうだと思ったものを選択した」「本研究では有効と考えたため○○を採用した」というように，自分が重要だと思ったものは重要であるという同義反復的の域を出ないものが多い。これでは，読者はその判断の妥当性を吟味（評価）することはできない。

こうした事態を回避するために関心相関的論文構成法においては，「関心相関的選択」を方法的視点として，研究論文を再構成していく。関心相関的選択とは，対象者（事例），フィールド，データ収集法，分析法，テクスト，認識論といった研究を構成する要素を，研究関心と相関的に（応じて）選択するという方法視点である。たとえば，ある方法枠組みを選んだときの実感としては，（直観的に）有効だと思った際にも，なぜその方法やテクストを直観的に有効と思ったのかを吟味する時に，関心相関的観点を自覚しておくことが有効となる。そして論文としてまとめ

るときは「〜〜という研究目的に照らして，××の観点から有効と判断したため〇〇を採用した」といったように，読者が採用理由を吟味できるように書くことによって公共性を担保することが可能になる。

また事例やテクストを提示する際に「典型例と考えたものを提示する」と書かれているだけでは他者がどういう観点から典型例と考えたのかその選択の妥当性を検討することができない。したがってその場合はやはり「研究目的に照らして〜〜という観点から典型例として考えられるものを提示していく」といったように書くことで公共性を担保できる。

以上のように「関心相関的論文構成法」は「研究者の関心にもとづき探索的に構成されてきた構造（仮説・理論・モデル）を踏まえ，そこから逆算的に目的を再設定し，関心相関的選択を方法論的な視点として，公共性を備えた論文（報告書）を構成すること」として定式化できる論文構成の技法なのである[136]。

5節
論文の標準型への関心相関的論文構成法の導入

1．論文のオーソドックススタイルの再考

以上の議論をまとめつつ今後の議論の方向性を示すと，本稿においては①「公共性」を基軸として，②それらを満たすための技法である「関心相関的論文構成法」を評価視点に反転させ，それをSCRMにおける【問題（problem）－目的（purpose）－方法（method）－結果（result）－考察（discussion）－引用文献（reference）】という論文の型[137]——これを「SCRM論文型（スタイル）」と呼ぶ——に適用することによって，新たに研究論文の一般評価法を構築する，ということになる。

ここでなぜこの型を採用するのかその理由を述べると，本稿の観点からいえば，批判的吟味を可能にする形式と学術的・社会的意義のある内実といった「公共性」を担保するという目的に照らして極めて機能的な型となっていることが論証されているためである。その機能の詳細は後ほど明らかにすることとして，ここでは以後の議論の補助線として全体の構造を素描しておく。

この型はまず「問題」のセクションで，その研究を遂行することの学術的・実践的・社会的意義を論証することで，「問題設定」の妥当性を吟味できるようになっている。その上で研究の「目的」を明記することで，「結果」と照らしてその研究の成否を検討できるようになっている。「方法」のセクションは，選択したフィールドや対象者や方法論が，「目的」に照らしていかなる意味で有効と考えたのかその理由を含めて記述することによって，読者が目的と方法の整合性を吟味することが可能なセクションとなっている。また「結果」はそうした「方法」を媒介として

構成された「構造」ということになり，「方法」と「結果」の整合性を吟味することが可能となっている。極端にいえば，インタビューと質的研究の代表的な技法であるグラウンデッド・セオリー・アプローチを「方法」として用いた研究の「結果」が数量的なグラフであったならば，これは適切な分析がなされていないのではないかといったように他者が吟味することが可能になる。「考察」部分ではその意義と限界を述べることで，その知見の射程を判断できるようになっている。「引用文献」では論文に引用されている文献を辿ることでその引用や解釈の妥当性を検証できるようにうなっている。

すなわち，この「SCRM論文型」は，問題設定の妥当性，方法選択の妥当性，目的と結果の整合性，方法と結果の整合性，得られた知見の射程とその意義，といったことを有機的に連動させて提示可能であり，それと同時に読者もその内実を批判的に吟味する公共性を担保可能な極めて機能的な型となして提示されているのである。

2．『APAマニュアル』との差異

なおこれは一般的な論文の型と何も変わらないではないか，という指摘も想定されるため，その点について論じておこう。論文の型にも様々なものがあるが，この型にかなり近いものとして，世界で最も普及している論文執筆マニュアルである『APAマニュアル』（以下『APA』と略記する）における「実証研究」の論文型が挙げられる。これとSCRM論文型の違いについて論じられたことはないため，ここでその差異について論じておく。

『APA』の実証研究の論文は，【導入（introduction）－目的（purpose）－方法（method）－結果（result）－考察（discussion）－引用文献（reference）】という形式で書くように指示されている。各セクションの概要は以下である。

・導入（introduction）：調査の背景にある問題の進展，および研究の目的への言及。
・方法（method）：研究を実施するために用いた方法に関する記述。
・結果（result）：明らかになった結果の報告。
・考察（discussion）：結果のインプリケーション（含蓄・影響）に関する解釈と議論。

（西條，訳[138]）

このように『APA』では各セクションで何を書くべきか指示されているものの，SCRM論文型のようにそれらの機能や意味，有機的な連関性などを掘り下げて論じてはいない。これでは論文の型を巡る難問を解消することはできず，またAPA

スタイルの機能も十全に発揮することは困難であると考えられる。

また『APA』では，その他，総説，理論論文，方法論論文，事例研究といった異なるカテゴリーとして論文のタイプを分けており，先の実証研究論文の型はこれらには該当するものとはされていない。しかしSCRM論文型は「公共性」を担保する機能を有しており，それは実証論文にのみ妥当するものではないため，その他の様々なタイプの論文においても活用することが可能とされている。こうしたことからもSCRM論文型は『APA』に代表されるような既存の枠組みとは，その深度と汎用性が異なるということができる。換言すれば，SCRMはAPAスタイルが秘めている機能を明示化することで，その機能を十全に発揮することを可能にしたといえる。

以上のことからこのSCRMにおける論文の型に対して，「関心相関的論文構成法」[139]を評価軸へと反転させる形で導入することで，論文の公共性を評価することが可能な枠組みを構築できると考えられるため，以下各セクションを検討しつつ議論を進めるが，その前に『APA』日本語版について言及しておこう。

3．『APAマニュアル』日本語版の問題点

2004年に『APA』（第5版）の邦訳版[140]が公刊されており，これは日本語で手軽に『APA』を読めるようにすることで，読者層を広げた点に大きな意義がある。ただし，原文の重要なニュアンスが失われている箇所があり，『APA』に準拠している学会も数多くあることから，この点は補足しておく必要がある。

たとえば，先の引用箇所の冒頭 "introduction : development of the problem under investigation and statement of the purpose of the investigation" が日本語版では「序文：研究テーマの着想，経緯，および研究の目的」と訳されているが，これでは「研究の背景にある問題」というニュアンスが失われている。おそらくこの「異訳」には訳者の論文観が反映されたと考えられるが，端的にいえば，学術論文に（個人的な）研究テーマの着想や経緯を書くことは，『APA』でも求められていない（なお，SCRMにおいては「問題」のセクションの本質は，「研究を行う意義を論じる」点にあり，そのために「研究の背景にある問題を論じる」ということになる）。

また，「結果」についても邦訳では「実験・調査結果」と限定された記述がされているが，原文は "reports of the results that were found（明らかになった結果の報告）" というものであり，実験や調査に限定された記載はない。

「考察」も，原文は "interpretation and discussion of the implications of the results.（結果のインプリケーション（含蓄・影響）に関する解釈と議論）" であり，やはり実験や調査に限定された記述はない。さらにここでは「結果」のインプリケー

ション，すなわち学術的・社会的に何を意味（含意・影響）するのかについて書くことが求められているのであり，「実験・調査結果の内容についての解釈と考察」という訳では，そのニュアンスは伝わらないように思われる。そもそも，そこでは"Reports of empirical studies are reports of original research.（実証的研究のレポートはオリジナルの研究である）"とのみ記載されており，オリジナルである限り実験や調査以外のタイプの経験的研究も含まれる。それらを公平に扱うためにも，本質的に重要なニュアンスを逸しないためにも，こうした点については原文に忠実に訳した方がよいと思われる。

とはいえ，こうした翻訳の問題は単なる技術的な問題ではない。そうではなく，おそらく，研究論文の型が秘めている機能が広く了解（理解）されていないことからもたらされている本質的な問題だと思われる。このことは以下に論じる各セクションの解説によって明らかになるであろう。

4．「問題」のセクション

さて，次に SCRM 論文型の各セクションについて詳述する。議論を論文構成に遡ると，先述したように「関心相関的論文構成法」は「関心相関的選択」を方法的視点とすることで，恣意性問題に陥らずに説得的な論文を構成していく技法であった。したがってここで「結局のところ個人の関心を出発点とすることから何でもありになるのではないか」と疑問を持つ人もいるかもしれない。しかし SCRM 論文型には，そうならないためのセクションが組み込まれているのである。それが「問題」部分である。

公共性の担保という観点からすれば，読者が研究関心（研究目的）の妥当性を検討することができるように，研究を行う社会的・学術的意義を論じるセクションなのである。それによって，読者は「問題設定」の妥当性や学術的意義を批判的に吟味することが可能になる。

したがって，評価という観点に話を戻すと，このセクションではまずその研究を行う学術的意義があるかを判断（評価）できるよう，関連する先行研究に位置づけてあるかが評価ポイントとなる。当然のことながら先行研究ですでに解決されている問題を扱うようでは学術的意義はないためだ。なお関連する先行研究がまったくない場合は——そのように思えるのは見識（検索）不足に過ぎない場合がほとんどなのだが——先行研究を書かなくてよいと思っている人もいるが，そうではない。その場合も「〜〜（著者名，1999, 2000, 2003）といった研究はみられるが，本研究のように○○に焦点化した研究はみられない」といったように，周辺研究領域を踏まえることで研究されている範囲を明示する必要があり，そのような記述があるかは公共性を確保できているかの評価ポイントになる。

以上をまとめれば【読み手が研究関心の妥当性を検討できるよう，①関連する先行研究に位置づけながら，②研究を行う意義を論じていっているか】が問題のセクションにおける評価のポイントということになる。

5．「目的」のセクション

「目的」は，その研究が何を目的として行われるのかを明示的・具体的に示す箇所ということになる。

そのため評価という観点からいえば，そこは研究の成否を判断するためのキーセクションということになる。したがって，このセクションの書き方は語尾も含めて細かい調整が必要となることが多い。たとえば，同じ内容であっても「〜の全貌を明らかにする」「〜の実態を明らかにする」「〜の構造の一端を示す」では目的のハードルの大きく異なってくるため，内実に適した書き方になっているかも重要な評価ポイントになる。

以上を評価軸としてまとめると，「目的」においては【①その研究の成否も含めて判断できるように明示的かつ具体的に研究目的を書いてあるか，②「結果」からみて整合性のある目的設定となっているか（研究内容に照らして過大な目的設定になっていないか）】が評価ポイントとなる。

6．「方法」のセクション

「方法」は恣意性問題に陥らないためにも，選択した方法の妥当性を示すためにも，その後示される知見はどのような方法的条件のもとで得られたものかを示すためにも重要なセクションとなる。

それを評価軸に転用すれば，「方法」ではたとえば，どのような関心を持つ研究者が，どのようにフィールドに関わり，どのような関係性の対象者に，どのような認識論のもとで，どのようにアプローチして，どのようにデータを収集し，どのようなデータを得て，どのように分析（解釈）枠組みを採用（修正・創造）したのかを明記してあるかが評価のポイントとなる。

また既存の枠組みを研究目的に応じて修正したり，新たな方法枠組みを創造する場合は，目的に照らしてその修正の妥当性を判断可能な記述が必要になるため，その場合そのような記述がしてあるかも評価ポイントとなる。理論的論文の場合も，目的に照らして妥当な思考法，理論，方法概念を採用していることを論証してあるかどうかが同じように評価ポイントになる。

またその際には，「その目的を達成するために〜に特化した○○が適切と考えられるので，本研究では○○を採用することとする」といった形で論じることで，読者が選択理由とその妥当性を吟味できるようになっているかがポイントとなる。そ

うすることによって，わかりやすくいうならば，目の前にあるパソコン（Mac book pro）のキーボードの基本構造（数）を把握するために（目的），まずそのキーボードの右側の数（5つ）と上側（14）を掛け合わせるという「方法」を採用したとしたならば，「キーボードは右側と左側，上側と下側の数が異なるために，かけ算という方法を選択したのは妥当ではないのではないか」と目的に照らして方法選択の妥当性を吟味することも可能になるのである。

以上をまとめれば「方法」のセクションでは【①目的に照らして有効な方法枠組みを採用しているか，②その選択理由の妥当性を含めて検討できるように論じてあるか】が評価のポイントとなるといえよう。

7．「結果」のセクション

ここは文字通り「結果」を示すセクションである。まずここでは，「目的」のセクションで述べたように，基本的に目的に照らして結果の成否が判断されることになる。

また SCRM においては「結果」は「目的」を達成するために採用された「方法」を媒介に構成された「構造」ということになる。したがって「方法」と「結果」の整合性を吟味することが可能になる。わかりやすくいえば，目の前にあるマス目の数を数えるという「目的」を達成するために，縦（8）と横（9）を掛け合わせるという「方法」を採用したところ「75」という「結果」が示されていたならば，「8×9＝72ではないか」といった形で吟味することが可能になる。

またこの「結果」のセクションでは，公共性（他者が批判的に吟味可能な広い意味での反証可能性）を担保するために，何らかの根拠（データ・テクスト・引用）を示した上で，解釈を提示したり，批判を展開したり，結論を示したり，新たな枠組みを示したりすることになる。

以上から，結果のセクションでは基本的に【①結果が研究の目的を達成できているかどうか，②方法と整合性がある結果となっているか】という観点からその成否が判断される。また恣意性問題に陥っていないか，すなわち【そこでの目的を踏まえつつ，「～～（根拠）から，××といった解釈・批判・選択・結論を示すことができる」といった形で根拠を示した上で議論が展開されているか】が主要な評価軸となる。

8．「考察」のセクション

研究に公共性を備える観点からすると，考察は「その研究を行った意義はどういうところにあるのか」を論じるセクションということになる。

したがってそれを評価視点に反転させれば，その研究によって従来の研究で示さ

れてこなかった何が明らかになったのか（提示されたのか），またそれはどのように実践に寄与しうるのか，どのような社会的意義があるのかといったようにその研究の学術的・実践的・社会的意義が論じてあることが，公共性のある論文としての評価ポイントとなる。

またその研究の射程が明示されていることもその評価ポイントとなる。その知見はどのような事象の理解には役立つ可能性があるといった有効な射程と同時に，どのような事象には当てはまらない可能性が高いといったようにリミテーション（限界）が書いてあることも評価ポイントとなろう。それによって読者が知見の射程を批判的に吟味しつつ判断することが可能な公共性を備えることになる。

これらの議論から，「考察」のセクションでは【目的に照らして関連する先行研究に位置づけながら，①得られた知見の学術的意義や実践的意義が論じてあるか，②その知見の射程（有効な範囲と限界）について具体的に論じているかどうか】が評価の主軸となる。

9．「引用文献」のセクション

初学者の中には引用文献のセクションを「付録」のように考えている人も散見されるが，しかし引用文献欄は，他者が批判的に吟味できる可能性を残すという点で他のセクションに劣らず重要なセクションなのである。したがって，引用文献欄において【引用先が辿れるよう（各種雑誌のフォーマットに沿った形で）正確に明記してあるか】は「公共性」の担保という観点から重要な評価ポイントとなる。

以上公共性という観点から様々な研究論文を評価可能な一般評価法を，「研究論文の公共性評価法」と呼ぶこととし，これらの議論を表にまとめたものが論文の公共性評価法チェックリストである（表Ⅱ-8-1）。

6節
考察——研究論文の公共性評価法の意義と今後の課題

1．他の枠組みとの差異

研究論文の公共性評価法を他の評価法と比較しつつ本稿の意義と限界を明らかにしていこう。

まず本枠組みは研究倫理に関して直接評価するものではない。また冒頭で述べたように，SCRMにおける「括弧入れ」や「現象学的還元」「関心相関的評価」といった枠組みとは，一般評価法という意味では同じだが，それらが特定の評価項目が構成されていない「非構成的評価法」なのに対して，本稿は定められた項目から論文評価を可能とするという意味で「構成的評価法」という点で大きく異なる。ただ

表Ⅱ-8-1　論文の公共性評価法チェックリスト

セクション	評価視点
問題	□読み手が研究関心の妥当性を検討できるように 　　□ (1)関連する先行研究に位置づけながら 　　□ (2)研究を行う意義を論じているか
目的	□明示的に研究目的が書いてあるか 　　□ (1)その研究の成否が判断できるほど明確に書いてあるか 　　□ (2)結果からみて整合性のある（過大ではない）目的設定となっているか
方法	□ (1)目的を達成するために有効と考えられる方法枠組みを採用しているか □ (2)その選択理由の妥当性を含めて検討できるように論じてあるか 　　　例：「その目的を達成するために〜に特化した○○が適切と考えられるため本研究では○○を採用することとする」
結果	□「結果」が研究の目的を達成できているか □　方法と照らして整合性のある結果となっているか □　そこでの目的を踏まえつつ,「〜〜（根拠）〜〜ことから, ××といった解釈・批判・選択・結論を示すことができる」といった形で根拠を示した上で議論が展開されているか
考察	□目的に照らして関連する先行研究に位置づけながら 　　□ (1)得られた知見の学術的意義・実践的意義・社会的意義を論じているか 　　□ (2)知見の射程（有効な範囲と限界）について具体的に論じているか
引用文献	□引用先が辿れるよう（各種雑誌のフォーマットに沿った形で）正確に明記してあるか

留意点　このチェックリストは, ①論文の型を巡る難問が生じている状況を打開するために（目的），②「公共性」が「研究論文」として成立するための一般条件になることを論証し, ③公共性を担保するための方法視点である「関心相関的論文構成法」を評価法へと反転させて「SCRM論文型」に組み込む形で導出したものである。本論を踏まえずにこのチェックリストを単なるマニュアルとして扱うと, このチェックリストの有効性を十全に発揮させることはできないため, 少なくともSCRM論文型の機能を十分理解した上で活用することを推奨したい。

し，これらはどちらが正しいということではなく，相互補完的に活用されるべき枠組みといえる。

2．認識論の壁を越える公共性評価法

　本論では，研究論文評価を巡る閉塞的状況を打開するために，まず構造構成主義を認識論的基盤に据えることによって，認識論の多元性を前提としつつ，研究目的に照らして特定の認識論を選択する妥当性をも評価することを可能にする理論的基盤を整備した。これはこれまで認識論間の共約不可能性から困難とされてきた「異なる認識論間のトライアンギュレーション」[141]に基づく複合的研究論文を評価する枠組みを提供したことも意味する。

　ただし再度確認すると，これは論文をあらゆる側面から評価したり，評価の問題をすべて片付ける「万能評価法」でもない。そうではなく，その研究タイプや，その中で採用されている認識論やアプローチ，研究手法を問わず，公共性といった観点から論文評価が可能な構成的評価法なのである。

　補足しておくと，たとえば，量的研究の場合には独自の評価基準（信頼性，妥当性，有意水準，説明率等々）があるように，それぞれの研究枠組みごとに妥当とされる評価基準があるが，関心相関的論文構成法はそれらを否定するものではない。これはメタレベルから，いわば公共性のある研究として成立しているかという観点から評価するものであるため，そうした個別の評価軸と必ずしも矛盾するものではないため，それぞれの枠組みを採用した研究であれば，公共性を満たすツールとして個々の評価基準を適宜活用していけばよいだろう。

3．内的整合性を基軸とした建設的評価法

　当然ながら研究論文の公共性評価法を用いても評価するのは人間であるため情緒的な判断や感情的な好き嫌いを完全に排することなどできない。しかしそうであっても，この方法的視点を活用し自省することで，研究の内実そのものには共感しにくく同意しかねる論文に対しても，妥当に評価しやすくなるだろう。

　具体的にいえば「この論文は私の好みではなく，最終的な主張にも心情的には同意しかねるが，問題設定も適切で，目的に照らした方法の選択理由は説得的である」，あるいは逆に「この論文がやろうとしていることには共感できるが，事例やテクストの提示の仕方に恣意的と取られる記述があり，また結果に対して目的が過大なものになっている」といったようにその内的整合性に基づく妥当な評価が可能になると考えられる。

　また研究を評価する際には，特定の方法論や分析法，事例数，面接時間数と量を絶対的な規範とすることによって，実現不可能な「理想論」をぶつけることにより，

論文の価値を不当に下げる（否定する）事態が起こることも少なくない。それは公共性という観点から一律に評価する方法がなかったため，そうした外在的な規範（理想理念）に頼らなければならなかったということにもその一因があると思われる。

研究論文の公共性評価法は，そうした何らかの正しさを前提（規範）としてそれにそぐわないものを「落とす」評価法ではない。むしろこれは論文の形式的側面に焦点化した評価法であるため，その評価視点から改善点が見つかった際には，それに組み込まれている関心相関的論文構成法を視点とすることにより，論文の内的欠陥を指摘することで，比較的容易に修正することが可能となる。つまり，論文の質を高める提言につながる建設的な評価が可能になるのである。

4．論文の型を巡る難問を解消する論文スタイル評価法

冒頭で述べたように，現在，論文の型を巡る新たな難問が生じている。研究論文の型の多様性を尊重しながら，何でもアリにならず（権威主義に陥らず），論文スタイルの有意味な拡張をしていくにはどうすればよいのか，という問題である。論文が学問発展の最も基本的フォーマットとなっている以上，これは学問の根本問題の一つといえる。

研究論文の公共性評価法は，【問題－目的－方法－結果－考察－引用文献】といったSCRM論文型を基軸として，その機能を最大限に引き出す評価法であるため，それを基点とすることで，オーソドックスなスタイルをとらない新しいスタイルの論文に対して，学知の発展という学問のメタ目的に照らしながら，標準的な論文の形式と比較して機能的であるときにはじめて学術的な意義を持つ，といった観点から，その論文スタイルの機能（問題点）検討することも可能になるのである。あるいはどういった観点（関心）からすれば，新たな論文の型が従来のそれよりも優れているのかということを論証することができれば，新たな論文の型の機能とその限界を検討することができる。

ここで実際に，冒頭で論じた往復書簡型の伊藤・矢守論文[142]を公共性評価法の観点から検討してみよう。するとこの論文は，目的も明記されておらず，往復書簡で得られた知見の学術的意義も論証されていないことから，往復書簡形式を採用する妥当性も，研究の成否も判断できない形式になっており，公共性に欠いた論文になっていることがわかる。したがって【はじめに－報復書簡－おわりに】という論文型は公共性を担保する機能を有していない以上，この論文スタイル自体には学術的意義は認められないといえよう。

ただしこの論文を本稿で提示された評価視点に沿った形で再編するならば，【問題（インターローカリティをテーマに研究を行う意義の論証）－目的の明記－方法（目的に照らして往復書簡形式を採用することの妥当性の論証）－結果（往復書簡

の関心相関的提示）－考察（往復書簡形式だからこそ得られた知見の学術的意義の論証，および往復書簡形式の意義と限界の明示）－引用文献】といったようになるであろう。これによって往復書簡形式をテクストとして採用した質的研究として公共性を備えた論文にすることが可能となる。このように考えていけば，テクストとしての往復書簡には可能性がある，ということになる（これは「建設的評価」の実践でもある）。

論文スタイルが意味のある多様化を経ていくためには，今後はこうした観点から論文スタイルそのものの機能を吟味しつつ新たなスタイルを模索していく必要があろう。

5．原理的論考としての本稿の位置づけと意味

本論（あるいはチェックリスト）に対して極論すれば「構造構成主義を標榜して大上段に振りかぶったにしては，さほど驚くに値しない評価法しか提起されていない」といった印象を持つ人もいるであろう。しかし本論はもとより誰もみたことのない驚くべき評価法を提示することを目的としたものではない（おそらくそうしたものは排他的な評価枠組みにしかならないだろう）。

本稿においては，論文スタイルを巡る難問を打開するために，一般評価法としての条件を明らかにし，構造構成主義により認識論的問題をクリアし，研究論文を評価する一般的視点として「公共性」を同定した上で，「関心相関的論文構成法」を評価視点へと反転させてSCRM論文型に導入することで，論文評価の際の底板（原理的基準）となるチェックポイント（表Ⅱ-8-1）を導出したのであった。これは本論の意味を受け取るために重要なポイントになるために繰り返すが，論文の「型」を巡る混乱がみられる現状を打破するために，研究が研究たりうるためにはこれだけは守られる必要があるというクリティカルポイント（底板）を広く了解可能な形で明らかにした点に意義があるのであり，本論と似たような内容の「～～すべき」「～～した方がよい」といった断片的言明（Tips）やマニュアル[143]，投稿規定がすでにあることは本論文の意義を何ら損なうものでない。

また本論は，目的を明記し，論証を積み重ねることで理路を組み上げているからこそ，「目的に照らせばこの部分は別の理路に置き換えた方が妥当である」といった公共性に開かれているのである。繰り返し述べてきたように，批判的に吟味できる可能性を担保することが「研究」とそれ以外のもの（断片的なTips）を分けるものであり，学的発展性を担保する上で本質的に重要なことなのである。

6．査読の適切性を吟味するためのメタ評価法

筆者がこれまで投稿してきた経験でも，書いてあることを明らかに読んでいなか

ったり，論文の目的や関心を踏まえずに的外れな批判をしてきたり，論証過程も追わずに批判する独善的な「査読評価」がなされることは少なくなかった[144]。また研究関心を踏まえない非建設的な査読が横行していることは多くの研究者から耳にする。そのこと自体，本論の社会的・学術的意義（必要性）を傍証しているといえる。

その意味でいえば，この論文の公共性評価法は，査読の正当性や妥当性を吟味することに応用できる可能性も備えているといえよう。したがって各種学会誌の査読システムなどに導入することで，査読の水準を引き上げることが可能になると考えられる。

7．研究現場で実践するための評価法

ただし，査読評価の問題は決して人ごとではなく，私を含めて，誰でもそうした的外れな批判をしてしまう可能性がある，ということを深く認識しておく必要がある。何かを知っていることと　高水準で実践し続けることは，泳ぎ方を知っていることと実際に波のある海でも泳げることと同じぐらいの大きな隔たりがある。したがって高度なレベルで実践評価し続けるために定式化された方法的視点は役立つのである。またそれによって他者にもその評価法を伝え，共有していくことも可能になる。だからこそそうした評価視点となる方法論が必要となるのである。

また，本誌も含め，学術雑誌に論文を投稿する際の自己評価チェックリストとしても活用することができるだろう。しかしその際には単なるチェックリストとして機械的に受け取るのではなく，研究を研究たらしめるための本質的な事項であることを深く理解した上で活用することで，この評価法の真価は発揮されると思われる。

いずれにしても，本論で提示した評価法を理解することは，建設的評価のための出発点に過ぎない。この枠組みは，より建設的な論文評価を行なうために使い続け，精度をあげていくことでその真価を発揮するといえよう。

8．今後の課題

研究論文の公共性評価法は一つの研究評価の OS（Operation System）となる枠組みである。今後は，論文の標準型が規範として根付いている領域よりも，評価の問題で混乱している学際的領域——たとえば質的研究などに導入し，その文脈に位置づけて応用化していく必要があろう。

というのも，実際，質的研究の唯一の専門誌である『質的心理学研究』には研究論文の公共性評価法の観点からいえば最も基本的事項ともいえる「目的」が明記されていない論文が散見されるのである（たとえば，五十嵐論文[145]，川喜田・松沢・やまだ論文[146]，桑野論文[147]，やまだ論文[148]，矢守論文[149]，矢守・伊藤論文[150]，

等々)。もちろん「目的」を明記していなくとも査読を経て優れた論文として認められているのだから、それでいいという意見もあろう。しかし，先に論じてきたように「目的」を明記していなければ，読者はそこでの研究対象や方法論の選択が妥当なものか，また結果はそれを達成できているかも検討することできない。すなわち公共性に欠いた研究ということになってしまう。そして，先に示したように，そうした観点から評価し，そのように改善されたならば，その論文は公共性を備えた分だけ学的に優れた論文にすることが可能になるのである。

さらに今後は，テーマや領域，アプローチのみならず，研究進行段階も選ぶことなく，文字通りあらゆる研究に妥当する原理的評価法を，既存のものも含めて体系的にまとめ，各領域に導入・波及していくことが望まれる。

【註および文献】

[1] 竹田青嗣　2009　人間の未来　筑摩書房　p.12.
[2] 西條剛央　2005　構造構成主義とは何か―次世代人間科学の原理　北大路書房
[3] 構造構成主義はフッサールの「普遍学（Universalwissenschaft）」の確立といった理念を継承したものであり，最近では「主義であり主義ではない」といった特性と，学的ツール性を強調するために「構造構成学」（Structural constructology）という別称で呼ばれることもある。
[4] 西條剛央　2009　看護研究で迷わないための超入門講座―研究以前のモンダイ　医学書院
[5] 西條剛央　2008　ライブ講義　質的研究とは何か　SCQRMアドバンス編　新曜社　p.57
[6] Neimeyer, R. A.　1995　Constructivist phychotherapies : Features, foundations, and future directions. In R. A. Neimeyer, & M. J. Mahoney（Eds.）, *Constructivism in psychotherapy*.Washington : American Psychological Association. pp.11-38.
[7] サイエンス・ウォーズについては次の文献に詳しい。
　　金森　修　2000　サイエンス・ウォーズ　東京大学出版会
[8] Rorty, R.　1982　*Consequences of pragmatism*. Minneapolis, Minn : University of Minnesota Press. 室井　尚・吉岡　洋・加藤哲弘・浜日出夫・庁　茂（訳）哲学の脱構築―プラグマティズムの帰結　御茶の水書房
[9] Husserl, E. 1976　*Die Krisis der europäischen Wissenschaften und die transzendentale Phänomenologie : Eine Einleitung in die phänomenologische Philosophie*. Haag : Martinus Nijhoff, S. 192.
　　細田恒夫・木田　元（訳）　2006　ヨーロッパ諸学の危機と超越論的現象学　中央公論新社
[10] 川喜田二郎・松沢哲郎・やまだようこ　2003　KJ法の原点と核心を語る―川喜田二郎さんインタビュー　質的心理学研究，2，6-28.
[11] 伊藤哲司・矢守克也　2009　「インターローカリティ」をめぐる往復書簡　質的心理学研究，8，43-63.
[12] [11] に同じ。
[13] [11] の p.60
[14] [11] の p.60
[15] 同号には別の論文にて矢守が「書簡体論文」の可能性と課題について論じているが，それによって書簡対論文によって生み出された知見の学術的意義が論じられていない矢守・伊藤論文の問題は解決されていない。
　　矢守克也　2009　『書簡体論文』の可能性と課題　質的心理学研究，8，64-74.

[16] [11] の p.61
[17] [11] の p.62
[18] 矢守や伊藤自身そのような卒業論文，修士論文，博士論文を審査する立場になった際に，本当にそうした「論文」を受け付けるのだろうか，そしてどのように評価するのだろうかという素朴な疑問も浮かぶ。
[19] 実際，以前知人が海外では広まっているものの日本での普及していない重要なメタ理論に関するQ&Aという新たな形式の論文を同誌に投稿したところ一発でリジェクトされていたのとは対照的に感じられた。
[20] ラディカルなフェミニストがフェミニスト思想の限界を露呈したように，ある考え方の原理的問題は極端なまでにそれを徹底したときに明らかになるという側面があり，矢守・伊藤論文の真の意義は，往復書簡というラディカルな論文スタイルを実践することによって，多様性に帰着するポストモダン的思考の限界を明らかにするきっかけを作った点にあるということができる。
[21] American Psychological Association 2004 Publication manual of the American psychological association（5th ed.）．
[22] たとえば伊丹は以下の文献にて「私の定義ですと，教育のプロセスの成果を表したものがレポートであり，社会の中に新しい知見を加えたというものが論文である」と述べている。
　　伊丹敬之　2001　創造的論文の書き方　有斐閣　p.69
[23] 詳細は［4］の lecture19 および以下の文献を参照。
　　西條剛央　2011　医療者の研究能力開発のための原理的リテラシー──メタ研究法としてのSCRM（構造構成的研究法）の視座　医療者の能力開発，1，17-25.
[24] 西條剛央　2007　メタ理論を継承するとはどういうことか？──メタ理論の作り方　構造構成主義研究，1，11-27.
　　なお，こうした理論構築法は「関心相関的メタ理論構成法」とも呼ばれる。
[25] 竹田青嗣　2009　中学生からの哲学「超入門」　筑摩書房　p.117.
[26] 西　研　2001　哲学的思考──フッサール現象学の核心　筑摩書房　pp.408-416.
[27] 京極　真　2008　「方法」を整備する──「関心相関的本質観取」の定式化　看護学雑誌，72(6)，530-534.
[28] なお以下の論文では関心相関的本質観取をさらに発展させた「構造構成的本質観取」が提示されているが，これはコトバに対応する経験にまで遡ることでコトバのズレを解消した上で行う本質観取であり，本稿ではそこまでの洞察は必要としないと考えたため関心相関的本質観取を用いることとした。
　　西條剛央　2010　「科学的である」とはどういうことなのかといった難問をどのように考えればよいのか？──難問を見極める構造構成主義の10の視点　International Nursing Review，33(2)，27-32.
[29] Willig, C. 2001 Introducing qualitative research in psychology : Adventures in theory and method. Buckingham : Open University Press. 上淵　寿・大家まゆみ・小松孝至（訳）　2003　心理学のための質的研究法入門──創造的な探求に向けて　培風館　p.3.
[30] 戈木クレイグヒル滋子（編）　2005　質的研究方法ゼミナール──グラウンデッドセオリーアプローチを学ぶ　医学書院
[31] 木下康仁　1999　グラウンデッド・セオリー・アプローチ──質的実証研究の再生　弘文堂
[32] Charmaz, K. 2006 Constructing grounded theory: A practical guide through qualitative analysis. London : Sage Publications. 抱井尚子・末田清子（監訳）　2008　グラウンデッド・セオリーの構築──社会構成主義からの挑戦　ナカニシヤ出版
[33] ［4］の p.115
[34] ［30］の p.98
[35] ［29］の p.196
[36] 久保田賢一　1997　質的研究の評価基準に関する一考察──パラダイム論からみた研究評価の視点

日本教育工学雑誌, 21, 163-173.
- [37] 西條剛央　2007　構造構成主義とはどのような理論か―今, その深化を問い直す　現代のエスプリ475　至文堂　pp.215-227.
- [38] [37] の p.220
- [39] 西條剛央　2008　ライブ講義　質的研究とは何か　SCQRM アドバンス編　新曜社
- [40] 斎藤清二　2007　人間科学的の医学　現代のエスプリ475　至文堂　pp.171-180.
- [41] 京極　真　2007　構造構成的医療の構想―次世代医療の原理　構造構成主義研究, 1, 104-127.
- [42] 京極　真　2007　構造構成的医療論 (SCHC) とその実践―構造構成主義で未来の医療はこう変わる　看護学雑誌, 71(8), 698-704.
- [43] 京極　真　2009　「よい医療」とは何か―構造構成主義的見解　看護学雑誌, 73(4), 78-83.
- [44] 京極　真　2009　現代医療の根本問題の終焉に向けて　看護学雑誌, 73(5), 86-91.
- [45] 京極　真　2009　医療における構造構成主義研究の現状と今後の課題―構造構成主義研究, 3, 92-109.
- [46] 岩田健太郎　2009　感染症は実在しない―構造構成的感染症学　北大路書房
- [47] 京極　真　2008　「目的相関的実践原理」という新次元の実践法―構造構成的障害論を通して　構造構成主義研究, 2, 209-229.
- [48] 桐田敬介　2009　契機相関性の定式化へ向けて―構造構成主義におけるその都度性の基礎づけ　構造構成主義研究, 3, 159-182.
- [49] 高木廣文　2007　構造構成的看護学　現代のエスプリ475　至文堂　pp.205-214.
- [50] インターナショナルナーシングレビュー　2010　科学としての看護学の基盤は何か―現象学と言葉に基づく科学論　日本看護協会出版会　pp.12-32.
- [51] 池田清彦　2010　構造主義科学論と看護　International Nursing Review, 33(2), 22-26.
- [52] 竹田青嗣　2010　「本質観取」と「関心相関性」―「看護の本質」をどう考えるか　International Nursing Review, 33(2), 17-21.
- [53] 京極　真　2007　構想構成的障害論の提唱―ICF の発展的継承　現代のエスプリ475　至文堂　pp.115-125.
- [54] 京極　真・西條剛央　2006　Quality of Life の再構築―構造構成主義的見解　人間総合科学会誌, 2(2), 51-58.
- [55] 京極　真　2009　Quality of Life に対する構造構成主義的見解　看護学雑誌, 73(1), 90-94.
- [56] 京極　真　2007　チーム機能の向上　樋口輝彦 (主任研究者)　精神保健医療における診療報酬の在り方に関する研究　平成18年度厚生労働科学研究費補助金　政策科学推進研究事業　平成 8 年度総括・分担研究報告書　145-148.
- [57] 大浦まり子　2010　構造構成主義を活用したチーム医療実践法―現場で生かせる「チーム医療特論」に参加して　看護学雑誌, 74(9), 63-67.
- [58] 岩田健太郎・八杉基史・西條剛央　2009　医療現場の諸問題を問い直す―構造構成主義は医療教育現場でどのように使えるか　いまなぜ医療でメタ理論なのか―構造構成主義研究4　北大路書房 pp.2-67.
- [59] 石川かおり　2009　看護学教育と SCQRM (構造構成主義)　構造構成主義研究, 3, 68-78.
- [60] 西條剛央　2010　構造構成主義による異職種間の信念対立克服のための考え方―現場の組織能力を高める機能的なチーム医療とより効果的な IPE に向けて　保健医療福祉連携, 2(1), 6-30.
- [61] 京極　真　2007　次世代作業療法の冒険　福島県作業療法士会学術誌, 3, 29-32.
- [62] 京極　真　2005　エビデンスに基づいた作業療法の現状, 問題, 新展開　構造構成主義アプローチ　秋田作業療法学研究, 12, 2-8.
- [63] 京極　真　2008　作業療法士に伝えたい「構造構成主義」の可能性　作業療法ジャーナル, 42(13), 1300-1301.
- [64] 京極　真　2010　作業療法士のための非構成的評価トレーニングブック―4条件メソッド　誠信書房

[65] 池田耕二　2010　構造構成的協同臨床教育法の構築へ向けて―理学療法臨床実習における実践事例を通して　構造構成主義研究, 4, 104-130.
[66] 高橋 史　2007　構造構成的臨床心理学―折衷主義の再考と発展的継承　現代のエスプリ475　至文堂　pp.137-147.
[67] 山竹伸二　2010　心理療法に共通原理はあるのか？　構造構成主義研究, 4, 191-217.
[68] 村上仁之　2007　認知運動療法の新展開―構造構成的認知運動療法の構想　現代のエスプリ475　至文堂　pp.148-159.
[69] 加藤 温　2008　構造構成主義の視点からみた精神医療の一考察―構造構成的精神医療の提唱　構造構成主義研究, 2, 134-153.
[70] 加藤 温　2009　医療現場における構造構成主義の導入―構造構成的診療の提唱　JIM, 19(7), 556-559.
[71] 加藤 温　2009　精神医療における構造構成主義の導入―構造構成的精神医療の提唱　精神医療, 4 (56), 143-148.
[72] 田中象行　2007　構造構成的認知症アプローチ―様々な手法を適切に利用していくための取り組み　現代のエスプリ475　至文堂　pp.181-192.
[73] 京極 真　2006　エビデンスに基づいたリハビリテーションの展開―構造構成主義の立場から　リハビリテーション科学ジャーナル, 2, 1-9.
[74] 京極 真　2007　構造構成的エビデンスに基づいたリハビリテーション　構造構成主義研究, 1, 28-40.
[75] 京極 真　2008　方法概念としてのエビデンス―EBMからEBPへ　看護学雑誌, 72(7), 608-613.
[76] 京極 真　2008　「エビデンスの科学論問題」とは何か　看護学雑, 72(8), 710-714.
[77] 京極 真　2008　「エビデンスの一般化可能性問題」とは何か　看護学雑誌, 72(9), 814-818.
[78] 京極 真　2008　すべてのエビデンスの科学性を基礎づける　看護学雑誌, 72(10), 910-914.
[79] 京極 真　2008　すべてのエビデンスの一般化可能性を基礎づける　看護学雑誌, 72(11), 988-992.
[80] 京極 真　2008　新しいEBM–SCEBPがもたらす可能性　看護学雑誌, 72(12), 1070-1074.
[81] 京極 真　2006　EBR (evidence-based rehabilitation) におけるエビデンスの科学論―構造構成主義アプローチ　総合リハビリテーション, 34(5), 473-478.
[82] 斎藤清二　2006　物語と対話に基づく医療（NBM）と構造構成主義　学園の臨床研究, 6, 1-9.
[83] 斎藤清二　2008　物語と対話に基づく医療（NBM）と構造構成主義　構造構成主義研究, 2, 177-189.
[84] 京極 真　2009　構造構成主義の立場からインフォームドコンセントを再考する　看護学雑誌, 73(3), 92-96.
[85] 京極 真　2009　構造構成主義によるパターナリズムの再解釈　看護学雑誌, 73(2), 96-102.
[86] 多田羅健志　2007　歴史学の信念対立を読み解く―構造構成主義的アプローチ　現代のエスプリ475　至文堂　pp.126-136.
[87] 上田修司　2007　構造構成主義国家　現代のエスプリ475　至文堂　pp.193-204.
[88] ［4］に同じ．
[89] ［1］［2］に同じ．
[90] 西條剛央　2003　「構造構成的質的心理学」の構築―モデル構成的現場心理学の発展的継承　質的心理学研究, 2, 164-186.
[91] 西條剛央　2004　構造構成的質的心理学の理論的射程―やまだ (2002) と菅村 (2003) の提言を踏まえて　質的心理学研究, 3, 173-179.
[92] 西條剛央　2005　質的研究論文執筆の一般技法―関心相関的構成法　質的心理学研究, 4, 186-200
[93] 西條剛央　2007　ライブ講義　質的研究とは何か　SCQRMベーシック編　研究の着想からデータ収集, 分析, モデル構築まで　新曜社
[94] 西條剛央　2008　ライブ講義　質的研究とは何か　SCQRMアドバンス編　研究発表から論文執筆, 評価, 新次元の研究法まで　新曜社

[95] Takagi, H. 2007 A unified view about qualitative and quantitative methods by the structural constructivism. *8th Advances in Qualitative Methods*, 48.
[96] 高木廣文 2010 質的研究と科学について考える *International Nursing Review*, 33(2), 12-16.
[97] 高木廣文 2007 質的研究は科学としてエビデンスをもたらすか 看護学雑誌, 71(8), 712-715.
[98] 小澤和輝・藤山直樹 2007 心理学における質的データに関する一考察—「構造構成主義」と精神分析の観点から 上智大学心理学年報, 31, 57-64.
[99] [2] の pp.214-217
[100] 北村英哉 2008 構造構成主義の地平から見た実験研究 構造構成主義研究, 2, 190-208.
[101] 清水 武・西條剛央・白神敬介 2005 ダイナミックタッチにおける知覚の恒常性—方法論としての精神物理学と実験現象学 質的心理学研究, 4, 136-151.
[102] 吉崎 一 2008 ハビトゥス概念の構造構成主義的再解釈—社会学における信念対立の解消へ向けて 理論と動態, 1, 126-144.
[103] 吉崎 一・苫野一徳 2009 構造構成主義によるブルデュー理論の問題の克服試論—社会学における信念対立の解消に向けて 構造構成主義研究, 3, 212-227.
[104] 苫野一徳 2008 どのような教育が「よい」教育か—ヘーゲル哲学の教育学メタ方法論への援用 RATIO, 5, 218-264.
[105] 苫野一徳 2008 構造構成主義による教育学のアポリアの解消—教育学研究のメタ方法論 構造構成主義研究, 2, 88-110.
[106] 山口裕也 2009 構造構成的-教育指導案構成法の提唱—実践知の伝承・継承・学び合いの方法論 構造構成主義研究, 3, 183-211.
[107] 西條剛央 2007 「心理学の統一理論」の構築に向けた哲学的論考—構造構成主義の構想契機 構造構成主義研究, 1, 156-187.
[108] 北村英哉 2006 なぜ心理学をするのか—心理学への案内 北大路書房
[109] 三田村仰・松見淳子 2010 アサーション（自他を尊重する自己表現）とは何か？—"さわやか"と"しなやか" 2つのアサーションの共通了解を求めて 構造構成主義研究, 4, 162-190.
[110] 山口裕也 2010 自己効力理論をめぐる信念対立の克服—存在-言語-構造的還元の提起を通して 構造構成主義研究, 4, 71-103.
[111] [23] に同じ。
[112] 浦田 剛 2008 総合知としての文学の本義—構造構成的言語行為論に基づく言表価値性の立ち現われ体系 構造構成主義研究, 2, 56-87.
[113] 西條剛央 2007 理論とは何か？—構造構成主義アプローチ 西條剛央・菅村玄二・斎藤清二・京極 真・荒川 歩・松嶋秀明・黒須正明・無藤 隆・荘島宏二郎・山森光陽・鈴木 平・岡本拡子・清水 武（編）エマージェンス人間科学—理論・方法・実践とその間から 北大路書房 pp.19-31.
[114] 京極 真 2007 他者問題に対する構造構成主義的見解 西條剛央・菅村玄二・斎藤清二・京極 真・荒川 歩・松嶋秀明・黒須正明・無藤 隆・荘島宏二郎・山森光陽・鈴木 平・岡本拡子・清水 武（編）エマージェンス人間科学—理論・方法・実践とその間から 北大路書房 pp.56-59.
[115] 桐田敬介 2010 契機相関的-構造重複という視点—構造構成主義における自己-他者関係の基礎づけ 構造構成主義研究, 4, 131-161.
[116] 三澤仁平 2008 「健康の不平等」の理論構築に向けて—構造構成的医療化の提唱 構造構成主義研究, 2, 154-176.
[117] 甲田 烈 2009 関心相関的妖怪論による妖怪学における信念対立の解消—当該領域の総合的な研究方法論の構築に向けて 構造構成主義研究, 3, 137-158.
[118] 西條剛央（編著）2005 構造構成的発達研究法の理論と実践縦断研究法の体系化に向けて 北大路書房
[119] 西條剛央 2004 母子間の抱きの人間科学的研究—ダイナミック・システムズ・アプローチの適用 北大路書房

[120] 西條剛央　2005　発達心理学の基軸―発達心理学の哲学と方法論　内田伸子（編）発達心理学キーワード　有斐閣　pp.1-24.
[121] 西條剛央　2006　ダイナミック・システムズ・アプローチと構造構成主義―母子間の抱きの研究を通して　小児の精神と神経，46(3)，167-169.
[122] 田中博晃　2007　学習意欲を質的に捉える　構造構成主義研究，1，80-103.
[123] 田中博晃　2007　構造構成的英語教育学研究法　現代のエスプリ475　至文堂　pp.160-170.
[124] 家島明彦　2007　「不毛な議論」を「建設的な議論」にするための方法論　構造構成主義研究，1，42-68.
[125] 荒川　歩・サトウタツヤ　2005　セク融・学融を妨げる要因の検討と構造構成主義による解決の可能性とその適用範囲　立命館人間科学研究，9，85-96.
[126] 竹田青嗣・池田清彦・西條剛央　2008　信念対立の克服に向けて　構造構成主義研究，2，18-46.
[127] 京極　真　2008　職種の間の「壁」の越え方―「立場の違いを越えた連携」とはどういうことか　助産雑誌，62(1)，20-24.
[128] 田辺けい子　2010　無痛分娩の実施をめぐって展開される専門領域を異にする医療者間のポリティクス―医療現場の「信念対立」に対する質的アプローチ　構造構成主義研究，4，44-70.
[129] 竹田青嗣・池田清彦・西條剛央　2010　持続可能な社会をどう構想するか　西條剛央・京極　真・池田清彦（編）　持続可能な社会をどう構想するか―構造構成主義研究4　北大路書房　pp.2-42.
[130] 前原和明　2010　構造構成主義の視点から展開する職業リハビリテーションでの臨床実践―異職種間のより良い連携を目指していく視点　構造構成主義研究，4，218-238.
[131] 佐藤哲朗　2010　社会福祉協議会における地域福祉活動評価法の構築―構造構成主義に着目して　関西福祉大学社会福祉学部研究紀要，13，105-112.
[132] 西條剛央　2010　「科学的である」とはどういうことなのかといった難問をどのように考えればよいのか？―難問を見極める構造構成主義の10の視点　*International Nursing Review*，33(2)，27-32.
[133] 2011年現在200本以上の文献が公刊されている。以下の「構造構成主義文献リスト」参照。
　　　http://sites.google.com/site/structuralconstructivism/home/literature_database
[134] ［5］の p.68
[135] この論文構成法のオリジナルは文献［92］における「関心相関的構成法」である。なおオリジナリティの担保という観点から重要になるので確認しておくと、「関心相関的構成法」は論文を構成するための技法であり、公共性という観点から評価するための枠組みではない。
[136] この際、「他者が批判的に吟味する可能性を担保すること」すなわち「公共性の担保」＝「構造化に至る諸条件の開示」ではないことに注意する必要がある。「公共性の確保」も「構造化に至る諸条件の開示」も広い意味での反証可能性を担保するという点では同じといえるが、公共性の担保といった場合、必ずしも「構造化」を志向しないためだ。
[137] ［4］の p.96
[138] 原文は以下である（［21］の p.7）。その下に日本語版の訳を対比させておく。
　　・introduction : development of the problem under investigation and statement of the purpose of the investigation
　　・method : description of the method used to conduct the investigation
　　・result : reports of the results that were found
　　・discussion : interpretation and discussion of the implications of the results
　　以下邦訳版［140］
　　・序文（introduction）：研究テーマの着想，経緯，および研究の目的
　　・方法（method）：研究方法に関する記述
　　・結果（result）：実験・調査結果の報告
　　・考察（discussion）：実験・調査結果の内容についての解釈と考察
[139] ［82］に同じ。
[140] American Psychological Association　2004　*Publication manual of the American psychological as-*

sociation (5th ed.). 江藤裕之・前田樹海・田中建彦 (訳) 2004 APA 論文作成マニュアル (第5版) 医学書院 p.4.
- [141] [4] の Lecture11
- [142] [11] に同じ。
- [143] [21], [22] など
- [144] 査読に関わることが多くなってきた現在, 投稿者の気持ちを忘れないようにするためも投稿するように心がけている。また学界 (学会) の現状把握のためのフィールド調査としての意味もある。そうしたメタレベルの視点をもっておくとどのような指摘も意味ある資料として受け止めることも可能になる。
- [145] 五十嵐 茂 2008 バフチンの対話理論と編集の思想 質的心理学研究, 7, 78-95.
- [146] [10] に同じ。
- [147] 桑野 隆 2008 「ともに」「さまざまな」声を出す―対話的能動性と距離 質的心理学研究, 7, 6-20.
- [148] やまだようこ 2003 ズレのある類似とうつしの反復―タルコフスキーの映画『鏡』にみるイメージの語りと「むすび」の生成機能 質的心理学研究, 2, 108-123.
- [149] 矢守克也 2003 4人の震災被災者が語る現在―語り部活動の現場から 質的心理学研究, 2, 29-55.
- [150] [11] に同じ。

原著論文（研究）

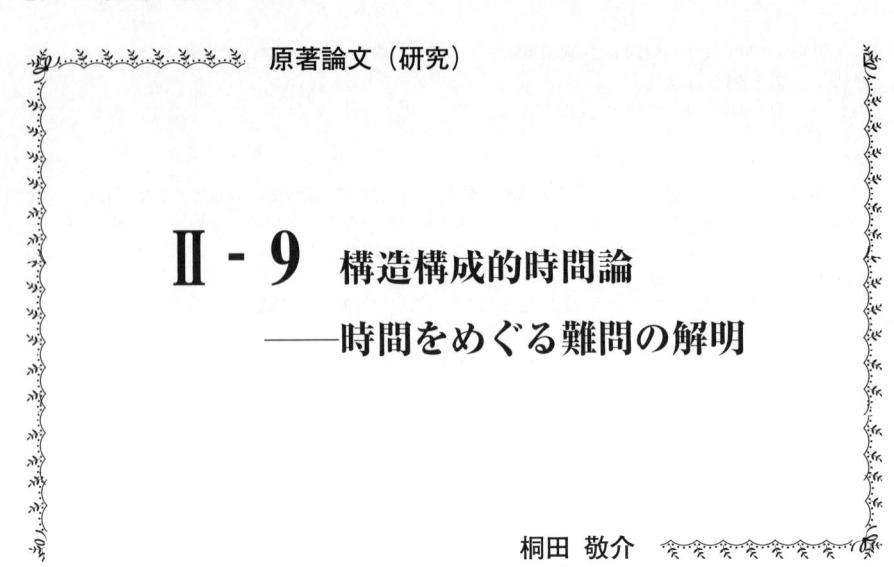

II-9 構造構成的時間論
——時間をめぐる難問の解明

桐田 敬介

1節
問題提起

1．時間をめぐる難問

『この世界がたった五分前にできていたとしても[1]，私の記憶に五分前より前の記憶が捏造されているなら，私は世界をずっと以前から存在し続けていたものと認識できるはずだ。』このような時間感覚は理解できずとも，「こんな時間感覚は誤りだ」と指摘しようと思うとなかなか難しいということは理解できるだろう。そこには「時計」に取って代わられるような時間でなく，個々人の内面的な問題や科学的なパラダイムにまで深く関与する「時間」をめぐる根深い「問い」がある。このような時間をめぐる問いは古代よりさまざまに形を変えて——文学的表現から科学的思索に至るまで——なされてきたといえ，そのすべてを本論で詳細に記述することは紙面の都合上省かざるを得ないが，哲学という領域においては，先のような「この時間はいつ始まったのか」，「時間は実在しているのか」といった時間に関する問いは，「時間論」（time theory）と呼ばれている[2]。

(1) 時間の起源

しかし「時間」はずっと昔から実在し，未来においても実在するという物理的・年表的な認識が一般的であろう現代において，「時間はいつから始まった（実在するようになった）のか」との「問い」はきわめて不合理・不条理なものに聞こえる

だろう。

　だが物理的・年表的な時間感覚は、近代において生じたひとつの時間感覚（時間了解）のかたちでしかなく、それ以外の時間了解を説得できるほど強固な考え方ではない。たとえば文化人類学者のアンダーソン（Anderson, B.）によると、西欧中世のキリスト教社会では「メシア的時間」——この現在は神の創造により始まり、今日にも訪れる終末までの期間であるという「即自的現在における過去と未来の同時性」という時間了解が存在していたという[3]。それは誤った時間感覚だと考えるかもしれないが、現代物理学においてもこの宇宙の始まり以前には「時空さえ存在しない」との仮説が立てられている点では（ビッグバン仮説）、神による天地創造以前には時空さえ存在しないとする中世神学的時間論と同型の論旨といえる[4]。

　さらにいえば、時間の実在性を考えるにあたって、特定の時間の「起源」を前提しているという点では、神学的時間論も物理的時間論も、冒頭に述べた「世界五分前構築論者」の時間感覚とさえ同型なのである。

　時間は五分前に始まったのか、宇宙の始まりと同時だったのか、神によって創られたのか、それとも漠然とそれ以前から始まっていたのか。これら四つの異なる時間感覚（世界五分前構築論に基づく時間感覚、ビッグバン仮説に基づく時間感覚、神学的時間感覚、一般的な年表的時間感覚）は、全く異なる時間の「起源」を前提しているといえるが、今ここの時間はさしあたり実在しているという点では、同意が得られるように見える。しかし、その今ここの時間の実在性自体を否定し、時間の非実在性を主張する時間論もまた存在しているのである。

(2) 時間の実在性

　哲学者の入不二によれば、こうした時間の実在性問題（時間は人間の心の働きと独立に流れているのか否か）は、古代ギリシアの哲学者アリストテレス（Aristotle）、中世の神学者アウグスティヌス（Augstinus, A.）、二十世紀の分析哲学者マクタガート（McTaggart, J. E.）など、さまざまな哲学者たちによって考えられてきた問題であり、先に挙げた著述家たちは時間の非実在性（時間は人の心と相関的に構成されている）を様々な形で説いているという[5]。

　なかでもこうした時間の実在性問題に関して、ある種新たな論争的観点を提起したマクタガートの「時間の非実在性（The Unreality of Time）」[6]は注目に値するだろう。マクタガートはまず、時間を二つの系列——過去・現在・未来という出来事の変化を表すA系列と、出来事の前後関係を表すB系列——に分け、時間という動的な変化には〈その前〉・〈その後〉で構成されるB系列が本質的であるとしながらも、より基礎的なのは〈未来であったものが現在になり、そして過去になる〉という様相を説明できるA系列であると論じた。

　しかしここでマクタガートは、このA系列が矛盾を含むということによって、

時間は実在しないという結論を導き出す。未来であった出来事が現在を経て過去へ過ぎ去るという出来事の〈両立不可能性〉、時間の不可逆性がA系列による時間の変化の説明であったが、これはある出来事が未来にも現在にも過去に生じうるという出来事の〈両立可能性〉、時間の可逆性を含意してしまう。つまり出来事の時間は不可逆でもあり可逆でもあるという矛盾を孕んでしまう為に、その時間の流れの方向を無矛盾に記述することができない。分析哲学においては、しばしば赤い青や四角い丸のような矛盾した存在は現実には存在しえないとされるため、「時間は実在しない」と結論づけられるのである[7][8]。

(3) 時制のパラドックス

さらに、こうした「時間は実在するか否か」という二者択一的な問いでなく、時間の実在／非実在を含意する時間論も存在する。たとえばフランスの哲学者ベルグソン（Bergson, H.）と、同じくフランスの哲学者ドゥルーズ（Deleuze, G.）の時間論がそれである。ベルグソンは、たとえば一秒、二秒……と時計で時間を数えることは、その針が動く一秒の「間隔」に基づいて時間を「数量」と見なすこと（あらゆる「一秒」の間隔＝量は同じであるとみなすこと）に基づいているとした。しかし、そのような数としての時間は人間が計測したものであって、測られている当の時間の流れそのものではない。この「時間を数える」ことを可能にしている当の「純粋な時間の流れ」こそ、厳密には数として分割できない「純粋な異質性」の継起としての時間、「純粋持続」なのであるとした[9]。

そして彼はこの常に一回起性で過去・現在・未来の区別さえ出来ない純粋持続のうちで、人間が「現在」を認識していく根拠として、潜在的な二つの記憶の形式（純粋想起とイマージュ想起）の存在を提起している[10]。たとえば昨日の水と今日の水は原理的には全く異なる現象（持続）といえるが、人間はそこに「ミズ」という同じイメージを見出す（想起する）。この「同じイメージの想い起こし」（イマージュ想起）は、その都度の「全く異質な持続」としては存続し得ないと考えられるため、当人の記憶の反復として生じ、潜在的かつ純粋な「過去それ自体」（純粋想起）のうちに「雪だるま式に」蓄積されていくとした。

この点、彼は「純粋持続」を時間の流れの実在とし、その「純粋持続」と「純粋想起」（純粋な過去の記憶）との接点に、瞬間的な「現在のイメージ」の繰り返しを見ているといってよいだろう。わかりやすくいえば、彼自身の「われわれは、実際には、過去しか知覚していない。純粋な現在は、未来を侵食する過去の捉え難い進展なのである」（p.215）との言明からも見て取れるとおり、現在を純粋な過去の記憶を想い起こす繰り返しとしており、その意味では過去中心主義的な時間論ともいえよう。

(4) 時間の生成

　だがこのベルグソンの「純粋想起」には，空想や夢といった「実在しない過去」も含意されていたため，「今ここの現在」において，実在する純粋持続と実在しない純粋記憶（過去）とが〈同時に〉存在し，蓄積されるはずの過去が今訪れたばかりの現在よりも〈前もって〉〈共存〉していなければならないというパラドックスを抱えるものであった。にもかかわらず，この時間論が導くパラドックス——《現在の実在化とは，実在しない純粋過去の反復・増大である》というパラドックス——こそ，時間が過ぎ去ることの「根拠」であるとしたのがドゥルーズの『差異と反復』における時間論であった[11]。彼はまた，この現在と過去のパラドキシカルな繰り返しの蓄積（「おのれの経験的な内容」）を放棄することで，無底の「将-来」へと進む「永遠回帰」としての時間が生成されるとした。

　わかりやすくいえば，「習慣的な過去の蓄積の繰り返し」と捉えられている「時間」の見方を，「二度と繰り返せない新しい現在の繰り返し」という見方に変えることで，「未だ何も規定されていない未来」の時間感覚が生じるということだ。

　ここにおいて，先のマクタガートの結論——出来事の時間（現在・過去・未来）は両立可能かつ両立不可能であるという時制のパラドックスゆえに実在しない——とは逆の結論，すなわち実在化する現在と実在化しない過去とのパラドックスにより時間は流れ，その破壊によって未来という新しい時間感覚が生成するという考えが導出されている。この「時間論」という問題系は，「時間は実在するか否か」という実在性の問題や「起源はあるか否か」という起源をめぐる問い，過去・現在・未来といった諸々の時制（時間性）に関する問い，そしてそれらがどのように生成変化するかという生成論の問いと絡まりあって，まさに「時間をめぐる難問」として提起されていると言ってよいだろう。

2．本論の目的——時間をめぐる難問の解消と限界

　結論からいえば，本論はこうした「時間をめぐる難問」を解明するための寄与を成すことをその執筆目的としている。しかし時間論の歴史は膨大のためその問題もまた山積しており，そのすべてを検証しかつ解消することは，本稿のみによっては不可能といわざるをえない。よって本論では，「時間をめぐる難問」の一端を解明すべく，それを四つの問題群——時間の起源問題，実在性問題，時制問題，時間の生成論の四つ——に分け，それぞれを各個解消していくことを試みる。

　そこで上記の目的に照応した場合，哲学的難問を解消する様々な理路を備えた構造構成主義[12]は，本稿が目的とする時間論の構築にとって有効に機能すると考えられる。その理由は，第一に構造構成主義の中核原理である，《存在・意味・価値は，身体・欲望・関心・目的と相関的に立ち現われる》[13]と定式化されている「志

向相関性」，その方法論的底板である「現象」，存在論的概念である「構造」といった理論の整備に見られるように，さまざまな哲学理論（メタ理論）を基礎づける「超メタ理論」としての機能を有していること，第二に，哲学的諸問題における難問などを解明する方法論的理路として「哲学的構造構成」という方法が整備されていること，第三に，構造構成的−生成論として，《構造は諸契機と相関的に生成変化する》[14]と定式化された「契機相関性」のように，時間論に援用可能と考えられる生成原理が提起されていることが挙げられる。

しかしながら，本稿執筆時において，構造構成主義を援用した時間論はいまだ整備されていない。時間論に関連する理路としては先に述べた構造構成的−生成論が展開されているものの，その生成変化に関する理論が，時間性といった概念とどのように関連づけられているのかといった研究はされていない。さらには，構造構成主義はその理論構築の目的から「戦略的に時間を止めた共時態」[15]を採用しているため，構造構成主義における時間論の構築は，構造構成主義や構造構成的−生成論における生成論的拡張をも必要とするだろう。したがって本論は，時間をめぐる「四つの問題群」の解明を通じて，構造構成主義の生成論的拡張を行い，構造構成主義における時間論の構築をその目的とする。

2節 方法

時間をめぐる問題群を解消していくにあたって，本論はあらゆる時間論に妥当する原理を構築するのに資する方法として，特定の哲学的前提に依拠せずに，さまざまな認識の違いから生じている擬似問題の「根本まで遡り，その問題自体を解消してしまう」[16]哲学的構造構成（解明）という方法を採る。しかし，哲学的構造構成と一言で言っても，その思考の実践は目的に応じて極めて多様になる。よって本論は「時間をめぐる四つの問題群」の解明と，構造構成主義における時間論の構築を目的としていることから，哲学的構造構成で時間性の成立条件の解明を行いながら，これの一ツールである「存在−言語−構造的還元」[17]とを併せて用いることを述べておく。

以下では時間論の構築，すなわち時間性の本質とその生成変化に関する哲学的構造構成（解明）を行っていくが，その具体的工程は以下の通りである。まず「存在−記号−構造的還元」を用いて，時間という存在・記号・構造が，①どのような存在として分節化されているか，②どのような名として概念化されているか，③どのような構造として提起されているかを問う。どのような時間論であれ，それらは何らかの存在を「時間」という概念で分節化し，その在り様の洞察を「論」（構造）

として構成している点では同型と言える。よって，まず「時間」として分節化されている存在とは何か，どのように概念化されているのか，その存在・概念にもとづく「論」（構造）はどのように構成されているかを問うのである。

そしてその上で，時間が「生成変化していると確信される条件」[18]を哲学的構造構成において記述していく。相対性理論の如く「このような状態において時間は伸び縮みしている」と時間現象の説明を行うのではなく，一日千秋の想いといったような内的な時間感覚や，先に述べたような時間の非実在に関する時間論において，「時間がそのように生成・変化すると確信される条件は何か」と，時間性の生成変化が《どのようにして》構成されるのかを問うことであるといえる。

そしてこの哲学的解明においては，外部や内部に実在していると考えられている存在や意味，価値を還元することで，それらはどのような条件（構造）として，そのように立ち現れてくるのかを出来る限り予断を廃して記述する必要がある。なぜなら，そうすることによってはじめて，異なる認識論を有している人にとっても洞察でき，了解可能な時間論を提示できると考えられるからだ[19]。

3 節
構造構成的時間論とは何か

1．時間の構成──志向相関的時間論
(1) 時間の起源・時制・実在性──絶対性・実体性

まず本項では，時間はどのように始まったのか，また時制は如何にして区別されるのか，そもそも時間は実在するのか否かという，「起源」・「時制」・「実在性」の問題群を通して，時間の存在－言語－構造的還元を用い「時間」とは何かを解明していく。

結論からいえば，時間の起源・時制・実在性問題には，西條が定式化した「絶対性起源の難問」と「概念実体化起源の難問」という疑似問題が構造的に潜んでいると考えられる[20]。たとえば，「時間は実在するか否か」という問いの構造そのものに，「時間は絶対に実在している」か，そうでなければ「時間は絶対に実在していない」という，実在性の絶対性が予め二者択一的に前提されている。この観点からすれば「起源」の問題とは，「このようにして時間は始まった」，そうでなければ「今ここの時間は実在しない」という論証として，この実在性の絶対性を裏書きしている問題群であると言えよう。その意味でこの絶対性は──「時間」という抽象的な概念を，「（人間に関わりなく）それ自体で存在している実体」と見なすことによって──私たちが経験しているほんものの時間は，「実在している時間」と「実在していない時間」のいずれであるのかという対立を生じさせていると考えられる。こ

れらの指摘は，過去・現在・未来，永遠・瞬間など，特定の時制（時間性）概念に基づく諸々の時間論においても当てはまるといえよう。時間は神により創られ，過去や未来は「期待し，直観し，記憶する」現在の魂（人の心）において生じるとしたアウグスティヌスの中世神学的な現在主義然り[21]，ベルグソンの過去中心主義的時間論然り，それらは特定の時制（時間性）を実体的な時間と「同一視」し，絶対化してしまっているといえるからだ。

こうした時間概念・時間性概念の絶対化と実体化を解くことにおいて，志向相関性の原理（存在・意味・価値は，身体・欲望・関心・目的と相関的に立ち現われる）が機能的に働くと考えられる。この原理に基づくことによって，1節で論じたさまざまな時間論で論じられている時間の起源や実在性も，個々の関心に応じてその「存在・意味・価値」が見出されている，「ひとつの時間感覚」（広義の構造）として相対化・明示化することが可能となると考えられるためだ。

たとえば，「時間とは神によって創造されたものであり，それ自体で物理的に発生・持続しているものではない」とする一部のキリスト教原理主義者や創造主義者などにとって，時間の起源と実在性の問題はダーウィンの進化論問題と絡まって，深刻な対立を呼び起こすものである[22]。しかし本論の観点に基づけば，まず特定の時間感覚が実体的・絶対的に存立していることを論ずるのでなく，神学的時間は神の信仰という関心にとっては存在意味があり，物理学的時間もまた，物理科学の探求という関心にとって価値がある「ひとつの時間感覚」であるというように，そのような時間感覚はどのような関心や目的にとって価値ある時間感覚となっているのか（なぜそのような信憑が取りついているのか）を問うことが，この志向相関性を用いることで可能となる。

さらに，構造構成主義においてはあらゆる抽象概念・観念・理論を，志向相関的に構成された「コトバとコトバの関係形式」（狭義の構造）として基礎づけているため，多様な時間概念や時間論も「コトバ」（同一性）として捉えることが可能になり，それらの実体化・絶対化による疑似問題化を原理上回避できるといえよう。この観点に基づけば「時間はいつ始まったのか」という時間の起源（根源，創造）問題や時制問題，実在性問題は，先に述べたとおり神学的時間論から哲学的時間論に至るまでさまざまに問われてきた問題群であるといえるが，これらの「時間」「実在」「起源」「時制（過去・現在・未来）」概念もまた志向相関的に構成された「コトバ」（同一性）でしかなく，その意味内容もまた志向相関的に構成されるとすることで，無用な対立を避けることが理論上可能となる。

(2) 時間の還元——生成変化の同一性

しかし，時間はコトバ（同一性）である，というテーゼはなかなか首肯できないものかもしれない。ここは本稿において重要なところなので，厚く論じておく。

たとえば毎日勉強する時間を測っている人がいたとする。彼が測っている事象は厳密にはまったく異なる現象であるにもかかわらず、彼は「一昨日勉強した時間と昨日勉強した時間は同じだった」と報告できる。この時彼はそれら異なる現象から、勉強するのにかかった時間の「同一性（等質性）」を構築しているといえよう。砕いて言えば、今ここの一秒は、昨日の一秒や明日の一秒と「同じである（質として等しい）」ことを前提しているといえるのだ。

この主張に対し、時間は単位として計測される場合にのみ「等質」になるのであって、実際に感じる「時間」とは――ある時には早く感じたりある時には遅く感じたりするような――その都度に異質な流れそのものなのであるとの反駁が予想される。しかし、何らかの「その都度に異質な流れ」が想定されるためには、そうしたその都度の異質さの比較対象となり、その都度の現象から「時間なるもの」を認識する「同一性」が必要になると言えるだろう。もちろんこの同一性を、たとえば宇宙の始まりから未来永劫均一に流れていく、外部に実在する物理的時間と同一視することはできない。なぜなら、そのような時間が未来永劫にいたるまで「均一に」流れていたか（流れていくか）否か、今ここにいる私たちが実証することは不可能であるからだ。したがって、この均一な時間の「同一性」は、私たちによって恣意的に構成された「存在」と考えるほかはない[23]。

要するに、私たちは「時間」という抽象概念を――矛盾に聞こえるかもしれないが――現象から「生成変化」を認識するためのコトバ、すなわち「生成変化の同一性」として構成しているということだ。たとえば経験もできず認識もできない過去や未来を「時間」というコトバの下に構造化できているのはこの故だといえる。そして、「時間」がいわば「生成変化そのものである同一性」として構成されているがゆえに、「普遍かつ不変の均一な流れ」としてイメージされているのだと考えられる。逆説的に言えば、「生成変化の同一性」たる時間のシニフィエ（存在）が高度に抽象的すぎるため、時間は現象と関わり無く、永遠に生成流転する実体存在と錯認されているともいえよう[24]。

さらにいえば、時間、起源、過去・現在・未来といったコトバのシニフィエも文化や思想によって異なるところを省みると、それら時間概念の意味するシニフィエは、志向相関的に対応・分節化されている（恣意的にそのコードする時間の幅が増減されている）と考えられる。しかし、だからといって生成変化の同一性を最大・最小にしても――永遠、連続性、無限、今、瞬間などという時間性を持ち出したとしても、それがコトバである限り現象を構造化し尽くすことは不可能である。「瞬間」や「今」がよい例であるが、いつから瞬間（今）が始まり、そして次の瞬間（今）へ変わるのか、厳密な定義はできず、際限なく分割したとしてもゼノン（Zeno）のパラドックス同様擬似問題へ陥ってしまう。後に詳述するが、「今」には幅のあ

る「粗大な今」も瞬間的な「微細な今」も構想できるように[25]、「時間」は実体なのではなく、恣意的に構成された「構造」なのだ。

　ここで、想定されうる疑義に答えておこう。時間を「構造」などとせず、現象をそれ自体で「生成変化するもの」と定義することで事足りるのではないか。確かに、「現象＝生成」であると定式化すれば、コトバ云々と関わり無く——むしろコトバで分節化されえない生成＝現象として——現象による時間の生成変化を基礎付けることができるように思う。ヘラクレイトス（Hérakleitos）の「万物流転」のテーゼや、ベルグソンが提起した純粋な異質性の継起としての「純粋持続」、池田による「変なる現象」[26]といった概念は同様の生成＝現象観（コトバでは構造化できない生成＝現象）に立っているということができるだろう。

　だがこれらの現象観は、「現象」それ自体を「生成」と見なしてしまっている点で首肯できかねる。（構造構成的にいえば）「生成」もまたコトバであり、「現象」は方法論的懐疑によってあらゆる分節化を取り払った理論的出発点とされているため、生成流転・持続・不可逆という抽象概念（コトバ）は「現象の本質」として前提されえないといえるからだ。「現象」は「立ち現われ」でしかないため、それが生成変化するか否か、その流れが可逆なのか不可逆なのか、そもそも「流れ」であるのか否かさえ、方法論的には疑いえてしまうと言わざるを得ず、現象に対する予断と臆見（流転するもの、持続するもの、不可逆なもの）が彼らのデータには前提されているというほか無い[27]。つまり「現象」と「時間」とを区別している点では同意するものの、現象に「生成」という意味をあらかじめ与えてしまっている点では予断があるといえる。現象それ自体の性質から生成や持続は生じない。時間概念による現象の構造化において「生成変化」は構成される。

　したがって、《あらゆる時間は志向相関的に構成された構造である》。これを【志向相関的時間論】として定式化しておく。これによって、たとえ戦略的に「時間を止めた」共時態においても、時間についての言説（時間論）を「恣意的に構成された構造」として基礎づけることが可能となる。また次節で述べていくような複合的な時間性の生成変化においても、それらは「時間性」（コトバ）で構造化されている以上、志向相関的に構成された構造として基礎づけられる。つまり本論では、時間のうちで現象が生成変化していくという一般的な時間・現象理解ではなく、「現象のうちで志向相関的に時間が発現する（時間が構成される）」[28]という構図が取られているということだ。

　さて、以下で詳論していくが、時間概念を「生成変化の同一性」としてみる本論の議論は、「私たちが経験する時間は分割できない異質な流れである」という言明に対立するものではなく、むしろそうした主張を根底から基礎づける可能性を有するものといえる。先にも述べたように、この「生成変化の同一性」による現象の構

造化によって「時間が生成変化していく」とすることで，この静態的な時間の構造化から，実際的な時間経験を論じうるといえるからだ．

2．時間の生成変化――契機相関的時間論

したがって残された問いは，「時間の生成変化とは何か」という問題である．つまり，現在や過去，未来といった諸々の時間性が，志向相関的に構造化された【コトバ】だとしても，あの過去には戻れず，この現在はある幅を持ちながら移ろい，遠くの未来のことは知り得ない（と確信されてくる）ように，時の流れとその都度の時制（時間性）が生成し変化して行くことは疑いようがない．ゆえに本節では，そうした時間の生成変化の確信条件を問うていく．

(1) 時制の生成――構造の相互確信

まずは時制（時間性）に対する信憑を，桐田によって提起された構造の相補的生成（相互確信）から基礎づけることを試みる[29]．相補的生成とは，喩えていえば，自分や相手に与えられた役割の違いを確信していくことによって，主従関係や恋愛関係などの人間関係が生成変化するように，諸構造の関係性の生成変化を「相互の関係性の確信において生成変化する構造」として認識するという視点である．

本論の趣旨に即していえば，たとえば今ここの現在が，ある特定の過去でも未来でもないこと（他の時間性との差異）を確信するためには，「他の時間性は与えられず，この時間性のみが与えられているという相互確信」が必要であるということだ．このことは何も，私たちには常に「この現在」しか与えられないのだということを前提または主張しているのではない．むしろ，『今は――今と言った瞬間が既に「今」でないように――常に既に過ぎ去ってしまうため，決して与えられることはなく，過ぎ去った「既に今でない時間」が「この今」と同一視されることによってのみ，「この現在」は与えられうる』という過去中心主義的な時間了解においても，この相互確信性の原理が適用されているのである．つまり，この現在は他の過去との同一視を通してのみ「与えられうる」と確信するためには，瞬間的な今や過去，未来が決して「与えられえない時間性」であることを確信（前提）している必要があるという点では，その相互確信において『常にこの現在のみが与えられている（他の時間は与えられていない）』とする時間了解と構造的には同型なのである．本項で述べている相補的生成は，あらゆる時間性の前提にある相互確信性を構成する理路なのであり，特定の時間性に基づいた時間論を提起しているのではない．

想定される疑問としては，特定の時間性が「与えられる／与えられない」という区分はどのようにして判明するのか，その確信はほんとうに正しいといえるのかという問いが考えられるが，それは志向相関的に構成される時間性のシニフィエによって左右されるものであり，かつこの相互確信は実体的・絶対的な正しさを主張す

るものではないと言うほかない。たとえば「今」というコトバを「粗大な現在の流れ」と同等の意味に用いるか、「点的な瞬間」と同等の意味に用いるかでは、そのコトバがコードする「時間」も異なってくるだろう。「今＝幅のある現在の流れ」であれば「一定程度持続して与えられ、次第に与えられえない様相へと変化する時間」として、「今＝点的な瞬間」であれば「与えられた瞬間にすぐ与えられえない様相へと変化する時間」として構造化されるといえるからだ[30]。どうあれ、時制の生成変化には、志向相関的に構成された時制のシニフィエにより構造化されていく「与えられている時間／与えられていない時間」という相互確信（相互前提）が基になっていることは確かだといえるだろう。

(2) 時間の生成──諸契機の継起

　そして、この時制の相互確信に基づくことによって、時間の持続、またはそれを基にした出来事の継続という様相の構成を言いあてられると考えられる。すなわち、さまざまな「生成変化の同一性」──時間、今、過去・現在・未来、といったコトバ──によって構成された「時制の相互確信の生成変化」を、「時間の持続・出来事の継続」、いわば私たちが実感している「時間の流れ」と認識するということだ。

　先の例で言えば、現象を「今」という恣意的なコトバで認識することにより、「今」が「与えられているか／与えられていないか」という相互確信が構成され、この相互確信が生成変化していくことで、「今」が消え、現れ、移ろうという「時間の流れ」（その都度違う時間の持続・出来事の継続）の確信が生じるといえるだろう。だがそこで問題となるのは、この相互確信に基づいた時間の生成変化（持続・継続）が《どのようにして》確信されるかということである。ここで注意すべきことは、この持続や継続という構成された時間構造を「生成そのものであり、時間そのものである《現象》」の成果物としないことである（無論、これは構造構成主義における「現象」とは異なる現象概念の用い方である）。たとえば「現象が生成そのものであるから、この今が順々にあの今へと持続していく」と「今の持続なるもの」を論じてしまうと、現象と時間を個々独立に前提にしたうえでその変化を捉えることになり、現象と時間を実体化させる疑似問題を生じさせる。

　ここは本論にとって重要なところなので再び厚く論じておこう。たとえば、今は絶えず流れる実体的時間のうちにあるとすると、それは過ぎ去っていくから、一つとして同じ今は無いということになる。また、現象は常に一回きりの実体的な生成そのものであるとすると、それは変化していくものであるから、一つとして同じ「立ち現われ」は存在し得ないということになる。この「一回きりの生成＝時間＝現象」という前提に立って「今の持続なるもの」を考えてみると、今と言った瞬間は常に既に過去になっているのに、その過去の瞬間はまた「今」として捉えられてしまうという、「一つとして同じ時間＝現象＝生成は無いのに、イマという同じ時間＝現

象＝生成が持続する」矛盾した様相に映ってしまう[31]。

　しかしこの矛盾は，先にも述べたとおり「一回きりの生成＝時間＝現象」という前提に基づいたために生じた疑似問題である。時間の持続・継続とは，「生成変化の同一性」によって構造化された「時制の相互確信」（構造）の生成変化でしかない——その生成変化は現象によって産出されるものでも，時間によって生み出されるものでもなく，「構成された構造」として立ち現われる。よって，この問題を解くに際しては，《構造は諸契機と相関的に生成変化する》と構造概念の生成変化を基礎づけた「契機相関性」が有効に機能すると考えられる。この原理に基づけば，一見実体的に洞察しがちな「時間の持続や出来事の継続」という様相を，構造の生成変化の「きっかけ」という意味において立ち現われる「諸契機（志向・存在・意味・価値）の継起」によって，時間感覚はその都度新たに生成変化していく（持続・継続していく）と認識できる[32]。

　これによって，たとえば今の持続が常に一回きりと確信されるにもかかわらず，同じ時制（イマ）の繰り返しとして確信されるという様相も理論的には解消可能となる。イマは恣意的に構成された「生成変化の同一性」であるため，何度も繰り返し現象を構造化できる。その構造化によって「今」が「与えられている／与えられていない」という時制の相互確信が生じる（コードされる時間の幅が規定される）。そして，この相互確信が《どのように》与えられていくか／与えられていかないかが，その都度の諸契機の継起によって生成変化されていく——（いま）窓の向こうが光り，少しして，大きな雷鳴がゴロゴロと（いま）轟く，ほぼ同時に部屋にやってきた友人が驚きながら，「いまの雷かぁ」と言い，しばらくして遅れてきた友人が「さっきの雷見た？」と（いま）言う。「今」は何度も現象を構造化できるために，その相互確信（構造化）を変化させる諸契機の継起によって，その都度の一回きりの「今」もまた，確信されるということができよう[33]。

　その意味で「時間の生成」とは，同一性によって構造化された時間が，諸契機の継起の様相に応じて，新たに固有な時間感覚として生成していくプロセスであるということができるだろう。「生成変化の同一性」としてイメージされていた時間性（ある時間）が，「諸契機の継起」によるその都度の生成変化（異質化）を経ることで，特定の存在・意味・価値・志向を伴った「その都度の固有な時間感覚」（この時間，あの時間，など）として生成されてくる。その意味で「時間の持続・継続」とは，「諸契機の継起」を経ていくなかで，その都度的に生成される「構造」なのだと基礎づけることができる[34]。

　ここにいたって，《あらゆる時間は諸契機と相関的に生成変化する》という【契機相関的時間論】を定式化できる。これにより，時間の生成変化（持続・継続）という様相を，さまざまな時間性（コトバ）の相互確信的構造に基づいた「諸契機（志

向・存在・意味・価値）の継起」によって，その都度的に時間が生成変化していく様相として総体的に記述することが可能となる。

　ここで想定されうる疑問に答えておこう。この契機相関性という生成原理，諸契機の「継起」が生じるためには，そもそも「時間の流れ」が必要なのではないか。だがこの問いは結局，あらゆる継起と独立して存在している実体的時間を前提している。本項では「時間」「継起」を既に志向相関的時間論において構成されたコトバであるとし，まさしくそのコトバで構造化された時間構造がどのようにして生成変化するかというプロセスを契機相関的時間論として述べてきたのだ。つまり本論で提起した【志向相関的時間論】がいわば「時間（生成変化）はどのように構成されているか」を言い当てる理路であるなら，【契機相関的時間論】は「時間の生成変化のプロセス」を言い当てる原理なのである。

3．構造構成的時間論とは何か――広義と狭義を循環する時間構造

　【構造構成的時間論】とは，志向相関的時間論と契機相関的時間論という二つの時間論によって構成された新たな時間論である。これまでの議論において，その理論的内実である【志向相関的時間論】は《あらゆる時間は志向相関的に構成された構造である》として，【契機相関的時間論】は《あらゆる時間は諸契機と相関的に生成変化する》として定式化されている。以下では，それら二つの理論を再びまとめる形で構造構成的時間論として定式化することを試みる。

(1) 志向相関的時間論

　本論でのべたように，時間，現在・過去・未来，瞬間・永遠，起源といった諸々の時間概念は，原理的には志向相関的に構成された，「生成変化の同一性」（狭義の構造）である。時制（時間性）の構造化に関しては既に述べたため繰り替えさないが，これまで述べていなかった本理論の応用の可能性としては以下のようなものが挙げられるだろう。

　たとえば，「永遠」「起源」「無常」「瞬間」「可逆性」「不可逆性」「連続性」といった，観念的で科学的に操作することが困難であるような時間概念を実体化することなく，諸構造の生成変化を認識するために構成された「生成変化の同一性」（コトバ）による，「現象の構造化」として基礎づけることが可能となる。また逆説的ではあるが，「この過去があったから現在がある」「現在が変われば未来も変わる」などの，「時間性の素朴実在論」に則った「時間性の生成変化の実体化」も，時間構造が実体化されることによって生じるものであると基礎づけることができる。

　これによって，過去の出来事の再現や制御，未来の予測や予測し得なかった事態の記述といった科学的構造構成や，過去の出来事の継続関係を構成する歴史的記述なども，本論によって基礎づけることが可能となるだろう。それらは与えられてい

る時間性と他の与えられていない時間性との間における時制の相互確信の生成変化（持続・継続）を，コトバでうまく説明すること——厳密にいえば，諸構造の関係性を首尾一貫的に構造化すること——を基にしているため，それらはいわば志向相関的な時間構造として生起しているといえる。

(2) 契機相関的時間論

次に，時間の生成変化の基礎づけとして，時間の相互確信を生成変化させる「諸契機の継起」に応じて，構成された時間がその都度生成変化していく様相を論じた。既に述べた様相については繰り返さないが，これまで述べていない本理論の応用可能性としては，以下のものが挙げられるだろう。

たとえば「速度」や「リズム」，「遅延」や「滞留」，「停止」といった事象や実践の様相に関わる時間概念も，本論の観点に基づけば，諸契機の継起による「生成変化のプロセス」を言い当てたコトバであると深く基礎づけることができる。例を挙げて説明すれば，都会の一日と避暑地の一日が，「一日」というコトバによって構造化されているとはいえ，その一日の移り変わり（時間の相互確信の生成変化）が諸契機の継起により異なるプロセスを経ることを言い当てるためのコトバが，「速度」や「リズム」といったコトバなのである。そして，遅延や滞留とは，コトバで構成された時間と，諸契機による生成変化とのズレを言い当てたコトバであると考えられる。一日の経過が遅く感じるということは，コトバで構成された「一日の経過」よりも，諸契機の継起による「一日の経過」の方が遅いと確信されることであ

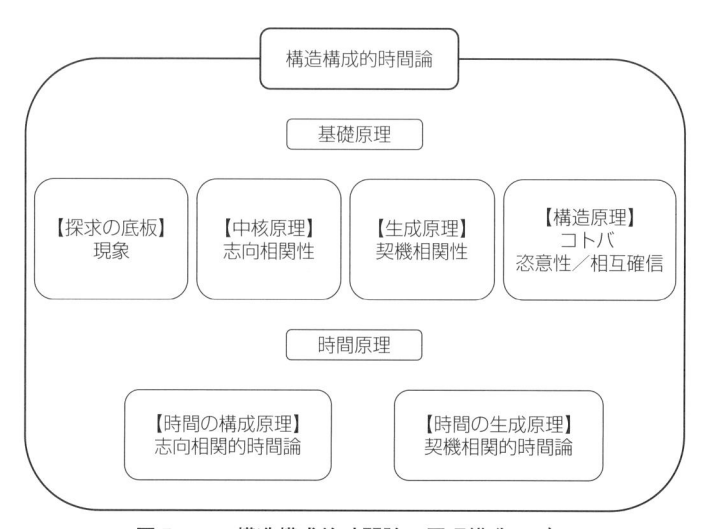

図Ⅱ-9-1　構造構成的時間論の原理構造モデル

る。この速度やリズムもまた、原理的には「生成変化の同一性」によって構成されているといえるが、その生成変化のプロセスは立ち現われていく諸契機の継起如何によって構造化されていくといえるだろう。

これによってたとえば、作品の製作に時間を忘れたり、退屈そうな人々の時間認識を変えさせるような刺激（契機）を与えたり、遅れても先を取られないような技の返しをおこなったりなど、構造を生成変化する「契機」を行為実践によって生起していくことで、実際に契機相関的な時間構造の生成変化を駆動していく様相を理論的に認識する視点としても、本論は有効に機能するといえよう。つまり、想起や予期なども含めた行為実践によって、時間の生成変化が実際に駆動されていく様相を基礎づけることが可能となる（図Ⅱ-9-1）。

4節
まとめ——構造構成的時間論の意義と限界

1．多様な時間論・時間感覚の理論的調停

さて、本論で定式化された構造構成的−時間論によって、1節で述べてきた時間をめぐる難問を、理論的に調停することができるだろう。

たとえば、マクタガート時間論は出来事の時間の両立不可能性と両立可能性という矛盾によって時間は実在しないとの主張を提起したが、これは本論の観点からすれば、志向相関性と契機相関性の両視点によって矛盾ではなくなる。たとえばA系列、B系列は双方とも志向相関的に構成された時間の相互確信の構造化であると基礎づけられ、その両立不可能性の確信はその相互確信に基づいた諸契機の継起による時間感覚の生成変化という様相として、両立可能性の確信は志向相関的時間論による出来事の時間の構造化の可能性として基礎づけられる。よって、実在／非実在を論ずることなく、時間の流れと時制の生成変化を論証できる。

同様に、ベルクソン・ドゥルーズ時間論においても、過去が現在と〈同時に〉、〈前もって〉〈ともに存在している〉という前提は必要とされず、それは過去・現在というコトバによって構成された時制の相互確信の様相として論証することができ、〈現在の実在化が実在しない過去の反復となる〉というパラドキシカルな様相として論じることなく、相互確信の生成変化として論証できる。ただし純粋持続に関しは、それは本論の立場からすれば「時間なるもの」を「生成＝現象」として前提したことによる、「現象に関する予断によって要請された擬似概念」と言わざるを得ない。純粋想起や純粋過去も同様に、そうした予断によって要請されてしまう擬似概念というほかないだろう。

しかし、だとしても本論はあらゆる時間論・時間了解の存在・意味・価値は、志

向（身体・関心・欲望・目的）と相関的に立ち現れているとするため，これらの時間論が前提している概念を深く洞察した上で，あえて用いることも可能にする。

2．フッサール時間論，デリダ時間論との異同

　本論はあらゆる哲学的時間論（時間のメタ理論）を基礎づける原理として提起されているため，ともすると陥りやすい時間論的な疑似問題群や，哲学的な難問である主客問題（主観と客観は一致できるのか否か）にからめとられない論証プロセスを内蔵しているといえる。そこで本節では，本論で提起した構造構成的時間論の意義と限界を考察するため，主要な哲学的時間論を取り上げてその異同を論じることにする。だが1節で述べたように，哲学史における主要な時間論をすべて取り扱うことは紙面上不可能であるので，本論は構造構成主義の援用元ともなっているフッサール（Husserl, E.）現象学の時間論と，フッサール時間論に対する反論として提起されたデリダ（Derrida, J.）時間論を考察することを試みる。

　まずはフッサール現象学における時間論について論じていく。フッサールが時間について論究したテクストは様々存在しているが，本稿では主に『内的時間意識の現象学』について取り上げる[35]。フッサールはこの著書において，心理学などにおける客観的時間はいかにして構成されるのかを解明することを目的として，主観的時間（内的時間意識）を構成する「意識」の原理を探求している。その時間意識を構成する原理として提起されているのは，非客観的かつ無時間的な絶対的主観性としての「絶対的意識流」である。そして，この絶対的意識流の「根源的自発性」によって生起する「根源的諸契機」――新しい印象を感覚する現在化や過去の記憶を想起する現前化など――によって，さまざまな主観的時間（内的時間意識）――過去把持と未来把持を伴った「経過」，「同時性」，「今」，「継起」等――が構成されるとし，この時間意識（志向性）によって「時間客観」（いわゆる客体や個体といった外部に持続する存在）が直観されていくとした。

　そのほかにも，さまざまな時間意識の在り様について厳密な思索を深めており，そのすべてを本稿で提示することは不可能と言えるが，結論からいえば，フッサール時間論と構造構成的時間論との最大の差異は，その主客問題に絡めとられない論証プロセスと，その用語法にあるといえる。すなわち，構造構成的時間論は「主観的時間」や「時間意識」の存在を前提していないのである。志向相関性も「構成された構造」の一契機であるとしている点で，フッサール的な絶対的・根源的主観性を意味するものではない。さらには，本論において志向は欲望や身体などといった「意識」に限定されない概念として構成されており，また機械や装置など人間主体以外にも適用可能な概念として継承発展されているため，主客問題に巻き込まれえない論証プロセスとなっているといえよう[36]。

また，フッサールにおいては，先に述べた「絶対的意識流」や「根源的自発性」，「根源的諸契機」，「現在化」など，概念が実体化・絶対化する恐れのある用語法が散見される。諸概念の用語法や論証プロセスなどの差異は大した違いではないと思われるかもしれないが，周知の通りフッサール現象学に対する批判は，「根源」や「意識」などの概念を争点として行われているといえる。「開かれた言語ゲーム」である哲学にとって，深い原理性を追究した概念設定・理論構成（ツール）をいかに確立していくかは，非常に重要な方法論なのである[37]。

　しかしそれ以外の点では，「不変と変化の恒続性」を産み出すとされた無時間的な「絶対的意識流」を，「生成変化の同一性」を構成する「志向相関性」として，また過去把持や未来把持などの「内的時間意識」を構成する「根源的諸契機」を，「時制の相互確信」を生成変化させる「諸契機の継起」と読みかえれば，構造構成的時間論とはいわばフッサール時間論を批判的に継承した時間論とさえいえるだろう。こう述べると，フッサールへの逆戻りと揶揄されるかもしれないが，本論は現象学批判の時間論をも基礎づけうる理路を備えているのである。

　このことを論証する一例として，以下ではフッサール現象学を時間論的・書差学的観点から脱構築したデリダ時間論を取り上げる。デリダは『声と現象』[38]において，常に既に失われている「今」という現象の現前化＝現在化は，今という「エクリチュール（書記記号）」が，「今」現象を意味するイマという「声」（シニフィアンとシニフィエを伴うコトバ）の代わりになることで，反復的に「今」の代わりに＝「今」から遅れて＝「今」とは違う今を補充する（その都度今を現前化＝現在化させる）ことで成立しているとした。この《エクリチュールがコトバの代わりとなることで，エクリチュールとコトバの諸差異が新たに補充される》ことを「代補」として，そして代補が《エクリチュールとコトバの諸差異を，諸差異の差異化＝遅延化として生み出していくプロセス》を「差延」として記述した。また『哲学の余白』に所収された論考「ウーシアとグランメー」において，西洋哲学における「時間」とはアリストテレスからハイデッガーにいたるまで，この「現在性＝現前性の支配の名称」であったが，この現在性＝現前性の時間化は，「空間化＝間隔化」として，「線（grammé）」を引くことの類比としてしか理解されていなかったとした。そしてこの現在性＝現前性と線の形而上学を踏み越えるためには，現前性を「痕跡の消去の痕跡」とし，「痕跡の**消去された部分**と**痕跡化された部分を一緒に考える**」ことが条件であるとしている[39]。

　概略してみよう。「現在」概念は事実上「エクリチュール（書かれたもの）」であり，現在の現前は一度も実在したことのない「痕跡」である。しかし私たちは「現在」というエクリチュールを意味のあるコトバとすることで（痕跡の消去），過去からずっと持続していた実体的な時間として現在を実在化させる（痕跡の痕跡化）。

つまりその都度の現在の実在化（痕跡の消去の痕跡化）は，エクリチュールによって反復的に代理され補充された「見せかけ」である。だが「見せかけ」だからこそ，エクリチュールの「現在」と実在化された現在との差異＝遅延（間隔）を保持した反復を可能にし，その都度異質な現在を構成できる（差延）。

デリダはこの差延概念によって，絶対的主観の根源的時間意識や根源的諸契機——新たな印象の現在化や想起の現前化——が既に「エクリチュール」によって構成されていることを示しフッサール現象学を脱構築したとされている。しかし近年この脱構築の不備が検証されており，確かに知覚による現在化と想起による現前化の混同，直観と知覚作用と時間意識との混同，絶対的意識流と過去把持などを伴う顕在的今との混同などが散見される[40]。結論から言えば，デリダ時間論はフッサール時間論の誤解に基づいているといわざるを得ない。その意味でも本論との異同は差延による〈現在の構成〉を，あらゆる時間の構成原理とはしない点にある。本論は現象のうちであらゆる時間は構成されるとするため，現在という特定の時制の特権性をそもそも認めておらず，現在の時間化も「現在」というコトバによってコードされる，相互確信の生成変化における一様相でしかないと考える。

その意味ではたとえば，エクリチュールによる「見せかけ」の差延作用を，生成変化の同一性による「現象の構造化」として，またエクリチュールとコトバの差異（痕跡）を追跡する脱構築を，コトバの実体化・絶対化，蔽盲性や物神化の存在 - 言語 - 構造論的還元として基礎づけるならば[41]，構造構成的時間論は，デリダ時間論の批判的継承をも可能にするのである。

まとめると，構造構成的時間論はフッサール的な絶対的意識流を前提とせず，デリダ的なエクリチュールとコトバの差異による時間化を前提としない。あらゆる時間は志向相関的に構成され，かつ契機相関的に生成変化する時間構造であると，それぞれの時間論をもメタ的に言い当てることが可能な原理性の深度に，その差異があるといえよう。

3．本論の限界

しかし，時間の超メタ理論としての本論の企図はまだ端緒に着いたばかりであり，時間性や時間感覚をめぐる思想・文化・哲学理論の対立を具体的にどのようにして解明していくかという実践については，紙面の限られた本稿によってそのすべてを論じきることはできない。また，リクール（Ricoer, P.）によって提起されている時間性と物語性の関係性や[42]，本論で述べてきた哲学者の異なる時間論，本論で論じることのできなかった哲学者による時間論の検討などの課題が残されている。

さらには，本論3節で可能性として提起された科学的構造構成への接続や，行為実践の時間論的基礎づけなどは，いまだ詳細な論証になっているとはいえず，その

ためには科学哲学の精査と言語行為論などの行為論も含めた実践諸哲学との比較が必要となるだろう。本論の精緻な検討を期待する。

【註および文献】

［1］ Russell, B. 1921 *The Analysis of mind* (1 st ed.). London : George Allen and Unwin. / Reprinted in 1978 10th Impression. London : Allen and Unwin, New York : Humanities Press. pp.159-160.
［2］ 中山康雄 2003 時間論の構築 勁草書房
中島義道 2002 時間論 筑摩書房
〈時間論〉の現在〈特集〉 1993 現代思想, 21, 3, 53-314.
［3］ Anderson, B. 1991, 2006 *Imagined communities : Reflection on the origin and spread of nationalism* (revised and expanded ed.). Verso, UK : London, USA : New York. 白石 隆・白石さや（訳） 2007 社会科学の冒険Ⅱ 4 定本 想像の共同体―ナショナリズムの起源と流行 書籍工房早山 pp.47-63.
［4］ ホーキング（Hawking, S.）や池田はビッグバン仮説が素朴な近代・現代的時間了解とは不整合であることを述べている。
Hawking, S. 2001 *The universe in a nutshell*. New York : Bantam Books. 佐藤勝彦（訳） 2001 ホーキング，未来を語る アーティストハウス pp.42-79.
池田清彦 2008 細胞の分化，ヒトの社会 構造主義科学論で読み解く 北大路書房 pp.46-52.
メシア的時間了解については，［3］以外に以下を参照した。
Augustine, A. 397-400頃. *Confessiones*. 服部英次郎（訳） 告白（下） 岩波書店 pp.108-113.
Agamben, G. 2000 *Il tempo che resta. Un comment alla Lettera ai Romani*. Bollati Boringhieri,Torino. 上村忠男（訳） 2005 残りの時 パウロ講義 岩波書店 pp.97-235.
Johnson, D. E. 2007 As if the time were now : Deconstructing Agamben. *South Atrantic Quarterly*, 106, 2, 265-295.
［5］ 入不二基義 2002 時間は実在するか 講談社 pp.56-57.
アリストテレス，アウグスティヌスの時間論については以下の文献を参考にした。
Ross, W. D. 1955 *Aristotle's physics*. Oxford : Clarendon Press. 出 隆・岩崎允胤（訳） 1968 アリストテレス全集 3 自然学 岩波書店 p.170.
Augustine, A. 397-400頃. *Confessiones*. 服部英次郎（訳） 告白（下） 岩波書店 pp.108-142.
［6］ McTaggart, J. E. 1908 The unreality of time. *Mind*, 68, 457-474.
［7］ 佐金 武 2006 マクタガートの遺産―現代時間論のバトルライン 哲学論叢, 33, 126-137.
佐金 武 2007 マクタガートにいかに応答するべきか―ダイナミックな時間論を擁護して 哲学論叢, 34, 25-36.
入不二基義 2007 時間と絶対と総体と 運命論から何を読み取るべきか 勁草書房 pp.87-140.
佐金や入不二も述べているように，このマクタガートの議論は分析哲学における時間論争の着火剤の役目を果たしたといえる。
［8］ 本論における分析哲学の時間論の分類において，［7］以外では，以下の書籍・論文を参照した。
Jokic, A., & Smith, Q.(Eds.) 2003 *Time, tense, and reference*. Cambridge, Mass : MIT Press.
Hestevold, H. S. 2008 Presentism : Through thick and thin. *Pacific Philosophical Quarterly*, 89, 325-347.
Sider, T. 2001 *Four-dimensionalism : An ontology of persistence and time*. New York : Oxford University Press. 中山康雄（監訳） 小山 虎・斎藤暢人・鈴木生郎（訳） 2007 四次元主義の哲学―持続と時間の存在論 春秋社

小山　虎　2003　時間的内在的性質と四次元主義　科学哲学, 36（2）, 165-177.
小山　虎　2007　現在主義・時制・Truthmaker　科学基礎論研究, 34（2）, 49-59.
[9] Bergson, H.　1889　*Essai sur les données immédiates de la conscience. quid aristoteles de loco sensrit*. Paris : Presses Universitaires de France. 平井啓之・村治能就・広川洋一（訳）　ベルグソン全集 1　1992　時間と自由　アリストテレスの場所論　白水社　pp.75-130.
Bergson, H. 1900, 1922 *Le rire : Durée et simultanéité*. Paris : Presses Universitaires de France. 鈴木力衛・仲沢紀雄・花田圭介・加藤精司（訳）　1992　ベルグソン全集 3　笑い―持続と同時性　pp.200-286, pp.304-343.
[10] Bergson, H.　1896　*Matière et mémoire essai sur la relation du corps à l'esprit*. Paris : Presses Universitaires de France. 合田正人・松本　力（訳）　2007　物質と記憶　筑摩書房　pp.80-97, pp.100-177, pp.190-253, pp.268-317, pp.331-354.
[11] Deleuze, G.　1968　*Différence et repetition*. Paris : Presses Universitaires de France. 財津　理（訳）　2007　差異と反復（上・下）pp.197-263（上）. pp.325-351（下）.
ドゥルーズは著書ごとに新たな時間論を提起しているが、本論ではベルグソンのパラドックスを明らかにし、まさしくパラドキシカルな時間論を構築していた『差異と反復』の時間論を引用した。また、参考した文献は以下の通り。
小泉義之・鈴木　泉・檜垣立哉（編）　2008　ドゥルーズ／ガタリの現在　平凡社
檜垣立哉　2009　ドゥルーズ入門　筑摩書房
檜垣立哉　2008　見者（ヴォワイヤン）の時間―ドゥルーズの時間論（3）　思想, 1009, 149-165.
檜垣立哉　2007　永遠の現在―ドゥルーズの時間論（2）　思想, 998, 92-105.
檜垣立哉　2007　第三の時間―ドゥルーズの時間論（1）　思想, 994, 4-20.
[12] 西條剛央　2005　構造構成主義とは何か―次世代人間科学の原理　北大路書房
[13] 西條剛央　2009 JNN スペシャル　研究以前のモンダイ　看護研究で迷わないための超入門講座　医学書院
本論で引用した志向相関性の定義は、[13] の p.14「存在や意味や価値といったものは身体や欲望, 関心, 目的といったことに応じて（相関的に）立ち現れる」という定義と、[12] の pp.51-81 での定義を考慮して記述している。
[14] 桐田敬介　契機相関性の定式化へ向けて―構造構成主義におけるその都度性の基礎づけ　構造構成主義研究, 3, 159-182.
[15] [12] の p.184
[16] [12] の pp.15-21, pp.191-195
[17] 山口裕也　2010　自己効力理論をめぐる信念対立の克服―存在‐言語‐構造的還元の提起を通して　構造構成主義研究, 4, 71-103.
[18] [14] を参照。
[19] 西條剛央　2007　メタ理論を継承するとはどういうことか？―メタ理論の作り方　構造構成主義研究, 1, 11-23.
[12] の p.13, p.131, p.144
[20] [13] の pp.120-129
[21] Augustine, A.　397-400頃　*Confessiones*. 服部英次郎（訳）　告白（下）　岩波書店　pp.108-142.
[22] ポーキングホーン（Polkinghorne, J.）や渡辺なども述べているように、西洋近代科学はキリスト者によって構築されたものであり、神学的信仰と科学的関心はそもそも必然的に対立するものではなく、現代においてもキリスト者であり科学者である人物は多くいる。しかし、グールド（Gould, S. J.）が述べているように、アメリカという一地域ではあれ、宗教と科学の間で不毛な対立が生じていることもまた事実であると言わざるを得ないだろう。
Polkinghorne, J.　1986　*One world : The interaction of science and theology*. London : SPCK. 本多峰子（訳）　2000　科学と宗教―一つの世界　玉川大学出版部
Polkinghorne, J. 1994 *Quarks, chaos, and christianity questions to science and religion*. London :

SPCK. 小野寺一清（訳）2001 科学者は神を信じられるか―クォーク，カオスとキリスト教のはざまで 講談社
　　Polkinghorne, J. 1998 *Science and theology an introduction*. London: SPCK. 本多峰子（訳）2003 自然科学とキリスト教 教文館
　　渡辺正雄 1987 科学者とキリスト教―ガリレイから現代まで 講談社
　　Gould, S. J. 1999 *Rocks of ages: Science and religion in the fullness of life*. New York: Ballantine Pub Group. 狩野秀之・古谷圭一・新妻昭夫（訳）2007 神と科学は共存できるか？ 日経BP社
[23] この時間の存在－言語－構造論的還元は，池田の以下の書籍から着想を得た。
　　池田清彦 2008 細胞の分化，ヒトの社会 構造主義科学論で読み解く 北大路書房 pp.46-52.
[24] 「時間」をいわば「不変の同一性」と見るこの議論はとても記号論的に見えるだろうが，この洞察は哲学史上における「永遠」概念に基づく時間論を，構造構成的に継承発展したものともいえる。たとえばプラトン（Plato）は「永遠の似像」は時間であると論じ，アウグスティヌスは時間を創造する神は被造物の時間とは異なる「永遠性」として存在しているとし，ロムバッハ（Rombach, H.）は永遠こそ「時間性の次元」，「時間創造」そのものだとしている。永遠というと形而上学的な概念設定に考えられるかもしれないが，それらはこの「普遍かつ不変で均一な流れ」としての時間の本質をある側面から洞察しているのだとも考えられる。
　　Burnet, J. 1900-1907 *Platonis Opera*（vol. 5）. New York: Oxford University Press. 種山恭子・田之頭安彦（訳）1975 プラトン全集12 岩波書店 p.47.
　　［21］を参照．
　　［26］の pp.276-277
[25] Husserl, E. 1928 *Vorlesungen zur Phänomenologie des inneren Zeitbewuβtseins*. Hall: Max Niemeyer. 立松弘隆（訳）1967 内的時間意識の現象学 みすず書房 pp.52-55.
[26] 池田清彦 2002 生命の形式―同一性と時間 哲学書房
　　池田清彦 1992 分類という思想 新潮社
　　池田清彦 1990 構造主義科学論の冒険 講談社
[27] さらにいえば，現象＝構造化不可能な生成とすると，「物自体」のような意味合いを「現象」概念に与える恐れもある。現象は「不可能性」に限定される概念でなく，不可能性という構造（コトバ）の「立ち現われ」をも言い当てる方法論的底板である。
[28] この時間と現象との関係性への洞察は，ロムバッハ時間論を参考にした。
　　Rombach, H. 1971 *Strukturontologie: Eine Phanomenologie der Freiheit*. Freiburg/München, Germany: Verlag Karl Alber Gmbh. 中岡成文（訳）1983 存在論の根本問題―構造存在論 晃洋書房 pp.261-262, p.276.
[29] 桐田敬介 2010 契機相関的－構造重複という視点―構造構成主義における自己－他者関係の基礎づけ 構造構成主義研究, 4, 131-161.
[30] ここではフッサール時間論に対するデリダ時間論の「今」と「非－今」に関する批判への応答を想定している。詳細は［40］を参照。
[31] ここでは，ベルグソン・ドゥルーズ時間論におけるパラドックスと，フッサール・デリダ時間論における「時間化」の争点に対する応答を想定している。
[32] 契機相関性に関する詳細は［14］［29］を参照のこと。
[33] ここでは，デリダの亡霊論＝郵便論における時間論への応答を想定している。〈いま〉というエクリチュールの多値性による散種とその回帰による多義化は，本論においては同一性による構造化と諸契機の継起によって構成される。
[34] ここでは，ベルグソン・ドゥルーズ時間論の純粋持続による過去の蓄積に対する応答を想定している。純粋持続（生成＝現象）を構成された構造とすることで，純粋想起や純粋過去の蓄積（生成変化）も実体的ではなくなる。さらには，後に述べているフッサール時間論の恒続性と過程の差異，デリダ時間論の差延としての時間化の事後性に対する応答を想定している。諸契機の継起はフッ

サール時間論でいう過程の構成といえ，デリダ時間論における時間化の「事後性」をも――事後という時間間隔を前提せずに――相互確信における時間構造を生成変化させる「一契機」として含意可能である．

[35] [25] の pp.29-95, pp.96-128, pp.131-191
   そのほかにフッサールの時間論として参考にした書籍をあげておく．
   Husserl, E. 1964 *Erfahrung und Urteil : Untersuchungen zur Genealogie der Logik*, Redigiert und Herausgegeben von Ludwig Landgrebe, Dritte unveränderte Auflage, Claasen Verlag, Hamburg. 長谷川 宏（訳） 1975 経験と判断 河出書房新社
   Fleisher, M.（Herausgegeben.） 1966 *Edmund Husserl. Analysen zur passive synthesis*, Husserliana Bd.ⅩⅠ Martinus Nijhoff. 山口一郎・田村京子（訳） 1997 受動的綜合の分析 国文社
[36] [12] の pp.51-81
[37] 竹田青嗣 2004 現象学は〈思考の原理〉である 筑摩書房
   西 研 2005 哲学的思考――フッサール現象学の核心 筑摩書房
[38] Derrida, J. 1967, 1998, 2003 *La voix et le phénomène-Introduction au problème du signe dans la phénoménology de Husserl*. Paris : Press Universitaires de France. 1 re édition, 2 e édition, 3 e édition. 林 好雄（訳） 2005 声と現象 筑摩書房 pp.137-150, pp.182-196, pp.199-234.
[39] Derrida, J. 1972 *Marges de la philosophie*. Paris : Édition de Minuit. 高橋允昭・藤本一勇（訳） 2007 哲学の余白（上・下） 法政大学出版局（上） pp.33-136.
   デリダ時間論に関しては上記のほか以下の書籍を参考にした．
   中 敬夫 2004 自然の現象学――時間・空間の論理 世界思想社
   Rapaport, H. 1989 *Heidegger and Derrida : Reflections on Time and Language*. Lincoln : University of Nebraska Press. 港道 隆・檜垣立哉・後藤博和・加藤恵介（訳） 2003 ハイデッガーとデリダ――時間と脱構築についての考察 pp.15-86, pp.172-343.
   関根小織 2007 レヴィナスと現れないものの現象学――フッサール・ハイデガー・デリダと共に反して 晃洋書房
   東 浩紀 1998 存在論的, 郵便的――ジャック・デリダについて 新潮社
[40] 中 敬夫 2004 自然の現象学――時間・空間の論理 世界思想社 pp.117-121.
   以下は筆者の考察である．たとえば，デリダは現在化作用の知覚と現前化作用の過去把持を「知覚作用」として一括したフッサールの論述を批判しているが（[38] の p.154），フッサールはその論述の前で，過去把持を伴う知覚作用を「別種の知覚作用」として断ったうえで，それらを「現在化作用」とし，第二次記憶である想起や想像を「現前化作用」として分けて用いている（[25] の pp.116-148）．またデリダは，同じ今が持続するためには「今と非－今」がすでにその持続のなかに混在している必要があるため，フッサールが言うような「同じ今」の根源的能与による現前化＝現在化を時間の源-点と見なすことは不可能と批判したが（[38] の pp.135-155），フッサール自身「今」の幅が粗大にも微細にも成りうる「過去把持と未来把持を伴う経過様態」と洞察しており，顕在的今とその過去把持の過去把持とを貫き，絶えず自己との合致を行う「瞬間的共在」を構成する縦の志向作用と，それら過去把持的変遷と根元的諸感覚との統一性を構成し自己を拡大していく横の志向作用とを洞察していた（[25] の pp.30-95, pp.107-110, pp.148-150）．また「源－点」としての顕在的今とは，根源的印象の新しさや，客観的時間にとって構成されている「始点」を意味するものであり，現前＝現在を生み出す根源点として扱われているものではなかった（[25] の pp.39, pp.157-159）．デリダはフッサールが提起した根源的能与性への意味の現在あるいは現前という諸原理の原理が「形而上学的企て」であると批判したが（[38] の pp. 9 -11），フッサールは根源的能与を現前性と対立する概念として用いている（[25] の p.61）．
[41] 蔽盲性と物神化については [12] を参照．
[42] Ricoer, P. 1983 *Temps et recit, tome* Ⅰ. Editions du Paris : Seuil. 久米 博（訳） 1987 時間と物語Ⅰ 物語と時間性の循環／歴史と物語 新曜社

第Ⅲ部
参加体験記・書籍紹介

参加体験記

III-1 構造構成主義を活用したチーム医療実践
——現場でいかせる「チーム医療特論」に参加して

大浦 まり子

はじめに

　去る2009年11月28日，2010年１月23日の２回にわたり，香川県立保健医療大学大学院修士課程１年次生を対象に，西條剛央氏による「チーム医療特論」集中講義が行われた。筆者はこれまで西條氏による質的研究をテーマとしたワークショップ[1][2]に参加したことはあったが，「チーム医療実践において構造構成主義をどのように活用するか」について学びたいと考え，アシスタントとして特別参加する機会を得た[3]。ここではその集中講義についてレポートしつつ，チーム医療について考察を深めてみたいと思う。

グループワークからスタート

　初日講義冒頭，まず講師である西條氏が，構造構成主義について簡単に解説された。学問の世界では，高い専門性を持った研究者同士が１つの目的に向かって協働していくときに，様々な問題が生じる。構造構成主義はそうした諸問題を解決すべく体系化されたものだが，実はこうした諸問題は，医療専門職が協働して患者の健康回復を目指すときに生じる諸問題と共通するものであり，それゆえ構造構成主義をチーム医療で導入・活用する動きが出てきたとのことだった[4]。
　しかし講師は，こうした理論枠組の解説に多くの時間は割かず，早速グループワークに入ることになった。筆者にとって理論枠組が最初に示されないままグルー

プワークに入ることに多少の違和感はあったが，この講義に参加する看護学専攻と臨床検査学専攻の大学院生の自己紹介の後，各専攻でバランスよく構成されるよう2つの班に分かれ，演習開始となった。

「チーム医療の難しさ」を構造化する

　グループワークの最初に講師より，「チーム医療特有の難しさの構造がわかれば，これからチーム医療を続ける中でどのような困難にぶつかるかということについて，予測と対策が可能となる」という話があり，「チーム医療を行う上で悩んだことや困ったことについて話し合い，その種類やパターンをまとめる」という課題が出された。

　またグループワークを進めていく上での留意点として，立場の差や意見の正しさに囚われず参加者が平等に発言できるよう配慮し合うこと，誰かが話した時は必ずそれを受けて他の人が話すこと，やりとりの中でアイディアが生まれてくるから意味ある発言かどうか心配しなくていいし，脱線もあっていいこと，などがあげられた。これらはあたりまえのようだが，グループワーク中は，その重要性を実感することとなった。

　筆者が参加した班では，ファシリテーターの丁寧な導入でお互いの意見に耳を傾け合う雰囲気が作られ，他部門との電話連絡におけるこじれや，異職種間だけでなく看護師同士など同職種間でもお互いの言葉や考えがわかりあえない現実があること，医師の強い主導に引きずられたチーム医療の実際などが語られた。また他の班でも活発なディスカッションが展開され，異職種間の上下関係や軋轢，臨床検査技師のチーム医療における立場の不安定感，行き詰り感などが挙げられた。どちらの班も院生が自分たちの言葉で表現豊かに発言していたことが印象的であった。

　各意見を集約して何か1つの結論を見出すことを目指す話し合いではなく，チーム医療上困難を感じた様々な状況から，さらに「なぜそんなことが起こるのか？」「その出来事はどんな問題の存在を示しているのか？」という観点で，できるだけ広く意見を出し合い深めながら共有することを目指し，話題豊富に脱線しては戻り，進んでいった。

　講師はゆっくり2つの班を行き来しながら展開を見守り，時に，やりとりに参加して質問や見解を述べ，それにより話し合いが活性化・深化したり，方向性が回復したりが，あくまで院生主体の展開が保たれるような，ごく自然なサポートであった。

　午後に入り，話し合いの内容を構造化・可視化する作業が始まった。チーム医療における問題状況や，その要因として出てきた意見を短い言葉で要約し，小さな付箋に書き，意味内容の類似性に沿って集合させ，模造紙に貼っていく。さらに類似性を的確に示す言葉を概念名とし，概念名同士の関係性をディスカッションの経緯

や推論に基づいて矢印で示し、構造図とした。厳密さより自分たちの経験や問題を整理することが目的であったが、語られた内容や概念の適切な言語化と関連づけには、より柔軟な思考が必要で、行き詰まっては講師に助言を受けることも多くなった。しかし、この段階での多角的な検討が問題意識の精錬につながったと思う。概念名を考える中では〈名ばかりチーム医療〉といった、現場の問題を的確に表すものも挙がるようになった。

構造のバリエーションを共有する

夕方頃になり、できあがった大きな構造図がホワイトボードに貼られ、【医療者はチーム医療の問題をどのように認識しているか？】というリサーチクエスチョンのもとで、各班ごとに院生1名が発表者となり、プレゼンテーションが行われた。

各班の発表に共通して見られた概念名は、職種間の「相互理解不足」「コミュニケーション不足」であった。また共通してあげられた内容には、〈職種や部門のパワー格差〉や〈セクショナリズムの存在〉、〈直接患者に関わらない職種のチーム医療に対する認識不足や、存在感の希薄さ意識〉などがあった。さらに〈チーム医療実践のための教育プログラムの不備〉、〈患者の本心が見えない患者不在のチーム医療〉といった内容があげられた。どちらの発表にも院生は大いに共感していたことから、双方の分析結果は、院生が認識しているチーム医療の問題をかなり的確に言い当てていると感じた。

講師は、分析結果の妥当性や有効性へのコメントと共に、セクショナリズムや存在感の希薄さ、連携不足の問題といった2つの班に共通の課題に対して、「"ありがとう"の一言で相手の存在意義を保証・尊重する」「"どこまでをチーム医療の構成員とみなすか"という認識を変えるだけでも状況が変わる」など、考えうる改善案を具体的に示していった。

休憩を挟んでいよいよまとめの講義に入り、講師より、グループワークの共通結果にあった「相互理解不足」「コミュニケーション不足」の解消のため、「たとえばチームカンファレンスの時間を確保し相互理解を深めることを試みたとしても、結果的にうまくいかない場合はどうしたらよいか」という根本的な問題が提起された。

確かに筆者の経験でも、医療者や患者・家族の思いが交錯し価値判断が難しく、カンファレンスが有効に機能しない状況に少なからず遭遇してきた。そのような状況を打開し、チーム医療を十全に機能させるには、良質なコミュニケーションのための方法論が必要なのである[5]。

ここで講師は、専門職が協働するときに問題となる信念対立が起こるしくみと、それを解消し、議論の空転を解消するための「関心相関性」という、構造構成主義の中核原理[6][7]について解説した。さらに、構造構成的研究法（SCQRM）におけ

る，方法とは何か，科学とは何か，認識論とは何かという問い[8]についての説明があり，「認識論に対する構え」「正しさから，（目的に相関した）有効性へのシフトチェンジ」[9]など，チーム医療にも応用できる実践上の態度へと話が進んだ。すでに日も暮れていたが，参加者はますます興味深い表情で講義に集中し，筆者も引き込まれていった。

「理論の必要性」を実感する授業構成

　講義のまとめが終わる頃には，チーム医療特有の難しさについて，ディスカッション・構造化という過程を経て分析的に捉え直すことで改善案が見出され，それでも解決できない場合に構造構成主義の考え方が有効になるということが，腑に落ちてくるようになった。そして，ここに至って，講師が講義の冒頭で理論枠組を示さず，参加者それぞれの体験について話し合い，構造化するよう促した意図が理解できた。

　おそらく，最初に理論枠組を示されても，その必要性は理解できず，したがって構造構成主義の有効性についてもなかなか実感できなかっただろう。予め自らの体験を分析・整理していくことによって問題意識が明瞭化され，リアルな関心が育ったからこそ，理論の必要性を実感することができたのだと思う。こうした授業展開は講師の意図するところ[10]であり，その効果は，講義に引き込まれる参加者の様子が物語っているように思われた。

リアリティあふれる発表

　1回目の講義終了後まもなく，2回目の講義に向けた課題が院生へ提示された。それは，"1回目の講義内容を復習し学んだことや考え方を視点として各自の実践活動を行った結果，どのように実践が変わったか，どのような難しさを感じたかをまとめ，2回目の講義で報告を行う"というものであった。この内容を知った時は，たった1度の講義で，また次の講義まで年末年始を挟んで約1か月半という短い期間で，そんな変化が起こせるのだろうかと，正直，ハードルの高すぎる課題のように思えた。

　しかし，その心配は杞憂であった。2回目の講義は，各テーマにおける発表者の関心を理解し親身なアドバイスを行うなど，建設的な発表会にするための約束事[11]の確認からはじまった。院生は各自工夫したパワーポイントや配布資料を用い，15分程度の持ち時間で実践活動の報告を行った。

　発表内容は，グループワークの分析結果を元に実践を行った「他職種と意識的にコミュニケーションを図り連携の深まりを得たプロセス」「勉強会開催による他職種間コミュニケーション活性化への試み」「忘年会を意識的に活用することによる

部署連携促進」といった身近でユニークなもの,「チーム医療実践の具体的スローガン実現への組織活動の改善」といった組織的アプローチ,さらに構造構成主義の理論を直接活用した「関心相関的観点による職場の人間関係改善への取り組み」「チーム医療下で発生した患者トラブルの事例分析」,また国内外の情報を集めた「チーム医療活動の実際や考え方の紹介」など,多岐に渡っていた。院生が取り組んだ実践テーマは,各自のポジションで行える現実的なものであり,等身大ながらも独自性豊かな内容であった。

　実践の結果,他職種間の情報共有の向上,他職種が自分たちの意見に耳を傾けてくれるようになった,疑問の表出による問題の解消,患者トラブルの解決,職員相互の苦手意識の低減,チーム医療の教育の機会の獲得といった様々な成果が上がっていた。そして,わかり合えないという思い込みからの脱却,チーム医療における役割の再認識,さらなる専門的知識や説明力向上への意欲,仲間意識の出現などが報告され,今後の具体的な抱負へつながっていた。また,課題の実践を通して相手を理解したことにより,相手を尊重したい,もっとコミュニケーションをとりたいと思った,という報告がいくつも見られ,そこを基本とした小さな積み重ねが,ゆくゆくは大きな変革につながるのではないかと感じた。

　各発表後の質疑応答では,率直で建設的な意見交換が行われ,発表者の取り組みをより深く理解する助けとなった。さらに終盤の全体討議において,話題は臨床検査技師の将来性に移り,院生からは医師・看護職・臨床検査技師の連携における日頃の疑問が次々に発せられた。講師は,臨床検査技師の職務について質問しながら,技術的強みを生かした将来性や存在意義の明確化に向けた意見を述べられていた。また特論担当教授は,看護職の学問基盤や組織的性質を説明され,看護職と臨床検査技師の相互理解を支えていた。垣根のない対等なディスカッションが展開される中,院生からは現状打開への意欲的な発言が見られるようになった。

学びの場の活性化へのサポート

　実践課題の発表を聞き,院生の実践者としての経験に裏付けられた力量とともに,構造構成主義の持つ幅広い活用可能性や,現場に確実に変化をもたらしうる力強さを実感した。

　研究発表や報告会は,ややもすると発表者を批判するばかりの場になりがちであるが,そこでは院生が生き生きと明るく発展的に意見交換できていた。そして,その雰囲気が充実した学びを支えていたように思う。だからこそ講師は,建設的なやりとりになるための留意点などを最初に話すことによって,そうした場を意識的に作られていたのだと思う。

　また各発表から全体討議に渡り,講師が次々と質問や関連エピソードを繰り出し

てディスカッションを促し，それぞれの発表がどういう意義や強みを持つのか，またどういう応用発展の可能性があるのか，具体的で建設的なアイディアを提示されていたのも印象的であった．特論担当教授も，温かく鋭い視点から院生の画期的取り組みを称賛し，今後の発展への期待を述べられていた．

　最後に講師より，「現場で実践に追われていると，こうしたことを考える余裕そのものがないかもしれない．大学院でこうした内容を学べる皆さんは恵まれているので，ここで得たものはぜひ自施設に戻った際に現場に還元してほしい」という話があり，集中講義は幕を閉じた．

ライブ感満載のチーム医療特論から得たもの

　2回の講義はライブ感覚に溢れており，参加者それぞれの考えがフレキシブルに創発していくさまに引き込まれた．それぞれ丸1日の講義であったにもかかわらず，時間の長さを全く感じず，むしろ視野の広がりや今後の活動への意欲が呼び起こされ，満たされていく感覚であった．

　職種は違っても同じ目的と向上心を持った者同士，自由にさまざまな思いを語り合える場は，自分本来の思いや，それを言葉にして伝える必要性を確認できるようである．話せる場をつくるという意味では，患者について話すカンファレンスとは別に，チーム医療について日頃自分たちが困っていることや悩んでいることを，もっとざっくばらんに語り合える場が必要なのだろう．〈チーム医療実践のための教育プログラムの不備〉の現時点では，"他職種に関する基礎知識はあっても実践レベルではわかっていない"という自覚をもてないまま，チーム医療活動の中で右往左往しているのかもしれない．語り合うことによって，それぞれの思いや抱えている問題がはっきり見えてきたり，解決への糸口が見つかることもある．各職種の実践レベルにおける強みや補完しあえる点が理解しあえれば，上手く知恵を借りたり，強みをバックアップしたり，もちつもたれつで実践の質を高めることも可能となるのではないだろうか．そこには，相手の専門性や職務への熱意に対する尊敬の念，責任の遂行に付随する苦労への労いや，思いやりの声かけという気遣いが不可欠である．そのことを今回の授業で実感できたのは，私にとっても大きな収穫だった．そうして顔の見える関係から心の見える関係に進むことが，連携・協働を支える信頼関係づくりにつながると考えられる．

構造構成主義のチーム医療活性化効果について

　今回の講義を受講し改めて，構造構成主義をまさしく関心相関的に身近に引き寄せ，まず使ってみることの大切さを実感できた．院生は自己紹介で，この講義への高いモチベーションを述べており，日頃からチーム医療活動を何とかしたいと思い

つつ，その方法がわからなかったところに，この講義がきっかけとなって確実な1歩を踏み出したことがわかった。

　質的研究ワークショップや今回の講義の参加者の様子からも，構造構成主義には人を生き生きとさせる力があると感じ不思議に思っていた。自由闊達に話し合える「場」の効果に加え，構造構成主義のエッセンスを理解できると，正しさの呪縛から解かれることで自己否定の不安から解放され，人の意見に素直に耳を傾けられるようになる。そして自分を含めた多様性を認め合う中で，殻を破るように自己了解が促され，持てる力を発揮し出すからではないかと思う。

　そもそも構造構成主義は，既存の研究法をより十全に機能させる理路を備えた理論であり[12]，それを体得することで背反する構造を並列的に扱うことも受け入れることが可能となり，研究者としての主体性を取り戻せるとある[13]。従って，チーム医療の実践において，「研究者」を「チーム医療実践者」，「研究法」を「実践者それぞれが持つ専門知識や経験」に置き換えると，構造構成主義は実践者1人1人が持てる力を十二分に活用することを可能にする認識論であり，方法論ということになる。

　チーム医療の実践者がこの方法論を備えられれば，多くの関心や価値観がせめぎ合う臨床現場において，日頃から相手を尊重した良質のコミュニケーションを図り，目的に応じてより有効な方法を選択するという裁量を発揮できるだろう。また，問題解決を目指す対話やカンファレンスにおいて，ただ強い意見や多数の意見に従うのではなく，目的と状況に応じた有効性を吟味しながら各自が解決目標や方法の知恵を出し合い，その都度有意義な判断を導き出し，協働することが可能になる。それは専門職としての自律性・主体性の獲得にあたると思う。このような，目的を共有し相談し協力し合うことを前提とした，実践者としての主体性の発揮，持てる力の発揮，その相乗効果が，チーム医療活性化の源と考える。

　自己を相対化し他者の意見を受け入れることができれば，囚われていた思い込みや負のスパイラルから自由になり，今までの経験の違う意味づけを発見でき，それが専門職としての自分を救うことになるかもしれない。そして"絶対的に正しいものはない"という前提で，常にこれでいいのだろうかという問い続けることは，必然的に，謙虚に貪欲に学ぶ姿勢につながると考える。

　各職種の専門性は，職種の枠内のみの切磋琢磨だけでなく，異なる認識基盤を持つ他職種との直接対話，関係性の中で認識されてこそ磨かれると考える。チーム医療の対象者，他職種との関係性の中で，「関心相関性」と，判断停止・現象学的還元という「現象学的思考」[14]を働かせた内省を通して初めて，個別に多種多様なニーズを持つ1人の対象者の全体像における役割と責任，さらに直接には対象者と関わらない業務1つ1つの意味が，齟齬をきたさず見えてくるのではないだろうか。

「対象者のためのチーム医療」について

あらためて誰のための何のための医療かと考えれば，医療を受ける対象者が望むように生きられるための医療であると思う。従って，チーム医療は，まず医療者と対象者との関係性から問われることになると考える。各対象者へのチーム医療の目的を相互了解するときに，対象者の身体・意思がまず第一に尊重され，希望を叶えられるように目的が検討されることはいうまでもなく，「対象者の意思や希望の共有」がチーム医療の出発点と考える。しかし，グループワークの結果にも見られたように，医療者主導による〈患者不在のチーム医療〉の現実がある。

病による身体的苦痛を抱え，これまでの生活，価値観，自己概念等，多くの転換を迫られ不透明な将来への不安を抱える対象者が，最初から医療者にわかりやすく意思表示できることはごく稀と思われる。医療者は対象者の多くの迷いに寄り添い，あるときは意図的に問い，また折々につぶやかれる言葉を敏感に汲み上げながら，意思決定のプロセスを支えていく必要がある。さらに，対象者の生命の存続がかかっていたり，何らかの身体機能・身体の一部の喪失や，外見の変化をもたらすことになる意思決定の場合は，医療者側に，相当に高度なコミュニケーション能力が必要となる。

「対象者の意思や希望の共有」を実現するためには，対話から始まる，病を持つ本人の意思・希望の確認と受けとめが必要である。しかし，病気や治療に対する医療者と対象者の文脈や認識世界は全く異なるにもかかわらず，"違うのに同じだと思っている"[15]現象が起こる。例えば，医療者それぞれが「患者の立場に立つ」ことを心がけていても，伝える言葉の受けとめ方やタイミングの行き違いで，患者が腹を立てる，不安に沈み込む，安全面が脅かされることが日常的に起こり得る。医療者が，そのようなアクシデントにも適切に対応しつつ対象者との信頼関係を構築し，対象者が主体的に健康回復，生活の再構築，QOL向上へ歩み出せるようになるには，医療者が対象者との有意味な対話を重ね，共通地平を拓きながら少しずつ認識世界を共有し，共通目標を見出す必要がある。このプロセスにおいても，医療者には"相手の立場に立つ方法"[16]として，「関心相関性」の原理と「現象学的思考」を活用し，異なる文脈，認識世界を行き来しながら対象者との対話を続け，相互了解を深めていく必要がある。

この"相手の立場に立つ方法"は，チーム医療に携わるどの職種に関しても必要と考える。なぜなら，対象者の関心は多面的で，話しやすい人に，話したい内容を，話したい時に話すため，いつどこで対象者の重要な本音が表現されるかは，予測が難しいからである。そういう意味でも，対象者とのコミュニケーションにおける，各職種間の日頃の情報共有が肝要である。さらにいえば，どの職種が掛ける一言も，対象者を大いに勇気づける可能性がある。

しかし，そのように対象者の意向を上手く聞き出せたとしても，対象者と医療者の価値判断，あるいは，病を持つ本人と家族の意向が拮抗する場合，本人・家族・医療者それぞれが苦しい立場に置かれる。また，その調整が上手く行われたとしても，時間，経費，人的資源，医療システム，制度や法律などから，対象者の意向に100％応えることは難しい。さらに，意識レベルやコミュニケーション能力において，病を持つ本人が明確な意思表現力を持たない場合や，対象者の生命維持上，医療者に緊急に判断が迫られる場合も多い。そのような多くの現実的制約を，各職種の壁を越えたコミュニケーションを通し，どう乗り越え，チーム医療の目的・目標を見出し実現に向け協働していくかという課題が，常に実践者に突き付けられる。

　京極氏は，構造構成的医療論（SCHC）[17]において，「結論から言えば，現実的制約を考慮しつつ，目的に応じてより妥当と思える意見を，その都度実践に結び付けていくほかありませんし，それでよいのです」とし，「これは一見すると実際の現場で当たり前のように行われている対処法であるが，専門職同士の信念対立を意識化しておくと，自分の殻から抜け出しやすくなり，理想的な対応を目指した発想を広げやすくなる」と述べている。さらに同氏によって開発された，構造構成的QOL理論（SQOLT）[18]は，価値判断が難しく時間的制約の厳しい現場の状況において，職種や個人間で大きく異なるQOL観の調整を図る上で，心強い指針となると考える。

　これらの理論と「目的の相互了解・関心の相互構成機能」[19]を活用すれば，より速やかに，1人1人の対象者におけるチーム医療の目的と達成上の問題を共有でき，現実的制約を踏まえ，目的に相関したより有効な問題解決方法を，現場の「最適解」として共通了解することができると考える。そして，相互交流の場で醸成された信頼関係や協働意識を素地とし，状況にふさわしいチームワークを発揮できれば，〈名ばかりチーム医療〉の名のもとに発生する，セクショナリズムの隙間に対象者が落としこまれたり，軋轢に挟み込まれて苦しむこともなくなると思われる。想定外の偶発的なトラブルの発生にも，その都度，速やかなフォローが行われ，対象者のQOLは維持・回復に向かうであろうし，実践経験はチーム医療の改善に還元されると考える。

多種多様なチームを機能化させるために

　院生が実践課題に取り組んだ対象となったチームや職種が様々であったように，ひとくちにチーム医療といっても，単一職種／部門，多職種／部門，単一機関内，多機関連携など多様な構成・形態のチームが混在し，意思決定機能を備え，1人の対象者に多重・多元的にチームが関わる。また実践者も複数のチームに属しながらチームごとの立場・役割機能で同時並行的に活動している。チームの構成員が固定

されている場合もあれば，生成・流動的であったり，それぞれのチームとしての目的・志向性も，どこまでをチーム構成員とみなすかも様々である。そこには，対象者の医療ニーズや希望，それらを取り巻く状況や社会的背景が変化し続ける中で，多くの現実的制約を調整しながら進められるという，複雑な構造を呈するチーム医療の様相がある[20]。

実践報告会の中で講師は，「組織活動に齟齬をきたした時，システムを何とかしようという発想がすぐ生まれるが，最近はそういう対症療法ではなく，現場のやりとりの中で結果的にうまくいくような意識付けだったりルールだったり，組織能力を，どう高めるかが大事と言われている。それがチーム医療においてもかなり大事ではないかと思う。お互い思ったことを話してコミュニケーションを重ねて，状況が変わっても対応できる柔軟性と適応能力を兼ね備えているシステム，自律的に自然に発展していくような組織能力を高めていかないと，本質的な解決にはならない」と話された。

よりよい医療へのシステム構築を生かすも殺すもコミュニケーション次第，ということは，経験上実感できる。機能不全が直接対象者の生命の安全やQOLを左右するチーム医療においては，システムとコミュニケーション双方を見直し「建設的実践」[21]を通して改善する必要がある。良質のコミュニケーションの方法論である構造構成主義のチーム医療への導入は，このような取り組みや組織のあり方へ踏み出すきっかけとなると考える。また，チーム医療が機能不全を起こす原因に，チーム構成員が持つ異なる認識論における信念対立が潜むことから，チーム医療の本質を「関心相関的本質観取」[22]において問いながら，自律的に学び続ける組織づくりを目指す必要があると考える。複雑な動的構造を持つチーム医療の実践原理というものがあるならば，対象者もチーム医療の構成員に含めた上で，このような組織のあり方を可能にする条件になるのだろうか。

構造構成主義は，現在取り組みが始められている基礎教育機関でのチーム医療教育に取り込まれる[23]ことで未来の患者のQOL向上，自立した医療従事者の育成に貢献できる。また，今回体験したような社会人経験者の多い大学院での講義・実践課題をきっかけに，保健医療施設の新人研修や現任教育における多職種合同研修プログラムとして，あるいは臨床研究を機会に，さらに多くの臨床現場に導入されれば，今，それを必要とする患者，また医療従事者を救うことも可能となる。

筆者自身は幸運にもこうした講義を体験できたことを生かし，これからの医療を担う看護学生を育てる立場から，また教育・研究活動における臨床とのディスカッションを通し，ここでの学びを還元していきたいと思う。

おわりに

　筆者がいつか，自宅でケアカンファレンスが行われた経験のある患者さんに，多職種が関わることについて，どんなふうに思ったか尋ねたところ，「みんながこんなに自分のために考えてくれて嬉しかった」と破顔一笑された。
　また，ある看護師さんからは，患者さんの希望を叶えるために，"一人ではできないことがチームならできる" "チームの力と考えがぶつかり合ったとしても，共に困難を切り抜けたプロセスそのものが，実践者の次への原動力になる" という，チーム力本来の素晴らしさを学んだ。
　この2つにチーム医療の原点があると感じ，それを見失わないために構造構成主義が必要なのだと感じている。

【註および文献】

[1] 西條剛央　2007　ライブ講義　質的研究とはなにか　SCQRMベーシック編　新曜社
[2] 西條剛央　2008　ライブ講義　質的研究とはなにか　SCQRMアドバンス編　新曜社
[3] この体験記は以下に報告させていただいたものに大幅に加筆修正したものである。
　　大浦まり子　2010　構造構成主義を活用したチーム医療実践法　看護学雑誌，74 (9), 63-67.
[4] 京極　真　2008　職種の間の「壁」の越え方—「立場の違いを越えた連携」とはどういうことか　助産雑誌，62 (1), 20-24.
[5] 西條剛央　2010　第2回日本保健医療福祉連携教育学会学術集会教育講演　構造構成主義による異職種間の信念対立克服のための考え方—現場の組織能力を高める機能的なチーム医療とより効果的なIPEに向けて　保健医療福祉連携，2 (1), 26-30.
[6] 西條剛央　2005　構造構成主義とは何か—次世代人間科学の原理　北大路書房　pp.51-81.
[7] 西條剛央　2009　研究以前のモンダイ—看護研究で迷わないための超入門講座　医学書院　p.14.
[8] [7] の pp.10-17, pp.40-45, pp.56-61
[9] [7] の pp.10-17, pp.56-61
[10] [1] の p.10
[11] [7] の pp.108-119
[12] [2] の p.233
[13] [2] の p.152
[14] [6] の pp.32-45, [7] の pp.114-119
[15] チーム医療特論講義資料。議論の空転（信念対立）が起きやすい条件の1つとして挙げられた「違うのに同じだと思っている（違うと認識している場合よりも難しい）」には，①関心がずれているがそれが認識できない，②前提がずれているがそれが認識できない，③コトバがずれているがそれが認識できない，④前提，関心，コトバがずれているが，同じ前提で同じことについて同じ関心から話していると思い込んでいる，という状況が示されている。
[16] [5] に同じ。
[17] 京極　真　2007　構造構成的医療論（SCHC）とその実践—構造構成主義で未来の医療はこう変わる　看護学雑誌，71 (8), 698-704.
[18] 京極　真　2009　Quality of Lifeに対する構造構成主義的見解　看護学雑誌，73 (1), 90-94.
　　京極　真・西條剛央　2006　Quality of Lifeの再構築—構造構成主義的見解　人間総合科学会誌，

2（2），51-58．
[19] [6] の p.57
[20] 花出正美　2010　チーム医療における看護実践―新しいチーム医療の展開　JIM, 20（7），493-495．
　　蒲生智哉　2008　「医療の質」と「チーム医療」の関係性の一考察―クリニカルパス活用による一貫性のある医療の実現　立命館経営学，47（1），163-183．
　　吉池毅志・栄セツコ　2009　保健医療福祉領域における「連携」の基本的概念整理―精神保健福祉実践における「連携」に着目して　桃山学院大学総合研究所紀要，34（3），109-122．
[21] [17] に同じ。
[22] 京極　真　2008　「方法」を整備する―「関心相関的本質観取」の定式化　看護学雑誌，72（6），530-534．
[23] [5] に同じ。

参加体験記

Ⅲ-2 やっぱり役立つ構造構成主義

山森 真理子

はじめに

「信念対立は滅びへの最短コースである」と。岡山県で開催された構造構成的医療（構造構成主義）の合宿会場で講師から聞いたこのフレーズが、私の記憶に深くすりこまれることになった。

合宿の講師は、吉備国際大学大学院准教授の京極真さんであった。私は京極さんの前任校である社会医学技術学院で作業療法士の教育を受けた。京極さんとは久しぶりの再開であり、合宿の参加もはじめてだったため、緊張しながら講義がはじまるのを待っていた。

しかし、京極さんは非常にラフな格好で登場した。よれよれのTシャツに半ズボン、そしてビーチサンダル、なんと寝ぐせもそのままだったのだ。さらには「もっとテキトーな合宿かと思った（笑）」というワケのわからない第一声。

久しぶりの再開をよろこぶ間もなく、この合宿はいままで私が参加してきた勉強会や講習会とは違うぞという予感が到来した。そしてその予感は的中した。

合宿の概要

今回参加した合宿は、岡山県精神科医療センターの作業療法士八杉基史さんが中心となり、地域の横の連携を深めるために毎年行われているそうだ。また、毎回異なるテーマが決められ、それにそった講師が呼ばれているという。

合宿を主催する八杉さんは本誌3号『なぜいま医療でメタ理論なのか』の特集で

登場しているため，すでにご存知の読者も多いと思う[1]。八杉さんは，紙面から受ける印象よりも豪快で，なおかつ懐が深く温かい方であった。

　私はこの合宿に，構造構成主義とその臨床実践について理解を深め，志を共有する作業療法士たちとの交流が目的で参加した。参加者の職種は，作業療法士を中心に，臨床心理士，相談支援委員であった。

　今回の参加者総数は約60名だったが，普段は20～30名ぐらいだという。八杉さんから今回は異例の参加者数であると聞かされた。この合宿は広報らしい広報をしていないことから，改めて構造構成主義とその臨床実践に対する関心の高さを実感した。

　さて，合宿は，八杉さんの挨拶からはじまり，京極さんの紹介がなされた。八杉さんによる京極さんの紹介は，まさに絶賛とでも言うべきものであったが，とてもラフな格好でゆらりと立っている現実の京極さんとはとても大きなギャップがあり，何となく可笑しかった。

　しかし，講義は14時より始まり18時までみっちり4時間あり，なかなかハードなものであった。京極さんの講義は，構造構成主義は学問論，構造構成的医療は実践論という構図のもとで展開し，実践としての構造構成主義の具体的な技法について体験するというものだった。京極さんの講義内容を私なりにまとめると，次のようになる。

　信念対立とは，疑義の余地がなくなった信念間で矛盾が生じたときに発生し，一旦収まっても再燃するおそれのある問題である。構造構成的医療は信念対立の解明を行うことによって，それに苦しむ人びとを少しでも救っていこうとする。京極さんによれば，解明という方法の目的は，言動によって凝りかたまった信念を揺さぶり，ゆるやかにし，矛盾する信念間に新たな回路を構築することである。目的相関的実践原理や関心相関的よい医療判断法などの諸技法は，信念対立の内実に応じて解明を進めるために開発されたものである。

　京極さんは最近になって，実践論としての構造構成的医療を強調するために，これを「信念対立解明アプローチ」と称するようになったが，講義内容を踏まえればそのほうがしっくりくる，と私も思った。この新しい名称の方が，信念対立の解明を目指す構造構成的医療の内実を，的確に反映していると感じたからだ。

　グループワークでは，臨床現場においてそれぞれの人が互いに「納得できるポイント」を言葉で表現していく関心相関的本質観取という方法を体験した。合宿では，ハイデガーが明確な答えを出しているからわかりやすいという理由で，「死とは何か」で話しあった。しかし，私は，これはコミュニケーション技法の一種ではないか，と思った。というのも，合宿では大勢が腑に落ちると推測される言葉を使うよう強調されていたためだ。

京極さん自身はコミュニケーション技能の向上に加えて，関心相関的本質観取はさまざまな治療場面で応用できると考えているようだった。グループワークで紹介されたのは，①クライエントが自分自身で取りくめる目標を明確に設定する，②クライエントのナラティブの意味の中心を取りだす，③クライエントの経験の意義の核を取り出し，フィードバックに役立てる，④クライエントの洞察を促進する，というものだった。

私が普段の臨床で使用している目的相関的実践原理ではフォローしきれない問題を，関心相関的本質観取で補えるので，当院のカンファレンスや治療場面でこのやり方を応用していけば，信念対立はさらに起こりにくくなるのではないか，と思った。なお，講義資料には関心相関的よい医療判断法のグループワークも用意されていたが，こちらは時間の関係で行われることがなかった。関心相関的本質観取と同様に，実際の臨床場面で試してみたいと考えている。

このような流れであっという間の4時間の講義が終わった。講義全体の雰囲気は，関西（岡山）という地域特性だろうか，とても発言しやすいものであり，笑いもたびたびおこるような状態であった。その後，参加者同士が朝方まで語りあう楽しい場もあったが，私は睡魔と酔いでほとんど記憶に残っていないので割愛する。ただ，川モデルという日本独自の作業療法理論を開発した気鋭の作業療法士たちと語り合えたのは，とても刺激的で，愉快であったと今でもはっきりと覚えている。

合宿に参加しての感想

さて，実のところ私は，自身の臨床現場で構造構成的医療を実践しているため，合宿でも話題提供するよう京極さんに突然言われて話すことになった。大変急な依頼ではあったが，幸いにも第44回全国作業療法学会でポスター発表していたので，その内容を中心に話すことにした[2]。私の話題提供のポイントはこうである。

私が担当している病棟は，医師，看護師が主導権を握っており，メディカルソーシャルワーカー，ケアワーカー，作業療法士，理学療法士，言語聴覚士の意見が通りにくい状況があった。それに対して，異職種間でチームが機能していないため，フラストレーションがたまり，それぞれが歯車がかみ合わないという違和感や不満を抱きながら働いていた。つまり，病棟で異職種間の信念対立が勃発していたのである。

私はそんな病棟で働くことに疲れ，どうにか改善したいと思い，京極さんからアドバイスをもらいながら構造構成的医療を活用して信念対立を減少していった。そのとき用いた技法は，京極さんが開発した目的相関的実践原理であった。目的相関的実践原理とは，現実的制約を踏まえながら，実践目的に応じて実践方法を選択し，実行し，有効性を評価するというものである[3]。漢字の羅列から「難しそう」とい

うイメージを抱きがちだが，この技法はとてもシンプルである。あらゆる実践で「目的は何？」と一言問えばいいからだ。そのため，容易に実践に活用でき，はじめての実践にはもってこいであると思う。

　目的相関的実践原理の観点から，病棟で発生した信念対立を評価した結果，現状はチームで患者を理解していくというよりも，それぞれの専門性のもとで患者を別々に理解しており，治療・介入の方向性などについて共通理解ができていなかったことがわかった。つまり，異職種間で治療・介入の方向性がバラバラであり，なぜバラバラなのかも互いに分からずにいるため，相互に不信感が生まれて信念対立が発生していたのである。

　こうした問題を解決するため，私は目的相関的実践原理を活用し，①異職種間でチームが機能していないという問題意識を共有する，②異職種が持つ目的の所在を確認しあう，③異職種の目的を踏まえつつ，チームで共有できる目的の設定を行う，④コミュニケーションは互いの目的を確認しながら行う，⑤設定された目的を達成するための方法を柔軟に取りいれる，などの介入をチームに対して行った。

　実は，京極さんに相談する前に，別の臨床家の方々に相談していたのだが，そのときは「病棟を変えるには10年かかる。この病院に骨をうずめるつもりでやるしかない」とアドバイスされた。私は10年もこんな状態が続いたら，自分がどうかしてしまうと本気で悩んでしまった。ところが，上記のように構造構成的医療で介入したところ，10年どころか10ヶ月で病棟から信念対立が減少し，みんなが活き活き働きだすことになったのである。これにはかなりビックリした。

　私の話題提供に対して，京極さんからは「俺よりもうまく実践していると思うで」などの感想をもらった。京極さんはたまにいい加減なことを言うので「本当に…？」と一瞬思ったけども，そう言われるのはやっぱりうれしいものだった。また，合宿参加者の方々からは，「話を聞いたおかげで京極さんの講義内容の意味が，より深く理解できた」などのコメントをもらえた。急な依頼だったのでドキドキしながら話したが，合宿の効用を深めるのに貢献できてよかったと思った。

　そこでは，構造構成的医療の実践家として私が感じているこの技法の問題点についても述べた。その問題点とは，構造構成的医療の実践は，それをよく知るものに負担がものすごくかかる，というものだ。構造構成的医療者（京極さんは最近になって『解明師』と呼んでいる）は信念対立の解明を目指して実践していくが，それには構造構成主義やその臨床実践にかかわる独特な知識と技術が要求される。特に，信念対立の評価と介入でそれが顕著になると私は感じている。

　評価では，信念対立する人びとの関心の所在や，見出している価値や意味について情報収集する必要がある。それによって信念対立の構造が明確となり，解明に向けて重要な情報となる。しかし，私が勤務する病院は，患者の評価と治療や，もろ

もろの雑務だけでも過重業務になっているため，信念対立の評価にかかる時間がなかなか確保できなかった。こうした現状は他の病院でも起こりうるだろう。信念対立は人びとの感情もからんだ根深い問題であったため，私は病棟で働いているほぼ全員のスタッフと突っこんだ話しをする必要があった。

　また介入では，構造構成的医療者が信念対立する人びとのマネージメント役を担うことになるので，かなりの忍耐と努力が必要であった。これはちょっと考えればわかることだが，もともといがみ合っている人たちが協力しあえるよう働きかけるのだから，簡単なわけがない。「もっと構造構成的医療者がいればよいのに」と，何度思ったかわからない。この方法が有効なのは間違いなさそうだから，誰でも習得できる教材とか教育プログラムを整備する必要性を強く感じる。

　普通，講師に対してこんなこと言ったら，怒られるか殺伐とした雰囲気になるところだが，京極さんは「そらそうやろうなぁ」と言ってけらけら笑った。京極さんは，関心をもつ人たちが技術を習得できるテキストを書きつつあるらしい。それが実現となれば，方法論として多くの方に根付き，構造構成的医療を実践する仲間が増え，ありがたいので本当に実現してもらいたい。そうすれば，間違いなく今よりも良いチーム医療が患者に提供できるようになるだろう。

合宿を通して学んだこと，そして新たな取りくみ

　さて，合宿を通して学んだことが2つある。ひとつは，「信念対立＝悪」ではなく，その解明法を知らないことがマズイということ。もうひとつは，勉強する機会がもっと必要であること。

　まず第1点目であるが，私は合宿終了後に当院の病棟スタッフに「構造構成的医療導入以前の病棟はどうだったか」とあらためて個別に話を聞いてみた。すると，以前は，信念対立に出会ったときの対応法がわからないため，いろいろ努力してもなかなか希望の光を見出すことができず，「どうせやっても無駄でしょう」「変わらないでしょう」などのあきらめと失望に満たされた気分になったという意見が共通して確認された。

　つまり，スタッフの中に何度か病棟を良くしたいと思って行動したが，解決方法を知らないのでどうすればいいのかわからず，なかなか結果につながらない経験を積みかさねることになったのである。そして，そうした失敗体験の集積が，その後の不毛な現場の閉塞感をもたらしているということがつぎつぎに語られたのであった。

　以前なら「信念対立ってやっぱ悪い」と思ったかもしれないが，合宿で学んだ私は「信念対立＝悪」というわけではなく，解明法を知らないことが問題だと考えるようになった。私たちが解明法を知っていれば，信念対立に消耗した現場になって

しまう事態を多少なりとも回避できるだろう。

　第2点目はこの学びから導かれたもので，解明の方法を知りたいと思っても，身近にその機会がなくて困るというものだ。私はたまたま京極さんの教え子であり，学ぶチャンスに恵まれたからよかったものの，それ以外の方は興味があっても習得する機会がないというのが現状であろう。

　合宿で私は，構造構成的医療者の負担が大きいと言ったが，逆に言えばそれは構造構成的医療者の役割が大きいということでもある。役割が小さければ，負担など生じるはずもないからだ。でも，習得のチャンスが限られているため，この役割を担える人材があまりいないのである。

　以上の学びから，私は構造構成的医療者を少しでも増やすために，仲間たちとともに構造構成主義勉強会を立ち上げることにした。具体的には，私の出身校でもある社会医学技術学院の教員，卒業生（本誌『なぜいま医療でメタ理論なのか』で登場した井上恵世留さんもいる）[4]，現役生数名によるセミクローズドの勉強会を定期的に行っている。

　勉強会ではまず，西條さんの『構造構成主義とは何か』の徹底的な読破に挑んでいる。参加者は各章をそれぞれ担当し，要約し，説明し，議論している。構造構成的医療者になるには，この基本文献の理解を避けることはできない。

　また，勉強会の目的は，構造構成主義を臨床実践に活かすことであるため，できる限り実践で起こる問題に引きつけながら検討している。今後は，この勉強会を通して実践研究の報告を行うことや，構造構成主義の難解な用語をかみくだいてわかりやすく伝達していけるようになりたいと考えている。

　これから勉強してみようと考えている方がいるのであれば，「難しそう」というイメージをちょっと横に置いといて，とりあえず西條さんの主著[5]や京極さんの諸論文[3][6][7][8]を読んでみていただきたい。じっくり読み進めていけば，完全に理解できるレベルに達することは難しくても，実践できるエッセンスは習得可能だと思う。私自身がそうであるように。

　現在はまだ，実験的にはじめたばかりであるためセミクローズドで行っているが，こうした地道な取り組みが広がることによって，構造構成的医療の知識と技術を習得した医療者が増え，信念対立で消耗しきらない現場が増えることを期待している。また，京極さんの研究室がある吉備国際大学大学院では医療保健福祉領域の諸問題に関する構造構成主義研究で学位の取得が目指せるので，関心のある方はぜひ挑戦してほしいと思う。

おわりに

　臨床現場では生死という一大事を扱う。だからこそ，信念対立に負けない武器を

保つことが大事になってくるのではないだろうか。この原理を身につけることで，いかようにも応用が可能である。また，信念対立が勃発しても，行き詰まりが無くなる。いま私が伝えたいことは，役立つ構造構成主義を知らなきゃ損だということである。

【註および文献】

［1］西條剛央・岩田健太郎・八杉基史　2008　医療現場の諸問題を問い直す─構造構成主義は医療教育現場でどのように使えるか　構造構成主義研究, 3, 2-67.
［2］山森真理子　2010　療養病棟における異職種間の信念対立と構造構成的医療の実践　第44回日本作業療法学会　p.400.
［3］京極　真　2008　「目的相関的実践原理」という新次元の実践方法─構造構成的障害論をとおして　構造構成主義研究, 2, 209-229.
［4］井上恵世留　2008　構造構成主義を学びたいすべての学生へ─自主ゼミを通して考えたこと　構造構成主義研究, 3, 79-90.
［5］西條剛央　2005　構造構成主義とはなにか─次世代人間科学の原理　北大路書房
［6］京極　真　2008　現代医療で克服すべき課題とは？　看護学雑誌, 72（4）, 340-344.
［7］京極　真　2009　「よい医療」とは何か─構造構成主義的見解　看護学雑誌, 73（4）, 78-83.
［8］京極　真　2008　「方法」を整備する─「関心相関的本質観取」の定式化　看護学雑誌, 72（6）, 530-534.

　講義資料は京極さんの公式ブログで公表されている。関心のある方は以下のアドレスまでアクセスしていただきたい。
http://kyougokumakoto.blogspot.com/2010/06/blog-post_27.html

[書籍紹介]

III-3 『作業療法士のための非構成的評価トレーニングブック 4条件メソッド』

京極 真
誠信書房（2010年4月公刊）

紹介者：織田 靖史

臨床家を苦しめるジレンマと評価の混乱

　臨床現場で病や障害に立ち向かうわれわれ臨床家は，大きなジレンマを抱えながら日々の業務に当たっている。そしてそこには，臨床家に共通の要素があるように思える。

　臨床家というのは常にアイデンティティ・クライシスとのしのぎあいである。なぜなら，治療やリハビリテーションの主人公は常に患者自身であり，われわれ臨床家はその自己治癒能力のサポートをすることしかできないからである。そのため臨床家は自身のかかわりが，患者の治療による治癒やリハビリテーションによる新たな能力の獲得にどのようにつながっているのか，ひいては自分自身の存在が患者にとって役に立っているのか，そのことを自問自答し続けなければならないのである。そこには，われわれ自身が治療状況やその効果をどう評価しどう理解すればいいのか，という臨床における大きなテーマが横たわっている。

　その意味において，臨床家にとって患者との治療関係の中で「物語」をどう組み立てるかということは，最も頭を悩ませるところである。病や障害を持つ当事者としての患者が，自分の病や障害に対してどのような思いを抱いているのか，また治療者との関係性で繰り広げられる治療やリハビリテーションをどのように感じているのか，「物語」をどう紡ぐかによって，その治療やリハビリテーションの効果に大きな影響があるように感じられる。なぜなら，治療やリハビリテーションの効果を高めるためには，患者が主体的に希望を持って参加することこそが必須であり，そのためには患者の想いを知ることがポイントとなるからである。しかし，その「物語」の確からしさの担保となる視点が臨床現場においては混乱している。現在確立されている「物語」を担保する視点は，構成的評価に基づくエビデンスであるが，それは臨床現場の薬物療法や特定の高度に構造化された治療法などのごく一部分しか担うことができない。すなわち，臨床全体の一部分を切り取ってデザインするという構造化された中でマッチしたデータを有するもののみである。他の大部分は，確実にそうとしか思えないのだがぼんやりと共有される「物語」に担保されているのである。その「なんとなく共有されるぼんやりとした，しかしそうとしか思えない」そのことに，臨床家はジレンマを感じるのである。

　さらに作業療法士は，チームの中での存在（アイデンティティ，居場所）の確立という宿命も負っている。「作業療法士というのは何をするの？」という医療チームの中においてで

さえ受けるいつもの質問に答え，自分が何者かということを明示し続けなければならないのである。

本書の読み方——臨床経験につながるように
　わたしは，いつしか「新人」と呼ばれることがなくなっていた6年目の作業療法士である。6年目になると，後輩ができ，役割も増え，少し業務も見えてきており，また入職後より毎年5本以上学会にて発表を行うなどすることで，ぼんやりと見えかけてきた自分なりのスタイルを追いかけ始めた頃であるが，新人のときのがむしゃらさを抜け，周りが見え始めた頃だからこそ，やはりジレンマを抱えている。臨床において上記のような苦しみにぶち当たっていたとき，京極真氏の『作業療法士のための非構成的評価トレーニングブック　4条件メソッド』を手にする機会を得た，そのときの感動は今でも覚えている。これでやっとあの苦しみからわれわれ作業療法士は解放されるかもしれないという皮膚感覚からの期待を感じたからである。
　本書は，集中特講という形を取っており，4回で完結するように章立てられている。そのうち前半2回で「今なぜ非構成的評価なのか」と「4条件メソッドとは何か」という理論的背景を固めており，後半2回で「4条件吟味法」と「4条件記述法」の4条件メソッドを構成する2つの技術的要素の具体的なトレーニング方法について練習問題を通して体験できるようになっている。
　おそらく，この本を手に取る多くの読者は，根拠のない（とされる）「なんとなく共有されるぼんやりとした，しかしそうとしか思えない」物語の確からしさに悩み彷徨う真面目な臨床家であろうから，後半のトレーニングを（身体）感覚的に十分に体験した上で前半の理論的背景を押さえていくほうが自分の臨床経験に照らし合わせてしっくり来るかもしれない。中には，後半のトレーニングを実施するだけで納得し，前半の部分を読まずともそこに書かれていることを容易に想像できる読者もいるかもしれない。しかし，それでも前半部分を読むことはオススメする。なぜなら，そこには感覚を理論化すること，実感を言葉にして表現すること，目に見えないものを見える形にしていくことの必要性が述べられており，同時にそれを読むという行為自体がそのことの方法論を体験する現実的な機会となるだろうからである。それはすなわち前半部分それ自体が，4条件メソッドを用いた評価視点における優れた非構成的論述（表現）となっているのである。
　また，この本を手に取ると思われるもうひとつのターゲットである学生の方々には，興味を持った項目から拾い読みし，その後で最初から通して読むことをオススメする。親切なことに，この本は一つ一つの項目が独立したテーマで構成されており，それぞれのテーマごとに考えを深めるためのエッセンスが散りばめられている。ゆえにそれらをコラムのように読むだけでも参考となるものが多い。そして，不思議なことにそれぞれを読み込んでいくうちに全体のつながりがぼんやりと姿を表してくる。そうなると，始めから通してしっかりと読んでいきたくなるだろう。これはまるで，臨床においてそれぞれの場面でのエピソードを丹念に理解していくと，次第に全体のつながりがぼんやりと見えてきて，それを基に「物語」を組み立てていくという臨床家のいとなみと同じ作業のように思える。学生にとってそのプロセスを知ることは臨床実習にならぶ貴重な経験であろう。

4条件メソッドの潜在能力と臨床的価値——臨床にもたらしうる可能性

われわれ臨床家は，現実に起こっている現象（状況・素材）を基に「物語」を作り，そこにある想いを汲み取ってそれを言葉にしていくが，京極氏はその「物語」とそこにあるそれぞれの想いというものが成立する条件とそこに潜むナラティブなストラクチャーを見出す方法を技術化しているのである。そうまるで，フロイトが自由連想という患者の「物語」にある無意識を見出し，こころの理論を構造化することで精神分析という方法を技術化していったように……。もしそうならば，精神分析がそうであったように非構成的評価のための4条件メソッドにも試練が待ち構えているのだろう。なぜなら，臨床で起こる事象を理解する際に構成的評価をその理論的背景と考えている人たちにとって，臨床で起こる事象を統計的に数値化せずに扱う4条件メソッドを用いた非構成的評価による臨床状況の理解は大変胡散臭いものに感じられるだろうからである。さらに，人によっては生理的に嫌悪感を生じ，感情的な反発すらおぼえるかもしれない。

しかしながら，著者の京極氏によると「4条件メソッドは構造構成主義の観点から現象学的思考法を活用している」とのことである。このことは，（本文中にも述べられていることだが）4条件メソッドが対象に対して観察者の確信が成立する条件とそれが他者との間で共有される条件を明らかにするための方法となることを大きな目標としていることを意味するのだろう。だとすれば，4条件メソッドは観察者が主観的に認知（知覚，思考）したものが本質的に確信され，同時にそれが観察者の主観の中で他者と共有されていると確信するための方法であり，その方法を通して本質的に対象である事象の理解を確立していくためのツールである。

そしてそのことこそが，非構成的評価と構成的評価の間で起こる不毛な論争を避けるための方法論となるのである。なぜなら，ひとはその主観から離れることはできないのだから，そこにおいては，客観的指標とされる構成的評価ですら統計的手法を用いて確からしさを最大限担保された非常に精度の高い主観の客観化（＝非構成的評価）に過ぎないからである。

もちろんこれは構成的評価の価値を貶めるものではない。このことが意味するものは，「構成的評価は非構成的評価の対極ではなくその一部である」ということである。したがって，本質的に構成的評価は非構成的評価とは対立し得ない，というのである。なるほど確かにこのことは，われわれを臨床におけるジレンマから解放してくれる発想の転換であろう。すなわち，この発想の転換によりわれわれは，われわれの信じるところの確信条件をいかに高め，いかにそれを他者と共有するかということにすべてのエネルギーを注げばいいのである。そして，そのための方法として4条件メソッドを用いることができるのであり，また特定の治療法や技術の効果判定は，非構成的評価の一手法である統計に代表される構成的評価が担えばいいのである。これにより，臨床家は目の前の患者との「物語」に集中し，臨床は深まり，臨床家は臨床家自身として機能できる拠り所を手にすることができるのである。実際，この希望や喜びは，現在のわたしにとって臨床のエネルギーとなっている。

なぜ，4条件メソッドなのか——臨床家の責任と研究家の責任

最後に，本書を読み終えた後にわたしが感じた危惧を1つ述べたい。確かに，われわれが臨床で感じていることの確からしさを担保する方法は4条件メソッドで確立でき，臨床家は

それに希望を得るだろう。しかし，それは本当に臨床に浸透するであろうか。4条件メソッドの確からしさはその理論的背景により確かに担保されている。だが非構成的評価は，どんなに理論的に正しかろうともそれを使う臨床家自身が感覚的に納得していないと情緒的に受け入れられない，という性格を帯びているのではないだろうか。言い換えれば，非構成的評価は実績を積むことで感覚的に浸透するというものであるのではないかということである。

　もし，そうであるならば，われわれは非構成的評価という新しい治療文化を導入し，大いに体験し実例を増やす必要がある。しかし，それを実行することは，今までの構成的評価中心主義の治療文化に変化をもたらすことになり，ペリー来航から明治維新にかけてそうであったように臨床現場に不安と混乱を生み，感情的抵抗を受け臨床自体がクライシスに陥る可能性がある。この新たに起こりうる信念対立をどう解消するかが，4条件メソッドを用いた非構成的評価により臨床を有効化するためのわたしたちに課せられたタスクであろう。エリクソンのライフサイクル論では，タスクと対になるものはクライシスである。このタスクは，ジレンマを感じながら臨床をいとなむ臨床家にとって，それを解消する大きなチャンスであると共に活かしきれなければ，自らの首を自ら絞めることになりかねないピンチでもある。正に，われわれ臨床家の真価が問われることとなろう。

　本書は臨床現場に横たわるジレンマという深い落とし穴に陥り，道を見失ってしまいがちな真面目な臨床家にとって福音の書である。その効果を最大限に発揮し，真面目な臨床家を救済するためにも，著者である京極氏には，4条件メソッドをしっかりと身につけ，着実に歩みを進めていけるように，また「これでいいんだ」と臨床現場で共有できるようになるための，研修会やワークショップなどを定期的に開催するなどのサポートをしていただけるとありがたい。

『構造構成主義研究』の投稿規定　2011年3月版

1. 本誌は投稿のための資格は特に必要なく，すべての学的探求者に開かれた査読付き学術雑誌である．
2. 投稿論文は研究倫理に抵触してはならない．
3. 本誌に掲載された論文の学術的な責任は著者にあるものとする．
4. 本誌は，構造構成主義とその周辺領域における理論研究，量的研究，質的研究のみならず，本誌の方針〈"『構造構成主義研究』刊行にあたって"を参照〉に沿う以下のような多様なタイプの論文を歓迎する．
    ①原著論文：学術的オリジナリティが確認できるもの．
    　a) 研究論文：特定の問題を解決するなど学知の発展を目指した論文．
    　b) コメント論文：特定の論文に対する意見をコメントする論文．それへのリプライ論文も含む．
    　c) 啓蒙論文：難解な理論，最先端の知見などを専門外の人でも理解しやすいように書かれた論文など，啓蒙的な意義が認められる論文．
    ②再録論文：過去に著書や他の学術誌などに掲載された論考を再録するもの．ただし投稿の際は発行元の許諾を得ていること．
5. 本誌は，構造構成主義とその周辺領域に関する書籍紹介（書評，自著推薦），講演会・シンポジウム・勉強会などの参加報告を歓迎する．
6. 論文原稿は，標題，著者名，著者所属名，本文，註および引用文献，謝辞の順に記載すること．また，図表は本文中に挿入すること．本文以下通しのページ番号をつけて投稿する．
7. 論文はワープロデータで作成すること（Wordが望ましいが，txt可）．論文のフォーマットは，A4・37字×35行とする．論文本文の枚数は上記フォーマットで約20枚までとするが，頁数が足りない場合には適時相談に乗る．引用文献の書き方については，付記1に示す．
8. 投稿論文は『構造構成主義研究』編集委員会において査読を行う．
9. 修正採択，修正後再査読などの査読結果を受けて再投稿する場合は，主な修正点などを記載した修正対照表（修正できない理由も含む）を付することを要する．
10. 投稿者は，論文原稿を編集委員会にe-mailで送付する．なお，e-mailの件名には「構造構成主義研究論文投稿」と明記し，本文には以下の情報を明記する．
    ・著者名（所属）
    ・連絡先（住所・電話・電子メール）
    ・標題（日本文）
11. 図表や写真等で転載等を必要とする際には，投稿者の責任と負担で論文掲載までに許可をとり，その旨を論文に記載する．
12. 投稿規定は随時改定するため，投稿する際にはその最新版を下記ホームページにて参照すること．
13. 『構造構成主義研究』編集委員会事務局は，下記に置く．
    連絡先　structuralconstructivism@gmail.com
    公式ホームページ　http://structuralconstructivism.googlepages.com/

『構造構成主義研究』編集委員会

（付記１）

記述にあたっての全体的な留意事項（原稿執筆要領）

［本書の基本統一事項］
- 本文基本字詰めは，1ページ＝37字×35行＝1295字となります．
- 見出しは，1節　→　1．→（1）の順にレベル分けをお願いします．
- 引用文献・参考文献は，本文原稿分量に含めてください．

［表記上の基本的取り決め］
- わかりやすさ・読みやすさを心がけ，簡潔にお書きください．
- 用字・用語については，常用漢字・新かなづかいで，お願いします（最終的には，出版社で調整統一させていただきますので，細部までの統一は必要ありません）．
- 句読点は，「，」と「．」を使用してください．
- 外国文字を使用する場合は，日本語のあとにかっこ書きしてください．
  〔例〕　規範（norm）とは，…
- 本文中の数字は，原則として，算用数字を用いてください．漠然とした数字は，5000～6000のように表記してください．
- 単位は，ＣＧＳ単位［cm，kg…］を用い，時間は，［時，分，秒］としてください．
- 年号は西暦を用い，特に必要なときに限り，元号をかっこ書きしてください．
  〔例〕　2005（平成17）年には……
- 外国人名は，カタカナ表記を原則としますが，初出箇所では「アルファベット表記」を入れてください．
  〔例〕　ソシュール（Saussure, F.）は……
- 日本人名は，姓を記し，原則として敬称は略してください．

［図・表の表記法］
- 図・表は，それぞれ通し番号を付してください．
- 図・表も原稿の総量の中に含めてお考えください．なお，図・表はデータファイル（xlsかcsv形式など）でも，画像ファイル（pptまたはjpgかpdf形式など）でもけっこうです．
- 図の標題は，図の下に，表の標題は，表の上にご記入ください．
- 写真・図の著作権・肖像権につきましては特にご留意いただき，投稿者自身でご確認くださいますようお願いいたします．

［註および文献の執筆規定］
本文中で，注釈の必要な事項があった場合，その事項の右下あるいは該当文末の右下に番号を打ち，原稿末の「註および文献」（番号順）と照合できるようにしておいてください（番号は，「註」と「文献」を交えて通してください）．

■註
　註の文章についてとくに書き方の制約はありません．必要に応じて自由に書いていただければけっこうです．

■文献
　①引用文献は本文中および図・表の標題に，次のように，人名あるいは該当文末の右下に番号を打ち，原稿末の「註および文献」（番号順）と照合できるようにしてください．

a）単著の場合
　　［例］◇池田［1］は，……。
　　　　　◇フッサール（Husserl, E.）［2］は，……。
　　　　　◇……であると報告している［3］。
　　　　　◇図1　構造構成主義モデル2007［4］
　b）共著の場合
　　2名の場合は「と，＆」でつなぎ，併記してください。3名以上の場合は，代表1名のみにして「……ら, et al.」と付けてください。
　　［例］◇京極と西條［5］は，……。
　　　　　◇マホーニーら（Mahoney et al.）［6］は，……。
　　　　　◇……であると報告している［7］。
　　　　　◇表1　客観主義と構成主義と構造構成主義の対比［8］
　c）編書中の特定の章であっても，執筆者がはっきりしている場合は，担当執筆者を著者として扱ってください。
②引用文献は，本文中での出現順に，［1］，［2］……………, ［n］というように，本文と対応するよう，一覧表にしてください。文献そのものの表記は，以下の点にご留意ください。
　a）著者の氏名（フルネーム）を記載する。
　b）共著等の場合は，代表者だけでなく，著者，編者，監修者全員を記載する。
　c）雑誌論文，編書中の特定の章の場合は，ページの範囲を必ず記載する。
　d）外国の著書の場合は，出版社の所在都市名も記述する。
　e）本文中で直接引用する場合は，該当ページの範囲を必ず明記する。
　　［例］◇新出の場合
　　　　　［9］　京極　真　2007　作業療法の超メタ理論の理論的検討─プラグマティズム，構成主義，構造構成主義の比較検討を通して　人間総合科学会誌，3（1），53.
　　　　　◇既出の場合
　　　　　［10］［9］のp.57
　　　　　［11］［9］のpp.53-54
③英文の雑誌名，著書名はイタリック書体としてください。

●著書

西條剛央　2005　構造構成主義とは何か─次世代人間科学の原理　北大路書房

Kuhn, T. S. 1996 *The structure of scientific revolutions*（3rd ed.）. Chicago : University of Chicago Press.

●編集書

編書の場合，編者名のあとに（編）を，英語の文献の場合は（Ed.），編者が複数の場合は（Eds.）をつけてください。

西條剛央・京極　真・池田清彦（編）　2007　構造構成主義の展開─21世紀の思想のあり方　現代のエスプリ475　至文堂

Neimeyer, R. A., & Mahoney, M. J. (Eds.) 1995 *Constructivism in psychotherapy*. Washington, DC : American Psychological Association.

●翻訳書

Burr, V. 1995 *An introduction to social constructionism*. London : Routledge.　田中一彦（訳）　1997

社会的構築主義への招待—言説分析とは何か　川島書店
●雑誌論文
　京極　真　2006　EBR（evidence-based rehabilitation）におけるエビデンスの科学論—構造構成主義アプローチ　総合リハビリテーション，34（5），473-478.
　Shimizu, T., & Norimatsu, H. 2005 Detection of invariants by haptic touch across age groups: rod-length perception. *Perceptual and motor skills*. 100（2），543-553.
●編書中の特定の章
　無藤　隆　2005　縦断研究法のタイプ分類とその選択基準　西條剛央（編）　構造構成的発達研究法の理論と実践—縦断研究法の体系化に向けて　北大路書房　pp.36-73.
　Mahoney, M. J., & Mahoney, S. M. 2001 Living within essential tensions: Dialectics and future development. In K. J. Schneider, J. F. T. Bugental, & J. F. Pierson, (Eds.) *The handbook of humanistic psychology*. Thousand Oaks, CA: Sage. pp.659-665.

（付記2）

本書を引用するにあたっての留意事項

　本書は副題に雑誌名およびその号数を明示しており，主題は適時各巻の特長を反映させたものにしています。そのため引用する際には，学術誌として引用したい場合は学術誌の形式で，書籍として引用したい場合は書籍の形式で引用してください。以下に本誌に引用する場合の具体例を示しますが，他誌に投稿する場合は，各媒体の規定に従ってください。

●書籍として引用する場合
　西條剛央・京極　真・池田清彦（編）　2007　現代思想のレボリューション—構造構成主義研究1　北大路書房
●書籍として特定の頁を引用する場合
　池田清彦　2007　科学的方法について—構造主義科学論の考え方　西條剛央・京極　真・池田清彦（編）　現代思想のレボリューション—構造構成主義研究1　北大路書房　pp.208-224.
●学術論文として引用する場合
　西條剛央　2007　メタ理論を継承するとはどういうことか？—メタ理論の作り方　構造構成主義研究，1，11-27.

編集後記

1．特集「よい教育とは何か」の意味と可能性

　本号の特集は「よい教育とは何か」である。今日の教育学は，残念ながら「よい」教育とは何かを考える術を持たず途方に暮れていたといってよい。しかしそうした現状を打破すべく若い教育学者，教育心理学者が台頭してきている。本特集では，そうした新進気鋭の研究者たちと「よい教育を構想する原理的方法」について語り合っている。ここでいう「原理的方法」とは，「〜したほうがよい」「〜すべき」といった「常識」や「べき論」ではなく，論理的に考える以上確かにそのように考えるほかはないというほどの，強く深い思考法のことである。そうした方法なくして，今日のポストモダニズム以後の教育界を変えることはできない。本鼎談がその突破口になることを願っている。

　また幸運にも，本鼎談をさらに先に進めた苫野，山口両氏の原著論文が投稿され，厳しい査読をクリアしていただき掲載に至ったので，教育学関係者はぜひ真摯に検討してもらえたらと思う。また若き教育学徒は──教育学者研究をしなければいけない教育学界の風土は十分理解しているつもりなので，そうした研究も進める必要があろうが──何のために学問をしているのか，その意味を問い直し，本当の意味で教育のためになる「学」という志のもとで，本特集の内容を発展させるような仕事に勇気を持って取り組んでほしいと思う。よい仕事をしていたら必ず理解してもらえる。我々はそう信じているし，そうした仕事は今後も積極的に評価していこうという思いを新たにしている。

　この特集には「よい」教育の考え方の指針となる公教育の原理や方法の原理を活用していただくための「教育問題解決ワークシート」が添付されている。鼎談を通じて公教育の原理とは何かを理解したうえで，実際の教育に関する問題を考えてみてほしい。簡単に答えの出る問題だけではないであろうが，少なくともこうした原理がないよりは確実に，着実に答えを導き出していけることと思う。現場で活用した実践報告（有効性や問題点）なども投稿していただければと思う。

2．投稿論文のエッセンス

　第Ⅱ部には今回は9本の論文が掲載されている。号を重ねるごとに論文の質は高くなっており，今号も査読コメントを真摯に受け止め，珠玉の論文にしていただけたことを，投稿者の皆様にこの場を借りて改めて御礼申し上げたい（残念ながら掲

載に至らなかった方々は，学術的な論文としての条件を備えたものにできるようがんばっていただければと思う)。

　埴淵・村田論文は，社会組織の特徴を表す「社会関係資本論」に構造構成主義を応用する新たな試みである。従来の社会関係資本論の研究枠組みは客観主義に基づいており，多様な角度から研究を展開することが難しい状況にあった。植淵・村田論文では，その閉塞状況を構造構成主義によって打ち破り，新たな理路の地平を切り開いている。今後，社会関係資本論の再編・体系化に向けたさらなる議論を期待したい。

　丹野論文では，構造構成主義の「関心相関的選択」を欲望論から基礎づけ直し，「欲望相関的選択」という新しい選択原理を開発している。欲望相関的選択は，構造構成主義の中核原理である関心相関性を，現象学的観点を再照射することによって，その本質的意味を抽出したものである。構造構成主義は現象学の方法によって体系化されたが，両者の関係については実のところほとんど検討が進んでいない。本論は現象学からの構造構成主義の検討という側面があり，今後もこうした研究が行われる必要があるだろう。

　清水・石川論文は，血液型は性格と関係がないという学界の通説と異なる——通俗の血液型仮説を統計的に支持する——論文である。そして清水論文は，そうした論文を関連学会に投稿した際の貴重な査読コメントをテクストとして分析・考察を加え，「心理学者は何故，血液型性格関連説を受け入れ難いのか」といった"心理学者の心理"に初めて論文という形でアプローチした画期的研究である。清水・石川論文は関連学会の「常識」や「信念」と異なっていたこともあり，他の学会誌でリジェクトされたようだが，本誌編集委員会でその学術性をフラットに査読した結果，十分掲載に値する論文と考えたため，その論文の妥当性を吟味してもらうという意味も込めて2本同時に掲載することとした。

　この2本については少し補完が必要であろう。本編集委員は学界の現在の「通説」が必ずしも正しいと考えていない。実際にこれまでの歴史を振り返っても，当時「通説」だったものでも否定され，覆されているものも少なくない。IPCC (Intergovernmental Panel on Climate Change) が人為的温暖化仮説を押し進めたいという政治的動機から，データを捏造し，それに反するデータからなる論文をつぶしにかかった有様は，関係者のデータの流出によってメールとして世界中に広まり，それに関わった研究者とIPCCの権威が地に堕ちたばかりか，気候学という学問自体の信頼も損なってしまった（池田清彦『新しい環境問題の教科書』（新潮社）の「あとがき」や，詳しくは『地球温暖化スキャンダル—2009年秋クライメートゲート事件の激震』（日本評論社）を参照）。まさに信念の再生装置，政治的道具に身を堕とした研究者のなれの果てを如実に示す事件であったといえよう。

そもそもこうした実証データは1つだけで結論が出るものでもないため，清水・石川論文の結果が絶対に正しいと判断できるわけではない。しかしもし学会の通説（信念）に整合しないからといって論文を棄却したとしたならば，本来の学問のあり方と反することになるだろう。したがって少なくとも通常の査読水準を十分クリアしている学的信頼性がある論文であるならば，査読という閉鎖的な場で淘汰をかけることなく，公刊したうえでオープンに議論を重ね，知見を積み上げていくなかで判断していくべきであろうと考えている。各種学会の本来の役割を考え直す契機にしていただければと思う。

　苫野論文は，鼎談の内容を理論的に基礎づけたものになっている。この論文の意義は，教育から始まって社会構想の原理まで射程に収めている点である。ここまで原理的かつ包括的な理路を構築した論文に出会える機会はそうないであろう。また本論は，開発された原理を深化させる方法としても，1つの研究モデルになると思われる。

　山口論文は，上記の苫野論文で示された公教育の正当性の原理に基づいて実践理論を展開したものである。山口氏が関わる杉並区の教育改革が実践例として示されており，非常に説得的かつ画期的な内容になっている。特に教育に関心のある読者は上記の苫野論文とあわせて批判的に吟味し，自身の研究・実践に役立ててもらいたい。

　池田論文は，池田氏自身が開発した構造構成的協同臨床教育法を，事例検討を通じてさらに深化させた試みである。具体的な事例が示されているため，読者が必要に応じて自身の臨床教育に応用できる内容になっている。また，この論文は新たに開発した方法概念を深化させる際に，1つの研究モデルになると思われる。方法概念の深化を試みるときは，苫野論文とあわせて本論を参考にしていただけたらと思う。

　西條論文では，構造構成的研究法の方法原理を拡張し，「論文の公共性評価法」を開発している。研究論文の公共性評価法は，量的研究，質的研究，理論的研究といった各種研究法の違いに阻まれることなく，研究論文を「公共性」という観点から確実に評価できる基準を示している。非常に汎用性のある内容だと思われることから，今後，本誌に投稿される方は，西條論文で開発された研究論文の公共性評価法を用いた投稿前チェックを入念にしていただければと思う。

　桐田論文では，自身が開発した構造構成主義の生成原理である契機相関性を時間論に拡張し，「契機相関的時間論」と「志向相関的時間論」という2つの時間原理からなる「構造構成的時間論」を構築している。時間論は長年にわたって議論が錯綜してきたテーマであるが，構造構成的時間論の開発によってそれが整理され，なおかつ新次元の議論を展開しうる可能性が開かれたと言える。桐田氏は本論で契機

相関性に並ぶ重要な発明を成し遂げたと思われる。

　第Ⅲ部は，全国各地で行われた講演会等の参加体験記や書評が掲載されている。参加体験記では，構造構成主義に関する臨場感溢れる体験談が記されている。また，書評では書籍の本質を突いた議論が行われており，読み応えのある内容になっている。

3．次号の特集と今後の方向性

　さて，次号の特集は「研究法」を予定している。次号はこれまでのような鼎談を中心としたものではなく，学習教材としても使えるツール性を打ち出したものにしたいと考えている。『構造構成主義研究』の作製を通じてより明確になった「構造構成主義の実用性」を，本誌のあり方に大きく反映させるためである（本号の特集付録もそうした意図を反映させたものである）。量的研究，質的研究，理論的研究を学ぶ際に具体的に役立つ内容にしていきたいと考えている。

　もちろん，投稿論文，参加体験記，書評も，これまで通り受け付けている。次号の締め切りは2011年6月末である（締め切りに間に合わない方は相談に応じる）。志ある皆さんにふるって投稿してもらいたい。

　ただし，これまでも述べてきたが，研究論文はもとより，啓蒙論文であっても関連する先行研究は十分精査して，先行研究の流れに位置づけて論じてほしい。さもなければ論文の意義を編集委員（読者）が判断することができないためである。本号に掲載されている論文はその点も含めいずれも見本とすべき論文になっていると思われるので，ぜひ参考にしてもらえればと思う。

　さて，時代は過去とは比べものにならない速さで動いている（例えば，5年前はTwitterもなく，電子書籍なども現実のものではなかった）。こうした時代に適応するためには持続的なイノベーションが不可欠である。本誌も例外ではない。編集委員会では，本誌が発刊5周年を迎えたこともあり，今後のあり方をゼロベースから再考しはじめている。現在のところ，新たなシステムを備えた学会の設立や，これまで掲載された論文の中でも優れたものを集め翻訳した論文集を海外で公刊するなど，次のフェイズに移行することが検討されている。次号では，本誌の方針を明確に示すことから，読者の皆様には今後の動向に刮目していただければと思う。

　　　　　　　　　　　　　『構造構成主義研究』編集委員会
　　　　　　　　　　　　　　　西條　剛央・京極　真・池田　清彦

【編著者紹介】

西條剛央（さいじょう・たけお）　　　［編集，I，II‒8］
saijotakeo@gmail.com
1974年，宮城県仙台市に生まれる。早稲田大学人間科学部卒業後，早稲田大学大学院人間科学研究科にて博士号（人間科学）取得。日本学術振興会特別研究員（DC・PD）を経て，2009年度から早稲田大学大学院商学研究科専門職学位課程（MBA）の専任講師。著書に『母子間の抱きの人間科学的研究』『構造構成主義とは何か』『構造構成的発達研究法の理論と実践』『科学の剣　哲学の魔法』『エマージェンス人間科学』（いずれも北大路書房），『構造構成主義の展開（現代のエスプリ）』（至文堂），『ライブ講義・質的研究とは何か』（新曜社），『看護研究で迷わないための超入門講座』（医学書院）などがあり，その他にも分担執筆や学術論文多数。

京極　真（きょうごく・まこと）　　　［編集］
kyougokumakoto@gmail.com
1976年，大阪府大阪市に生まれる。作業療法士。日本作業行動学会理事・評議員。首都大学東京大学大学院人間健康科学研究科博士後期課程にて博士号（作業療法学）取得。吉備国際大学大学院保健科学研究科・准教授。単著に『作業療法士のための非構成的評価トレーニングブック　4条件メソッド』（誠信書房），編著に『作業療法士・理学療法士　臨床実習ガイドブック』（誠信書房），『精神障害領域の作業療法　クリニカル作業療法シリーズ』（中央法規出版），『構造構成主義の展開（現代のエスプリ）』（至文堂）などがあり，その他にも学術論文多数。

池田清彦（いけだ・きよひこ）　　　［編集］
1947年，東京都に生まれる。東京教育大学理学部卒業後，東京都立大学大学院博士課程修了。山梨大学教育人間科学部教授を経て，2004年4月から早稲田大学国際教養学部教授。構造主義生物学の地平から，多分野にわたって評論活動を行なっている。著書に『構造主義生物学とは何か』『構造主義と進化論』（いずれも海鳴社），『構造主義科学論の冒険』（毎日新聞社），『分類という思想』『他人と深く関わらずに生きるには』『正しく生きるとはどういうことか』（いずれも新潮社），『やぶにらみ科学論』『環境問題のウソ』（いずれも筑摩書房），『構造構成主義の展開（現代のエスプリ）』（至文堂）など他多数。

【執筆者紹介】

苫野一徳（とまの・いっとく）　　　［I，II‒5］
早稲田大学教育・総合科学学術院（2011年4月より日本学術振興会）　ittoku.t@gmail.com
［研究関心］　教育の原理論。また，多様で異質な人たちが，互いに了解・承認し合える条件を哲学的に探究することを生涯テーマとしています。
［主要著書・論文］　どのような教育が「よい」教育か――ヘーゲル哲学の教育学メタ方法論への援用『RATIO』第5号　講談社　2008年，現象学によるデューイ経験哲学のアポリアの克服『構造構成主義研究』第3号　北大路書房　2009年，『子どもと教育の未来を考える』（共著）北樹出版　2009年，など

山口裕也（やまぐち・ゆうや）　　　［I，II‒6］
杉並区立済美教育センター・同区教育委員会，東京学芸大学（非常勤講師）　yamaguchiyuya1979@gmail.com
［研究関心］　よりよい教育の未来を拓く，公教育の本質・正当性の原理に基づいた実践理論の構想・展開。現在は，とりわけ「教材」の本質論について。
［主要著書］　自己効力理論をめぐる信念対立の克服――存在‐言語‐構造的還元の提起を通して『構造構成主義研究』第4号　北大路書房　2010年，『シリーズ明日の教室　学級経営の基礎の基礎　4巻　子どもに接する・語る』（共著）ぎょうせい　2009年，構造構成的‐教育指導案構成法の提唱――実践知の伝承・継承・学び合いの方法論『構造構成主義研究』第3号　北大路書房　2009年

埴淵知哉（はにぶち・ともや）　　　［II‒1］
日本学術振興会特別研究員PD（立命館大学），ハーバード大学公衆衛生大学院客員研究員　info@hanibuchi.com
［研究関心］　人文地理学，社会疫学，社会関係資本論，など。
［主要論文］　「健康な街」の条件――場所に着目した健康行動と社会関係資本の分析（共著）行動計量学37　pp.

53-67 2010年, Socioeconomic status and self-rated health in East Asia : A comparison of China, Japan, South Korea and Taiwan (共著・印刷中) *European Journal of Public Health* (doi：10. 1093/eurpub/ckq174) First published online：2010, など

村田陽平（むらた・ようへい）　　　　　［Ⅱ－1］
日本学術振興会特別研究員PD（名古屋大学）
［研究関心］人文地理学，空間論，公衆衛生学，など。
［主要論文］『空間の男性学──ジェンダー地理学の再構築』京都大学学術出版会　2009年，未成年者の喫煙対策と喫煙マナー広告──「大人たばこ養成講座」広告にみられる価値観の問題性から　保健医療科学54　pp. 300-308　2005年，保健師による地域診断の現状と課題──「健康の地理学」に向けて（共著）E-journal GEO 5　pp.154-170　2011年，など

清水　武（しみず・たけし）　　　　　［Ⅱ－2，Ⅱ－3］
筑波大学人間総合科学研究科　　shim1zu@hotmail.com
［研究関心］方法論全般，知覚，心物連関作用（mind matter interaction ; MMI），遺伝など。
［主要論文］Shimizu,T., & Norimatsu, H. (2005) Detection of invariants by haptic touch across age groups : rod-length perception. *Perceptual and Motor Skills*, 100, 543-553. Shimizu, T., & Ishikawa, M. (2010) Field RNG data analysis, based on viewing the Japanese movie Departures (Okuribito). *Journal of Scientific Exploration*, 24, 637-654. など

石川幹人（いしかわ・まさと）　　　　　［Ⅱ－2］
明治大学情報コミュニケーション学部　　ishikawa@meiji.ac.jp
［研究関心］認知科学，進化心理学，疑似科学論，科学コミュニケーション。
［主要著書］『心と認知の情報学』勁草書房，『だまされ上手が生き残る』光文社，『入門・マインドサイエンスの思想』（共編著）新曜社，『心とは何か──心理学と諸科学との対話』（共編著）北大路書房，『トンデモ超能力入門』（共著）楽工社

丹野ひろみ（たんの・ひろみ）　　　　　［Ⅱ－4］
桜美林大学大学院非常勤講師，みさと協立病院・新松戸メンタルクリニック精神科医師
［研究関心］臨床心理実習における，大学院生に対するスーパービジョンの研究。精神科外来における医療面接。心理療法における治療原理。
［主要著書］『現代心理療法入門』（分担執筆）PAS心理教育研究所出版部，『集団精神療法の基礎用語』（分担執筆）金剛出版，『新・心理学の基礎知識』（分担執筆）有斐閣

池田耕二（いけだ・こうじ）　　　　　［Ⅱ－7］
道仁病院リハビリテーション科，大阪電気通信大学大学院医療福祉工学研究科博士後期課程
dohjin_reha@yahoo.co.jp
［研究関心］理学療法士として患者の支援に役立つものは，すべて研究関心です。その中でも特に「人間科学」という視点を大切にしようと思っています。理学療法，理学療法士教育，地域・終末期医療，社会福祉，医療福祉工学，教育工学，構造構成主義，質的研究，など。
［主要論文］認知症後期高齢者患者に対する理学療法実践知の構造化──構造構成的質的研究法をメタ研究法としたメモリーワークとM-GTAのトライアンギュレーションによる事例研究　心身健康科学5（2）　102-109 2009年，構造構成的協同教育の構築に向けて──理学療法臨床実習を通して　構造構成主義研究4　100-126 2010年，遷延性意識障害を有する脳血管障害高齢患者1症例の理学療法実践からみた他動的関節可動域運動の即時効果に関する一考察　理学療法科学25（2）　305-308　2010年，3年目の理学療法士は終末期理学療法実践をどのように体験しているか？──「無力感や意欲低下」の生成過程について　理学療法科学25（4）　523-528　2010年，理学療法臨床実習における実習生の意識構造の変化──質的内容分析と数量化Ⅲ類による探索的構造分析　理学療法科学25（6）　881-888　2010年

桐田敬介（きりた・けいすけ）　　　　　［Ⅱ－9］
上智大学大学院総合人間科学研究科教育学専攻　　keisuke.kirita@gmail.com
［研究関心］芸術とは何か。美術教育学の原理構築。美術科教育における抽象表現の質的研究，カリキュラム論。構造構成的－生成論の構築。
［主要論文］契機相関性の定式化へ向けて──構造構成主義におけるその都度性の基礎づけ　構造構成主義研究3　159-182　2009年，契機相関的－構造重複という視点──構造構成主義における自己－他者関係の基礎づ

け　構造構成主義研究 4　131-161　2010年

大浦まり子（おおうら・まりこ）　　　　　　　　［Ⅲ-1］
岡山大学大学院保健学研究科　　mariko-o@md.okayama-u.ac.jp
［研究関心］　終末期がん患者と看護師の応答的関わりにおけるケアとしての意味，患者の希望を叶えるための多職種協働における看護師の役割など．
［主要論文］　看護基礎教育における「対象理解」概念の明確化（共著）日本看護学会論文集：看護教育40号　200-202　2010年，など

山森真理子（やまもり・まりこ）　　　　　　　　［Ⅲ-2］
医療法人社団康心会茅ヶ崎新北陵病院リハビリテーション科作業療法士　　morimoriyamayama@hotmail.com
［研究関心］　作業療法全般，構造構成学，チーム医療の実践など．

織田靖史（おりた・やすし）　　　　　　　　　　［Ⅲ-3］
社会医療法人近森会総合心療センター近森　近森病院第二分院
［研究関心］　ひとが当たり前に生活を送るということに対する理解と，そのためのいとなみ，そして，ひとがひととして生きるための諸条件．その中で作業療法に何が出来るのかということ．
［主要論文］　精神障害と散歩──統合失調症の回復過程に沿った散歩の効果を中心に（共著）臨床作業療法 4（4）287-292　2007年

構造構成主義研究 5
よい教育とは何か

| 2011年4月10日 | 初版第1刷印刷 | 定価はカバーに表示 |
| 2011年4月20日 | 初版第1刷発行 | してあります。 |

編著者 　西條　剛央
　　　　 　京極　　真
　　　　 　池田　清彦

発行所　（株）北大路書房
〒603-8303　京都市北区紫野十二坊町12-8
　　　　　　電　話　(075) 431-0361(代)
　　　　　　FAX　(075) 431-9393
　　　　　　振　替　01050-4-2083

©2011　印刷・製本　亜細亜印刷(株)
検印省略　落丁・乱丁はお取り替えいたします。

ISBN978-4-7628-2754-9　Printed in Japan